U1014804

江南日暮

南唐三十九年

朱仲玉 著

中国大百科全书出版社

图书在版编目（CIP）数据

江南日暮：南唐三十九年 / 朱仲玉著. —北京：中国大百科全书出版社，2020.6

ISBN 978-7-5202-0756-0

Ⅰ. ①江… Ⅱ. ①朱… Ⅲ. ① 中国历史—南唐—通俗读物 Ⅳ. ①K243.209

中国版本图书馆CIP数据核字（2020）第077144号

出 版 人 刘国辉
策　　划 陈 光
责任编辑 陈 光
责任印制 邹景峰
封面设计 今亮后声 HOPESOUND pankouyugu@163.com · 胡振宇 赵晓冉
出版发行 中国大百科全书出版社
地　　址 北京阜成门北大街 17 号
邮　　编 100037
网　　址 http://www.ecph.com.cn
印　　刷 小森印刷（北京）有限公司
开　　本 710 毫米 × 1000 毫米 1/16
字　　数 285 千字
印　　张 25.5
版　　次 2020 年 6 月第 1 版
印　　次 2020 年 10 月第 2 次印刷
定　　价 78.00 元

本书如有印装质量问题，请与出版社联系调换 电话：010-88390677

目录

楔　子 / 001

第一章　乱世养子初成长 / 003

第二章　初露头角遭忌 / 015

第三章　徐知训恶贯满盈 / 028

第四章　礼贤下士得民心 / 040

第五章　养父养子争权 / 050

第六章　李昪受禅建南唐 / 063

第七章　国势隆盛四方贺 / 074

第八章　对晋战败 / 084

第九章　耽服丹英年早逝 / 097

第十章　唐元宗谢绝群臣 / 111

第十一章　严思礼血洗白云洞 / 121

第十二章　词坛大家冯延巳 / 133

第十三章　宋齐丘专权 / 145

第十四章　南唐乘乱灭闽 / 157

第十五章　众伶谈笑讽元宗 / 166

第十六章　五鬼弄权 / 178

第十七章　众驹争槽战长沙 / 188

第十八章　奉旨屯田激民变 / 200

第十九章　后周虎视 / 212

第二十章　周世宗挥师攻南唐 / 222

第二十一章　失东都与战常州 / 233
第二十二章　唐元宗战败求和 / 242
第二十三章　刘仁赡为国尽忠 / 251
第二十四章　迁南都元宗谢世 / 263
第二十五章　李煜嗣位屈节 / 273
第二十六章　鹧鸪洞起义 / 284
第二十七章　大周后与小周后 / 294
第二十八章　李后主礼佛 / 304
第二十九章　风流天子 / 315
第三十章　书纸砚墨 / 325
第三十一章　众妃争妍 / 339
第三十二章　宋太祖进兵南唐 / 351

第三十三章　南唐危局 / 364

第三十四章　仓皇辞庙 / 376

第三十五章　李后主饮恨长逝 / 388

附　录　南唐世系表 / 402

楔　子

斜阳古柳赵家庄，负鼓盲翁正作场。
死后是非谁管得，满村听说蔡中郎。

宋朝诗人陆放翁写的这首小诗，描写的是宋朝时候盲艺人说平话的场景。说平话，在当时是很受欢迎的一种文化娱乐形式。平话内容多是说些历史故事，以真人真事为主，加上艺人的渲染夸张、总结评论，听了使人能从中吸取经验教训，起到“鉴往知来”的历史借鉴作用。后来，平话被文人用文字记录下来，进行艺术加工，就逐渐发展成了历史演义。著名的历史演义，如《东周列国志演义》《三国志通俗演义》《中国历代演义》等，都是拥有广大读者的。

如今摆在读者面前的这本书，内容是介绍五代十国时期南唐国的故事。所谓五代，是指唐朝灭亡以后存在于中原的后梁、后唐、后晋、后汉、后周，以开封或洛阳为都城的五个朝代；所谓十国，是指当时占有中原以外周边地区的吴、吴越、南汉、楚、前蜀、闽、荆南、后蜀、南唐、北汉十个地方割据政权。五代前后相承，十国也并非同时一起存在，兴起和灭亡的时间略有先后。

南唐是兴起较晚的一个国家，它占有过的地域在江淮一带。它的领土虽然只占我国今天偌大领土的几十分之一，存国的时间也仅仅只有三十九年，但是我们不要因为它领土狭小、时间短促，就看不起它，因为它在五代十国时期还是一个比较重要的国家。它不论在经济、文化等各个方面都比较发达，在历史上具有一定的地位。在这个小小的国家里，也有明主、昏君、忠良、奸佞；也有过可歌可泣的农民起义，争城夺地的兼并战争，缠绵悱恻的爱情故事，所以是很值得向读者讲述一番的。

这本书基本上遵照平话的传统，即故事的主要内容是真人真事、有根有据的，没有虚构的人物；而在一些枝节问题上，则包含有一些作者的想象和描写铺陈。它能不能像宋人平话和以往的历史演义那样，给人以欢笑、以愤怒、以悲哀、以振奋，这是需要读过以后才能做出评判的。

闲话少说，言归正传。下面先从南唐开国君主的身世讲起。

第一章

乱世养子初成长

唐僖宗文德元年（公元 888 年），也就是黄巢大起义失败后的第五年，徐州城里一个姓李的人家，有一个男孩呱呱坠地。你道这男孩是谁？原来就是后来五代十国时期南唐国的开国皇帝唐烈祖李昪。

李昪的父亲名叫李荣，据说是大唐皇朝的宗室，乃唐宪宗第八子建王李恪的后代。在李荣的父亲李志这一代，才从京城长安迁移到徐州来。李家名义上是大唐宗室，可是传到李荣手里，家道不兴，早已成为一个破落户了。

李荣生性谨厚，却不会干正当的营生，一不会抡锄种地，二不会举锤做工，三没有读书求取功名的打算，只是喜欢跟一班和尚道士混在一起，终日里不是到这所寺庙里诵经念佛，就是到那所道观中画符念咒。有时候，他甚至寄宿在寺庙或道观之中，十天半月也不回家。

不过李荣还做不到六根清净，看破红尘，正式出家去做和尚或道士。因为他既没有静坐修道的耐心，也戒不了喝酒和吃肉，更舍不得他那温顺而又能体贴丈夫的妻子。所以，每当他在寺庙里或道观里住了十天半月，感到吃饭淡而无味、睡觉难以入梦的时候，便又自动地回家来了。别人看李荣如此这般，见了面就免不了打趣他几句。一个说：“伙计，是不是又想吃肉了？”一个又说：“怕是想老婆了吧？”还有的说：“看，又还俗了！”更有些好事者竟给李荣起了个外号，叫他“李道者”。

正因为李道者李荣经常有家不归，所以结婚虽早而生育很晚。结婚已经二十多年，两口子都四十多岁了，才生下了这么个儿子。年过四旬而得子，对于一般人说，真是一件大好事、大喜事。但李荣却不以为然。

李荣对这个生下来手脚就会乱舞乱动，并且放开了喉咙哇哇啼哭的小东西，打心里感到有些厌烦。他觉得自己的肩上又多了一个负担，并且至少有一两个月不能再到寺庙和道观里去了，所以，反而闷闷不乐。

李荣的妻子却满心喜悦，坐在产褥上柔声说道：“哎，你给咱儿子取个名字吧。”他却懒懒地不回话。后来，妻子又几次催逼，他才想到徐州乃是古彭城之地，于是就马马虎虎地给儿子起名“彭奴”。

李荣的妻子刘氏，即小彭奴的母亲，是个勤劳淳朴的妇女。她嫁到李家以后，见丈夫不干正当的营生，常常耐心地好言规劝，劝他学一门手艺，或在门口摆个小摊搞点小本经营，也好改善一家的生活。可李道者却总是把她的话当耳旁风。

每当李荣撇下她，自己到寺里或道观里去的时候，她总是眼巴巴地望着门口，扳着手指头计算日子。算到已有十天半月，估计丈夫快要耐不住寺庙和道观里的清苦生活，即将回家来的时候，她就用自己帮人浆洗缝补挣得的一些钱，预先买了酒和肉，在家里等着。丈夫一进门，她就满脸堆笑地问寒问暖，赶快端上酒肉让他解馋，尽量地对丈夫温存一番。

每次，她都希望丈夫从此就留在家里。可是她一次一次的总是失望。那李道者李荣在家里住了几天，吃饱喝足，温存够了以后，就又不辞而别，到寺庙或道观中找和尚道士去了。

刘氏见自己无法把丈夫笼络在家里，就产生了另一个愿望，就是希望自己早一天生男育女，心想有了孩子以后，丈夫做上了爸爸，总该不会再往寺庙或道观里跑了吧！因此，当小彭奴来到人间的时候，真把刘氏高兴得眼泪都流出来了。

刘氏终日里抱着小彭奴，尽心竭力地加以喂养，希望他快点长大。因为家里穷，刘氏在怀孕期间没有进补，产后又缺乏适当的调养，她挤不出多少奶水来。奶妈当然雇不起，只好用米汤和米糊来喂养孩子。没有钱买布给孩子做新衣，就只好把大人的旧衣服拆改拆改，或找些五颜六色的碎布来给孩子拼缀成单衫和棉袄。

俗语说，贤妻必是良母。从此以后，刘氏就承担了贤妻和良母双重责任。她一方面继续不断地规劝丈夫，希望他干个正当的营生；另一方面则望子成龙，希望小彭奴长大后能光耀门庭。

战国时期的孟老夫子说过："天将降大任于斯人也，必先苦其心志，劳其筋骨，饿其体肤，空乏其身，行拂乱其所为，所以动心忍性，曾益其所不能。"这些话的意思是说，一个大人物的成长，老天爷总是要他经受一连串的磨难，用各种各样的苦楚来锻炼他的。孟子的这些话，证之历史，当然不见得是普遍规律，不过把它放到小彭奴身上，倒确实是有点儿符合的。小彭奴从出世直到后来成为南唐国开国君主的漫长过程之中，确是经受了一连串的磨难。

在小彭奴刚长到五岁那年，晴天一声霹雳，他的父亲李荣突然去世了。本来，小彭奴刚出世的时候，父亲李荣并不怎么喜欢他。可是当小彭奴长到三四岁，小嘴会甜甜地叫爸爸的时候，李荣也就逐渐地喜欢儿子了，竟常常抱着他，亲那红嫩的小脸蛋，逗着孩子玩耍。

李荣本是经常十天半月地寄宿于寺庙或道观的，自从儿子会叫爸爸以后，家庭里就多了一种吸引力，他就减少到寺庙或道观中去的时间了。不过，他在家里设立了如来佛和元始天尊一类的神位，把诵经念佛和画符念咒这一套搬到家里来进行。

妻子见丈夫有了这样的转变，自然十分高兴，对小彭奴更疼爱，对丈夫也更温存了。可是又有谁会料想到，当这个小家庭刚刚美满起来的时候，狂风暴雨竟会无情袭来呢！那一天，李荣从街上回家，突然得了暴病，医药无效，卧床不到三天，就一命呜呼了。

李荣溘然长逝，这对小彭奴和他母亲刘氏来说真是个天大的打击。母子俩一个守在灵床边呼天抢地地哭丈夫，一个咧着小嘴眼泪鼻涕地哭爸爸，直哭得天愁地惨，日月无光，连隔壁邻舍听了，也都免不了为他们陪几滴同情之泪。

李荣死后，小彭奴家本来已经十分艰难的日子，更是犹如黄连拌苦瓜，苦上加苦。刘氏虽有一双勤劳的手，能帮着人家浆洗缝补，挣回几个钱来买米买柴。可是那毕竟不是一种靠得住的正当营生。遇到刮风下雨，没有活计，挣不到钱，家里揭不开锅的时候，母子俩就只好抱头痛哭。

幸亏李荣还有一个兄长名李球，也就是小彭奴的伯父，家境还比较能说得过去。他不忍心坐看弟弟留下的遗孀和孤儿成为饿殍，觉得自己有帮助他们的义务，所以经常送些钱和米过来，这才使得小彭奴和他母亲勉强维持着饥一顿饱一顿的苦日子。

一场磨难刚刚过去，另一场新的磨难又紧接着降临到小彭奴头上。徐州遭受战乱的浩劫，小彭奴母子被迫背井离乡去逃难。

原来，在黄巢大起义被镇压下去以后，那遭到农民起义打击的大唐皇朝，已经是精疲力竭，到了日薄西山、气息奄奄、朝不保夕的地步了。而一些依靠背叛和镇压农民军起家的武夫屠户们，却趁势大捞一把，一个个割地称雄，都成了称霸一方的军阀，相互攻打，战争连年。

他们之中势力最大的是朱温，他就是黄巢起义军的叛徒，后来成了五代中第一个朝代后梁的开国君主。其次是天生一目失明、绰号“独眼龙”的李克用，他是西北少数民族沙陀族的首领，镇压起义军的刽子手。他的儿子李存勖，后来打败了朱温的后代，成为五代中第二个朝代后唐的开国君主。除了这两大军阀以外，还有李茂贞、秦宗权、朱瑄朱瑾兄弟、杨行密、时溥等许许多多的小军阀。

小彭奴的家乡徐州，当时是在军阀时溥的势力范围之内。时溥原先是徐州的牙将，归武宁军节度使支详所统领。他在镇压黄巢起义军的过程中，逐渐扩充自己的势力，竟夺取了支详的地位，成了占有徐州一带的军阀割据势力。黄巢兵败自刎的泰山狼虎谷，正好处在他的势力范围之内。黄巢一死，时溥抢先割下了他的首级，拿来报到唐僖宗那里，就算是立了头功，因而得到了钜鹿郡王的封号。

可是，从军事实力来看，时溥跟朱温相比，那是小巫见大巫，力量相差很远。朱温的根据地在大梁（今河南省开封市）。为了实现他一统天下的野心，首先吃掉了占有蔡州（今河南省汝南县）的秦宗权，接下来就进攻徐州的时溥。时溥的军事力量虽然比不上朱温，不过他毕竟也是从枪林箭雨之中翻滚出来的。在朱温的强大压力之下，他奋力抵抗。两下里你打过来，我打过去，打了好几个回合，一直打了六七年之久。最后时溥兵败自焚，朱温才得到了胜利。

军阀混战，遭殃的自然是老百姓。徐州城被战火烧为一片瓦砾，四乡田地长满荒草。许多无辜老百姓在战火中丧生，跑得快的死里逃生，流亡他乡。小彭奴和他母亲刘氏，跟着伯父李球一起逃离徐州，一路上千辛万苦到了濠州（今安徽省凤阳县东）。

俗话说，“屋漏偏遭连阴雨，船破又遇当头风”。对小彭奴的幼年来说，确实是磨难重重。他们刚逃到濠州不久，也就在小彭奴刚满六岁那年，他的母亲刘氏突然染上瘟疫，竟抛下自己最心爱的儿子，撒手长逝了。

这个打击对小彭奴来说，真如天崩地塌。试想想，一个才六岁的孩子就失去了双亲，天底下还有比这更可怜的事情吗？孤苦伶仃的小彭奴，久久地搂着母亲的遗体，哭得死去活来，眼哭干了，喉咙哭哑了，谁也没有法子能劝得住他。

伯父李球怕小彭奴长久地搂着他母亲的遗体会传染上瘟疫，就使尽九牛二虎之力掰开了他的小手，才把刘氏的遗体抢下来赶快收殓埋葬了。可怜的小彭奴，见母亲被埋进了黄土，更是嚎啕大哭，趴在坟堆上久久地哭个不停。

最后，这个才六岁的孩子，突然产生了一个念头。他认为自己接连丧父丧母，乃是命运不好的缘故，竟然要学他父亲李道者的样子，诵经念佛，祈求来世。甚至比他父亲更进一步，竟要皈依佛门，出家去做小和尚。

伯父李球对侄子的这种念想自然不能同意，好言相慰，多方劝阻。他对小彭奴说："好孩子，你是我的亲骨肉，只要我做伯父的有一口饭吃，一定省下半口给你吃，决不会让你挨饿。可千万不能出家，不要断绝你父亲这一房的香火啊。"

但是小彭奴从小就有倔强的性格，他的主意打定以后，十五头大骡子也是拉不转来的。伯父好说歹说，他却只有一句话——非要去做和尚不可。

伯父李球没奈何，只好把他送进了濠州的开元寺。不过李球在寺里的化缘簿上捐了一笔钱，偷偷地跟寺里的长老讲好，小彭奴只是暂时寄养在寺里，一不要给他剃光头，二不要给他受戒，只让他穿上袈裟，把头发剪去一圈，做个小沙弥，让他在晨钟暮鼓之中过几天安静日子，等到他对丧母之痛逐渐淡忘，幼小的心灵开始活动起来的时候，还是要来把他接回家里去的。

开元寺的长老听了小彭奴经历的种种磨难以后，本来倒有意引导这个苦命的孩子真的皈依佛门，用苦修苦练来祈求来世的幸福。可是他收了李球的钱，答应了这位施主的请求，也就不好反悔，只好照办。他对小彭奴没有提出什么要求，任其随心所欲地在佛爷面前磕磕头，念几句阿弥陀佛就行了。一早一晚的时间，还允许小彭奴在寺门口的百步以内走动走动，散散心。

唐昭宗乾宁二年（公元 895 年），小彭奴在开元寺里度过了七岁生日。那天伯父还特意赶来，请寺里备了素斋，庆祝他的生日。吃完长寿面以后，劝他回家。他没有同意。

可是，也就从他满七岁的时候起，小彭奴的时运突然大转，竟然交上了好运。有一天，当他正在寺门口玩耍的时候，竟被当时刚刚夺得濠州，并被封为淮南节度副使、弘农郡王的杨行密所看中，要收认他为养子。

杨行密，字化源，庐州合肥（今安徽省合肥市）人氏。此人早先参加过黄巢领导的农民起义军，后来在战争中被俘，就投降了唐朝政府军，被派在庐州刺史郑綮手下担任步奏官。黄巢起义被镇压后，杨行密靠着他的一帮患难朋友如徐温、陶雅、刘威等所谓“三十六英雄”的支持，乘乱起家，夺得了以庐州为中心的小块地盘，竟成了江淮地区的一个小军阀。

乾宁二年，杨行密率军从庐州南下，夺得了扬州；又从庐州北进，夺得了濠州，囊括了淮南江北之地。唐昭宗被迫承认既成事实，就封他为淮南节度副使、弘农郡王。

新封的王爷照例要骑着高头大马，游街显示威风。不想，这位新王爷游街经过濠州开元寺门口的一刹那之间，竟从成千上万看热闹的人群中一眼就看中了小彭奴。

杨行密见小彭奴穿着僧衣，一身小沙弥打扮，却生得头角峥嵘，相貌堂堂，气度非凡，心中颇为惊异。于是他叫手下人给开元寺长老传下话来，要收认小彭奴为养子，并说在三天之内，王府就要派人接走。

原来这收认养子，乃是唐末至五代十国时期一种很盛行的社会风气。据说始作俑者是杨贵妃，她曾收认安禄山为养子，结果引起了一场安史之乱，害得唐明皇被迫逃难到巴蜀，而她自己也被缢死于马嵬坡。可是人们并没有吸取这一惨痛教训，收认养子的风气还依旧很是盛行。

五代十国时候的王侯公卿，收养子最多的竟达到百十来个，像杨行密这样贵为淮南节度副使和弘农郡王的人，要收认个把养子，自然是极其平常的事。他看中了谁，谁也会当成一件大喜事的。在那个社会里，有谁不愿意去做王爷的养子呢？

小彭奴年纪小，还不懂得做养子是怎么回事。他的伯父李球是知道的，认为这一下不仅侄子的生活有了着落，从此就要过上好日子，就连他做伯父的也许还能沾点儿光呢。他赶快喜滋滋地买了几件新衣服，来给侄子送行，并对之谆谆嘱咐一番。

李球告诫小彭奴，到了王府以后，一定要听王爷的话，要讨得养父养母的喜欢。如果王爷自己有亲生儿女，那在兄弟姊妹之间一定要和睦相处，千万不能吵架斗殴。如果能有学习的机会，则不论是学文或习武，都要努力用功，有上进心，以求学到一些真本领，将来才会有出人头地的一天。

最后，李球还趁着别人不注意的时候，偷偷地给侄子叮嘱了一句最关紧要的话，就是叫小彭奴千万要记得自己原本姓李，是大唐皇朝的宗室，万一将来有了出人头地的机会，等养父养母故世以后，一定不要忘了归宗，恢复自家的本姓。

小彭奴对于归宗这一类问题还不能完全懂得。但是他是个机灵而又早熟的孩子，他看到这是伯父背着别人、压低了声音跟他说的悄悄话，知道这事不能让别人知道，只能铭刻在自己心头，于是就频频点头表示一定牢记。

最后，他含着眼泪向伯父磕头告别，向寺里的长老告辞，脱下僧衣，换上新装，随着王府里来接他的人，到杨行密那里去了。

可是，到头来小彭奴竟没有真的成为杨行密的养子，而是变成了杨行密手下大将徐温的养子。这是怎么回事呢？

原来杨行密有好几个亲生儿子。长子名叫杨渥，比小彭奴要大得多。他已经懂得肥水不流外人田的那番道理。看到父亲领来一个相貌异常、既机灵又活泼的养子时，心里就老大的不高兴，生怕这个头角峥嵘的外来小兄弟长大以后，会夺走他杨氏门中的藩王地位。因此，这杨渥每日大吵大闹，甚至拿起刀子来要杀人，说什么也不答应把小彭奴留在家里。

杨行密拗不过儿子，只好想了个变通的办法，把小彭奴送给手下的大将徐温去抚养。就这样，小彭奴成了徐温的养子。

徐温，字敦美，海州（今江苏省连云港市海州区）人氏。年轻时做过私盐贩子，也参加过农民起义军，后来投到杨行密门下，成了著名的“三十六英雄”之一。

徐温虽然是目不识丁的大文盲，战功也不多，但是他为人有计谋，目光远大。当杨行密打下宣州（今安徽省宣城市）的时候，手下诸将争着去抢掠金银财帛，为自己的发财打算，独有徐温一人带兵把守住粮仓，不许任何人随便动一粒粮食。待到城里的秩序稍稍安定，他就开仓取出粮食，派人熬了大锅的稀粥，用杨行密的名义，救济那因为战乱而破产的饥民。饿得皮包骨头的饥民，喝着那热乎乎的稀粥，自然打心眼里感激杨行密和徐温。他们称呼杨行密为好王爷，称呼徐温为好将军。

徐温如此这般地替杨行密收买人心，杨行密自然十分赏识。因此，杨、徐二人之间的关系不同于一般，绝非寻常的上司与下属的关系所能比拟。正因为他们有着这样密切的关系，所以杨行密才会把自己看中了的小彭奴送到徐温那里去做养子。

徐温自己已经有六个亲生儿子，本来并不打算收认养子。可是一则是主命难违，不能不接受；二则竟也被小彭奴非凡的相貌和聪明伶俐的模样给打动了。他仔细端详了一番，觉得自己的六个儿子没有一个能比得上小彭奴，收认这样一个养子实在是值得的，所以也就高高兴兴地收下了。徐温的儿子，取名字都是“知”字辈，第三个字又都是言字旁的字。长子叫徐知训，次子叫徐知询，再往下是徐知诲、徐知谏、徐知证、徐知谔。小彭奴比徐知训小，比徐知询大，就算排行老二，给他取名为徐知诰，又取了个字叫正伦。从此，小彭奴就改名为徐知诰了。

徐温有三个妻子，其中有一个姓李，而徐知诰本来也姓李，因此徐温就指定李氏夫人为徐知诰的养母，叫她负责抚养。

第二年，徐知诰被送进书塾里去念书。他天资聪颖，再加上自己刻苦用功，学业在同学之中出类拔萃。

有一天，正逢阴雨，大白天书房里也得点上油灯。那位老塾师先让一个学生点亮了油灯，然后自己又亲手用铁签去挑了挑，霎时光辉满室。这时，老师转向学生们说：“现在，就以油灯为题，你们每人作一首诗来。”

徐知诰先前看到老师用铁签去挑拨灯芯，灯就果然亮堂时，心中就有所动，此时再听老师出题，顿时心血来潮，略加思索，提笔一挥而就，写出一首意味深长的诗：

一点分明值万金，开时惟怕冷风侵。
主人若也勤挑拨，敢向尊前不尽心！

这首诗妙就妙在含义双关，既在咏油灯，也能说明政治舞台上人臣与君主的关系。赤胆忠心如灯火的贤臣，就怕那如同冷风的奸佞的侵害。如果君主能爱护忠臣，勤加提携，并剔除奸佞，则忠臣一定甘愿尽心竭力，效忠君主。这样的诗句居然出自一个八岁儿童之手，实在是太神奇了。

那老塾师看罢，几乎要拍手称奇，心中暗想："这孩子果然胸有城府，不同凡响啊！"就高高兴兴地拿着这首诗念给徐温听，并且绘声绘色地作了一番讲解。

徐温虽然目不识丁，但一经塾师讲解，也乐得合不上嘴。李夫人听了，则乐得直搂着徐知诰连叫"好乖乖"。从此，养父养母对徐知诰更加另眼看待，格外喜欢。

然而，天晴还有天阴时，在那样的家庭里面，养子与亲子的地位毕竟不相同。养子在某一件事情上可以讨得养父养母的喜欢，受到他们的称赞和夸奖。但是当养父养母遇到不顺心的事情时，养子却比亲子更加容易成为出气筒，挨骂受打。类似这样的事情，徐知诰自然也是遇到过的。

不过，小小的徐知诰却很知趣，知道自己在家庭里的地位与众兄弟不同，总是想尽办法避免那种挨骂受打的可能。即使在被骂被打以后，他也从不像那些小兄弟似的撒娇大哭，而只是忍气吞声，让眼泪往肚子里流。打骂事小，他最担心的是怕有朝一日被养父母撵出家门。

可是，这种最担心的事终于发生了。

那一天，养父带着他外出办事，不想在路上遇见了不称心的事，徐温就拿他出气，举起拐杖劈头盖脸地把他痛打了一顿，连声喝道："滚，滚，你给我滚开！"把他从身边赶开，还厉声对手下人说道："从今以后，不许他再进徐家的大门！"

可怜这平日被人称为徐家二公子的徐知诰，顿时又成了孤苦伶仃、无依无靠的"小彭奴"。任凭他怎样涕泪哭泣、苦苦哀求，那暴怒的养父仍是扬长而去，照样办他的事去了。只落得这可怜的孩子在街头哭得悲悲戚戚，路人都为之叹息。

第二章

初露头角遭忌

徐温在一怒之下，把一腔邪火都倾泻在养子身上，当场斥退徐知诰，扬言不准再进家门。待到办完事回家时，早就把这件事忘在脑后。当他走下车来之时，一眼就见大门一边端端正正跪着一个孩子，俯首帖耳，可怜可爱。这孩子不是别人，正是养子徐知诰。

徐温跨前两步，惊问道："你怎么跪在这里？"

徐知诰听得这话，连叩几个响头，泪流满面、哽哽噎噎地回答道："做孩儿的离了父母能到哪里去？孩儿惹得父亲生气，就是打杀骂杀也离不开爹娘双亲的。万望父亲饶孩儿这一回吧……"

徐温听着这凄凄惶惶的话，看看这可怜巴巴的样子，不由心里一酸，想起这孩子原本是个孤儿，只为自己一时不快，拿他出气，竟要撵了他去，更是动了恻隐之心，又想到这孩子平日里种种好处，便止不住老泪盈眶，一把拉起这孩子紧紧搂在怀里。

徐知诰也便趁势搂着养父的脖子，一边用小嘴去亲那满腮胡子的脸颊，一边娇声连叫着"好爹爹、亲爹爹"。就这样，父子重归于好。

原来徐知诰被徐温斥撵之后，在街上哭了一阵，忽然想到养母李氏夫人平日待他挺好。因此就悄悄地逃回家里，跪在养母面前哭诉了前情，苦苦哀求母亲做主。

李氏夫人听了他的话，不免先是教训了他一番，接着便嘱咐如此这般方可免除父亲生气。所以才有这养子跪迎养父、父子和好如初的一段。

时间过得飞快，转眼间十多年过去了，徐知诰已经成长为一个风度翩翩的青年。伴随着徐知诰的成长，在他周围发生了一连串的大事。

首先是吴国的建立及其政治上的风云变幻。

把徐知诰从濠州开元寺接走的杨行密，于唐昭宗天复二年（公元 902 年）被封为吴王，他就建立起来了十国之中的第一个国家吴国，都城设在扬州。但杨行密只做了三年吴王，就死去了。他的长子杨渥继承了王位。杨渥也只做了三年吴王，就因骄奢多疑而被手下大将杀害。他的二弟杨隆演任吴王。

其次就是徐温在吴国的地位日益重要起来。在杨渥的继立、被杀和杨隆演的继立过程中，徐温都是幕后的策划者。他已经成为吴国政治舞台上一位炙手可热的权臣了。

徐温政治地位的变化，对徐知诰自然有着重大的影响，这一点在后面的故事中读者自然能看得出来的，这里不用多说。现在回过头来说说徐知诰本人的事。

徐知诰在二十来岁的时候，已出落得一表人才。他身长七尺，生就的上身略长，下身略短。如果换了一个人，这样的身材别人会说他不雅观。但因徐知诰是吴国权臣徐温喜爱的养子，就没有人敢说他不雅观，而是编出些奉承的话来捧场。有的说此乃大富大贵之相；有的说这种上身长下身短的身材是骑马驰骋疆场的将军身材；有人甚至说这乃是端坐龙椅、南面而尊的帝王身材。因为骑在马上或坐在龙椅上，上身长些，就会显得更加威武尊严，而下身短些则无关紧要。

徐知诰的相貌和言行举止，也颇有些与众不同。他生来天庭饱满，地阁方圆；双目炯炯有神，犹如那天空中的闪电一样，给人以威慑的感受。他开口说话，语音洪亮，如同叩响了一口铜钟，能久久地在人们耳际萦回。

他虽然下身比较短，可是走起路来却急行如飞，即便是缓步而行的时候，别人就是紧迈大步也是很难追得上的。相面先生对他这种走路的姿态也有所讲究，说此乃龙行虎步，亦是大富大贵之相。

徐知诰的长相、说话、走路异于常人之类的说法，当然是一种传说，而且也是一种牵强附会之说。但他办事十分能干，倒是确有其事，因而到处受到人们的称赞。徐温见养子已经长大，为了试试他的办事能力，就叫他经管自己的家务。

这时候徐温在吴国的地位已经十分显要，他的家庭排场自然非同小可。就以来往的银钱账目一项说，每天的收支都是成千上万的数目。除了食邑封地上的钱粮收入、从吴王那里领得的官俸和赏赐这些大宗的收入之外，下属为了巴结讨好或有所请托而不断送来“孝敬”银子，同僚之间则用“馈赠”的名义，也常有大批实物和银钱送上门来，这些也都是不小的数目。凡是收入，都必须条条登记，样样入账，是一笔也不能含糊的。

至于那四时祭祀，送往迎来，日常的衣食住行和杂用，以及管事听差、幕僚食客、婢女老妈子等人的月规钱和其他花销，则都是属于支出方面的，也必须一笔笔的都记载清楚。

总之，家务事当中不说别的，光是银钱账目这一项，就是够烦琐的了。然而不管如何烦琐，徐知诰把它管理得井井有条，丝毫不乱。到了年底，一结算总账，不但一点儿差错也没有，并且结余的钱财还比往年多了不少。这自然使得徐温大为高兴，认为自己不但收认了一个好养子，并且还找到了一个好管家。

徐知诰不光办事能干，并且他还牢记伯父李球的嘱咐，想尽办法在养父养母面前献殷勤，讨他们的喜欢，想要使他们觉得生活中少不了他，把他当成亲生儿子一样看待。

每日的晨昏定省，即一早一晚向养父养母请安问候，徐知诰是从来不会忘记的。就是在自己头痛脑热的日子，他也要叫仆役扶着他，到养父养母面前点个卯，才回到自己房里休息。在养父面前，没有叫他坐，他就在一旁直挺挺地垂手而立；养父没有摆手叫他退下去休息，他从来不会自动走开。遇到庄田上送来了干鲜果品、山禽野味，特别是那些能滋补身体的东西，他总要挑出其中最精华的，由他亲自端着，送到养父面前，恭请品尝。

徐知诰少年时代在书塾中读了孔孟之书，封建礼教那一套他是牢记心中，身体力行，从不懈怠的，所以处处都使徐温满意，觉得这个养子不错。

更可喜的是在徐知诰娶了前昇州（今江苏省南京市）刺史王戎的女儿之后。这王氏夫人相貌虽然平常，但性情温柔，贤惠大方，对公婆很是孝顺，对丈夫颇能体贴。徐知诰在养父养母面前献殷勤，这王氏夫人帮了不少的忙。

有一次，徐温得了重病，久久卧床不起。虽说他有六个亲生儿子，但是有的不在身边，有的公务繁忙，有的害怕端屎倒尿，竟没有人到病榻前来侍候。他有三位夫人和众多的姬妾，可也是龙多不治水，在紧要关头互相推诿，这个说头痛，那个说腰酸，也不肯长时间守候在老头子病榻旁。

这样一来，就正好给了徐知诰大献殷勤的机会。他和妻子王氏，常常衣不解带，整日整夜地轮流在病榻前侍候，问寒问暖，亲尝汤药。一听到病人咳嗽，就赶快扶着他坐起来，抚胸捶背，还小心翼翼地端过漱盂来接痰。徐温发高烧一直不退，经常迷迷糊糊地处于半醒半睡状态。他总是觉得病榻边有人守候着，就问是谁。徐知诰和王氏一听病人问话，就赶快凑上去，答应“孩儿知诰在”“儿媳王氏在”。徐温虽然发烧，心里还有点儿明白，怕把他们累坏了，就摆摆手叫他们下去休息，可是他们始终没有离开一步。

经过徐知诰和王氏的悉心服侍，徐温的病终于慢慢好起来了。从此，养父跟养子之间的感情又深了一层。有一回，徐温甚至当着几个亲生儿子的面，说道：“我看你们几个都不如老二知诰那样孝顺啊。”

可是，为得到养父的特别看重，徐知诰也付出了重大的牺牲。他那体质素来羸弱的妻子王氏夫人，由于长时间在病榻边服侍公公，竟然积劳成疾，一病不起，年轻轻的就死去了。

徐温对儿媳的不幸去世很是内疚，特别是看到养子形单影只的样子太可怜了，觉得实在过意不去。于是他就决定让徐知诰在自己众多的姬妾中挑选一个去做继室，并且说要谁都可以给。

父亲把自己的姬妾赏给儿子做继室，这在今天的人听来，一定认为是荒唐的乱伦行为。但这在五代十国时期的统治阶级中间却是司空见惯的事，不足为奇。徐温把姬妾赏给养子做继室，还有着对养子表示格外亲热的意思，是有意做给自己的亲生儿子们看的。

徐知诰对养父的这一格外赏赐开始有点不好意思，而且也不敢贸然接受。他想到养母李氏夫人是真心疼他的，这样的事情应当征求她的意见，于是就向李夫人说明了情况，希望得到养母的指点。

李氏夫人本来嫌徐温的年轻姬妾太多，怕老头子被那些媚人的“狐狸精”给迷住了，按她的私心，真巴不得把那些年轻姬妾都打发了才好。不过，为这个心爱的养子着想，她倒是出了个不坏的主意。她告诉养子说，这事情可以接受。她还暗暗告诉养子，有个名叫宋福金的姬妾，为人忠厚老实，徐温对她也并不怎么宠爱，要了她，既能成为内助，也不至于挖了老头子的心头肉。

徐知诰听了养母的关照，觉得很有道理。等到挑选的那一天，他一下子就把宋福金挑选上了。

这宋福金原来也是个苦命人，她和徐知诰一样，也是在幼年遭受兵乱，从外地逃来的。后来父母双亡，在十三四岁时就被卖到徐温府上，做了姬妾。徐温不过玩弄了几天，就嫌她性情孤僻，难得有笑容，把她搁在一边了。论年龄她跟徐知诰差不多，很是匹配，加上平日早知知诰是徐府众公子中最能干最贤德的人，所以被挑选上以后，倒是打心眼里愿意，十多年来第一次露出了喜悦的笑容。宋福金万万想不到她后来居然做了南唐国的第一位皇后。当然那是后话。

对于徐知诰来说，无论是管好家务受到称赞，还是养父对他表示亲热而把姬妾赏给他做继室，这些都是次要的事情。他的主要心思不在这些方面。他所希望的是自己能在军事政治方面显露才能，做一个真正的男子汉大丈夫。

要怎样才会显露军事才能呢？那当然得带兵打仗。又怎样才会显露政治才能呢？那就得被派出去做地方官，自己独当一面。徐知诰日夜盼望着自己能身披甲胄，驰骋疆场；或者是做个刺史，主管一州的军政大事。

盼着盼着，机会终于来了。在他二十一岁那年，徐温请准吴王杨隆演，任命徐知诰为昇州防遏使兼楼船军使，叫他到昇州去训练水军。

为什么吴国要在这时候训练水军呢？原来，在徐知十九岁那年（公元 907 年），中国的政治局势发生了一场急剧的变化。唐朝的最后一个皇帝被迫"禅位"于当时掌握了二十一个军镇军政大权的权臣朱温。朱温自立为帝，建立了五代中的第一个朝代后梁。

中原皇朝的更迭，使得各地的武装割据势力迅速分为拥梁和反梁两派。

在吴国南边，拥有两浙和苏南地区的钱镠，是个拥梁派。他接受了梁太祖朱温授予的吴越王的封号，建立了吴越国。在吴国西边，拥有湘桂等地的马殷，接受梁太祖朱温授予的楚王的封号，建立起楚国，所以也是个拥梁派。

占有巴蜀地区（今四川省、重庆市）的王建，占有河东地区（今山西太原一带）的李克用，占有凤翔地区（今陕西省凤翔县一带）的李茂贞，则都是反梁派。

吴国的开国君主杨行密在发迹过程中，曾收留了被朱温打败的朱瑾，因此跟朱温结下了冤仇，双方你来我往地打过好几个回合。如今朱温篡唐建梁，占有中原地区，以正统自居，吴国对此当然不能服气。但吴国周围的割据政权如吴越和楚偏偏又都是拥梁派，这怎能叫吴国统治集团不感到四面楚歌，认为自己处于危险的境地呢？

为了加强防卫力量，所以徐温才请吴王杨隆演派徐知诰到昇州去训练水军。这支水军是用来对付长江上游的楚国和长江下游的吴越国的。

徐知诰深知自己所承担的责任十分重大，训练水军又正是自己显露军事才能的大好机会。于是他就施展出浑身解数，想尽一切办法要把这件事办好。他物色到了许多能工巧匠，组成一支庞大的造船队伍，夜以继日地修造战船。他从农村招募了上万名身强力壮、识水性的青年，编入水军，不分阴晴雨雪地在长江上进行操练。

经过一年左右的努力，徐知诰终于练成了一支拥有几百艘战船，进能攻、退能守的精锐水军。

徐温听说养子训练水军很有成绩，觉得自己脸上增添了光彩，特地陪同吴王杨隆演到昇州阅兵。

徐知诰听得国君要亲自检阅水军，深知这是显示自己才能的大好时机，自然事先做好一切准备。到了阅兵那一天，只见他全身披挂，俨然一员威武的将军。当着吴王和养父的面，手执令旗，亲自指挥将士们在长江中演习水战。

只见令旗指处，那一艘艘轻快的战船在江面上乘风破浪，往来穿梭。水兵们犹如那出海蛟龙，浪里白条，一会儿跳进水里，潜泳到假想的敌船底下，把它掀翻在江里；一会儿又翻身爬上战船，擂响战鼓，猛然向假想的敌船冲击，把它撞个粉碎。整个演习过程严肃认真，有条不紊，丝丝入扣，看得人眼花缭乱，不由得拍手叫绝，就连吴王也看得连连称赞。

徐温想不到自己的养子竟然有这样了不起的军事才能，真是乐得心花怒放，十分得意。他立刻请准吴王，把徐知诰提升为昇州副使、知州事，这样就既能管军事，又能管政事了。

又过了两年，徐知诰再一次被提升，出任昇州刺史，真正成为大权在握、独当一面的地方官。由此，他在政治上大显身手的机会也终于来到了。

唐末以来，武夫当权，文人被迫退居次要地位，地方上的州县官大都由武将担任。这些武将，有的出身行伍，有的原是草莽英雄，十有八九连斗大的字都不识，没有文化修养，不懂文治。他们做了州县长官以后，往往横征暴敛，用心只在两件事：一件是紧紧抓住军权，不断扩充自己的势力；一件是拼命搜刮，把民脂民膏装入自己的腰包。因此，那时候的州县官大都不受百姓欢迎，官民之间形同水火，民变蜂起。

徐知诰对于这些早已耳有所闻，目有所见，因此他在出任昇州刺史以后，做法与众大不相同。他决心实行文治，想以此在民间留下个好名声。

徐知诰上任后，首先实行褒扬廉吏、惩治贪官、劝课农桑、发展生产等一系列措施。同时还派人去搜求散落在民间的书籍，邀请有学问的宿儒进行整理，教学童学习。此外，他尤其注意延揽四方豪杰贤士，请他们来辅佐政事。

经过徐知诰长时间努力，昇州地区的农业生产果然开始欣欣向荣，商品交易日渐繁盛，四乡百姓家给人足，老有所养，幼有所教，成了一个秩序井然的地方。

在平日的生活作风上，徐知诰克己奉公，以节俭自励；对人却轻财乐施，无所吝惜。

五代十国时期是个乱世，军阀们逐鹿中原，你争我夺，给老百姓造成了极大的痛苦，知识阶层也因为政权不断更迭，处于朝不保夕的地步。那时期，人口大量流动，大家都想找个安乐的地方去居住。徐知诰治理下的昇州，犹如沙漠之中的绿洲那样吸引着人们。

特别是那些怀才不遇的文人儒士，连做梦也在想着自己能成为姜子牙，能有个周文王来请他们出山，此时更是如同众星朝北斗般，纷纷来到昇州，投到徐知诰身边来。

徐知诰精心挑选，选出了宋齐丘、王令谋、王翃等几个，叫他们主持议论，帮助处理政务；选出了曾禹、张洽、孙鲂、徐融等几个，请他们担任幕僚，帮着出谋划策；又选出了马仁裕、周宗、曹悰等几个，任用他们作为亲将，帮着指挥军队。这样，徐知诰身边既有了文臣，也有了武将，已经俨然初具一个小朝廷的规模了。

后梁最末一个皇帝朱友贞即位那年（公元 913 年），徐知诰又被加官为检校司徒。这一年，他开始修建昇州城，使这个在东吴、东晋、南朝的宋齐梁陈六朝做过都城的地方，在冷落了三百多年以后，又得到了重建。

在徐知诰治理昇州、显露政治才华的时候，他的养父徐温正兼任润州（今江苏省镇江市）观察使。这观察使是比刺史高一级的官员，昇州及其附近的宣州、常州（今江苏省常州市）、池州（今安徽省池州市贵池区）、黄州（今湖北省黄冈市黄州区）等几个州都直接隶属于润州观察使管辖。

徐知诰治理昇州有了成绩，第一个关心的当然就是他的养父、润州观察使徐温。他为了亲自了解养子的政绩，就来到昇州，视察了一番。到了那里一看，果然是府库充盈，城郭修整，百姓安居乐业，一派欣欣向荣的景象，看了使人十分高兴。

这昇州在三国时代东吴建都时叫建业，东晋南朝时代建都时叫建康，本是个早具规模的江南大都市。它不仅有着帝王都城的气派，并且山清水秀，周围有着秦淮河、玄武湖、鸡鸣山、燕子矶等名胜古迹，是个很能吸引人的地方。经过徐知诰的精心治理，政治上了轨道，城市修葺一新，自然更能吸引人了。

徐温这时由于政治地位日渐上升，他对吴王已有取而代之的野心。到了昇州以后，他既赞许养子的政治才干，也爱上了昇州虎踞龙盘的气派。于是他下令在那里建立金陵府，自己亲自前去坐镇，在吴国之中搞了个国中之国。

与此同时，徐温把徐知诰调到润州去担任团练使，从头治理一个新的地方。徐知诰对于自己的新任命虽然很不乐意，可是父命难违，还是走马上任去了。

原先由徐温自己掌握的扬州城里吴国的军政大权，他就委派自己的长子、淮南节度副使徐知训代为掌管。徐温的长子徐知训是个何等样人呢？他不仅长相丑陋，还是个不学无术的大草包。

徐知训在年轻的时候，他曾学过兵法，因为不肯动脑筋，没能学通。后来，闲着无事，就跟一些剑客侠士们在一起打拳踢腿，角斗摔跤。但是，即使是打拳弄棍，他也不用心学，只是跟在别人屁股后面瞎闹腾一阵，正经的拳术路数半套也没有学到手。

大凡不学无术又浪荡无行的人，往往妒贤嫉能。徐知训最大的特点，就是妒忌心特别厉害，他只要一听说别人有了成就，受到了大伙儿的称赞，他的浑身毛孔就好像被什么东西堵上了，感到难受得不得了。他定要绞尽脑汁，施展出一些阴谋诡计，让这个受称赞的人摔个跟斗，他好看着开心开心。

徐知诰治理昇州政绩斐然，这让徐知训就像是喝了一大坛醋，心里老是觉得酸溜溜的，颇为难受。他想：这个从濠州开元寺里领来的野兄弟，竟然受到父亲如此重视，并且还受到那么多人的称赞，这还了得？在家庭里我是老大，也就是嫡长子，是父亲事业的当然继承者。要是让这个外来的野兄弟的名望盖过了我，将来父亲百年之后，岂不是会出现不堪设想的局面？这我非得采取一些毒辣的手段，把这眼中钉、肉中刺拔掉不可。

嫉妒，从来是人间最恶劣的一种品行，它可以导致人们做出伤天害理的坏事来。徐知训因为嫉妒徐知诰，竟然动了杀机，决心除掉这个外来兄弟。经过一番苦思冥想，他终于想出一条杀害徐知诰的妙计。

一天，徐知训假借兄弟欢聚的名义，买了几坛上等好酒，请厨子做了一桌好菜，把徐知诰和下面的几个弟弟都请来出席欢宴。他却暗中在后堂埋伏下刀斧手，只待宴会进行到酒酣耳热之际，就掷杯为号，叫刀斧手冲出来杀掉徐知诰。

徐知诰不知是计，为了答谢大哥的情意，他竟高高兴兴地前来赴宴。徐知训满脸堆笑地迎出大堂，与众兄弟欢饮，在席间劝酒布菜，殷勤备至。

不想宴会上负责行酒的军校刁彦能，年轻时是个孝子，读过几年书，知书达理，很早就成为徐温的得力部下。他识大体、顾大局，又一向很敬佩徐知诰的为人，不忍心看到徐家兄弟相残的惨剧，决定搭救徐知诰。于是，他就在给徐知诰斟酒时，趁着没人注意，偷偷地在徐知诰手上狠狠掐了一下。

徐知诰是个十分机灵的人，仍然谈笑风生，若无其事。他偷眼观察了一下四周的动静，果然看出一些迹象，才知道原来大哥摆的是鸿门宴，可是自己现在身旁并没有一个樊哙那样的部下，心中着实吃了一惊。

光棍不吃眼前亏，为了避免大祸临头，徐知诰趁着徐知训正跟别人谈话之际，假装要上厕所，就拔腿溜掉了。

被嫉妒迷了心窍的徐知训当然不甘心，一次暗害不成，就又处心积虑地准备第二次的暗害。

过了些日子，徐知诰从润州任所到都城扬州觐见吴王杨隆演。徐知训听说以后，主动到徐知诰馆舍拜望，说了不少兄弟情长的话。第二天又借口慰劳兄弟，在光山寺摆下了酒宴，邀徐知诰并诸兄弟一同欢聚。

这一次，徐知诰又被大哥的这一番情义迷住了，心想，上回究竟是怎么一回事，恐怕也是自己疑心生暗鬼，再说这次大哥不在家里设宴，也不至于一定有什么恶意的布置，因此就怀着自责心前去赴宴了。

且说四弟徐知谏是个厚道人，他事先就知道大哥的计谋，心里却很不赞成大哥的做法。于是，席间，他乘徐知诰上厕所之机，偷偷地把消息透露给了这位二哥。徐知诰听四弟一说，哪能不相信？就抽身从后门逃出了虎口。

徐知训先前见徐知诰上厕所，怕又像上回一样让他逃脱，正要派人监视，又见四弟紧跟着上去，心中大喜，暗赞四弟果然机灵。不想，过了一会儿，只见四弟知谏回到席上，却总不见徐知诰的影子。

徐知训正狐疑间，忽听有人在耳边报告：二公子已飞马而去。这消息非同小可，他一听顿时脸色紫涨，大喊：“彦能何在？”

刁彦能应声道：“小的在！”

徐知训解下身上的佩剑，交给刁彦能，命令道：“骑我的快马，务必追上那小沙弥，结果他的性命！”

第三章

徐知训恶贯满盈

刁彦能受徐知训之命追杀徐知诰，不敢怠慢，上马挥鞭，箭一般向前追去。不过顿饭工夫，即已追上了徐知诰。

刁彦能大呼："二公子留步，在下有话说。"

徐知诰先见有人追来，不免心中着急，只管催马；听得后面有人喊话，扭头见只一人，且是刁彦能，心中稍定，勒住了马头。

此时，刁彦能早到面前，翻身下马，跪倒在地，便道："请二公子恕罪！"

徐知诰一时莫名其妙，愕然问道："你有何罪？有话请讲。"

刁彦能这才把徐知训两次设谋加害的事一一说来，说到他受命追杀一段时，不禁泪流满面道："在下不忍见徐氏兄弟残杀，有损国之元气；且素知二公子仁厚大度，心中感佩，岂能加害于你？只望二公子今后多自保重。"

当下，徐知诰听得这一番言语，不由感激涕零，双拳一抱，便道："恩人两度救我，终身不忘，请受我一拜！"说着撩袍便要下拜。

刁彦能早在一边接住，连说“不敢”，并催促徐知诰道：“二公子请即上马速去，你我后会有期。我也要回去交差去了。”说完，转身上马，一溜烟不见人影。

且说徐知训专待刁彦能追杀消息，不想待了好一阵工夫才见刁彦能急匆匆由外进来，叩头在地道：“属下该死，追赶不及……”

徐知训一听，暴怒非常，但也无可如何，只好把手下人大骂了一阵作罢。

徐知训如此苦心设计，一心要谋杀他的兄弟徐知诰，却不料螳螂捕蝉，黄雀在后，他自己竟成了别人的刀下鬼。

这是怎么回事呢？原来，徐知训不仅妒贤嫉能，而且横暴骄蛮，满朝文武见了他都心惊。

徐知训对吴王杨隆演的态度凶恶蛮横。他自以为杨隆演是他父亲一手扶植起来的，要是没有他父亲的支持，杨隆演根本做不成吴王。因此，这个名义上的吴王就应当只配做个听任摆布的傀儡。徐知训认为吴国的天下早晚要改姓徐，姓杨的应当拱手让位，如果这一变化不在他父亲手里实现，那就必然会在他徐知训的手里实现。所以，他常常以未来的主子自居，并以未来的奴才看待吴王，肆无忌惮地当着众人的面侮辱吴王，使他下不来台。

有一次，吴王杨隆演举行盛大宴会，犒劳文武百官。酒过三巡，大伙儿正在兴高采烈之际，徐知训忽然提议把酒席后撤，前面腾出一块空地来，铺上红毡毯，演戏助兴。戏怎么个演法，由谁来当演员，完全由他徐知训一个人安排。

唐和五代十国时期，我国戏剧艺术中流行滑稽短剧和参军戏。参军戏的主角是参军，徐知训决定由他自己扮演，分配给吴王杨隆演的角色是扮演参军的仆役，是戏中的配角。参军的穿戴是金碧辉煌的盔甲，腰间还挂了一口宝剑，显出一派威风凛凛的气势；仆役的穿戴是青衣小帽，一派寒酸的样子。参军在红毡毯上大步流星地跑圆场，抖威风，唔唔哇哇地乱唱乱叫。仆役就得亦步亦趋，卑躬屈节地跟在参军的屁股后面乱转。

可怜吴王杨隆演从来就没有演过戏，他对此也根本不感兴趣。台步应当怎么走，要怎样才能跟参军配合得好，他一概不懂。他只是笨手笨脚地，蹒跚而又踉踉跄跄地听任别人把他推来搡去地摆布。

徐知训见到这种情景，就勃然大怒，他摘下演戏用的假胡须，指着吴王的鼻子破口大骂起来。他一边骂着，一边用力一推，差点把吴王推倒在地。亏得旁边的人眼明手快，一把给扶住了。

吴王心里感到很是委屈，眼泪流了出来，只好偷偷地用衣袖去抹。在场的大臣们看了这种恶臣欺君的场面，觉得实在太不像话了。他们找个借口，说吴王喝醉了，拥上去把他搀扶着离开红毡毯，躲进了后宫。这样，一场欺君恶作剧才告收场。

过了几天，吴王杨隆演因心头烦闷，想去泛舟浊河，观赏一下沿河景色，好借此散散心。徐知训知道了，他生怕吴王到外面去跟别人搞密谋对付他，对他不利，也一定要跟着去。吴王没法拒绝，只好让他同去。游船在河中划行了一段路程以后，来到一处风景极为秀丽的地方。吴王命令船夫收桨靠岸，想上岸去仔细观赏一番那里的古树怪石、红花绿草。

船夫划船靠岸，系好缆绳以后，摆摆手表示可以上岸了。吴王杨隆演第一个兴冲冲地站起来，抬腿就要跨上岸去。谁知这一下又触怒了徐知训，他认为第一个上岸的应当是他，吴王只配跟在他的屁股后面。如今吴王第一个站起来上岸，抢在他的前面，有损他的尊严。他从口袋里掏出弹弓，装上一粒打鸟用的铅弹，用足了力气拉开弦，去弹击吴王。

幸亏吴王的贴身侍卫动作利索，见状不妙，迅速地用自己穿着甲胄的身体挡住了吴王。只听得“当”的一声，铅弹被挡住了，吴王这才没被打伤。但当吴王回过神来后，他那泛舟散心的情趣，也就被这种煞风景的事情给破坏了。

又有一次，禅智寺里的和尚来报告吴王杨隆演说，他们那里素白纯洁的玉兰花盛开，芳香扑鼻，沁人心脾，请抽空去赏玩。徐知训听说吴王要去赏花，他一定也要去。

寺里的方丈见吴王驾到，就特地叫厨子用豆腐皮、蘑菇、黄花菜、竹笋等做了整桌的素席，又买来一坛好酒，宴请吴王。

席间，徐知训三杯酒落肚以后，假装喝醉了，大发酒疯。他打鸡骂狗似的把吴王臭骂一顿，还用喝剩的酒泼了吴王一身一脸。

吴王本来兴致勃勃地来赏花，没想到又会遇上这样扫兴的事。他心里难过极了，就抽抽噎噎地哭了起来。吴王越哭，徐知训拍桌子打板凳的骂得越凶，寺里的方丈好言相劝，泡了上等香茶替他醒酒也不解决问题。

侍卫们见此情景，只好赶快簇拥着吴王走出寺门，坐上步辇，如出笼之鸟般匆匆逃回王宫。

徐知训对吴王杨隆演如此这般无理，把君臣之间的关系弄得十分紧张。吴王知道自己不是徐知训的对手，只好每日里唉声叹气，连茶饭也难以下咽。吴国的大臣对徐知训的霸道都很不满，对这种强臣压主的局面很是担心和愁闷。

徐知训既然连吴王也不放在眼里，对大臣们自然更不在话下了。他经常恣意地辱骂、嘲弄和欺侮大臣，向他们要这要那的乱敲竹杠，否则就故意刁难，找别扭，甚至加以杀害。

抚州节度使李德诚是老吴王杨行密最赏识的人之一，曾以宗室之女下嫁给他，算得上是吴国的驸马爷，鼎鼎有名的封疆大吏。李德诚家里有班女乐工，其中有个年轻的歌女，不但容貌很美，并且歌喉清脆动听，唱上一曲，余音绕梁，三日不散，颇使吴国的一些达官贵人们为之倾倒。

徐知训知道了这件事，定要叫李德诚把这个歌女送给他做妾。李德诚为了搭救这个歌女不致落入火坑，被迫说了一番假话。他对徐知训派来送信的人说："我家这个歌女早已经有了丈夫，孩子都已快三岁了。有夫之妇要她做什么？等我改日物色到了年轻美貌的少女，一定给送过一个去。"

徐知训见达不到目的，很是生气，扬言道："李德诚应当知趣些，不要把我徐知训当作了省油灯。他要是惹我生了气，我先把他这老家伙杀了，连他的老婆也抢过来给我做妾，看他还能不依？"

李德诚听到这番话后，吓得毛骨悚然。他只好牺牲那个歌女，用一乘小轿抬着，送了过去。谁知徐知训只把那可怜的歌女玩弄了几天，就把她锁进了一间黑屋子里。那歌女有冤没处诉，解下腰带，悬梁自尽了。对于花花太岁徐知训来说，像这样的糟蹋女性乃是家常便饭。

徐知训随便欺侮人成了习惯，但他竟没想到，在满朝文武中有一人却并不能忍受他的欺侮，这就是吴国的开国元勋之一、副都统朱瑾。徐知训一欺侮到朱瑾头上，他就给自己招来了杀身大祸，落得个身首异处的下场。

原来这朱瑾和他的堂兄朱瑄都出身于官宦之家，早先也是一支颇有点实力的地方武装的首领，占有郓、齐、曹、濮四州之地，算得上是山东一霸。

后梁开国皇帝朱温在进攻蔡州军阀秦宗权的时候，开始因为力量不足，占不到便宜，曾经主动跟朱瑄、朱瑾拉关系，认他们为同宗兄长，口口声声地叫大哥二哥，请求他们出兵支援。朱瑄、朱瑾认为大家都姓朱，五百年前一家人，就真的帮着朱温灭了秦宗权。

谁知朱温夺得蔡州以后，就过河拆桥，翻脸不认人，乘机偷袭朱瑄、朱瑾兄弟，想要把同宗兄长的地盘也霸占过去。双方经过一场势均力敌的恶战以后，朱瑄兵败被杀，朱瑾只好带着余部投奔了杨行密。

那时候，杨行密的势力还比较弱小，朱瑾一来投奔，使得他的势力骤然壮大，这才有能力扛住了朱温的进攻，保住了江淮一带的地盘，在朱温的眼皮子底下建立起吴国。所以，朱瑾虽非“三十六英雄”之一，但在杨行密手下却位在“三十六英雄”之上，一向被当作开国元勋看待，被拜为副都统，也就是吴国的副统帅。

朱瑾武艺高强，十八般兵器样样使得，跑马射箭更是看家本领，能够百发百中。朱瑾和徐温是同一辈的人，徐知训兄弟对他一向以叔叔相称。正因为朱瑾武艺高强，徐知训就屡次提出要跟他学两手。

朱瑾是一介武夫，直肝直肠，为人襟怀坦白，从来不怀疑别人对自己会有什么恶意。他又很喜欢奖掖年轻人，听说徐知训想学武艺，就天天骑着他那匹千里良驹，带上特制的刀枪剑戟，亲自到徐府来上门传艺。

哪知道徐知训练武不上心，却心怀鬼胎，看中了朱瑾骑乘的那匹千里良驹，定要叫朱瑾把马送给他。

朱瑾心想：你这做学生的真不讲道理，你没有给我当老师的孝敬点什么，已经是不对了，现在还居然癞蛤蟆想吃天鹅肉，要来夺我的好马，这不是翻天印打师父，太岂有此理吗？

不过，朱瑾还是有点涵养功夫的，他看在老朋友徐温面上，没有翻脸。他既不正面拒绝，也没有答应把马奉送，却是笑呵呵地回答徐知训说："我的马性子暴烈，没有一定的功夫，很难驾驭得了，要是被它从马背上掀下来，命就难保了。你如能耐心地跟我学习武艺，我把驾驭烈马的诀窍也传授给你，等到你有了制服这马的本领时，我就一定把马奉送给你。"

可是徐知训仍然厚颜无耻地耍赖说："我练不好武艺，就是因为没有一匹好马骑。你先把好马送给我，练好武艺就不用发愁了。"朱瑾见徐知训如此不通情理，觉得这样的人实在不值得再跟他打什么交道，一气之下，从此就不再登门传授武艺了。

徐知训见要不到朱瑾的好马，就又起了坏心。在一个月黑风高的夜晚，他打发几名膀大腰圆、面目狰狞的刺客，化装成强盗，去行刺朱瑾。没想到这区区几名刺客又哪是朱瑾的对手，格斗了几个回合以后，都一个一个地被收拾掉了，留下最后一个，也被朱瑾当场活捉。朱瑾一脚把他踩在地上，用钢刀架在他的脖子上，要他供出幕后的指使人是谁。那人怕死，就把徐知训的布置都一五一十地全部照实供了出来。

朱瑾取得口供，知道了事实的真相以后，把他也杀了，在后花园里挖个坑，把这几名刺客埋了。然后，他装成什么事情也没有发生过，天天照常到吴王那里去朝觐，还故意在徐知训面前晃来晃去，表示自己一根毫毛也没有受到损伤。

徐知训见自己派出去的几名刺客一个也没有回来，而朱瑾又安然无恙，却也并没有来跟他算账，自己倒被打进了闷葫芦里，猜不透这是怎么回事。是这些刺客都不愿意干，瞒着他远走了呢，还是全都被朱瑾收拾掉了呢？要是后面的那种情况，为什么从朱瑾脸上一点儿表情也看不出来呢？因为闷葫芦打不破，害得他一连几天饭也吃不好，觉也睡不着。不过他仍然不死心，还想再次暗害朱瑾。

徐知训利用自己的权势，假借吴王杨隆演的名义，宣布把朱瑾外放去做静淮节度使，想在朱瑾去上任途中，半路派人暗杀他。

朱瑾了解到这个情况以后，决定先下手为强。他派人去告诉徐知训说，他这一次离开都城外任，好马的用处不大了，决定奉送给徐知训。但是好马对新主人得有一个熟悉的过程，希望徐知训亲自来取马，也好把一些驯马的诀窍当面传授。

徐知训自己是摆惯了鸿门宴的人，但是他万万没有想到别人也会用这一套来对付他。他毫不犹豫地换了一套新衣服，兴高采烈地到朱瑾家里取马来了。

朱瑾摆下酒席，一而再、再而三地给徐知训敬酒。他还叫出自己心爱的歌妓来，给徐知训灌迷魂汤。等到徐知训喝得酩酊大醉，朱瑾叫人撤去酒席，唤出自己的妻子来拜见徐知训。

徐知训此时已经醉得东倒西歪，听说朱夫人出堂，赶快口称婶母，弯腰答拜。他刚刚弯下腰去，朱瑾就趁势用铁锤似的拳头猛击他的头部，一拳把他打翻在地，随即拔出宝剑，割下了他的脑袋。狠毒蛮横、逞凶一时的徐知训，就这样得到了应有的下场。

朱瑾杀了徐知训，自己认为替吴国除了一大害。他兴冲冲地提着人头去见吴王杨隆演。

谁知胆小怕事的吴王见到徐知训的人头以后，竟吓得魂飞魄散，瑟瑟发抖。他用袖子掩住了脸，结结巴巴地说："这……这怎么得了，他……他的老子还在金陵，我……我对这……这事负不了责……责任。"

这话可把朱瑾气坏了，不由指着吴王的鼻子大骂道："你这没用的东西！我为你除了害，你却怕得要命，我跟着你真是倒了霉。"他把人头提回家里，用刀剁个稀烂，然后关上门自杀了。

徐知训被杀，吴王杨隆演因怕事而假装不知道，当事人朱瑾又自杀了。吴国没了掌权的人，扬州城里谣言四起，乱哄哄地到了无法收拾的地步。这种情况很快就传到了与扬州只有一江之隔的润州。

在润州担任团练使的徐知诰听到消息以后，不免有点幸灾乐祸。他被调到润州本来是很不乐意的，尤其是养父把扬州的吴国军政大权交给徐知训去管，他更有点儿吃醋。他回想起徐知训两次想要谋害他的情景，听说这个凶贼已经被杀，内心觉得十分高兴，心想：你终于也有这一天。

但是快意归快意，扬州城里的详细情况他还不清楚，在这时候他应当采取什么行动也还拿不准。徐知诰一面立即派出亲信马仁裕到扬州去打听消息，一面召集手下谋士商议自己该如何行动。

马仁裕腿勤耳朵长，到扬州转了一圈，很快就把情况全部弄清了，便立即渡江回到润州，向徐知诰作了绘声绘色的报告。

同时，谋士们也计议出了一致的意见，由首席谋士宋齐丘对徐知诰报告说：“扬州城里的混乱，正为我们进军扬州、控制军政大权造成了有利时机。如今我们应当赶快渡江，去稳定那里的局势。这是上上之策。”

徐知诰觉得这个说法很有道理，也正符合他早就想提高自己权位的夙愿。于是他就打出了保护吴王的旗号，立即从润州渡江，进入扬州，自行接替了淮南节度副使的地位，控制了吴国的军政大权。

在金陵城里享乐的徐温，听说长子徐知训被杀，养子徐知诰未经向他请示就擅自进军扬州，控制住了军政大权。他以为这些都是徐知诰的预谋，是兄弟之间的争权，开始第一次对养子产生了怀疑。他赶快亲自到扬州去处理善后事宜。

徐温一到扬州，徐知诰就向他报告了事情的全部经过，并且还陪着他去察看了徐知训的府邸。谁知徐温不看犹可，一看可把他气坏了。他对养子的怀疑消释了一些，反而恨死了自己的亲生儿子徐知训。

原来徐知训府中有一个禁锢很严的密室，四周墙上绘有壁画。画上的徐温，身带枷锁，跪在地上。周围是徐知诰和徐知询等几个兄弟，身上都是五花大绑，也跪在地上。徐知训自己则身穿黄袍，头戴冕旒，威风凛凛地坐在交椅上，正在审问人。壁画上的人物不仅画得惟妙惟肖，并且每个人旁边都清清楚楚地写着名字。

看来这画不是随便画的，而是徐知训雇了画匠，有意识这样画的。它表现了徐知训不但有着篡夺吴王权位的打算，并且还准备在篡位以后杀害自己的父亲和兄弟，这真是太丧心病狂了。

徐温看完壁画以后，对着画面上的徐知训吐口唾沫说：“你这忤逆不孝的狗东西！竟然想要杀父戮弟，真比蛇蝎还狠毒。没想到我竟会生出这样的逆子来。真是该死，死有余辜，死得太迟了！”

徐知诰知道徐温看了壁画后很恼火，就赶快火上加油，把当初徐知训两次想要杀害他的情况禀告徐温，还说明他一则怕父亲生气，二则为了照顾兄弟情分，所以没有及时把这些事情说出来。

徐温一听，对徐知诰能顾全大局，自然表示赞赏，而对徐知训的残忍狠毒，也就更痛恨了。不过，他对于自己的长子为什么会变坏，原因何在，还想寻根究底。

他叫来在徐知训身边服侍多年的人，帮着他查找原因。那些人告诉徐温：徐知训最信任一个法名修睦的和尚，两个人经常鬼鬼祟祟地在一起密谋。据说修睦和尚会给人相面，说徐知训生就帝王之相，日后定能南面而尊，但是他的头顶上和四周布满了跟他犯冲克的人，必须把这些人杀了，他这个帝王才能做得成。修睦所说的跟徐知训犯冲克的人，头顶上的人就是他的父亲徐温，四周的人就是包括徐知诰在内的几个兄弟。徐知训因为被权欲迷了心窍，他对修睦和尚言听计从，所以才有杀父戮弟的打算。

这样一说，真相大白，那密室中的壁画，不用说自然也是修睦和尚叫徐知训找画匠绘制的了。徐温了解到这个情况后，赶快派人去把修睦和尚抓捕到案，未经审讯，就用乱刀把他剁成了肉酱。

长子因为自己作孽，死于非命；养子未经请示就进军扬州，自行接替了淮南节度副使的职位。两件事情都使徐温很生气。对于后一件事情究竟如何对待，是承认既成事实，还是由下面的亲生儿子来顶替这个职位？徐温犯起踌躇来了。

正当他一时拿不定主意之际，突然又发生了一个意外事件：南边的吴越国竟趁火打劫，派兵来进攻吴国的毗陵（今江苏省常州市一带）地区。徐温顾不得再考虑扬州城里的事，赶快集合兵马，匆匆忙忙地奔赴毗陵应战。但他在半路上中暑病倒了，只好回金陵去养病，把军事指挥权交给了徐知诰。这一下又给徐知诰造成了显露头角和控制军权的机会。

徐知诰带着吴国的精锐部队，奋勇抵抗吴越军的入侵，在无锡城下大破敌军，斩首数千，打得吴越军丢盔卸甲，扔下辎重，趁着黑夜南逃。徐知诰带兵紧紧追赶，直到把吴越军全部赶出国土，安定了边界的局势，才收兵回扬州。

经过这一次战争，徐知诰实际上已经取代了徐温的地位，牢牢控制住了吴国的军政大权，使得徐温也只好默认这种既成的事实。

但是长子徐知训死于非命，却成了徐温的一块心病。他想：亲生的儿子尚且想要杀父，这从外面领来的养子能跟自己一条心吗？徐知诰虽然能干，毕竟不是自己的亲骨肉，如今大权落入他的手中，谁知道他头脑中想的是什么？是不是也会有踢开我老头子的那种想法呢？自己采用纵横捭阖的手段，夺得权位颇为不易，如今大权旁落，自己只剩了一副空架子，这怎么行？看来还是应当把权力夺回来，先由自己亲自执掌，然后看自己的亲生儿子中间哪一个靠得住，再确定继承人。

在徐温这样想的同时，徐知诰这边自然也会有他的种种想法。已经到手的权力和地位，他当然轻易不肯再放手，即使交还给养父徐温，他也是不乐意的。看来，养父养子争权夺位的搏斗势所难免了。

第四章

礼贤下士得民心

俗话说，人的欲望是没有止境的。徐知诰自从做上节度副使，地位改变以后，他的欲望也逐渐地提高了。他回忆起早年相面先生说过他徐知诰生就大富大贵的帝王之相之事。他想，既是大富大贵的帝王之相，这淮南节度副使当然不是自己一生事业的终点。于是他开始有了想要取代吴王的念头。他几次对手下的谋士们说：“你们看，我和吴王相比，究竟谁的福分更大些？是他，还是我？”

所谓谋士，自然都是些政治嗅觉很灵敏的政客、帮闲。听徐知诰这么说，他们很快就品出了言外之意，窥透了主上的心事，于是就赶快聚集在一起，帮着主上出谋划策。从谋士们自己的切身利益来说，他们当然也都巴不得徐知诰能取代吴王，南面而尊，他们也好攀着龙鳞，附着凤翼，跟着一起高升，飞黄腾达，做个新国家的开国元勋。

其中有的人不免操之过急，抢先提议说：“依我看，这吴王杨隆演尸位素餐，从他即位那天起，就是聋子的耳朵，非但不管用，还有些碍手碍脚的，不如干脆去此赘疣，由我们的主公来……”

话题一经有人点破，大伙儿都觉得就是这么回事，就都异口同声地说：“对，对，把这聋子的耳朵摘掉算了！”

可是谋士首领宋齐丘却不慌不忙，摇着那把惯常使用的鹰毛扇，摇摇头说：“动刀流血可不好。自古禅让为上策，用武力夺取乃是下策。应当想个办法，使我们的主公兵不血刃地坐上宝座才好。”

大伙儿听宋齐丘这么一说，觉得这也有道理，就又七嘴八舌地议论起如何让吴王杨隆演让位的办法来。

宋齐丘又摇了几下鹰毛扇，开口说：“依我之见，在当今的形势之下，马上迫使杨氏禅让还不是时候，还应当再等一个相当长的时期才行。”

大伙儿听宋齐丘这么说，赶快问他为什么。宋齐丘一边摇动扇子，一边慢条斯理地说：“吴国的政治情况复杂，诚如你们大家说的，杨隆演早已是个傀儡。在吴国政治舞台上真正能左右局势的是徐温这老头子，可是他偏偏又是我们主公的养父。试想，设如杨氏目下拱手让出政权，这王位还不是应当先由徐温接替而不会轮到我们的主公头上吗？而一旦徐温坐上了王位，事情就糟了。等到他百年之后，他有着那么多的亲生儿子，还能轮得到我们的主公吗？”

大伙儿听宋齐丘这么一分析，觉得很有道理，就又着急地问道：“那么依你之见，我们的主公应当怎样做才好呢？”

宋齐丘以扇拄颐，装出一副十分神秘的样子说：“依我之见嘛，最好的办法应当学习春秋时代齐桓公争夺霸权时采取的尊王攘夷之法。”

大伙儿又着急地问："什么叫尊王攘夷之法？"

宋齐丘又开始慢慢地摇动鹰毛扇，压低了声音说："我说的尊王攘夷，其实也就是尊王攘父，就请主公表面上装出尊重吴王的样子，取得吴王的信任，使吴国臣民认为主公很讲道义，那样就能把一向对吴王不很尊重的徐温逐渐排挤出吴国的政治舞台。我们这些人，都应当想尽办法帮着主公树立他的个人威望，要使主公的威望能盖过他的养父，成为吴国天字第一号讲道义的人物。到了那时候，吴王要拱手让出政权，自然只能让给主公而不会让给徐温了。这就叫尊王攘夷之法。"

宋齐丘的这一席话，当时立即博得了谋士们的一致赞同，于是他们就推出几个代表，和宋齐丘一起去禀告徐知诰，问他对这样做有什么想法。

徐知诰听了这个所谓的尊王攘夷之法以后，认为这办法颇有道理，完全是为他着想的，所以决定加以采纳，来一个放长线，钓大鱼，先耐着性子做收买人心、为自己树立威望的工作。等到慢慢把养父徐温排挤掉了，然后再迫使吴王杨隆演让位。

从此，徐知诰处处都把吴王杨隆演放在第一位，做出对这位傀儡国王很尊敬的样子。每天，他天不亮就起床，急急忙忙地梳洗完毕，就身穿朝服，脚蹬朝靴，拿着奏笏，带着文武官员，恭恭敬敬地去觐见吴王，禀告当天要办理的大事。

其实，自从徐温迁居金陵以后，吴国的军政大权一直归驻守吴王身边的淮南节度副使掌管，以前是徐知训，如今就是徐知诰。可是徐知诰装出十分谦逊的样子说，自己初掌大权，办事没有经验，所以凡事务必请吴王拿个主意，他好放心大胆地去具体执行。

徐知诰这样做，懂得内情的人知道他这是走个过场。可是走了这么一个过场，与不走就大不一样。走了，就使吴王杨隆演心里甜滋滋的，觉得徐知诰很尊重他，他算是个名实相符的国王了。而吴国的文武大臣不知道徐知诰葫芦里卖的是什么药，光是从表面上看到他对吴王很是尊敬，也就觉得这位节度副使不亏臣节，确实跟徐温和徐知训大不一样，他们也就逐渐地对徐知诰有了好感。

徐知诰的另一步棋是处理好臣僚之间的关系，争取吴国的文武大臣都来拥护他。在吴国的大臣之中，地位比较崇高的是与徐温同辈的开国元勋“三十六英雄”。对于这些人，徐知诰也一反徐知训的做法，对他们恭敬谦让，亲亲热热地以叔叔伯伯称呼他们，遇事常常征询他们的意见，说自己是后生晚辈，请叔叔伯伯们多多指教。对于那些比较年轻的跟自己平辈的文官武将，徐知诰对他们也平等相待，从不颐指气使，遇事也十分谦虚地征求他们的意见，取得他们的支持。

吴国的大臣们在徐知训掌权那时候，已经被辱骂嘲弄惯了；如今徐知诰对他们这样恭敬谦让，和颜悦色，彬彬有礼，真使得他们如同吃够了又涩又苦的生柿子，突然间尝到了那香甜可口的水蜜桃似的，内心里高兴极了。他们听说徐知诰原先姓李，祖上是李唐宗室，就自然而然地联想起了唐太宗那样的圣明之主，联想起了贞观年间的太平盛世。他们都暗暗地在内心里想：这真不愧是大唐宗室的子弟，如此谦恭待人，礼贤下士，莫非他是个真命天子，大唐皇朝将要在他手里复兴了？如今天下大乱已有年头，真要有那么一天，该有多好啊！

徐知诰在谋士们的策划下，还仅仅只实行了他的策略的一小部分，就已经有人在想着要让他出来复兴大唐了，这说明他在上层社会中的威望已经树立起来了。

宋齐丘等谋士从分析历史经验中知道老百姓的重要性，他们告诉徐知诰说，民为国本，想要争取政权的禅让，稳稳当当地坐上王位，除了做好上层社会的工作以外，还必须争取民心，在广大的老百姓中间树立起威望。徐知诰听从了这个意见，就在继续做好上层工作的同时，眼睛向下，努力去做争取老百姓的工作。

他先派出自己的亲信，到各地去了解民间的疾苦，用他节度副使的名义去进行慰问，讨好老百姓。如遇到民间有穷汉娶不起老婆、穷人家生了孩子无力抚育、死了人无钱殡葬这类事情，就赶快拨出国库里的钱，予以赈济，使得穷汉能建立起家庭，穷人家里也能幼有所育，老有所终。

徐知诰这样做的结果，使得受到赈济的人家欢天喜地，到处传扬如今这位节度副使如何如何关心民间疾苦，真是位盖世无双的青天大老爷。有的人家还特地为徐知诰立了长生禄位，天天为他念阿弥陀佛，烧香祝祷，祝他健康长寿。就连那受到赈济人家的左邻右舍，因为从此以后不再听到从隔壁传来的哭声和叹气声了，不再看到愁眉苦脸的人来向他们一升半合地借贷了，他们对徐知诰的德政也就感同身受，对他佩服得五体投地，都说这位节度副使可真了不起，与他的前任比真是一个天上，一个地下。要是吴国归这样的人来管理，那就真是阿弥陀佛，应当给他磕一百个响头了。

唐末以来，由于兵荒马乱，许多地方田园荒芜，五谷不收，可是官府照旧征粮征税，因此民间积欠的赋税很多。徐知诰了解到这种情况以后，就上朝面君，奏请吴王核准，在吴国全境下了一道豁免民间积欠赋税的法令。

法令中说："年来战乱频繁，田园荒芜，民不聊生。当务之急是要奖励老百姓赶快开垦荒地，种植五谷桑麻。只有做到四海无闲田，才能实现道路无饿殍。为此，特地规定全部豁免民间积欠的赋税，不管以往积欠的数额多少，如今一概豁免，不再征收，只要保证以后好好生产，按期交纳新税就行了。万一以后再遇到人力不可抗拒的天灾人祸，官家还可以考虑根据实际情况减免，但是丰收之年的赋税则必须当年交足，不得无故拖欠，否则就要加重处罚，并追缴已经豁免了的赋税。”

这道法令一公布下去，真如同久旱的暑伏天里突然下了一场甘霖，一直滋润到每个农民的心田里去了。许多积欠赋税的老农听到这道法令以后，竟扑通一声跪倒在地，朝着扬州的方向捣蒜般磕起头来。他们听说官府的这道法令是徐知诰出的主意，就都打心眼里感谢徐知诰，祝福他健康长寿。许多人心里都在这样想：像徐知诰这样宽仁厚道的青天大老爷，要是让他再高升一步，当上吴国的一国之主，那该有多好啊！

徐知诰又在宋齐丘等谋士的帮助下，紧接着豁免赋税的法令，进一步改革了吴国的赋税制度。本来，吴国老一套的赋税制度规定，按人头征收的丁口税和按地亩征收的土地税，都一律要用钱或银子交纳。在当时兵荒马乱的年头，人们三天两头要惦记着背起包袱逃难，钱或银子容易带着就走，而物产比较笨重，不好带走，就算是人人必需的粮食吧，挑上一担米麦逃难，既跑不快，也容易被人抢走；即使没有人抢，吃上十天半月也就光了，不如钱或银子，可以藏掖在身上，到需要的时候拿出来花销。所以当时人们都比较看重钱或银子，因而形成了钱贵物贱的局面。农民要交纳一年的赋税，就得卖掉这一年收获的绝大部分。这样，无形之中又加重了负担。

徐知诰接受宋齐丘等人的建议，下令废除了丁口税，规定土地税改用谷帛等实物交纳。这样一改革，既减轻了老百姓的负担，而国家的仓库里又囤足了饥能食、寒能衣的谷帛。谷帛这类实物，可以作为俸禄发给官吏，也可以用来救济受灾的百姓，还可以用来跟邻近的中原皇朝和地方政权进行贸易，互通有无，换回吴国急需的物资。这样，就使得国家和老百姓都得到了莫大的好处，真可以算是一举两得的大好事。这个改革，自然也是徐知诰的一大德政，又赢得了许多人的赞扬。

徐知诰实行的轻徭薄赋政策，使得吴国老百姓身上的负担一再减轻。老百姓在感激他的同时，生产的劲头也大大提高了。农村中男女老少起早贪黑地开垦荒地，大片大片的荒地被开垦出来。农民们在适宜种粮食的土地上播种五谷，春耕夏耘，秋收冬藏，吴国的粮食产量一年比一年增加。在丘陵地里，普遍地种上了桑麻。农妇们忙着采桑养蚕，缫丝织帛，或者纺麻织布，布帛的生产也一年比一年发展。男耕女织使得吴国农民的生活一天天好起来。吴国国库充裕，比以前富强得多了；而随着国家的富强，徐知诰的威望也与日俱增，越来越受到吴国上下的热烈爱戴了。

宋齐丘等谋士又出了一条察看民情、课督农桑的主意，建议徐知诰趁着农忙季节下乡巡视，亲自去慰问农民。徐知诰觉得这主意很好，就经常下乡去走走。他到这里扶几下犁，到那里拔几把草，虽然只是装装样子，却表示了他懂得民以食为天，对农业生产是十分关心的。

为了表示与农民同甘苦，徐知诰下乡巡视的时候，虽在三伏天炙人的骄阳之下，也决不让人给他张伞打扇。有一次，他在一个酷热的夏天到扬州郊外的农村巡视，随行的人看到他热得汗流满面，脸也晒得红彤彤的，就给他送上一把黄罗伞遮挡太阳。

徐知诰认为此举大大不妥，就板起面孔，当着农民的面大声责备送伞的人说：“那么多的老农曝晒在烈日之下，耘田除草，汗流浃背，粮食的来路真是‘粒粒皆辛苦’！你给我送伞遮挡骄阳，可又有什么办法能使农民免除烈日的曝晒呢？赶快把伞收起来吧！”

左右的人看到徐知诰的衣服都被汗湿透了，又给他打扇送风。他对于这种举动也严厉地加以拒绝。他说：“老农身上不断地出汗，他们连擦一把汗的工夫都没有，又有谁给他们打扇送风呢？我流点汗怕什么，但愿得老天爷风调雨顺，保佑五谷丰登，我身上虽热，心里还是很爽快的。你赶快把扇子收起来，有工夫还是去帮着农民耘田拔草要紧，不要光是围着我一个人团团转！”

农民们看到徐知诰这样关心农业生产，肯和他们同甘共苦，内心里都十二万分的感激。一些上了岁数的老农，看到徐知诰远去的背影，就在地头上合十礼拜，口念阿弥陀佛，要菩萨保佑徐知诰增福添寿。

吴国武义元年（公元 919 年，即后梁末帝贞明五年。从这一年起，吴国开始使用自己的年号），由于徐知诰的威望越来越高，吴王杨隆演就拜他为左仆射知政事，相当于宰相的职位，交给他更多更大的权力。

徐知诰担任这个职务以后，就大力整顿纲纪，革新政治。主要做法是赏功罚罪，即对有功之人给予奖励，或者升官，或者赏给谷帛；对贪赃枉法之人给予惩罚，或者罢官，或者投进监狱。国家的种种典章制度，也用法律的形式固定下来，正式公布施行。

吴国的官吏和军民，都觉得徐知诰办事公道，这样的仆射才真正像是个管政事的大官，所以都尊敬地称呼他为政事仆射，不再提名道姓了。这说明徐知诰在人们心目中的威望又有了进一步的提升。

徐知诰的威望正与日俱增，已经逐渐地盖过了他的养父徐温，夺取吴国政权的条件正在逐渐趋向成熟。为了给夺取政权以后建立新国家做好准备，他决定进一步招纳贤才，组成整套属于自己的包括文官武将的班底。

他下令在自己的府邸内修建了一座规模宏大的延宾亭，作为招纳贤才的常设机构。每天，他都要抽出许多时间，在延宾亭里接待来自四面八方的宾客。他还特地叫宋齐丘写了一篇《延宾亭记》，引用西周时候周公旦一沐三握发、一饭三吐哺的故事，表明自己思贤若渴的心情，表示对各种各样的贤才都愿意量才录用，发挥他们的专长，决不埋没。《延宾亭记》的末尾由徐知诰亲自动笔修改，再一次大声疾呼，号召天下的英雄豪杰赶快来归，不要错过了这大好的机会。

徐知诰叫人用核桃大的字体把《延宾亭记》抄写了许多份，到处张贴。人们看到以后奔走相告，纷纷赶来观看；有的人还争着传抄，送给他们居住在吴国境外的亲友，请他们赶快投奔到吴国的徐知诰门下来。这样，徐知诰的影响很快扩大到吴国境外去了。中原和其他动乱地区的贤才，又一次如潮水般向江淮地区大量流动，投向徐知诰这里。

那些有真才实学的宾客谋士到了徐知诰这里，确实得到了真诚的接待。他们被授予合适的职位，得到发挥专长的机会，也有了优厚的待遇。徐知诰还经常跟宾客谋士比肩而坐，促膝而谈，请他们评论吴国的政治得失，向他们咨询如何才能解救民间疾苦，把吴国治理得更好。有时候，他跟宾客一直谈到深夜，就在延宾亭周围精致的客房里跟宾客抵足而眠，睡下以后，还要再继续谈上几句。

正在徐知诰的威望不断提高的时候，中国大地上的政治风云也发生了剧烈的变化。

中原的后梁皇朝在梁末帝朱友贞即位后，国势如江河日下，一蹶不振。而后梁的冤家对头、据有河东地区的沙陀族李氏集团，在李存勖的统领下，正在日益壮大，终于对后梁发动了猛烈的攻势。中原地区正处在改朝换代的关键时刻。

在后梁皇朝的北边，少数民族契丹族的首领耶律阿保机统一了契丹各部落，在徐知诰任政事仆射的前三年（公元 916 年），宣告即位称帝，建立契丹国。契丹国的势力正在逐渐向南渗透，大有逐鹿中原之势，增加了中国政治形势的复杂性。

在吴国的西南边即两广地区，原先是大彭王刘隐统治的地盘。在徐知诰任政事仆射的前二年（公元 917 年），刘隐的弟弟刘龑在番禺（今广州）即位称帝，建立了南汉国，正式成了十国中的一个国家。

在那个年头，到处兵荒马乱，真是刀枪底下出政权。谁有势力，谁就可以南面而尊，称孤道寡，跟中原皇朝平起平坐。吴国本是个大唐皇朝册封的藩国，如今大唐皇朝已经不复存在，而它和当时占有中原地区的后梁皇朝又有深刻的矛盾，因此，它也正在朝着与中原皇朝平起平坐的独立王国的方向发展。

中国大地上政治风云的变幻，吴国政治地位的变化，特是徐知诰的威望日益提高，这些都在不时影响到徐知诰和养父徐温的关系。这时候的徐温终于坐不住了，他心里十分着急，想从幕后转到台前，来跟养子争夺权位了。

第五章

养父养子争权

权臣徐温在吴国本有特殊地位，由于晚年贪图享乐，叫他那不争气的长子徐知训代他掌管吴国的军政大权，结果出了问题，弄得大权落到了养子徐知诰手中，这自然是他很不甘愿的事情。

如今徐温已经到了齿危发秃的垂暮之年，精力虽然已经不济，可是当他看到政治风云的变幻，心思又突然活动起来。他想做一下最后的尝试，把吴国的政权篡夺过来，自然也盘算着自己死后由谁来继承权力地位和财产的问题。

有一天，徐温家里凑巧出现了一次大团圆，除了养子徐知诰不在场，他自己的几个亲生儿子全都到了。徐温摸着自己的花白胡子，目光在知询、知诲、知谏、知证、知谔这五个儿子中间转来转去。

徐温看看徐知询，觉得他秉性懦弱，办事优柔寡断，由他来继承自己的权力地位和偌大家产不大妥当。又看看徐知诲，觉得这孩子缺乏主见，办起事情来真像他的名字那样，常常要人教诲，由他来继承也不牢靠。再看看徐知谏，他好像没有什么政治上的热情，缺乏做领袖的欲望，当然也不能由他来继承。而徐知证和徐知谔呢，年龄太小，一向在家里娇生惯养，没有见过世面，如同温室里的花朵那样经不起风雨，由他们来继承更有不少困难。

看着这摆在眼面前的情景，徐温不由得思绪万千，起伏难平。天哪！难道我徐温经营了多半辈子的事业，竟不能传给自己的亲生儿子，而注定要由一个外来的养子继承了去吗？我徐温苦心筹划的要让吴国的政权由姓杨改为姓徐，到头来难道竟不能姓徐而要改姓为李吗？

徐温因为无法决定由谁来继承自己的权力地位和家产，竟怀念起他那已经死去的长子徐知训来。他想：知训虽是个不爱学习的人，可是心狠手辣，有些地方很像自己。要是把权力地位和家产交给知训继承，倒还是可以放心的。然而如今已经不可能了。

徐温从怀念长子徐知训，又自然而然地回想起扬州事变来。他想：那次事变为什么来得如此突然呢？为什么会落得个徐知诰进兵扬州、擅自取得军政大权这样的结局呢？他越想越觉得那次事变有点儿蹊跷，好像是出于养子徐知诰的预谋。前些年，曾听说徐知训与徐知诰之间有过不愉快的事情，那事变会不会是徐知诰的蓄意报复呢？徐知诰手下谋士如云，帮他设计一个骗局不是没有可能的。那动手杀徐知训的朱瑾，会不会是受徐知诰怂恿的呢？朱瑾后来的自杀，会不会是徐知诰杀人灭口呢？

这一件件一桩桩的事情，在徐温的脑海里翻过来倒过去，百思不得其解。如今，他把好处都往自己亲生儿子徐知训身上想，把坏处都和养子徐知诰联系到了一起。他越想越觉得徐知训死得冤枉，越想越觉得养子徐知诰靠不住。

那么，徐知训密室中的壁画又该如何解释呢？会不会是徐知诰假造出来挑拨我父子感情的呢？徐温又一次回忆了长子徐知训的种种情况，觉得知训这孩子虽然从小缺乏教育，脾气倔强，常常跟大人顶嘴，跟兄弟打架，可是总不至于会发展到想要杀父戮弟那样的地步呀！

徐温想来想去，觉得自己上了养子徐知诰的当，认为自己当初收认养子是铸成了大错，是应了俗语中所说的“关门养虎，虎大伤人”这句话了。他想到自己的长子竟是被猛虎吞噬的，不禁为此暗暗地落下泪来。

自从对养子徐知诰有了猜忌之心以后，徐温在晚上睡觉时常常做梦。他梦见养子徐知诰手提利剑，凶神恶煞似的把他的几个亲生儿子全都杀光了，然后提着那鲜血淋漓的利剑，直向他逼来，吓得他大叫一声，出了一身冷汗，从睡梦中惊醒。

徐温这边是如此这般，徐知诰那边也同样对养父有了猜忌之心。他听得别人说，养父最近常把几个亲生儿子聚集在一起，研究徐知训的死因。据说养父还为每个亲生儿子配备了师傅，指点他们如何进行争权夺利的斗争。看来，这矛头全是朝着自己这边来的。

徐知诰也一幕幕地回忆起往事来。他从养父迁居金陵，把吴国的军政大权交给亲子徐知训，而把他这个养子调到润州这件厚彼薄此的事情想起，认为养父从那时候起就已经有偏心了。他想：我那样孝顺老头子，在他有病时昼夜侍奉，连我的结发妻子也给断送了，可是老头子的心目中竟然还歧视我，这不是太不公平了吗？

徐知诰想着想着，想起了当年离开濠州开元寺时伯父叮嘱过他的那句话来，伯父叫我有了出头之日不要忘了归宗，恢复大唐宗室的李姓。这姓李可比姓徐要光荣得多了。瞧着吧！有朝一日我定要改姓徐为姓李的。

徐知诰又想：老头子如今重又研究起徐知训的死因来，并且请人指点后面几个亲生儿子如何争权夺利，这实在是居心叵测。他会不会像那个草包大哥徐知训似的，暗暗地加害于我呢？这我可不能不防范啊。

这一日，徐知诰白天照样是忙忙碌碌地处理各种政务，晚饭时便觉有些疲累，闷闷地用了膳，便进房安歇去了。不想，他刚眯着眼，便见一个宫中内使来传话，说吴王有请。于是，他立即整衣入朝。待到得金殿，抬眼上看，不禁一惊。只见他养父徐温身穿黄袍，头戴冕旒，南面而坐，此时正传旨下来，给自己的几个亲儿子都封了王。老头子一见他进来，便冷笑一声，指着他的鼻子大声吼叫说："你不姓徐，你也不配姓徐，你原是濠州开元寺里的小沙弥，给我滚回开元寺里去！"他正待分辩，却见许多身材魁梧、面目狰狞的武士一拥而上，来捉拿他，不由分说，把他捺倒在地，剃光头发，竟自拥往开元寺而去。他奋力挣扎，和那些武士拼死搏斗，口中大呼："好一个篡逆奸贼！"这一声不打紧，竟把自己惊醒过来，却原来是一个噩梦。

他微睁开眼，只听更漏如常，案香如豆，夜深人静。他不由翻身坐起，梦中大喊的那句话连自己都听得见，看看他自己的被褥已被踢到地上，不禁摇摇头苦笑起来。

他身旁的妻子宋福金也已惊醒了，见他翻身坐着，便也起身安慰道："大人夜晚睡下越来越不安静，想必有什么心事。你我夫妻，不妨说来，或许也能为你解些烦闷。"此时宋福金和他已经生活了好些年，因为两个人幼年的生活遭遇有些类似，成了心心相印的恩爱夫妻，互相间已经无话不谈了。他就详详细细地把自己的心事和梦境讲给她听。

宋福金听了，根据她自己的切身体会，认为徐温在男女问题上喜新嫌旧，在政治舞台上纵横捭阖，确实是一个令人不能相信的伪君子。她劝丈夫要多加小心，在表面上仍要维持父子的情谊，使自己在道义上站得住脚，以争取到更多人的同情；而在暗地里则要多加小心，吸取当年徐知训摆鸿门宴的教训，应当经常带着几个亲信做保镖，免得吃眼前亏。

徐知诰和他养父徐温形成分庭抗礼的形势以后，吴国政治舞台上出现了吴王杨隆演、徐温、徐知诰鼎足而三的复杂局面。

吴王杨隆演虽然从一开始上台就是个傀儡，可是他毕竟是老吴王杨行密的儿子。杨行密在世时，对部将十分宽厚，收纳了不少人，在臣属中有很高的威望。他死后，许多部将出于对他的怀念，就把一片忠心奉献给了他的儿子，所以在杨隆演周围还有着一些杨氏老臣，形成一个集团，仍是一股不大不小的政治势力。

徐温这股势力虽然遭到了养子的挑战，可是他毕竟是杨行密的心腹，经过多年纵横捭阖地跟政敌斗争，也拉拢了不少人。虽说眼下他这股势力正在由盛转衰，而金陵地区则还是他牢固的势力范围，徐知诰一时也是难以染指的。

徐知诰这股势力自然是三鼎足之中最有希望的一股。他通过所谓“尊王攘夷”的做法树立自己的威望，所以那时他和吴王杨隆演有着暂时的同盟关系，而专意打击徐温一派。

徐温有个重要谋士叫严可求，在吴国政治舞台上举足轻重，也是个重要的人物。这一天，徐温和严可求在一起商讨吴国的政治局势。徐温对严可求说道：“我徐温得有今日，老兄帮了不少的忙。如今我又有一宗心事，想请老兄再帮我出出主意。”

严可求见状，连忙拱手道：“主公有何心事，只管直说，只要在下能帮得上忙，一定愿效犬马之劳。”于是，徐温就把养子徐知诰的势力逐渐壮大，正想跟自己争权夺利，而自己已经有些拙于应付的情况说了出来，请严可求帮他想办法。

严可求听完以后，搓一搓手，回答说："主公的心事，我早就猜着了三分。徐知诰这人居心叵测，手下蓄养着一大帮谋士，确实不大容易对付。"

徐温一听这话，觉得连严可求这样的智囊竟也无能为力了，内心更加着急，赶紧追问道："那么，依老兄之见，老夫只能甘居其下了？"

严可求见徐温如此着急，不觉有点好笑，心想：当初谁叫你收认养子的！你不是还夸赞过养子如何如何能干吗？不过，严可求表面上当然不好这样给徐温泼冷水，他又习惯地搓一搓手，慢条斯理地说："主公不必着急，虽事到如今，也还并非无法可想。他的势力虽然壮大，但是料定他眼前还不敢轻举妄动。当务之急莫若削其大权，稍再迟延，那就悔之晚矣！"

徐温一听，严可求说的话仍是不着边际，不由着急地追问："我是正要向您请教削权的办法呀！请您说得具体一点好不好？"

其实，在当时的情况下，严可求也确实没有什么好办法了。他又习惯地搓一搓手，沉吟道："办法是有的，那就是请主公把公子知询派到扬州去，名义上是去辅弼吴王，实际上是把吴王拉到主公这边来。那样，那边就孤立无援，容易再走下一步棋了。"

严可求动动嘴皮子好像很轻巧，其实他的主意实施起来又谈何容易，因为凭着那优柔寡断的徐知询的这点能力，又哪里是徐知诰的对手，怎能把那精明能干的徐知诰从吴王身边排挤掉呢？事实上，徐温要把徐知询派到吴王身边去，没有徐知诰的同意，也是根本不可能的事。所以，这番议论也不过是纸上谈兵而已。

不料，这时候徐知诰已经耳目众多，消息灵通。金陵府里养父徐温和谋士严可求的一席话，很快就都传到他耳朵里去了。徐知诰想：这严可求是什么东西，竟敢帮着老头子来打我的主意？让他这样常在老头子身边嘟嘟囔囔的，总不是好事，干脆把他逐出金陵算了。

于是，徐知诰就假借吴王杨隆演的名义，要严可求到楚州去出任刺史。

严可求一听到吴王叫他去任楚州刺史，知道这等于是放逐，当然不愿意去，就赶快跑到徐温那里求助。他对徐温哭诉道："主公问计于我，我只是说了一点自己的想法，谁知道这也犯了法，竟要把我放逐到楚州去了。我真不愿意去那蛮荒之地啊！"

他知道徐知诰已经耳目众多，这一次不能再直说如何如何对付徐知诰了，就利用当时中原后梁皇朝和河东李存勖力量消长的形势作为掩护，语意双关地对徐温暗示说："看看当今的天下形势，河东李氏正在处心积虑地想要夺取朱梁的天下。万一李氏真的得了天下，我们吴国如何得了！不如及早把吴国的藩国名义去掉，建成为跟中原皇朝平起平坐的自主之国算了。"

徐温虽然是个没有文化的粗人，可是政治上的敏感性很强。他知道这"李氏"并非真的指河东的李存勖，而是指原本姓李的徐知诰。严可求建议的所调"废藩建国"，就是对外公开宣告吴国与中原皇朝脱离关系，自成一个独立王国；对内则趁着废藩建国、改变政治体制的时机，兴师动众地派兵赶往扬州，逼着吴王杨隆演下令解除徐知诰的军政大权，把他逐出政治舞台。

这一回，徐温很是高兴，心想严可求真不愧为足智多谋之士，他这一次出的主意倒不错。于是就对严可求说："老兄之见正合我意，眼下也就只能采取这废藩建国的非常手段了。不过具体怎么做，还需老兄出谋划策。您就不要去楚州了，此事由我出面，请吴王收回成命。”就这样，徐温做主，把严可求留下了。

徐知诰见放逐严可求的计谋落了空，便要另想对付的良方。他想，每听说严可求有一爱子名叫严续，已经到了婚娶的年龄，只因这小伙子的条件很高，娶妻一要门当户对，二要才貌出众，因而高不成低不就的，说了十几家媒也都没有成功。而今，我家正有一个才貌双全的女儿，干脆把她嫁给严续为妻，与严可求结为儿女亲家，不但可以拆散严可求与老头子的关系，说不定还可把这位养父的谋士拉到自己这边来呢。

于是，徐知诰头天夜里同夫人讲明原委，第二天便派人到严府提亲。那严续早听说徐知诰家有一女，貌美才高，但因两家非一道，只能望洋兴叹。这回竟有人上门提亲，岂不满心欢喜？便去前厅询问刚从金陵来扬州的父母的态度。哪知不等打探的人出门，厅堂上已传请公子到前堂说话。

这严续急忙来到堂上，只见父母并一位客人形容喜悦，相谈甚欢。叙礼毕，父亲便朗声问道：“现今政事仆射家有千金小姐，才貌双全，愿与我家结亲，许配于你，你意下如何？”这严续一听，正中下怀，忙低头道：“自古婚姻大事唯父母之命是从，孩儿愿听大人之命。”

严可求面带喜色，转头对来人道：“好！一言为定！”

徐知诰的这一着釜底抽薪真是高明。列位，这严可求原是徐温的谋士，如何竟一口应允了这门亲事呢？原来严可求觉得自己已经年老，正在千方百计地想要为儿子找个靠山。他看到近年来徐温这股势力犹如日薄西山，已经没有多大指望了，未来吴国的天下必然是徐知诰的。往日虽知如此，但既在徐温手下多年，怎好陡然改换门庭？再说，他父子争权已非一日，就是自己有心弃旧图新，怎知人家愿不愿收纳呢？所以为此也正犯踌躇。不想，今日竟有这等好事，岂不可顺水推舟，顺竿就爬吗？于是，他高高兴兴地答应了这门亲事，并叫儿子立即把媳妇娶了过来。从此以后，徐温自然与严可求疏远，再也不敢与之谈论养子徐知诰了。

可是，徐温毕竟是在政治舞台上闹腾多年的老手，一两个回合的失败，他是决不肯就此认输的。谋士严可求被养子挖走，使他少了个主心骨，于是他又到处物色新的谋士。他见金陵府行军司马徐玠像是颇有心计的人，与自己又是同姓，就去问计于徐玠。

其实徐玠这人只会夸夸其谈，并无真实的本领。他听徐温说出心事以后，皱着眉头，煞有介事地思考了半天，然后一拍大腿，说声有办法了，出了如此这般一条“妙计”。说来可笑，他的妙计原来是抄袭严可求的那一套，不过不叫废藩建国，而是叫徐温去逼迫吴王杨隆演即位称帝，以便在皇帝即位的大典上，颁发一道圣旨，剥夺徐知诰的权力，重新由徐温切切实实地当权。

这条妙计，也是说说容易，实行起来的困难比废藩建国更大。试想，废藩建国，吴王杨隆演尚且有些胆怯，怕落个僭伪的罪名；即位称帝，这不更是明目张胆的僭伪行为吗？他自然更是不肯那样做的。但徐温思来想去，也没别的好法子，便决意试试。

徐温派遣密使，反复来回于金陵、扬州之间，与吴王秘密磋商。最后，吴王虽不肯即位称帝，但总算同意改称大吴国王，表示自己已经不再是中原皇朝的一个藩王了。在称大吴国王之时，徐温仍居上位，被封为东海郡王，任大丞相、都督中外诸军事、诸道都统、镇海宁国节度使，请其坐镇金陵；同时又封徐知诰为左仆射知政事兼知内外诸军事。

这一次，徐温似乎胜利了，终于迫使吴王废藩，但到得受封之后，不禁倒抽了一口凉气。因为他深知，这不过是一次名义的变革，对他徐温来说仍是一无所得，他得到的种种封号、头衔都是空的，捞不到什么实权，甚至连扬州都回不了，只能仍在金陵；而徐知诰的职位才是实的，军政大权仍然牢牢地控制在他的手中。尤其重要的是民心向背，当时人心都向着徐知诰，更不是徐温这个大丞相所能够拉得过来的。

当初徐温受享乐思想所支配，迷恋于秦淮河畔的箫声，莫愁湖里的桨影，他不想留在都城扬州为烦琐的政务困扰，而是喜欢挟带着众多的姬妾在金陵府享清福。如今他想回到扬州重新执掌实权而不可得，只好依旧灰溜溜地在金陵府愁眉苦脸地养老，在漫漫长夜做着恼人的噩梦。

可是，徐温想要迫吴王杨隆演称帝这回事，反倒起了一个相反的作用，它使得徐知诰开始从头检讨起自己对吴王的态度来了。

徐知诰想：老头子为什么那样急着想要逼吴王杨隆演称帝呢？是不是因为看到我对那个傀儡恭敬而赢得了威望，他也想来如法炮制一番，借此机会夺走我的权力呢？对了！吴王一称帝，吴国的政治体制势必随之而改变，老头子是想浑水摸鱼，趁此机会对我来个当头一棒，夺走我所执掌的军政大权。啊哟哟！真相原来如此，在这上头我可不能太大意了，定要认真对付才好。看来我首先应当给吴王一点颜色看看，使这傀儡不敢轻举妄动，随便听从老头子的摆布。

这时候，徐知诰认为自己的威望已经树立了起来，不仅养父徐温难以与他匹敌，就是吴王的威望也远远不如他了，许多杨氏旧臣已经卖身投靠到他门下，所以他认为当初实行推尊吴王的那套做法已经过时，没有多大用处了，可以让吴王在吃够甜头以后尝点儿辛辣味了。

从此，徐知诰对吴王的态度逐渐冷淡了下来。他虽然不像当年的徐知训那样当众肆意侮辱吴王，但是对吴王的冷嘲热讽、指桑骂槐也就逐渐地成为家常便饭了。吴王杨隆演对于这种变化，自然犹如哑巴吃黄连，有苦说不出，只好把眼泪往肚子里咽。

就这样，在吴国三鼎足的政治势力之中，因为徐温力图采取攻势，想要夺回政治权力；徐知诰改变了对吴王的态度，对徐温则是步步防范，形势就发生了新的变化，吴王杨隆演变成为被夹在中间的两头受气的角色了。

可怜吴王杨隆演，虽生在王侯之家，从小养尊处优，长大后继承了父兄的王位，做了一国之主，可是根本说话不算数，只能像个小媳妇似的，终日里战战兢兢地看着别人的脸色行事。如不这样做，也许明天一觉醒来江山已经变色，自己已被一脚踢开，从一国之主变为阶下囚。这样的处境，使得吴王杨隆演内心感到忧伤极了。

杨隆演为了寻找对策，改善处境，就找了些心腹来一起商量。心腹们想来想去只帮他想出了一个办法，就是把他的几个弟弟和一个较大的儿子分封出去，想叫他们到地方上去成为独立势力，与都城扬州结为犄角之势，以便在万一徐氏篡权窃国、情况紧急的时候，好从外面兴师勤王。

杨隆演接受了心腹们的建议，封三弟杨濛为庐江郡公，四弟杨溥为丹阳郡公，五弟杨浔为新安郡公，六弟杨澈为鄱阳郡公，封自己的大儿子杨继明为庐陵郡公，分别去镇守一些有名的大郡。其实，这种做法并无多大用处，因为除了他的三弟杨濛以外，其余的子弟都才十岁左右，到了地方上也只能做个听人任意摆布的傀儡，成不了什么大气候。

这时候，吴国民间已经唱出了“江北杨花作雪飞”的童谣，意思是说杨姓子弟如同杨花一样飞散，杨姓的天下已经像易融的飞雪那样，朝不保夕，维持不了多久了。

杨隆演虽然将王室子弟分封出去，以图万一有变时有个策应，只是眼下这度日如年、苦受煎熬的日子实在无法解脱。他只好将酒浇愁，天到晚喝得醉醺醺的，迷迷糊糊地蒙头睡大觉，想以此来忘却眼面前的那些伤心事儿。这种办法是在折磨自己。过多的饮酒使得他酒精中毒，神经系统受到损害，很快就卧床不起了。他在自称大吴国王的第二年，终于病死，年仅二十四岁。

吴王杨隆演一死，身为首辅的徐温立即从金陵赶到扬州，处理善后事宜。一些不会分析当时形势而又盼望依附徐温得到点好处的人，竟在吴王灵柩前大讲起三国时候蜀汉皇帝刘备白帝城托孤的故事来。故事中说：刘备在白帝城临终前曾经拉着丞相诸葛亮的手托付后事，吩咐说，要是幼主刘禅值得辅佐，就辅佐他继承王位；不值得辅佐的话，就请诸葛亮自己即位，不必客气，免得误了国家大事。讲故事的人用意十分清楚，就是建议徐温趁此机会篡位，把吴国的政权由姓杨改为姓徐。

徐温一听，这话直接捅到自己的私心，不禁心中一怔。他迅速扫视在场的人，一个个屏气低头，唯徐知诰挺胸直立，面无表情，但目露凶光。他立即清醒地意识到，眼前还不是篡位的机会，因为吴国的军政大权仍然操在徐知诰之手，如果事情造次了，说不定他老头子连金陵都回不去了。

所以故事听完，徐温生怕惹出一场刀光剑影、杀身大祸来，便大发雷霆，一拍桌子，正言厉色地叱责讲故事的人说："当年诸葛武侯忠于汉室，鞠躬尽瘁，死而后已。我徐温堂堂男儿，也一定要效法诸葛武侯，忠君保国。我对吴国天下绝对不存非分之想。杨氏门中即使没有男子，有女也可以立。你们想叫我做图人之国的司马氏，这简直是胡言乱语。有谁再敢这样乱说，我就砍他的脑袋以谢天下！"

可是徐温毕竟是心口不一的伪君子，在立嗣问题上就看出他实际上并不愿意找杨氏门中有能力的人来继承王位，使杨氏的势力复振。

按理说杨行密的第三个儿子杨濛，年龄较大，又很有心计，办事也比较能干，立为嗣君最为合适。但徐温早就有废杨自立的心事，又听说这杨濛早就对徐姓专权不满，常常抚膺长叹说："我吴国竟为他人所有乎？"徐温生怕立了这样一个有心计有能力的杨濛以后，杨氏势力就会逐渐复苏，不利于自己篡夺吴国政权，所以他不肯按照杨氏兄弟的顺序，立杨濛为吴王，而是越过杨濛，把他的四弟、当时年仅十一岁的杨溥抬出来做了吴王。

新立的吴王杨溥当然也只是个傀儡。他即位后，于第二年（公元921年）改元顺义，对下面的文武百官则依旧维持原样不动。徐温依旧任他的空头大丞相，他还是没法摇撼得了养子徐知诰的权力和地位，只好灰溜溜地仍然回金陵去了。

徐知诰仍任参知政事兼知内外诸军事，依旧牢牢地控制着吴国的实权。如今，在他卵翼下的是个娃娃国王，更是什么也不懂，只能看他的脸色行事，任凭他随心所欲地加以搓捏。

局势发展到这一步，徐知诰夺取吴国政权的时机已经越来越成熟，他和养父徐温之间的矛盾也更加尖锐起来。

第六章

李昪受禅建南唐

杨隆演死后，他的四弟杨溥继任吴王。从表面上看，徐温和徐知诰都没有趁此机会篡夺吴国政权，局面好像是平静的。实际上，这一对养父和养子的明争暗斗更加剧烈了。

在徐温这边，他感到自己的健康状况越来越坏了。过去每当过年的时候，他要用镜子照一照，看看一年来自己的两鬓增添了几许白发。如今他是每天都要照一照镜子了。他从镜子中看到自己不仅是满头白发，并且头发越来越稀疏，而胡须却越来越长了。脑门上已布满了皱纹，如同微风吹拂下的水面。皮肤是那样的疏松，缺乏弹性。更使他感到特别难受的是气力越来越差了，上三五级台阶就会气喘吁吁，要是没有拐杖的支撑，恐怕这三五级台阶也难以上得去了。

徐温一向好色，蓄养了众多姬妾，有几个还是前几年才买来的。这些花枝招展的姬妾，为了讨得老头子的喜欢，常常在他面前撒娇，希望把老头子拉到自己房里去。可是徐温已经力不从心，缺乏那种兴致。他甚至讨厌那胭脂花粉的香气和丝竹管弦的声音了。

在徐温脑子里，一天到晚盘旋的就是夺取权力。他希望自己从此清心寡欲，多活上几天；更盼望能找到个得力的帮手，帮他一下子把养子斗倒，把吴国的天下夺到自己手中。只要能享受几天南面而尊的威风，就是死了也值得了。至于死后儿子能否保守住他所创下的基业，那是儿子的事情。总而言之，由于来日苦短，徐温这时候是度日如年，心情愈是焦急了。他希望篡夺政权的事情能赶快成功。

在徐知诰这边，内紧外松，表面上反倒显得沉着冷静。他意识到在养父活着的时候，吴国的政权最好不要易姓，因为这对他不利。否则，父子之间必然要摊牌。那吴王空出来的位子，徐温决不会让他来坐，而他当然也不愿意由徐温来坐。他知道金陵府还有不少兵马，那是养父的亲兵，他徐知诰暂时还指挥不动。他唯一的希望是养父早点死，等老头子一死，那些追随老头子的亲信就不在话下，绝对不是他徐知诰的对手。

最近一个时期，徐知诰布置在养父周围的密探屡次向他报告，老头子近来常喊腰酸背痛，饮食大减，整天哼哼唧唧的。看来这年轻时十分好色的老东西，已经如同被虫蛀空了的大树，很快就要倒了。在这种情况下，徐知诰希望尽可能地暂时维持现状，即由吴王杨溥继续充当着傀儡，压住养父徐温。只要养父不在这时候抢先夺取吴国政权，他徐知诰决不先动手。时间对他是有利的，他宁可多拖上一些日子，拖到老头子呜呼哀哉以后，他自然就可顺利逼宫了。

为了阻止养父抢在他前面夺取政权，徐知诰想出个给养父戴高帽子的办法。他故意到处宣扬徐温如何如何以忠孝教育子弟，徐家是忠孝传家的门第，使徐温有苦难言，不好意思撕破脸皮，悍然篡权窃国。

徐温的习惯是平日在家里爱穿白色绣花的袍子。每逢他的生日，徐知诰都要送上一件用上等衣料制作、刺绣精工的白袍，表表自己的孝心。有些惯爱趋炎附势、希望抱着徐温的粗腿往上爬的人，知道徐温早有篡夺吴国政权的意图，就在徐温耳边不断吹风，说什么白袍不如黄袍好，大丞相不如趁早换件黄袍穿，那样更威风、更精神。这话的意思就是撺掇徐温早点把吴国的政权夺过来。只要徐温一人得道，他们这些人自然也就能鸡犬升天。

徐知诰听到这样的话题，当场就斥责这些趋炎附势的小人，称他们为悖逆人伦的乱臣贼子。他对徐温进言说："父亲大人一向以忠孝勉励我们众兄弟，徐氏的忠孝家风也久已闻名于世，朝野人士莫不人人称道，个个敬仰。如今出了这帮小人，一再敦促大人白袍换黄袍。这种荒谬的言论要是传扬出去，岂不毁了父亲的一世英名，败坏了徐氏家族的荣誉？希望大人千万不要听信这帮小人之言，赶快把他们斥逐了才是！"

徐知诰的这一番话，表面上像是劝告徐温不要听信小人之言，骨子里却是软中带硬，是一种警告，其言外之意是：你要是对杨氏政权尽忠，我做养子的就会对你尽孝；你要是对杨氏政权不忠，那么我做养子的也就不必对你尽孝了。

老奸巨猾的徐温当然听得出养子的话中话。他表面上对徐知诰的说法连连点头表示同意，口头上也唱着十分动听的高调，回答说："吾儿所言极是！忠孝乃人伦之本，也是我徐氏家族的家教。我徐家决不许可出悖逆人伦的奸臣逆子。"其实他这话也是软中带硬，话中有话。意思是说，你认为我要夺取吴国政权，是奸臣；可是你想要把我老头子挤到一边，由你来夺取吴国政权，那你就不但是奸臣，并且还是逆子了。

徐温还在肚里暗暗地骂他的养子：“你这个野种，叫我不要白袍换黄袍，难道这黄袍非得由你来穿不成？你想顶替我徐氏门墙，这可办不到！我老头子斗不过你，我下面还有着五个亲儿子，他们会跟你继续斗下去的。”

然而徐温也只能在肚子里骂骂而已，事实上他已经在这个精明能干的养子面前败下阵来了。在政治舞台上，徐温混了多半辈子，惯用纵横捭阖的手段跟政敌斗争，从来没有输给对手。如今在养子面前，他却只有招架之功，而无还手之力。他想来想去，还只能用那套老办法来对付徐知诰，就是想叫吴王杨溥早日称帝，改变吴国的政治体制，重新分配权力，乘机剥夺徐知诰手中的大权，重新由他自己当政，然后进一步再让已经称了帝的杨溥禅位，把吴国的政权全部夺取过来。

自从杨溥上台继任吴王以后，徐温隔不多久就要派人给他送信，迫使他称帝。可是，十来岁的小娃娃根本不懂得帝和王的区别在哪里，他每次总是把徐温送来叫他称帝的信交给徐知诰，请这位掌握着军政大权的参知政事替他拿主意。徐知诰拿到徐温的信后，回答总是那句老话：“等我召集文武大臣商量商量后，再做决定。”实际上他是把信扣压下来，积攒了几封以后，一把火烧掉了。

时如流水，杨溥即位后的第八年（公元 927 年），徐温经常耳鸣心跳，觉得自己将不久于人世了。事情不能再这样拖下去，应当趁着自己还活着的时候，赶快从养子手中夺回权力，使吴国的政权改姓。

他下了很大的决心，准备兴师动众，利用自己大丞相的名义，率领吴国境内诸藩镇的兵力，一起到扬州去示威，迫使杨溥称帝，从养子手中夺权。可是老头子毕竟已是风烛残年，不能够过分激动。他调兵遣将，一番操劳后，心跳速度大大加快，周身血液沸腾，几乎要胀破血管冲出体外，终于支持不住，还没有从金陵动身，就突然病倒了。

徐温感到这一次病势来得很急，也许自己的末日已经到了，就赶快把次子徐知询叫到床前，下令把金陵府的军政大权全都托付给他，叫他赶快带着诸藩镇的兵力到扬州去，向徐知诰夺权，迫使杨溥先称帝，后禅位，然后到病榻边来向父亲报告喜讯。

徐温知道自己已经没有可能南面称尊，做吴国的君主了，就把全部希望都寄托在徐知询身上。

可是还没有等徐知询点齐兵马从金陵出发，徐府的后堂便传出一大群女子的哭声，犹如被人捅了一下的马蜂窝，嗡嗡嗡地乱成了一片。原来徐温已经蹬腿咽气，一命呜呼了。

按照封建时代的老规矩，父亲死了，打头的儿子要带着众弟兄亲视含殓，主持丧事。长子徐知训已经死去多年，徐知诰是养子不能算数，如今徐知询已经算是打头儿子。因此，他的扬州之行也就此搁浅。徐温想在自己临终之前从养子手中夺权，把吴国的天下改姓，这个梦想就此破灭。

徐温的次子徐知询虽是个庸才，没有多少本事，但是他毕竟是封建社会里的权臣之子，对争权夺利、谋朝篡位这套不仅感兴趣，并且很愿意试试身手的。父亲死后，他忠实地执行父亲留下的遗嘱，准备在争夺权力上跟徐知诰进行一番较量。

就在徐温去世的当天，徐知询未经吴王任命，公开宣布承袭父亲的爵位，自称大丞相，牢牢地控制住了金陵府属下的全部军政大权。他自己不能到扬州去夺权逼宫，竟然想假借给父亲办丧事的名义，把徐知诰骗到金陵来，迫使他交出军政大权。

可是徐知诰不是傻瓜，在这个节骨眼上，他是绝对不会轻易离开扬州，到金陵去自投罗网的。

他的妻子宋福金也不同意他到金陵去冒险。宋福金劝他说："这一回你可不要再去赴鸿门宴了。老死鬼又不是你的亲爹，办丧事由他的亲生儿子去办好了。我是决不会让你到金陵去的，即使你带了重兵，我也不让你去。你可以用政务繁忙为理由留在扬州，以忠孝不能两全、忠应在孝前作借口，说是已在扬州遵礼成服，戴孝视事。这在道义上是完全能说得过去的。"

徐知诰完全同意妻子的看法。他派人给徐知询送去一封信，说自己已经在扬州遵礼成服，为父亲戴孝，因政务在身，不能去金陵奔丧。并随信送去了香烛纸马。接着就在徐温死后的第九天，他迫使吴王杨溥称帝，改元乾贞，由他自己担任侍中、太尉、都督诸军事，并先后两次授意杨溥封他为浔阳公和豫章公。

却说徐知询在徐知诰这样安排了以后，头脑居然还没有清醒过来。他把父亲的丧事料理完毕后，竟跟自己的几个亲弟弟闹起矛盾来。他认为吴王虽然已经称帝，但是吴国的强兵都在金陵府，地方藩镇也是听他而不听徐知诰的。他只要牢牢控制住金陵府的兵马，到时候向诸藩镇发一声号令，就能很容易地从徐知诰手中夺权，迫使吴帝禅位。所以，在他眼中，徐知诰不足惧，禅位称尊也不是难事。他反而担心自己将来做了皇帝，他的弟弟们可能会来跟他争夺帝位，不如趁早叫他们滚开点。

徐知询的这种糊涂想法和偏狭心胸，连原先向徐温提建议、叫他用徐知询代替徐知诰的那个金陵府行军司马徐玠，也认为这个徐知询是成就不了大事的草包。他竟反戈一击，投靠到徐知诰这边来了。

转眼又过了两年，徐知诰决定除掉徐知询，把金陵府的兵马收归己有。他以吴帝杨溥的名义，召徐知询到扬州来，入朝议事。

愚蠢透顶的徐知询见两年来徐知诰没有动手，以为他不敢篡夺吴国的江山，也不敢对自己怎么样，想趁机到扬州看看形势，以便做下一步的打算，竟真的从金陵启程，到扬州入朝议事来了。

就在徐知询刚要出发的时候，前些时候曾帮他在扬州探听消息的周廷望赶来劝阻，请他千万不要贸然行事。周廷望苦口婆心地劝他说："主公啊！扬州你可千万去不得。徐知诰正在那里等着你呢！你这一去，准是羊落虎口，有去无回呀！"

但是徐知询不听劝阻，反而振振有词地说："这是皇帝的诏旨，我不去就是违抗君命，有亏臣节。我料想徐知诰决计不敢对我无礼。"周廷望没法，只好流着眼泪为他送别，请他多多保重，提防暗害。

徐知询一到扬州，徐知诰就把他软禁了起来，并当场宣布他在金陵府有密谋造反的意图，剥夺了他的全部军权，下令把金陵府的兵马收归吴帝杨溥亲自指挥，只给徐知询留了个有职无权的左统军的头衔。

徐知询十分气愤地争辩说："父亲病故，你这个素来以孝子自命的人，竟不来奔丧，真不知是何居心？如今你反倒打一耙，说我有谋反之罪，真正岂有此理！怪不得周廷望告诉我说，扬州千万来不得，来了会遭到你的暗算。原来你真的早有谋我之心了。你丝毫不顾兄弟情义，也忘了父亲对你的恩情，你的手段真狠啊！"

徐知诰早有准备，不慌不忙地回答说："我听说你假借叫我为父亲奔丧的名义，在金陵府布置下伏兵，剑拔弩张地等着我，想要谋害我。不过这个我倒并不怕，我不来金陵府奔丧实在是由于政务缠身，君命难违。自古以来，忠孝很难两全，在不能两全的情况下，忠自然应在孝前。以忠孝传家的父亲，他的在天之灵也一定会原谅我的。你身为人臣，竟然在金陵府偷偷地准备好了君主才能乘坐的銮舆，请问你这不是谋反又是想干什么？”

徐知询见自己极为机密的事都被徐知诰知晓了，十分惊愕地问：“谁说我准备了君主乘坐的銮舆？这个罪名完全是你捏造的。”徐知诰哈哈大笑说：“揭发你想要谋反的不是别人，正是那个劝你不要到扬州来的周廷望。”

其实，徐知诰这话是骗骗徐知询的，周廷望并没有背叛他的主子。事后，徐知诰为了杀人灭口，下了一道密令，派人赶到金陵府，把周廷望捉住杀了。

过了几天，徐知诰在政事府设下酒席，宴请徐知询，说是前几天兄弟之间伤了和气，如今想通了，想跟弟弟讲和，重归于好，并准备送弟弟回金陵府去。

席间，徐知诰斟了满满一盅酒，递给弟弟，表示为弟弟饯行。徐知询怀疑酒里有毒，急中生智，随手从席上拿起一个空酒盅，把一盅酒对半分开，自己手里拿半盅，把另外半盅递给徐知诰，故作诚恳地说：“小弟借花献佛，请哥哥与小弟共饮这一盅酒，从此我们兄弟和睦，小弟唯哥哥马首是瞻！”

徐知诰见状，急忙用手挡住对方递来的酒盅，推说自己近来肠胃不好，不能饮酒，只能陪弟弟吃点菜。徐知询见他不肯饮酒，更为狐疑，于是一直举着酒盅不肯退让，非要哥哥与他共饮这一盅酒不可。双方你推我让，闹成了个僵局。

这时，在场有位叫申渐高的乐师，善吹三孔笛，素来诙谐幽默，一贯善于给别人打圆场。他见此情景，嘻嘻哈哈地走到两兄弟中间，一伸手把徐知询手中的两个半盅酒全都抢了过来，重又倒回到一个酒盅内，开玩笑似的说："你们都不想喝这酒，那就算我有口福好了。我来替你们喝。"

申渐高说完，一仰脖子，把一盅酒全都喝了个精光，然后把两只酒盅揣在怀里，抬腿就往外走。可怜他还没走到家，半路上毒性发作，就倒在路旁死了。

这一次，徐知诰仿照当年徐知训的做法，想要害死徐知询，却也没能成功，只好依旧把徐知询软禁起来。但是经过这个回合的斗争，徐知询的兵权被剥夺，徐温的嫡系势力彻底失败。原先金陵府属下的人，如同风吹墙头草似的，一齐倒向了徐知诰这边。徐知诰夺取吴国政权的对手被彻底击败了。

从吴帝杨溥大和元年（公元 929 年）开始，徐知诰让杨溥一个劲儿往自己头上加官，先兼任中书令，后又以大将军的身份晋升为兵部尚书、参政事。到大和三年，徐知诰立意加快逼宫步子，决定自己不妨先到金陵去准备大事，扬州这边由儿子掌管一时，既能预建新都，又可让儿子熟悉一下政事。

于是，由吴帝下诏，命徐知诰出镇金陵府，而叫徐知诰的长子徐景通担任司徒、平章事、知内外诸军事，加诸道副都统，留在扬州。徐知诰又把王令谋、宋齐丘提拔起来任左右仆射、同平章事，协助徐景通辅佐吴帝杨溥，实际上是保证儿子在都城牢牢掌握大权，做到万无一失。

徐知诰在出镇金陵府的第二年，就大规模扩建金陵城，准备把那里建成为他未来的都城。过不多久，他把长子徐景通调到金陵府任镇海军节度副使，改派次子徐景迁为太保、平章事，由王令谋、宋齐丘协助其执掌吴国的国政。这样做的目的，就是让几个儿子都在政治舞台上露露脸，见见世面，将来好继承自己辛辛苦苦创下的这番基业。到这时候，徐知诰夺取吴国政权的架势已经摆好。

为了扫清篡夺吴国政权的最后一块绊脚石，徐知诰于大和六年（公元 934 年）幽禁了当时已被封为临川王的杨濛，把他关在和州（今安徽省和县），派二百名士兵加以看管。杨氏势力中最危险的一支力量被剪除了。

大和六年，吴帝杨溥二十五岁，已懂得点事情了。他希望老天爷保佑自己的帝位不要丢掉，下令从次年起改元天祚，即天延国祚之意。可是，眼看徐知诰南面称尊之事已是势在必行，光靠看不见摸不着的老天爷是不行的，便想跟徐知诰平分吴国的领土，以求其不要篡夺吴国的天下，保全自己的性命。

吴帝杨溥加封徐知诰为尚父、太师、大丞相、天下兵马大元帅，不久又晋封为齐王，划出昇州、润州、宣州、池州、歙州（今安徽省歙县）、常州、江州（今江西省九江市）、饶州（今江西省鄱阳县）、信州（今江西省上饶市）、海州这十个州给徐知诰，建为齐国。这样，徐知诰堂堂皇皇地拥有了吴国的半壁江山，成立了实际上的独立王国。

但徐知诰对于划地封王等等都不感兴趣，只对天下兵马大元帅这个头衔还有点儿喜欢，因为这个头衔代表全国军队的统帅权，有了它，更便于压服一切反对势力了。他于天祚二年（公元 936 年）建立了大元帅府，设置百官，宣布以金陵府为吴国西都，俨然与扬州的吴帝杨溥分庭抗礼。

更为露骨的是，徐知诰把自己名字中的“知”字废除，改名为徐诰。因为“诰”是皇帝的命令，“知诰”是服从皇帝命令的意思，顾名思义乃是人臣之名。光是以一个“诰”字为名，那就变了一个位置，成为发布诰命的君主了。

接着，他一不做，二不休，干脆派人到和州杀了杨濛，消灭了杨氏政权将来复辟的可能性。至此，吴国满朝大臣、上下臣民无不知道杨氏将亡、徐氏必兴的事了。

徐诰的老部下王令谋当时被任命为左仆射，老得牙齿全都掉光了，餐餐饭只能喝稀粥，吃豆腐，走起路来全凭拐杖支撑，一摇三晃，很是费劲。别人都劝他说，他都这么大年纪了，趁早告老还乡算了。他却张着那没牙的瘪嘴，慢条斯理地说：“那怎么可以？齐王最后一宗大事还没有办完，我怎能告老还乡？”他再三劝说徐诰赶快逼宫，叫吴帝杨溥禅位。

此时吴帝杨溥也知道大势已去，难以挽回，为了保全性命，只好把帝位让出来，就于天祚三年（公元 937 年）十月，派太尉杨璘向徐诰奉上皇帝的玺绶，宣告禅位。

徐诰先是假意推辞了一番，然后接过玺绶，祭告天地，正式宣布即位做了皇帝。

起初，徐诰定国号为大齐，建元昇元，定都金陵。昇元三年，他宣布恢复李姓，并且从古代字书中找了个形容日光明盛的“昪”字，作为自己的名字，改名为李昪，并以大唐宗室的名义，改国号为大唐，表示要中兴唐室，史称南唐。

到此，那个从小死了爹娘，孤苦伶仃地在濠州开元寺里出过家的小彭奴，竟成为五代十国时期占有江淮地区的南唐国的开国君主。李昪后来的庙号是唐烈祖。下面我们将以唐烈祖李昪来称呼他。

第七章

国势隆盛四方贺

南唐建立之后，正是新朝伊始，自有一番鼎新革故的景象。

那日，李昪举行禅位登基大典，自是群臣舞蹈、百官称贺。大礼既毕，便传旨文武百官，一一有赏，各有升迁，自不必说。惟有两件大事，需李昪亲自处理。一是如何对待吴王杨溥，一是如何对待他已死去的养父徐温。这两件事处理得好坏，关乎人情、民心，也关乎他的政治声誉。

说起来，这李昪倒也不愧开国之主，果然顺应人情民心。登极之后，即传旨优待吴王杨溥，尊称他为“高尚思元宏古让皇帝”，把润州的牙城改为丹阳宫，请“让皇帝”住在宫里休养，并派亲吏马思让为丹阳宫使，带兵数百，严加护卫。当然，明眼人知道“护卫”也者，就是监视，防备这位“让皇帝”与杨氏旧臣接触，卷土重来，图谋复国。可怜这位“让皇帝”于让出帝位后仅仅只活了一年，就寿终正寝，死时年仅二十八岁，这是后话。但是从唐烈祖李昪来说，他这样做已经被人称之为仁至义尽了。

关于追谥养父徐温以尊号，也是唐烈祖做得比较漂亮的一件事。徐温在临终前的几年，养父养子间的明争暗斗十分厉害，二者在感情上已经势如冰炭，但是死了一个，矛盾也就解决了。唐烈祖乐得做得大方一些，给死者戴戴高帽子，好表示自己的孝心和豁达大度，所以他追谥徐温为皇考太祖武皇帝。后来李昪宣布归宗，恢复李姓，徐温的“皇考”“太祖”之名自然也就不能成立了，于是就改称他为“义祖”，这也是后话。就当时而论，人们却是颇为称颂唐烈祖的孝心的。

却说东都扬州的留守判官杨嗣，一看吴国的杨氏政权倒了台，他害怕因为自己姓杨而被视为吴国宗室、前朝余孽，会大祸临头，就上表请求改姓为羊，自居于犬羊之族。更有一班趋炎附势的大臣，上表请将府寺州县名称中凡带有“吴”字和“杨”字的一律改掉，以杜绝人们对前朝的怀念。唐烈祖每当看这样的表奏，总是下令一概不准，并叫大家不要这样的多心和胡改。

唐烈祖李昪登极后，下功夫最大的还不是在以上这些方面，他最关心的还是修明内政，擢用贤才，轻徭薄赋，与民休息。他对吴国的旧臣并没有完全摒弃不用，而是量才录用，给他们官做。例如吴国的平章事张延翰被任命为右仆射兼门下侍郎同平章事，吴国的门下侍郎张居咏、中书侍郎李建勋都被任命为同平章事。

唐烈祖李昪十分关心农业生产，他在一道诏令中说：历年来干戈相寻，烽烟遍起，大片土地荒芜，无人耕种；千万株桑树枯萎，没法养蚕。百姓们的衣食日渐短缺，饿毙道旁者有之，赤身露体者有之，卖儿卖女者也日有所闻。寡人闻之，内心甚感忧戚。今规定：凡百姓来归者，由官府拨给荒地开垦。有三年之内能种活三千株桑树者，赐帛五十匹；每个丁口能开垦荒地到八十亩者，赐钱二万。新种桑树和新垦田地一律五年不征租税。

此外，为了鼓励农民发展生产，他依旧实行过去的老办法，亲自下乡去慰问农民，并在每年春耕开始的时候，举行隆重的籍田仪式，即在国都郊外的一块荒地上，祭祀农神后稷，然后亲自扶犁开耕，命令文武百官锄头铁耙一起上，整出垄沟，播上五谷。虽说这种劳动是象征性的，却也给老百姓做出了个好榜样。

封建时代的地方官为了拍皇帝的马屁，讨得皇帝的欢心，常常会挖空心思地向上报告他们治理的地区内出现了什么祥瑞，借以显示自己的政绩。如一株麦子结了三个麦穗啦，朽木头上长出了一株灵芝啦，一株枯死多年的老树重又长出了枝叶啦，从池塘里爬出来一只白毛乌龟啦，如此等等，不一而足。他们以为有了这些祥瑞，老天爷将要降福于人，就可以高枕无忧，坐享太平了；而他们治理的地方能出现这些祥瑞，又能说明他们牧民有方，对朝廷做出了贡献。

可是唐烈祖李昪不相信这些东西，他下诏责备上报祥瑞的地方官说：政治腐败，老天爷会用天灾发出警告；天下太平，是将士们奋勇卫国、老百姓努力生产的结果。什么嘉禾、灵芝、枯木逢春、白毛乌龟之类，都是偶然出现的东西，不见得是什么好兆头。春秋时期的鲁国，出现了麒麟的祥瑞而国势仍然日渐削弱；篡汉建立新朝、迷信祥瑞的王莽，结果惨遭败亡，身死渐台。历史上的明君，战战兢兢，勤于政事，唯恐没有为民造福，触怒老天爷，使灾祸降临到自己头上，这种忧国忧民的思想是对的。君主昏庸，不为老百姓着想，即使出现千万种祥瑞，也避免不了国破家亡的结局。希望你们以后勤勤恳恳地劝课农桑，及时上报垦田开荒的情况，至于什么祥瑞之类的东西，就千万不要再上报了。

封建时代的皇帝，大多口头上说得漂亮，在行动上却是拼命搜刮民脂民膏，生活过得极为奢侈浪费的。唐烈祖李昪出身贫寒，幼年又有过一段苦难的遭遇，所以懂得世事的艰难、百姓的甘苦。他做了皇帝以后，却也并不纵情声色，而是依旧过着十分俭朴的生活，力求以自己的行为给达官贵人和皇亲国戚做出好榜样。

他经常穿着的是粗布衣服，只在有重大庆典或接见国宾的时候才换上丝绸制作的龙袍。他脚上一直穿着蒲草做的鞋子，别人劝他换双讲究一点的靴子，他说蒲草鞋走路比较稳当，不会跌跟斗。他盥洗用的脸盆是粗糙的铁盆，吃饭用的碗和盘也是铁制的，夏天挂的蚊帐用质次的青葛布制成，冬天盖的被子是粗麻布絮上些乱丝绵。皇宫中不用年轻美貌的宫女，只留些年老丑陋的宫女做些浆洗缝补的粗活。

宫中留有一些从中原逃亡出来的宦官，但是唐烈祖明确规定，宦官绝对不许干预政事，胆敢对政事多嘴者格杀勿论。又规定外戚不许担任辅政大臣，有本事的可以做小官，没有本事的靠官府赈济度日，不能享受什么特权；如有为非作歹的，与庶民同罪。对于那些为国家牺牲的忠臣义士，规定由国库拨给三年的俸禄抚恤其家属，如有成年子弟的，官府可优先录用。

像唐烈祖李昪如此为政，可说是五代十国时期其他任何一个君主所做不到的。

唐烈祖勤于政事，每天不处理完大臣的章奏不休息，所以军国大事都处理得很及时，没有什么积压下来的悬案。对有治绩的官员，他及时给予奖励；对有劣迹的贪官污吏，则及时惩处。

这唐烈祖李昪更有一个难得的好处，就是不让自己宠爱的人向他进谗言，如有违犯者，决不轻饶。

还在受禅前夜，由于过度兴奋，他宠幸了一个乐部宫妓种氏。

受禅之后，就封种氏为贵妃，可谓备受恩宠。种贵妃不早不晚，正在唐烈祖做皇帝后第二年过生日那天生了个皇子，取名为景逷（tì）。

这李景逷不光生日和父亲相同，并且长得虎头虎脑的，相貌酷似乃父，简直就是缩小了的唐烈祖那模样，因此格外受到父亲的喜爱，而种贵妃自然也更加受到宠幸，几乎要跟皇后宋福金平起平坐了。可是这乐部宫妓出身的种贵妃有些不识时务，以为她生的儿子既然受到唐烈祖的格外喜欢，那么将来就准能做太子，而她自己也就能做皇太后了。

这一天，唐烈祖驾临他的长子齐王景通的住处，正好碰见景通一手搂着一个年轻的宫妓，一手在为这宫妓调理乐器。唐烈祖不禁为之勃然大怒，一连几天把景通叫到跟前来加以痛骂，骂他玩物丧志，自甘下流，朽木难雕，没有出息。

种贵妃知道了这事，就幸灾乐祸起来，以为机不可失，时不再来。她在唐烈祖临幸宫中时，趁热打铁地向唐烈祖进言说："陛下创业不易，如今身为至尊还是如此繁忙，可惜太子不但不能帮忙，反倒沉湎声色，真是叫人不放心啊！"说了这些话，她又偷眼看皇上似乎并不反感，便又半带娇嗔半是关切国家大事似的说道："人们都说景逷不光相貌酷似陛下，生日与陛下相同，并且性格也跟陛下一模一样。依臣妾愚见，不如趁早把景逷立为太子算了。"

没想到唐烈祖听了这一番谗言，竟厉声叱斥道："儿子有过错，做父亲的教训他是应该的，怎么能因为他犯了一次过错就说他不能继承帝业呢？立储乃国家大计，寡人自有主意，制度上也有明文规定，何用你这女流之辈来多嘴！"

唐烈祖当即下令，把种贵妃身上佩戴的簪珥等贵重首饰摘下来，幽禁于别宫，从此不再见她。几个月后，派人用一乘青布小轿，把这满心想做皇太后的种贵妃送庵堂去落发为尼。而那个受到特别钟爱的皇子景逷，从此也不再像以前那样能天天亲近他那严肃的父皇了。

唐烈祖既然能够力求做到政治上的清明，并且以身作则，提倡节俭，不许自己所宠爱的人进谗言，那样的皇帝在五代十国时期也就如同鹤立鸡群，非常的了不起了。他受到了文武百官的尊敬与爱戴，得到了平民百姓的拥护。

南唐初年，朝廷上的矛盾和阶级矛盾都比较缓和，文官武将兢兢业业地干着自己职务范围内的事情，不敢玩忽职守，不敢贪赃枉法。农民们得到官府拨给的土地，在奖励开垦的诏令鼓舞下，男耕女织，都很卖力气，粮食年年增产，布帛产量日益上升，老百姓的生活比唐朝末年藩镇割据时候要好过得多了。

当时南唐的都城金陵，出现了一派繁荣热闹的景象。大街上店铺林立，更有许多肩挑叫卖的商贩来来往往，满足人们的衣食需要。每逢春暖花开或秋高气爽的日子，秦淮河畔，莫愁湖旁，钟山脚下，到处都可看到游山玩水的仕女成群结队地徜徉其间，流连忘返。外地人只要到金陵去玩过一次，那秦淮河畔的箫声，莫愁湖里的桨影，将久久萦回于脑际，不容易忘却。

南唐的东都扬州，在隋唐时期已有相当规模，被杨行密建为吴国都城以后，又有所发展。南唐初年，虽说政治中心已迁到金陵，但是由于经济繁荣，国泰民安，这里的繁华不仅不减当年，并且也继续有所发展。春风十里扬州路，那豪华的建筑，美丽的风景，确是十分诱人。二十四桥的明月之夜，桥边红芍药花的婀娜多姿，使人如入仙境。十年一觉扬州梦，就是在这里住上十年八年，所过的美妙生活犹如南柯一梦，永远值得回忆。

南唐出现如此国泰民安的繁荣富庶景象，一时声威远播，引得八方来朝。不仅引起中国境内的其他地方割据政权和少数民族政权的注目，就是中国境外的友好邻邦，也对南唐的繁荣富庶非常羡慕，都先后派出使者前来报聘，想要一睹唐烈祖李昪的风采，跟他拉拉近乎，或跟南唐展开些互通有无的贸易。

首先派使臣到南唐报聘的是荆南国的第二代国主、文献王高从诲。荆南国乃是武信王高季兴创建的一个地方割据政权，位于今天的湖北荆州一带。由于国土狭小，地瘠民贫，向来依靠别国的施舍赏赐或打劫过路客商以充国用，因为行为有些迹近无赖，所以人们称这高氏政权为高赖子。南唐建国那年，荆南的第一任国主高季兴死去已经十年，他的儿子高从诲继位十年以来，政治经济等各方面仍无多大进展，依然靠着耍赖混日子。高从诲听说江淮地区出现了南唐这样一个富强国家，赶快于昪元二年正月派使臣庞守规前来金陵，祝贺唐烈祖即位。

这庞守规是荆南出名的外交家，善于辞令，说的话比蜜糖还甜。他到了金陵以后，把唐烈祖大大恭维一番，说得唐烈祖眉开眼笑，赶快大摆筵席宴请，并请他到国宾馆休息，派人陪着他赏玩金陵的名胜古迹，然后请他带回给荆南国主高从诲一份丰厚的答礼。

紧接着，闽国的第四任国主、闽康宗王昶也派内客省使朱文进前来，祝贺唐烈祖即位。闽国自从第一任国主王审知死后，国内常闹政变，闽康宗的父亲闽惠宗王延钧，就是通过政变杀了长兄王延翰才取得统治地位的，而闽康宗王昶则是杀了自己的父亲王延钧才夺得宝座的。他即位后，政治上毫无作为，听说唐烈祖建立了南唐，国势日益隆盛，所以特地派朱文进赶来祝贺。

这朱文进有着蛇蝎样的心肠和媒婆般能说会道的嘴。他到了金陵见到唐烈祖后，大拍马屁，也讨得了唐烈祖的喜欢，不仅为闽康宗赚得了一笔丰厚的答礼，并且本人也趁此机会大捞一把。他回去以后没过多少年，就联合一个名叫连重遇的大臣，又一次发动政变，把闽康宗王昶杀了，拥立康宗的叔叔王延羲做了国主。这是后话，待后文再来细讲。

还有地处岭南的南汉国，其国主刘龑得知唐烈祖李昪即位，也赶快派集贤殿学士邹禹谨前来祝贺。而远在四川的后蜀国主孟昶闻得唐烈祖即位，也派出使者，日夜兼程，赶到金陵表示祝贺。在当时，金陵城里从四方而来的使者云集，真可以说是极一时之盛。

在四方来朝的使臣当中，要数契丹使者梅里了古带来的礼物最为丰盛。契丹是我国北方的少数民族，最初的杰出首领叫耶律阿保机。那时阿保机已死，他的儿子辽太宗耶律德光在位。自从中原的后晋开国皇帝石敬瑭为了借用契丹之兵灭亡后唐，割给他们幽云十六州后，契丹俨然已成为北方的一个大国，国号改称为辽。

耶律德光野心勃勃，企图入主中原。石敬瑭虽然对他奴颜婢膝地称之为“父皇帝”，自称“儿皇帝”，可是这位“父皇帝”对“儿皇帝”并不满意，总想再另找一个与他合作得更好的人，帮他入主中原。他听说江淮地区新成立的南唐国及其前身吴国，都跟中原皇朝有很大的矛盾，所以对唐烈祖李昪很感兴趣，特地于南唐昪元二年八月派使臣梅里了古前来报聘。

这梅里了古是辽国富有才华的外交家，精通汉文。他带来了举世罕见的纯白色狐狸皮袍子和人参等贵重礼品，献给唐烈祖，还当面递交一封辽太宗写给唐烈祖的亲笔信，约请唐烈祖在适当的时候与他共同出兵中原，灭亡后晋，平分黄河流域的土地。

唐烈祖即位之初，政策重点虽在安定民心，巩固政权，但是他以唐为国号，显然有着中兴唐室的意思，用兵中原、规复故土本就是他奋斗的目标。辽太宗愿意合作，他自然乐于结盟，所以当即在口头上表示同意，准备在日后进一步互派使臣详细商谈。

除了上面讲的中国境内各政权派遣使臣到金陵祝贺以外，最使唐烈祖感到荣幸的是，中国境外朝鲜半岛上的高丽国，也于昇元二年派使臣前来祝贺南唐建国。

高丽即是后来的朝鲜，当时是其太祖、神圣王王建在位。在南唐建国的前二年，王建正先后灭掉新罗和后百济，统一了三韩，成为朝鲜半岛上独一无二的统治者。他听说李昪建立了南唐，就派正朝广评侍郎柳勋律带着国书和礼物，到金陵报聘，对唐烈祖表示祝贺。

高丽当年通行汉文，国书用汉文书写，写得十分客气。其中有几句说："伏惟皇帝陛下，道契三无，恩涵九有。尧知天命已去，即禅瑶图；舜念历数在躬，遂传玉玺。"所谓"三无"，典出于《礼记》，即无声之乐，无体之礼，无服之丧，意思是指吴国和南唐的交替不是吊民伐罪，而是禅让关系。"九有"即九州，是指唐烈祖的功德，恩泽及于九州之意。国书中还把吴和南唐的禅位与远古的尧舜禅让等量齐观。

如此赞美祝贺之词，自然使得唐烈祖大为高兴。他下令在金陵的武功殿排列仪仗队，接受国书，派学士承旨孙晟在崇英殿设筵席，宴请高丽使臣柳勋律。在宴会上，还演奏从西域传入的龟兹乐和演出番戏助兴。最后，唐烈祖备了一份丰厚的礼品回赠高丽王，使得柳勋律满载而归。

可是遗憾的是，南唐的外交关系并非都是如此融洽的。位处南唐北边的中原后晋皇朝对南唐的诞生很不愉快；而南唐也把后晋作为进军中原、规复故土的斗争目标，所以在南唐建国后不久，双方就由小摩擦而终于打起仗来了。

第八章

对晋战败

南唐建国之初，国势隆盛，四方来朝，唐烈祖李昪自然也很得意。不想，事无尽善，人无尽美。虽说来南唐通好的使者如云，却偏有一国与南唐作对。这就是当时的中原皇朝后晋。

那时候，位于南唐北面的中原地区是在石敬瑭建立的后晋，也即是五代中的第三个朝代统治之下。晋高祖石敬瑭本来并没有多大本领，只为想做皇帝，竟用割让幽云十六州的土地作为交换条件，请求契丹出兵帮助他灭了后唐，这才在契丹的卵翼下登上皇帝的宝座，做了可耻的儿皇帝。后晋和南唐之间是存在着深刻矛盾的，这矛盾从南唐一建国就开始了。

原来，南唐于后晋灭后唐的第二年建国，时间上存在着个偶然的巧合。南唐在江淮地区一出现，就使得晋高祖石敬瑭大吃了一惊，以为是被他灭掉的后唐皇室逃亡到江淮地区复国，准备来跟他算账的。因为后唐的皇帝姓李，南唐的皇帝也姓李，他们又都以兴复唐室为号召，所以晋高祖才产生了这个误会。

当南唐建国的消息传到东京开封府时，晋高祖石敬瑭连夜召开了御前会议，商量如何对付南唐。会上，石敬瑭忧心忡忡地说：“听说李氏皇朝中有个名叫李昪的，已从中原逃到江淮地区，在那里建立了一个伪朝。他们正在处心积虑地准备复仇，向我大晋发动攻势。诸位爱卿，此事应当如何应对才好？”

石敬瑭一说完，有位消息比较灵通的大臣立刻回奏说：“启禀陛下，那在江淮地区建立的李唐伪朝，与去岁被我大晋翦灭的中原李唐皇朝并无关系，还请陛下不必为此忧心！”

晋高祖石敬瑭仍是不放心，问道：“既然如此，那么他们为什么也说要复兴唐室呢？”那位大臣又回奏说：“既然李昪姓李，他当然也会冒充李唐宗室，盗用复兴唐室的名义作为号召，这不足为奇。”

晋高祖还是不放心，嘱咐道：“这李昪既以复兴唐室为号召，就表明他想要夺取中原，与我大晋为敌，看来我们还是防备着点才好。”

听得晋高祖这么一说，就有位武将拱手上奏道：“陛下不必担忧。料想那李昪刚刚僭位建立起伪朝，定没有多大的实力。依臣愚见，陛下可派得力大将统率重兵，驻防边境。如若那李昪胆敢轻举妄动，陛下一声号令，我军就可冲破边界，长驱直入，踏平金陵，使得那李昪复兴唐室的美梦顷刻间烟消云散。”

晋高祖石敬瑭觉得这位武将的建议还有点道理，于是就下令在边境驻扎重兵，对南唐采取了咄咄逼人的姿态。

后晋既然采取了如此不友好的态度，南唐当然也不甘示弱。

唐烈祖李昪一向以大唐宗室自居，以复兴唐室为号召，他也确实有过那种进军中原、恢复大唐原有版图的宏伟计划。在南唐建国前一年，有个曾在后唐任职的大将卢文进，因被晋高祖石敬瑭所逼，南逃到了李昪那里。当时李昪曾以吴帝杨溥的名义，封卢文进为宣武军节度使。这宣武军的治所本在东京，乃是后晋的都城。李昪还没有当上皇帝，就封卢文进为宣武军节度使，这说明他很早就有了消灭后晋、囊括中原的雄心。

如今，后晋既在边境驻扎重兵，对南唐采取咄咄逼人的姿态，南唐自然也要以牙还牙，以眼还眼，给对方一点颜色瞧瞧。唐烈祖李昪也下令在边界驻扎重兵，并且扬言马上就要进兵中原，收复大唐原有版图。这样一来，后晋和南唐犹如针尖对麦芒，边境上两国重兵对峙，形成剑拔弩张之势。

后晋和南唐的矛盾虽有一触即发之势，但毕竟还得有个导火线，战争才能爆发。而这样的导火线就是在南唐昪元四年（公元940年，后晋天福五年）发生的后晋大将李金全降唐事件。

李金全是后晋的安远节度使，他的祖先是西北少数民族吐谷浑人。吐谷浑和沙陀的关系很密切，在沙陀族建立的后唐皇朝中就有许多吐谷浑人出任官吏，两个民族之间还有着通婚关系。李金全是个孤儿，从小父母双亡。他长得五大三粗，显得有些与众不同，所以被后唐明宗李嗣源看中，把他收养下来，从小教他练习武艺，并给他取名为李金全。他长大后，成了一个膀大腰圆的壮汉，练就一身的武艺，成为李嗣源的得力帮手。在李嗣源夺取天下的过程中，他立下了许多汗马功劳，因而先后被任命为刺史、节度使等重要官职。

后晋灭后唐时，李金全为了保住自己的地位，背叛了后唐，向晋高祖石敬瑭投降。当时石敬瑭正缺少得力的大将，对李金全的投降十分欢迎，当即任命他为右领军上将军，使得李金全到了新朝以后，依旧过着高官厚禄、安富尊荣的生活。

南唐建国不久，晋高祖石敬瑭听说安州（今湖北省安陆市）的威和指挥使王晖有叛变南逃的迹象，就赶快派李金全带领一千骑兵到安州巡检，以此阻止王晖的叛变。在李金全临行时，晋高祖再三关照，叫他到了安州后，对王晖要尽量笼络，只要王晖不叛变，就可以提升为唐州（今河南省唐河县）刺史。

可是李金全一路游山玩水，行动迟缓，还没有到达安州，王晖就已经叛变了。王晖带着部将在安州大肆掳掠一通后，匆匆忙忙地向南逃走。一部分叛军因为分赃不匀，在南逃途中发生内讧，王晖也被部将趁乱杀死。

另有一部分参与掳掠的叛军，因为抄掠得到的赃物较多，行动不便，走得慢，还未逃离安州就被李金全截住了。李金全收缴了他们的武器，把他们集合起来，叫他们自己结队到东京去向晋高祖请罪，听候发落。

这些人刚走，就有人来向李金全告密。告密者说，这些人之中以指挥使武克和为首的几十个人抢得的财物最多。他们把抢来的金银首饰都缠在腰带上，藏在裤腿里，所以走不动了。如果把这些人偷偷杀掉，就能够发上一笔横财。

李金全听到告密以后，被这飞来的横财迷了心窍。他想，反正这些人得的都是不义之财，从强盗手里夺取赃物，又有什么不可？于是他连夜带着骑兵追赶，追上以后，把武克和等几十个人全都杀死，把从他们身上搜得的金银珠宝全都装进了自己的腰包。

李金全的这种做法，自然很不得人心。身负巡检之责的朝廷命官，竟做出这样知法犯法的事，实在是大大丢脸的丑恶行径。晋高祖石敬瑭得知事情的全盘经过后，也认为李金全这样做很不应该，但是因为后晋刚刚建立不久，正在用人之际，所以也只好睁一只眼闭一只眼，假装不知此事，而是任命李金全为安远节度使，叫他负责镇守安州，监视南边刚刚建国的南唐的动静。

李金全是少数民族的武夫出身，一个大字不识，只会骑马打仗、冲锋陷阵，不会处理地方上的政治事务。更由于他生性懒惰，除了吃饭睡觉、玩弄女性外，一点正经的事情也不喜欢干。然而，作为边境上的节度使，懒人根本干不了，文盲也难以做得成，许多伤脑筋的事情即使不管也得找到你头上来。李金全为了省心，就把一切军府大事、地方政务全都委托给他的亲信、中门使明汉荣去处理，自己不是带着兵丁去打猎，就是去强抢民女，要不就关起门来睡大觉。

明汉荣是个狡猾残忍、见钱眼开、贪得无厌的家伙。他一手掌管军府大事、地方政务以后，就公开索取贿赂，横征暴敛，拼命搜刮老百姓的膏血，因而弄得民怨沸腾，人人对他恨入骨髓，都说明汉荣一天不死，安州老百姓永远也不得安宁。

明汉荣在安州横征暴敛引起百姓痛恨的消息，很快传到了东京开封府的晋高祖那里。晋高祖石敬瑭本来对李金全已有了不好的印象，如今听说他手下的明汉荣又是这样一个坏蛋，自然更加不满。不过，由于安远节度使的领地靠近南唐边界，需要有个能打仗的大将把守，一时还找不到比李金全更合适的人选。

晋高祖又想，要是把明汉荣调开，换个干练的人去做李金全的帮手，情况也许就会改变。于是他决定派一个比较清廉的官吏贾仁沼到安州那里辅助李金全，同时调明汉荣回京城，另任新职。

明汉荣的消息十分灵通，贾仁沼还未动身，他就已经知道了。他想，自己一旦离开李金全，就会既失去了肥美的差使，也失去了靠山，况且此番调到京城，凶多吉少。他害怕晋高祖追究他接受贿赂、横征暴敛等等罪名，性命难保。于是，他眼珠一转，计上心来，想挑唆李金全一起去投降南唐，找一个新的主子。

于是，明汉荣找李金全说："皇上派贾仁沼到安州来，这是来者不善，善者不来啊，是不信任你的一种表示。听说贾仁沼是皇上的亲信，派他来就是在你的身边安插上一个密探，好监视你的行动。那样，你就不能自由行动了。依我看，我们不如趁早南逃，投到李唐那里去算了。"

李金全听说自己今后的行动将会受到监视，自然很不高兴，但是他对于是否背晋投唐，还拿不定主意。明汉荣又进一步挑唆说："李唐的皇帝姓李，你也姓李。俗话说，一笔写不出两个李字，天下姓李的都是一家。到了李唐那里，说不定他们会把你当成宗室看待，封王封侯。那样，你的前途就无可限量，比这安远节度使可要强得多了。"

李金全在早些时候曾经听说过一些将领南逃的事，据说逃到南唐那里去的将领，很多人真的受到了重用，个个高官厚禄，生活都过得很舒适。但是李金全对这种种传说将信将疑，未敢全信。不管明汉荣如何挑唆，他仍然没有立即答应。

不过，李金全一向依靠明汉荣替他办事，现在要把明汉荣调走，等于砍掉了他的一条胳膊，实在有些舍不得。他想，只要能把明汉荣留下来，不去投唐，能自由自在地做个安远节度使，不也很好吗？就对明汉荣说："你说的事以后再说。如今皇上要调你回京，这倒是要应付的。不过，我可立即派人奏明皇上，把你留下来，也不必另派别人就是了。"

第二天，李金全果然派人去向晋高祖上奏说："明汉荣身体不好，常常生病，不能叫他抱病到别的地方去。他对这里的情况很熟悉，是我的好帮手，还是把他留在这里比较好，贾仁沼就不必派来了。”

李金全的老朋友庞令图，熟悉贾仁沼的为人，也耳闻明汉荣的种种劣迹。他听说李金全要明汉荣而不要贾仁沼，就跑去劝告李金全说：“据我所知，贾仁沼是个廉洁奉公的忠义之士，他早先在后唐天平军节度使王晏球手下做事的时候，曾经出死力在百万军中保护王晏球。事后，王晏球替他在皇帝那里请赏，他却把所得的赏赐全都分给了贫穷的亲戚朋友。这样的忠义廉洁之士来做您的帮手，实在是求之不得的大好事，对您来说真是太荣幸了。我看您还是把明汉荣送走，让贾仁沼来吧！”

庞令图的这番立论公允、推心置腹的实话，很快被明汉荣知道了，他自然恨死了庞令图。明汉荣素来心狠手辣，顿时心生一计。在一个月黑风高的夜晚，他派刺客闯进庞令图的家里，把他们全家男女老少都杀害了。过了几天，明汉荣又派人赶到东京城，假装给贾仁沼送去礼物，祝贺他将要到安州去上任，却在礼物中放了毒药，把贾仁沼毒死了。

庞令图全家是在夜深时分遭到杀害的，事发时没有别的人看见，死人又不会自己出面申诉，所以一时查不出凶手和背后的指使者。贾仁沼被毒死后，他的两个儿子到处打听，终于查清了凶手，得知害死父亲的人是李金全的亲信明汉荣派来的。他们到晋高祖那里去告状，控告李金全和明汉荣合谋害死了他们的父亲。

晋高祖石敬瑭本来就已决定要对李金全和明汉荣采取一些措施，此时听闻上奏，认为贾家的控告确有一定根据，就决心调李金全和明汉荣到东京，跟贾仁沼的儿子当面对质。同时，派出精明能干的大将马全节去接替安远节度使的职位。

明汉荣知道自己谋害贾仁沼的阴谋已经败露，这一次进京，无疑是要被依法处置的。于是他赶快又去挑唆李金全，准备拉着李金全一起南逃。

明汉荣见到李金全后，气急败坏地说：“我的将军呀！大事不妙，皇上已派马全节为安远节度使，要把你我锁拿进京问罪。这一回我们都没命了，我们还是赶快南逃，投奔李唐吧！”

李金全对自己受到明汉荣的牵连，很不高兴。他责备明汉荣说：“都是你干的好事，害得我也被怀疑成为杀人的凶犯。要投李唐你自己去吧，我要进京向皇上解释，说这些坏事都是你背着我干的，与我无关。”

明汉荣见李金全不肯和他一起去投唐，就使出了耍赖的功夫。他嘿嘿冷笑几声，说：“我的好将军，这一回谋杀贾仁沼你虽然不知道，可是你自己干的坏事也不少呀！请问武克和等人是谁杀死的？他们身上的财宝都落到谁手里去了？这些事情要追究起责任来，你总不能推卸吧！再说，你也该想想，你后房的那许多妇女是谁给你找来的？你天天吃的山珍海味又是谁给你弄来的？你要是过河拆桥，我们就一起到皇上面前去互相捣一捣臭粪缸，看看究竟谁臭得更厉害些！”

李金全被明汉荣这样一讹诈，很快软下来了。他无可奈何地说：“好了，好了，算我活倒霉，跟你穿了连裆裤。不过，我担心到了李唐那边不见得会有好日子过。”

明汉荣一听，李金全已同意背晋降唐，就如此这般地说出了他那一套投敌叛国的具体办法。他们两个当场决定，先派推官张纬去向唐烈祖李昪送降表，说明李金全愿意带着部下投降，请唐烈祖赶快派兵前来接应。

且说唐烈祖接到李金全的降表后，喜出望外。他对李金全的投降作了过高的估计，以为是自己治国有方、不战自胜的结果，并且就此推断后晋已经分崩离析，今后将会有更多的将领步李金全的后尘，纷纷前来投降，中原地区很快就会转移到他自己手中来了，复兴大唐的宏图简直是指日可待了。

于是，他赶快派出鄂州屯营使李承裕和另一员大将段处恭，带兵三千，派杜光邺为监军，前去接应李金全。队伍临出发时，唐烈祖再三关照李、段、杜等人一定要注意军队的纪律，到了安州以后，不许奸淫掳掠，务必要给中原地区的老百姓留下个好印象，使他们认为南唐的军队乃是仁义之师，是去解救他们在后晋统治下的倒悬之苦的。还说这一次出兵安州是收复中原的开始，等到大功告成的时候，将要给他们记头功云云。

可是，李承裕、段处恭等人并没有领会唐烈祖的深意，以为养兵千日，用兵一时，这回既是接应降将，本非杀敌上阵；况且哪有猫儿不吃腥，哪有鼠儿不偷油，既是军入异域，少不得顺手牵羊，捞点油水。于是，他们到达安州，见过李金全以后，先派兵把这个降将护送到金陵去，接着就放纵士兵，在安州大肆奸淫掳掠，使安州老百姓遭到一场空前的劫难。李承裕、段处恭甚至把李金全家里的众多姬妾和资财也全都抢走分光了，闹了个天昏地黑。

不料，正当李承裕、段处恭得意扬扬、肆行掳掠之时，后晋新任命的安远节度使马全节已经赶到安州境内。他得知南唐军风纪败坏，遭到了当地老百姓的痛恨，不禁暗笑唐主李昇不识贤愚，居然派这样的人前来接收。他马不停蹄，立即决定给南唐军一个厉害看看，便命令大将安审晖立即向南唐军发动了进攻。

南唐将领李承裕、段处恭等正在为自己发了一笔横财而庆贺，白天黑夜搂着抢来的女子饮酒狂欢，尽情享乐。遭到后晋军的突然袭击后，他们猝不及防，丢盔卸甲，匆匆忙忙地撤出安州，然后重新集合起队伍，在安州城南与后晋军展开决战。

后晋军为了夺回自己的领土安州，更兼大将安审晖带兵有方，全军上下作战都很勇敢。南唐军将士一边打着仗，一边摸索着腰里抢来的那些财物，他们但求保住自己的性命和抢来的财物，好回到南唐慢慢享用，所以并没有心思去夺取战争的胜利，反而盼望着赶快退兵算了。当地的老百姓由于遭受了南唐军的掳掠，同仇敌忾，都愿意后晋军取得胜利，就在南唐军背后四处袭扰。结果，南唐军被打得大败，一直后退到安州最南边的马蝗谷。

后晋军对地形十分熟悉，一见南唐军向马蝗谷移动，就立即派出精兵，抄小路提前赶到那里，对南唐军发动前后夹击。南唐军被打得全线崩溃，四处逃散。段处恭战死，李承裕、杜光邺和两千多名将士被俘。

晋将安审晖杀了李承裕等一千五百多人，又把杜光邺等五百七十名俘虏押送到东京开封府，请晋高祖石敬瑭亲自发落。

晋高祖听说自己的军队打了大胜仗，自然十分高兴。他见到杜光邺等五百七十名俘虏后，为了显示自己的宽厚仁义，就满脸堆笑地说："啊哟哟！把他们绑起来做什么？两国相争，各为其主。他们还不是被派来送死的，又有什么罪过？赶快把他们放了！"他下令赏赐杜光邺等马匹和衣服，并大摆酒席宴请他们，替他们压惊，然后派大军押送，把他们遣送回南唐去。

这次晋唐之战是南唐建国以后的第一次跟邻邦作战。唐烈祖李昪本想通过出兵接应李金全这回事，显示一下自己的军队乃是仁义之师，好给中原的老百姓留下个好印象，以便为日后率军北伐、恢复中原打下良好基础。没想到李承裕、段处恭等人不服从命令，败坏了军纪，以致遭到了这意外的失败。这自然使得他大为恼火，觉得丢了面子，下不来台。

唐烈祖认为，战场上的胜败乃是兵家常事，倒不足为奇，严重的是李承裕、段处恭等败坏了南唐军的声誉，对以后恢复中原的事业大大不利。这真使他伤透了心，也生气极了。如今听说后晋要把杜光邺等五百七十名俘虏遣送回来，这不是明摆着是晋高祖石敬瑭想要借此奚落他，讥笑南唐的军队不中用吗？这又叫他如何能忍受得了呢！

他本想把俘虏接回来，把杜光邺叫到自己跟前，狠狠地抽几百鞭子，以解心头之恨。可是又想，罪责重大的李承裕、段处恭都已死了，这五百七十名被后晋俘虏的将士都是些丢人现眼的活废物，接他们回来做什么？接回来不是使自己更丢脸，也给今后作战的将士留下个坏榜样吗？所以他把心一横，决定拒绝这些残兵败将的南归。

当杜光邺等五百七十名被俘将士到达金陵，当面向唐烈祖请求处分时，唐烈祖把脸一沉，大声斥责说：“败军之将，还有什么脸面来见我！我大唐容不得你们这些被敌人俘虏后还厚颜无耻地活着的废物。你们给我滚回敌军的俘虏营去，要杀要剐由他们去做主！”他下令派出大批军队，押送着杜光邺等五百七十名残兵败将，重又把他们赶到边界的那一边。

他还特地给晋高祖石敬瑭写了一封信，信上说：“边校贪功，挑起贵我两国的这次交锋。败军之将，罪该万死，请贵国按军法行事，不必把他们送回来了。”他的意思是说，这次南唐跟后晋的战争，是边校贪功引起的，跟他李昪毫无关系。这些肇事者既然已被你们俘获了，你们就把他们杀掉算了，用不着遣送回来了。至于李金全背晋降唐而南唐予以接收这样对后晋极不友好的事情，信上只字未提，似乎南唐接受后晋的降将是完全应该的。

晋高祖石敬瑭得知遣送回南唐的俘虏不为其本国所接收，再一看唐烈祖李昪的信，意思是叫他杀掉这批俘虏。他心想：败军之将，罪该万死，那是犯了你们的罪，对我们来说，他们缴械投降，又何罪之有？这些俘虏给你们丢了脸，你就受不了，不高兴；那么李金全背叛了我晋朝，投降到了你们那里，这种叛国的行为不是更加罪该万死吗，你们为什么不杀他，反而收留他呢？从古以来，兵家的老规矩是不杀缴了械的俘虏。你李昪叫我杀了他们，分明是想要借刀杀人，把杀人的罪过推到我石敬瑭身上。我可没那样傻，中了你的借刀杀人之计，落下一个杀害俘虏的恶名。这刀子还是该由你李昪来动，我决不替你杀人。于是他又下了一道令，命负责押送俘虏的后晋将士再一次把杜光邺等五百七十名俘虏遣送回南唐去。

唐烈祖李昪听说俘虏又要被送回南唐来了，觉得面子上更加下不来了。他赶快调兵遣将，如临大敌般据守在淮河边上，坚决拒绝杜光邺等五百七十名被俘将士入境。

晋高祖石敬瑭见唐烈祖李昪实在不愿要这五百七十名俘虏，就只好把杜光邺等将领留下来在后晋朝廷任职。他把这批兵将改编成一支队伍，称为显义都，叫他们去开垦荒地，自食其力。

就这样，后晋跟南唐之间把俘虏当皮球一样踢来踢去的这场闹剧，这才告以收场。不过，唐烈祖李昪原想争个面子，结果仍然落个不光彩。况且不许做过俘虏的人回家与亲人团聚，使得许多人骨肉分离，这在道义上也有点说不过去。

至于那个引起南唐跟后晋发生战争的降将李金全，起初被唐烈祖李昪任命为天威统军，接着又改任为镇海军节度使，官虽然做得不小，可是贡献不大。他的背晋降唐既没有引起后晋内部的分崩离析，吸引更多的人来投降南唐；而南唐叫他带兵时，他也不以破敌为目标，但求能保全自己的军队就算万事大吉。因为他知道军队是他的命根子，手中没有了军队，他也就无法在南唐站得住脚了。

李金全投降南唐后虽然已经两鬓斑白，到了垂暮之年，却还十分好色。原先在安州的一帮姬妾被李承裕、段处恭等人抢走了，幸运的是江淮地区美女很多，他仍能仗着自己的权势叫人给他去找美女来做姬妾。他有宠姬多人，共生了三十二个子女。

唐烈祖了解到李金全原来是这样一个色鬼，因而对他也就不抱什么大的希望了，无非只是以高官厚禄相笼络，好给后面来投降的人当一个样子看看，南唐的军国大事是不让他参与谋划的。

第九章

耽服丹英年早逝

唐烈祖李昪自从对晋战争失败以后，心情一直很不愉快。他常常无缘无故地发怒，训斥大臣。

大臣们千方百计地想讨唐烈祖喜欢，可是对于他这样的君主，要讨他喜欢实在没有太多的办法。他不爱声色犬马，要是给他送上美女，演出音乐歌舞，献上珍禽异兽，非但不能使得他高兴，反而会弄得他更加怒火冲天。他也不喜好穿着打扮和美食佳肴，要是给他献上穿的吃的东西，也只会遭到一顿训斥。

有一天，有几位大臣聚集在一起想办法，想要讨唐烈祖喜欢。有位擅长书法的大臣说："我倒有个办法，不知可否？皇上特别喜好书法，我家里收藏有卫夫人、钟繇、王羲之等人的字帖，明天我就给献上一些，供皇上欣赏，使得他逐渐忘记那场令人沮丧的战争。"

另有一位擅长绘画的大臣说："我也想了个与你差不多的主意。皇上很喜欢绘画，我家里收藏有顾恺之、吴道子等人的画卷，等你献上字帖以后，我再献上画卷，供皇上欣赏。他被那些字帖和名画迷住以后，心情自然也就不会再那么烦闷了。”

其他官员一听这两位大臣的办法，都点头表示赞同，因为大家都知道唐烈祖文化修养较高，确实是酷爱字画的。于是，大家敦促这两位大臣赶快献上字画，好讨唐烈祖的喜欢，并且大家一起商定，从次日起，不论是谁，也不论是否真的懂得字画，但凡见到唐烈祖时，都要谈上几句关于字画的话，好凑个趣。

大臣们经过商议，想出来的这个办法倒真的有些效果，唐烈祖自从见到那些珍贵的字画以后，差不多有半个来月的时间全都迷恋于其中，逢人不是谈论卫、王的书法如何如何，就是评议顾、吴的绘画如何如何，把李承裕、段处恭、杜光邺等人所造成的不愉快事件逐渐地淡忘了。

可是，这办法只能管得了一时，不能维持得很久远，因为作为一个皇帝，总得考虑政治、经济、军事等国家大事，不能光是迷恋于字画；并且唐烈祖熟读《诗》《书》，他在赏玩了几天字画以后，突然想起来《尚书·旅獒》一篇中有“玩物丧志”这一句话，于是他赶快把字画全都退还给了那两位大臣，叫他们以后不要再献上来了。而那一次失败的战争，重又浮现于唐烈祖的脑海，使他又陷入了深深的烦恼之中。这一回，大臣们可真的是束手无策了。

正在大臣们无计可施的时候，突然有个术士说出了一番耸动听闻的话。他说：根据他对天上星象的观测，推算出昇元四年这一年唐烈祖流年不利，不久还将会发生一场比战争失败更严重得多的灾难。

术士这么一说，真把南唐的满朝文武大臣全吓坏了。他们认为大难即将临头，都赶快围住术士恳求说：“请先生再给算算，看有什么办法能禳除这场灾难吗？”

术士在大家的请求之下，从宽大的袖子里掏出十支刻有天干的竹片、十二支刻有地支的竹片，故弄玄虚地在地上翻翻覆覆，排列了许久，又拿出一个司南来，东转西转地转了半天，然后突然一拍大腿，喜形于色地大叫道：“善哉！善哉！”

文武大臣看他这样的表情，知道有了办法，就一拥而上地追问：“有什么办法！快说！快说！”术士见大家这样着急，就指着地上的那些竹片和司南，故意慢悠悠地说：“根据推算，那带来灾难的凶神恶煞来自北方。想要躲过这场灾难，皇上必须在一个公鸡尚未啼叫的清晨离开金陵，朝东走，走出百里之外，尚需外住九九八十一天，这样才能逢凶化吉，遇难呈祥。”

大臣们一听，办法原来如此简单，都不禁长长地吁了口气。大家赶快一起前去觐见，向唐烈祖禀告了这件事情。

唐烈祖对于天人感应这一类灾变祥瑞之说，本来是并不相信的，但在对晋战争失败后，他多少有点归咎于自己的命运不好，变得有点儿迷信了；更兼他的内心实在烦闷得很，本来就想出去走走，如今叫他暂离金陵，便也心动起来。当日他就叫人根据郡县图计算一下里程，看看金陵以东的百里左右有什么值得巡幸的地方。

那人一计算，说东都扬州离金陵便是百里之外，且是我朝发祥之地，陛下不妨东幸扬州，当最为合适。

唐烈祖一听要去东都，他更乐意了。因为他的幼年是在扬州度过的，后来他的事业又是在扬州发展起来的，如今他离开那里已经有好些个年头了。扬州有他童年时代的生活痕迹，有他壮年时代创业的种种回忆；他熟悉那里的山山水水和风俗习惯，还有那一别数年的故老亲朋。听说自从把金陵建为南唐都城以后，扬州发生了很大的变化，那里已变成了一个商业城市，番商云集，贸易十分发达。

有位大臣刚刚到过扬州，听说唐烈祖将要巡幸扬州，就绘声绘色地讲述了一遍扬州番商的种种情况。他说：番商们有的来自天方，有的来自天竺，有的来自大秦，也有从高丽来的，从日本来的；他们有的穿白色长袍，有的头上终年包一块红布，有的脚上着一双木屐；他们的皮肤有棕色的、白色的，也有少数是黑色的；讲起话来叽里呱啦，没有通事翻译根本听不懂；他们贩卖的都是中国少有的稀罕之物。

唐烈祖本已决定去东巡扬州，听了这一番介绍以后，巴不得立刻就动身。术士说十月初一是个黄道吉日。于是唐烈祖就匆匆忙忙地于八月里立长子李景通为太子，令其在金陵监国，处理军国大事，他自己就随身带着少数文武官员，于十月初一这天驾发扬州。

本来，天子出巡，自有一番仪仗、大典，但此番巡幸不比往日，本是避灾而去，所以行前早有御旨，轻装简从，不事声张。于是，唐烈祖一行从金陵的保德门乘坐御舟出发，静悄悄地既没有带仪仗队，也没有带乐队，只带着几个伙夫做饭。他们没有去惊动沿路的地方官吏，省得人们迎来送往，诸多破费。

但是，太子李景通已经派人飞马赶往扬州，通知东都留守司准备接驾。御舟航行到东都扬州的郊外，就下碇了。唐烈祖舍舟登岸，从扬州的建元门入城。东都留守司的官员和地方士绅早已在城门口迎候。

从这夹道欢迎的热烈场面，唐烈祖李昪自然而然地产生了衣锦荣归的感慨心情。他回想起幼年的悲惨遭遇，回想起先到杨行密家、后来又到徐温家做养子的情况，也想起了自己的第一个妻子王氏夫人。总之一件件一桩桩往事的回忆，犹如那汹涌的波涛，顷刻间都在脑海中翻腾起伏。他抚今思昔，竟情不自禁地流下几滴泪水来。为了怕被别人看见，他赶快趁着整理衣冠的时候，把泪水抹掉，重又露出笑容，跟前来欢迎的人群打招呼。

他为了多看几眼沿路的景色，坚持不骑马，也不坐轿，而是在官员和士绅的簇拥下步行入城，边走边跟周围的人谈家常，了解自从他离开东都以后这里的种种变化。他问：政权鼎革以后东都士民的生活状况如何？贫穷不能自存者有多少？鳏寡孤独有多少？他特别给予关心的是东都城里没爹没娘的孤儿有多少，他们之中有没有被送进庵堂寺院里去做和尚尼姑的？他随即下令说，要是有这种情况存在，官府应当赶快把他们从庵堂寺院中接出来，替他们找个可靠的人家去做养子养女，要让他们读书，或让他们学点技艺，将来好成家立业，千万不能让他们把宝贵的青春断送于香烟缭绕的晨钟暮鼓声中。

唐烈祖一行在东都旧宫住下后，他又立即下令从国库中拨出巨额款项，救济东都的贫困人家，还特别规定给鳏寡孤独者每人发放几斗上等白米、几条鱼和几斤肉；给愿意收养孤儿的人家每月发放足够白米和布帛，务必要使孤儿吃饱穿暖；并规定如有虐待养子养女者，官府一定严惩不贷。接着，唐烈祖在自己旧日的府邸大摆筵席，欢宴故老，把那些政权鼎革中的有功之人，在当地社会上德高望重之人，全都请来赴宴，亲自向他们一一敬酒，表示慰问。

在宴会上，唐烈祖根据一些熟谙典故的才学之士的建议，下令改换了东都和西都的一些宫殿名称，使得这些宫殿更加具有崇高伟大的帝王气派。比如：应乾殿改称垂拱殿，表示从今以后天下太平，可以垂拱而治了；朝阳殿改称福昌殿，希望能求得福祉昌隆，国泰民安。

欢宴故老以后，唐烈祖特地抽空去巡视了他久已向往的番商云集的扬州集市。通过通事的翻译，他跟一些番商谈了话，了解到一些国外的风土人情。他还特地从番商那里购买了一些自己喜爱的物品。这一次巡视扬州的集市，使唐烈祖犹如到世界各地去旅行了一次，增长了不少见识。

唐烈祖早就有以农为本的思想，在扬州期间，他用更多的时间去东都郊外的农村巡视，走访老农，询问年成的丰歉和开垦荒地的情况，还屡次到田间观看农民的秋收。有一次，他还从农民手中要过镰刀，亲自割了几把稻子。在巡视农村的时候，了解到农民的生活特别艰苦，他下令对农村中的鳏寡孤独要给予格外的照顾，每人发给新收获的稻谷二斛，使他们能欢欢喜喜地过上个快乐年。

唐烈祖本想在东都多住上一些日子，等第二年春天才回都城金陵去，但是冬天河水要结冰，漕运有困难，怕物资供应不上，而术士经过推算以后，认为灾难已经躲过去了，回金陵可以太平无事了。唐烈祖这才带着满心的喜悦回到金陵。从此以后，对晋战争失败的苦恼终于被逐渐地淡忘了。

东巡扬州，使唐烈祖了解到一个新的情况，就是改朝换代虽然已有好几年，南唐的国势也比吴国要兴盛得多，可是老百姓贫穷和愚昧落后的状况并没有改变多少。扬州的市场是繁荣的，但在市场上举着破碗行乞的穷人却也时常见到，农村中冻饿而死的穷人比城里更多；地方上的风俗习惯当中，愚昧落后的东西也还不少。这些情况都有待迅速改变。

唐烈祖决定一方面督促地方官吏进一步劝课农桑，发展生产；另一方面决定振兴教育，提高老百姓的文化水平。他下令在庐山白鹿洞兴建一所学馆，名为庐山国学，人们习惯上叫它白鹿洞书院。

兴建学馆的诏令中指出，各州府县都必须选拔优秀的生员到白鹿洞书院学习，并且拨出良田千顷作为学田，以田产收入充当生员们的食宿和学习费用。

白鹿洞书院的学长，礼聘当时鼎鼎大名的宿儒李善道担任。李善道熟谙五经六艺，教育起学生来能因材施教，遵循孔子的循循善诱之法，激发生员们的上进心。在他主持白鹿洞书院期间，培养出了许多优秀的人才。

由唐烈祖李昪下诏兴建的这所白鹿洞书院，是中国历史上继唐明皇李隆基兴建的丽正书院之后的第二所著名书院，它们都相当于后来的大学。这是唐烈祖李昪为中国文化做出的重要贡献。当时连南唐的邻国如南汉、楚、闽、荆南、吴越，也有一些士子到白鹿洞书院求学的。

却说唐烈祖正在着意发展生产、振兴教育之时，南唐的东邻吴越国都城钱塘发生了一场大火，宫室器械全都付之一炬，国主钱元瓘以下都只好在临时搭起来的窝棚里住宿。钱元瓘还被大火吓出了癫痫病，一时间不能坐朝视事。

这时候，南唐的大官僚宋齐丘等人竟幸灾乐祸，想要趁火打劫，乘机把吴越国灭掉。这一天，宋齐丘上殿向唐烈祖进言说："启禀陛下，吴越的都城发生大火，实乃天谴愚顽，倘若我们趁机出兵，踏破钱塘，想那钱婆留的儿子只能乖乖地向我大唐投降，两浙和苏南之地立时归入我大唐版图。”

宋齐丘跟随唐烈祖多年，自以为这一席话必能打动雄主的心思。不想，这唐烈祖自从对后晋的战争失败之后，已经接受了深刻的教训，认为不可轻动干戈，应以睦邻友好作为南唐的国策；尤其是幸灾乐祸地乘人之危，更是他一向鄙视的违背圣人教导的错误行为，是千万做不得的。所以他听了宋齐丘的进言以后，竟冷冷地回答说：“救灾睦邻是古圣贤的教导，趁火打劫连盗贼也认为是可耻的行为。我们大唐决不能乘人之危扩充领土，而是应当雪中送炭，搭救别人渡过难关。”

唐烈祖不但没有同意出兵灭亡吴越，并且还下令派出一支车队，装载着大批粮食、绢帛和医药，源源不断地运到钱塘，作为救灾之用，还派大臣到吴越国慰问，派名医去治疗吴越国主钱元瓘的癫痫病。

唐烈祖李昪如此处理吴越国遭受火灾这件事，自然同他的首席谋士宋齐丘的意见大相径庭，越发加深了两人之间早已产生的裂痕。

原来宋齐丘这人的野心很大，他投奔唐烈祖的目的是想取得一人之下、万人之上的崇高地位，所以南唐建国后他一直认为自己得到的官爵不够高，权力不够大。为了获得更高的地位和更大的权力，他就开始结党营私，在朝廷中培植自己的亲信。

起初，唐烈祖为了酬谢他的功劳，拜他为左丞相。但他认为丞相只是空衔而无实权，实权都在尚书省，表示想管尚书省的事。唐烈祖满足了他的要求，任命他知尚书省事。可是他视事才几个月，手下的亲吏夏昌图就倚仗他的庇护，盗用了官钱三千缗。按照那时候的法律规定，贪污这么多的钱就应当判处死刑。可是宋齐丘徇私舞弊，对夏昌图竟不判死刑而是判处三年监禁。

唐烈祖知道这件事情以后，十分气愤，认为宋齐丘对亲信太宽容了，于是他以皇帝的身份亲自裁决，改判夏昌图死刑，并下令立即绑赴法场斩首示众。宋齐丘觉得自己丢了面子，下不来台，称病请求罢免他的知尚书省事，依旧任左丞相。如今，宋齐丘又与唐烈祖在对待吴越国受灾的问题上意见相左，两个人之间的裂痕自然也就越来越深了。

自从和宋齐丘之间的裂痕加深后，唐烈祖李昪的心情又变得不愉快了。他觉得人们原来都是那么自私，都各有自己的打算，对他这个皇帝并非赤胆忠心。他想：宋齐丘如此，其他人大概也差不多，因此，他对朝廷上的大臣也就疑神疑鬼地猜忌起来，他的性情变得越来越暴躁了。越到晚年，他的性情越是暴躁，动不动就对大臣大发脾气，把他们或降职或罢黜或问罪，吓得许多人为了保住官位而只是唯唯诺诺，不敢提出忠谏。

内侍王绍颜上书提醒唐烈祖说：“启禀陛下：近年来获罪的大臣越来越多，引起中外疑惧，以为事情做得越多，越容易犯罪，倒不如对什么事情都袖手旁观，不闻不问，做个好好先生反能平安无事，升官晋爵。这样的情况恐怕是不正常的，陛下能不能改变一下？”

唐烈祖虽然不许可内侍干政，但是这次王绍颜的话一针见血，正中要害，不得不点头表示同意，认为确实有这样的情况存在。他赶快下了一道诏书，表示前一段时间自己对别人的要求操之过急了，今后一定要改弦易辙，对大臣宽容一些，请大家尽心竭力地为皇室效忠。

可是，没有过多久，唐烈祖又暴躁起来了，获罪的大臣不但没有减少，反而又一天天地有所增加。

究竟是什么事情使得唐烈祖如此性情暴躁呢？原来除了人事上的原因以外，还因为他过多地服用了方士炼制的丹药。

唐烈祖李昪为了夺取吴国的政权，做了长达十几年的准备。南唐建立那年，他已经四十九岁了。做了皇帝以后，由于政务繁忙，花费的精力过多，唐烈祖觉得自己一下子老了许多。他居然想到了死，想到了死后自己创下的基业将由谁来继承的问题。

每天晚上上床的时候，他常常一边脱着衣服一边想：日子过得真快，又是一天过去了，自己向着死亡又走了一天的路程。他不愿意死，总想找到什么灵丹妙药，使自己返老还童，多活些日子，好慢慢完成那中兴大唐的宏伟事业。他不光是内心这样想，并且在言谈话语之中也自然而然地经常有所流露。

文武大臣对唐烈祖的思想言谈并没有足够的注意，而一些炼丹的方士却十分敏感地觉察到了这个情况，认为这是个很好的进身之阶，可以加以利用。有个名叫史守冲的方士，多年住在深山里炼制丹药，据说已炼成了一种能使人长生不老的仙丹。他知道唐烈祖想要返老还童，就拿着自己炼成的丹药前来上贡，请唐烈祖服用。

事情凑巧得很，就在史守冲献丹药的头一天晚上，唐烈祖做了一个梦，梦见自己吞服了神仙送给他的一粒灵丹妙药，霎时间自己就变得年轻多了。清晨，公鸡的啼叫把他唤醒，他正在满心喜悦地回忆着梦境的时候，有人报告说方士史守冲进献丹药来了。

唐烈祖一把接过丹药的时候，高兴得手都有些发颤了。他想：天下哪有如此凑巧的事？自己一做梦，灵丹妙药就真的献上来了。这个梦可能是神仙给的预告，看来自己确实是真命天子，洪福不浅。于是，他就毫不犹豫地赏赐给史守冲许多金银绢帛，封为国师，令其继续炼制更多的丹药；而他自己每天就按时按量地服用起丹药来了。

其实，方士炼制丹药的原料都是些金石水银之类的东西，服了炼成的丹药非但无益，还会慢性中毒，轻则引起服用者性情暴躁，坐立不安，容易发怒；重则毒气攻心，或聚为恶疮，溃烂而死。唐烈祖晚年性情暴躁、动辄发怒，就是丹药毒性的慢性发作导致的。

大臣们为了他的健康着想，有人曾犯颜直谏，请他停止服用丹药。一位大臣上谏言说："丹药是万万不能服用的，方士也都是靠不住的。当年秦始皇相信方士徐福，给他许多金银财宝和五百童男、五百童女入海求仙药，结果徐福一去不返，秦始皇受了骗。汉武帝也相信方士，用青铜铸造仙人承露盘，每天用仙露冲服玉屑，结果也上了当。陛下应当以古为鉴，千万不要相信那方士的什么灵丹妙药！"

可是，这些谏言唐烈祖根本听不进去。服用丹药容易上瘾，他已经上瘾，难以戒除了。

有一天，唐烈祖拿了一些丹药，赏赐给他的义妹夫李建勋，请他试服，想要验证一下服药的效果。李建勋服了几天以后，觉得内心烦躁，十分难受，一天要喝好几壶水，并且动不动就发脾气，跟夫人吵嘴，拿僮仆出气。他赶快进宫禀告唐烈祖说："启奏陛下，这丹药服用不得。臣服用几天以后，内心感到烦躁极了，脾气也比以前坏多了。"唐烈祖闻言，笑笑说："不瞒你说，我早已服用多日了。虽然也有烦躁、爱发脾气的感觉，但还是觉得服药后胃口比以前好，力气比以前足。我相信，服用这丹药是定能延年益寿的。”

唐烈祖不听大臣劝谏，继续服用丹药。日久天长，终于慢性中毒，不但性情越来越暴躁，并且慢慢在背上生了个恶疮。开始时只觉得有些红肿痛痒，后来竟化脓溃烂，并且越烂越大，疮面竟发展到有碗口那么大了，用手轻轻一挤，就能挤出一大摊脓血来，晚上睡觉时只好趴着睡，脊背不能挨着褥子了。唐烈祖对此不敢声张，只是叫宫女悄悄地把太医吴廷绍请来给他诊治。

这吴廷绍乃是五代十国时期一位十分了不起的名医，兼通内科和外科，人们称颂他的医道是“内扁外华”，即内科功夫如同扁鹊一样深厚，外科功夫可与华佗相媲美。吴廷绍深通脉理，治病重在切脉，三个指头往病人脉上一搭，不用病人开口，就能把病人的痛苦所在和病因说出个大概。平日里他给唐烈祖治病，十拿九稳，药到病除。有一年唐烈祖因吃甜食太多，患了食噎之症。吴廷绍对症下药，用楮实汤治疗，一剂药服下去，就把病治好了。

这一次，他给唐烈祖治恶疮，先看了看疮面，觉得虽已化脓，但还不算太严重；一切脉，却吓了一跳。原来唐烈祖的脉象已经杂乱无章，毫无节律，是临危的散脉了。

吴廷绍切完脉，扑通一声跪在地上，眼里含着泪花，坦率地对唐烈祖说：“陛下！赶快把太子请来，您有什么要紧的事情，请向太子嘱咐嘱咐吧！”

唐烈祖虽然非常害怕从吴廷绍嘴里听到这样的话，可是对方毕竟还是说出来了。他根据自我感觉，也不得不相信那是实际的情况。他无可奈何地长叹了一声，立即派人召太子进宫。

太子李景通来到病榻前，跪下静听父亲最后一次叮嘱。

唐烈祖语重心长地对太子说：“儿啊！为父本想求得长生而服

用金丹，如今却被金丹所误。你应当吸取教训，不要再相信那骗人的丹药！”

边上侍立的宫女听得唐烈祖的声音有些嘶哑，便端过一碗参汤奉上。唐烈祖喝下一口参汤后，用舌头润湿一下嘴唇，又继续说：“我经过十几年的苦心经营，创下了这番基业。如今我给你留下戎器金帛七百余万件，你一定要好好守成业，勿作二世祖！”

太子李景通含着泪水，点点头表示自己一定照办。

唐烈祖休息片刻，又喝了一口参汤，接着说：“守成的要诀其实也很简单，就是善交邻邦，切勿轻动干戈。过去有人对我建议说，要想成就一统天下的大业，首先必须灭掉吴越、闽、楚三国，消除后顾之忧，然后方能挥师北上，逐鹿中原。依我看，吴越一向尊奉中原伪朝，如对它发动进攻，中原伪朝不会坐视不救，定会出兵援助，攻我脊背，这样就会造成腹背受敌、兵连祸结的局面。闽国地处海边，三面环山，道路险恶难行，更兼土地贫瘠，民性好斗，难于制服，要灭掉它不但要出动大量军队，劳师糜饷，并且事后也很难保证太平无事，可能会得不偿失。唯一能师出有名并有胜利把握的是伐楚。楚王马希范恣行不法，不恤民力，民怨沸腾。如果出兵伐楚，是吊民伐罪，名正言顺。可是，为了楚国的弹丸之地，背上个侵略邻邦的恶名，引起别的国家对我侧目而视，恐怕也是得不偿失的事情，还是不去打它为好。总之，今后对于动干戈的事情，你一定要细细掂量，三思而后行，万万不可冒失从事。你切不可学隋炀帝那样好大喜功而又骄奢淫佚，免得自取灭亡。”

唐烈祖恐怕太子记不得他这些叮嘱，就把太子的手拉过来，把手指咬得出了血，又千叮咛万嘱咐，定要太子切记切记。

最后，唐烈祖明确指出，南唐的主要敌人在北方，即中原伪朝，叫太子一定要多作防备，切不可掉以轻心。

唐烈祖李昪虽然病势沉重，处在垂危的时刻，头脑却还是很清楚的。他嘱咐完后事，心上一块石头落地，自己觉得精神略为好些了，就坐起来吃了一碗他平日最爱吃的白糖莲子粥，脸上露出了一丝轻松的微笑。

然而这只是病人临终前的回光返照而已。就在这天半夜，他突然觉得浑身如同火烧一般痛苦，低声呻吟起来。太医吴廷绍给他灌了种种急救的药物，也不见奏效。他在痛苦地呻吟了一个多时辰以后，终于在昪元殿上闭眼撒手，离开了人间。那是昪元七年（公元 943 年）二月里的事。他死时享年五十五岁，在位七年。

唐烈祖死后，继位的太子李景通才能远远不及乃父，南唐的国势开始逐渐衰落。

第十章

唐元宗谢绝群臣

唐烈祖共有五个儿子。他的第一个夫人王氏没有生育，过早地去世了；第二个夫人是续弦的宋福金，南唐开国后被册立为皇后，生有四个儿子，以“景”字排行，依次取名为景通、景迁、景遂、景达；还有一个夫人是侧室，那是唐烈祖在受禅前所宠幸的乐部宫妓种氏，开国后被册封为贵妃，她生有一子，取名景逷。

在唐烈祖的五个儿子当中，长子李景通对于修身齐家治国平天下这套东西一向不感兴趣，独爱诗词歌赋和音乐舞蹈。他最喜欢跟乐部宫妓在一起吹拉弹唱，曾受到唐烈祖的训斥，是做父亲的对之最感头痛的一个儿子。

老二李景迁自幼聪明伶俐，不论什么书籍，读过一遍就能背诵，并且对于书中所讲的圣贤之道能够身体力行，变成实际行动。他待人接物彬彬有礼，长大后成为一个风度翩翩的美少年，因而被吴王杨溥看中，招为驸马。

李景迁的为人还有一个好处是服用素俭，不尚华侈，有乃父作风。有一次，他的妻子依照原先在吴国宫廷中做公主时的妆容，穿了一套价值连城、雍容华贵的服装，戴了满头的金银首饰，扬扬得意地来问他美不美，喜欢不喜欢。李景迁看了很不高兴，说这样的打扮花费太大，除非有盛大的典礼需要参加时，可以偶一为之，平日在家里穿得素淡些就可以了，不要在这方面浪费太多的时间和精力，还说妻子越是朴素，他会越加喜欢她的。

可惜李景迁的寿命不长，在十九岁那年因病去世，害得唐烈祖为此痛哭了一场。

老三李景遂的行为落落大方，有君子的风度。他肯虚心接受别人的意见，有了过错能立即改正，很得父亲唐烈祖的喜欢。南唐建国以后，唐烈祖在考虑授给李景遂的封号时，费过一番思考，最后确定的封号是寿王。授给这个封号的用意是：一方面表示对李景迁的过早去世有些悲痛，希望李景遂能够长寿；另一方面表示唐烈祖一度有传位给李景遂的打算，希望南唐的国祚在李景遂手里能像寿星一样的长寿。

老四李景达在童年时代就爽朗聪明，整天乐呵呵的，脸上从未流露过什么愁苦的表情。他的品德十分高尚，有舍己为人的风度。有一次，他和大哥李景通一起去划船，两个人正在兴高采烈的时候，船突然翻了，他们全都掉到了河里。李景达自己虽然不会游泳，但是他首先想到的是救大哥要紧。他奋力挣扎，用脊背和肩膀把大哥顶出了水面，自己在水里乱扑腾，喝了好几口水，差点淹死。事后，别人都说像李景达这样光为他人着想、不为自己打算的人是少有的。南唐建国后，他被封为信王。唐烈祖也曾一度有过传位给他的打算。

老五李景逿的母亲出身乐部宫妓，并且又是庶出，按理不能与前面几个哥哥相提并论，但是他出生的日子是十二月初二，正好跟父亲唐烈祖的生日是同一天，是南唐朝廷钦定的仁寿节。光只这一点，就已经被人认为是十分奇特了；更加奇特的是唐烈祖的五个儿子中只有他的相貌长得跟父亲一模一样，简直就是一个模子里铸造出来的。因此，李景遏自幼最受父亲的钟爱。唐烈祖每天退朝以后，回到后宫，总要抱起他来，亲吻他的小脸蛋，问他：“你像谁？”而聪明伶俐的李景遏就会不假思索地用小手指指唐烈祖的鼻子，甜甜地说：“我像父皇。”要不是封建社会里嫡庶有别那套老规矩的约束，唐烈祖也许会考虑把皇位传给李景遏。种贵妃对此也曾有过幻想，希望儿子能继承皇位，她好做个皇太后，所以在皇位继承问题多了几句嘴，结果触怒了唐烈祖，被送到庵堂里去做了尼姑，害得李景遏也从此遭到了父亲的冷落。

既然唐烈祖的几个儿子都各有特点，似乎哪个都比长子李景通要强些，那么后来皇位又怎么会传给了李景通呢？原来李景通有着一个谁也比不上的优越条件，那就是他是唐烈祖的嫡长子。嫡长子继承皇位，在封建社会的宗法制度下被认为是天经地义的事，没有特殊情况是谁也抢不去的。除此之外，还有一件十分凑巧的事情帮了李景通的大忙，使得唐烈祖终于下决心传位给他。

那是在有一年的夏季，唐烈祖在一个酷热的中午睡午觉，刚睡下就朦朦胧胧地做起梦来。他梦见一条活泼矫健的金龙从天而降，到了昇元殿上，围绕着殿上的柱子盘旋飞舞。那金龙闪闪发光的鳞片使人眼光缭乱，真是威武雄壮极了。龙，在封建社会里被当成皇帝的象征，梦中见到龙，自然使得唐烈祖十分高兴。

唐烈祖醒来后，立即派人去昇元殿上察看，问人们看到过金龙绕殿柱没有。派去察看的人来报告说，昇元殿上谁也没有看到过金龙，只有人看到皇长子李景通曾在那里绕着殿柱奔跑过。

唐烈祖听了，暗暗思忖道：景通绕着殿柱奔跑，我就梦见金龙绕殿柱盘旋飞舞。这样看来，景通这孩子就定是真龙天子无疑了，皇位是必须传给他的，否则就会违反天意，对南唐的国运不利。从此，唐烈祖才下了决心，于昇元四年正式立李景通为太子，确定由他做皇位继承人。

唐烈祖逝世以后，太子李景通在柩前嗣位，下诏把自己的名字改为李璟。“璟”是美玉的光彩，因此又取字为伯玉，后来他的庙号是元宗，历史上称他为唐元宗李璟。

李璟即位后所做的第一件事就违背了父亲叫他要艰苦朴素的教导，而是花费了巨额钱财，动用了众多的人力物力，为父亲修建陵墓。陵墓修建在金陵郊外祖堂山的向阳坡上，派人从山上开凿来方方正正的岩石，砍伐来粗壮的木材，用这些做成巨大而又精致的棺椁；又征发来许多陶瓷工匠，叫他们烧制各式各样的陶俑和陶器瓷器作为殉葬品。

整座皇陵包括地下的墓室和地上祭祀用的殿堂，全都修建得富丽堂皇，简直可以和传说中的琼楼玉宇相媲美。

皇陵的地下部分面积宽广，共有十一个墓室。中央墓室面积最大，是安置灵柩的地方，其余各墓室都用来陈列各种各样的殉葬品。有的墓室布置成起居室的样子，有的布置成厨房和餐厅的样子，一切全都按照着活人的生活情况进行安排。墓室的门口用巨大的石块雕刻成两个威武雄壮的卫士，把守大门。门楣上雕刻了二龙戏珠的图案，象征帝王的尊严。墓室的墙上绘有各种各样彩色的壁画，作为装饰。

皇陵地上部分为祭祀用的殿堂，修建得高大雄伟，整个格局是仿照昇元殿的样子设计的，有正殿，有偏殿，还有回廊和戏台。

皇陵建成后，取名为永陵，表示由唐烈祖开创的基业将要永世长存之意。修建这样一座皇陵，耗费掉南唐国库中的巨额财富，大概够几万名老百姓一年的生活开销。唐烈祖如果泉下有知，对于儿子这样的挥霍浪费是一定会表示反对的。

不过，唐元宗李璟虽有这样那样的缺点，总的来说他还不算是腐朽透顶、令人讨厌的人，至少在他的幼年时代，也有过一些有趣的故事为人所称道，值得在这里予以追叙一番。

唐元宗李璟是在他父亲唐烈祖出任昇州刺史那年诞生的。自从他出世以后，他父亲在官场上就一帆风顺，步步高升，没有栽过跟头，所以他的出世可以说是吉祥如意的征兆，这是他母亲宋福金常常对人这样说的。

唐元宗幼年十分聪明，他父亲在九岁那年能写诗咏灯，他在十岁那年也会写诗咏新竹了。

有一天，塾师指着书房门前刚刚长成的一丛新竹，叫他以此为题作一首诗。他思索片刻，就吟咏道：

栖凤枝梢犹软弱，化龙形状已依稀。

他刚刚吟了这两句，还没有来得及往下吟咏，就被塾师的一阵喝彩声打断了，因为塾师听到那又是凤又是龙的诗句，已经再也遏制不住他的兴奋欢乐之情了。一个十岁的孩子，作起诗来就是凤呀龙呀的，说明他长大以后准是个真命天子，所以做老师的高兴极了。可是塾师这一阵喝彩却也坏了事，竟把学生的思路打断了，咏新竹诗的最后两句说什么也续不上了，只留下了这未成篇的两句断句，实在是令人感到十分遗憾的事。

唐元宗李璟幼年不但会作诗，而且还写得一笔好字，无论是篆、楷、隶、草任何一体，都颇有造诣。他从小最喜欢临摹南北朝时著名书法家羊欣写的隶书，临摹出来的字惟妙惟肖，每一笔都和原帖一模一样。把他临摹的字和原帖放在一起，简直令人难以辨认哪个是原帖，哪个是临摹的。唐元宗在青年时代也学过武艺，能跑马射箭，百步穿杨，称得上是个文武全才。

自从被立为太子，确定要做皇位继承人以后，唐元宗李璟在他父亲的谆谆教导下，也有不少进步，在待人处世上逐渐懂得礼节，也逐渐注意自己的仪表风度了。

唐元宗最大的弱点是为人疏懒，不热衷于名利。他被立为太子时，曾再三上疏推辞，希望父亲不要急着立他为太子。他在一份奏疏中说："前世的帝位继承常常出现你争我夺的情况，主要原因是嫡庶不明，长幼失序，所以要早立太子，表示名分早定，避免你争我夺、骨肉相残的惨剧。如今我们兄弟几个，除景遏是庶出外，都是一母所生的同胞，相互间谦恭礼让，亲密无间，将来决不会出现你争我夺的现象；况且陛下精神健旺，治理天下的时日方长，立太子这套礼仪实在可以暂缓举行。如果一定要立的话，也可立三弟景遂，他的品德在我们兄弟中是最出色的。"

唐烈祖李昪对儿子的这一番谦让十分欣赏，认为从这一点就能说明儿子已有了很大进步，把国事托付给他更能放心了，于是就下诏表扬景通守廉退之风，师忠贞之节，是很值得称道的温良恭谦让的行为。但是做父亲的毕竟觉得自己已经处在垂暮之年，死后儿子们虽然不会你争我夺，骨肉相残，但大臣之中却难保没有拥立这个，压制排挤那个，想要借此弄权，操纵政局的野心家，所以还是早立太子为宜。

他终于下定决心，正式颁发诏令，立李景通为太子，命令中外人等一起上书给太子表示祝贺，并大摆筵席庆祝了一番。这样，唐元宗的合法继承权就终于确定下来了。唐烈祖一死，他就在柩前嗣位，做了南唐的第二代皇帝。

唐元宗李璟即位之初的年号是保大，意思是要保持住南唐在十国中俨然大国的地位。如同历史上其他皇帝登极时一样，他下令实行大赦，也给文武百官加官晋爵，赏赐金银布帛。大臣们官爵晋升了，赏赐也得到了，自然皆大欢喜，山呼万岁而退。

唐元宗为了表示自己的仁慈，他下令叫五弟李景遏把其生母种贵妃从庵堂中接了回来，封为太妃，请她在李景遏宫中养老。种太妃和皇弟李景遏见唐元宗如此仁爱为怀，自然是千恩万谢，不知道说什么好，母子俩在唐元宗跟前发誓，表示以后一定好好忠于皇上，决不再存非分之想。唐元宗的这一举动，也使得大臣们个个心悦诚服，认为他确实是个圣明之主，对他就更加拥戴了。

可是，唐元宗李璟在一些枝节问题上虽有他的长处，有仁爱为怀的风度，而就他的性格来说，却有很大的弱点。他为人疏懒，性格庸懦，进取心不强，并且耳朵皮很软，容易听信奸佞之言，为他们所摆布，所以他远远不及他的父亲唐烈祖，算不上是个真正有作为的明主。

唐元宗即位后，重用父亲唐烈祖在晚年已经对之疏远的野心家宋齐丘，赋予他很大的权力。又任命冯延巳为谏议大夫、翰林学士。唐元宗为什么要重用宋齐丘、冯延巳这样一些人呢？原因是他自己懒于政事，认为这些人都重视权位，喜欢揽事，他乐得把权力分给他们，让他们费尽心力去管理那令人头痛的国家大事，他自己可以做个省心皇帝，用大量的精力和时间去宴饮歌舞，写诗填词，做一些自己所喜欢做的事情。

唐元宗李璟即位不久，对于那些例行公事式的坐朝、批阅奏章等也懒得管了。他听说上古时候的殷朝，实行兄弟相承的继承制度，他也想照着实行，在他自己还健在的时候，就把皇位让出来，早些传给三弟景遂、四弟景达，一个一个的轮换下去，他自己则可以躲进深宫，做个太上皇，享享清福了。

他想定主意以后，在有一天坐朝时，突然下了一道诏令，宣布说："先帝创下的基业，理应由我兄弟几人共同继承，不能由寡人一人独专。现拜皇弟李景遂为诸道兵马大元帅、太尉、中书令，皇弟李景达为副元帅。从今以后，中外庶务、国家军政大计，全都交给元帅府掌管。寡人移居深宫，谢绝群臣，不再坐朝视事；如有十分紧急之事需要奏闻，可由枢密副使魏岑、查文徽二人入宫面奏，其余文武官员，非经召请，一概不许入宫求见。"

唐元宗李璟的这道诏令一下达，因为如此做法是违反常规、史无前例的，所以立刻引得文武官员们议论纷纷。这个说："皇上把大权交给元帅府管理，不明底细的人以为我大唐发生了宫廷政变，定会引起天下大乱。"那个说："皇上从此深居简出，谢绝群臣，从此真是天高皇帝远了，叫我们如何是好！"还有的人担心宋齐丘等喜欢弄权之人趁机篡夺政权，酿成改朝换代的巨变。总之，一时间弄得人心惶惶，不知如何是好。许多人纷纷上书抗争，反对唐元宗这样做。可是奏疏都被扣押下来，没有送到唐元宗那里。

刑部郎中萧俨是反对得最激烈的一个，他在烈祖朝就以正直敢言、办事干练而出名。他听说奏疏不能上达，就不顾唐元宗的禁令，冲破卫兵的阻拦，冒死伏阙进谏说："启禀陛下！历史事实昭告后世，自从夏殷以来，天下为家，父子相传，已经成为不可移易的制度。传说中殷商虽有过兄终弟及之事，那是在先王晏驾以后，儿子年幼不能管理国家大事的时候，才不得不传位给年龄较大、能管事的兄弟，这实在是不得已的变通办法，并不是好的制度，是不值得后世效法的。如今陛下富于春秋，正是继承先帝遗志，为中兴大唐大有作为之时，深居宫禁，谢绝群臣，是万万不应该这样做的。”

唐元宗却听不得萧俨的进谏，冷冷地答复说：“寡人主意已定，请爱卿不必多言。”说着就要下令将萧俨赶出宫去。

萧俨还是不肯罢休，继续伏阙抗争说：“陛下在诏令中，让元帅开府，执掌军国大事，已经是骇世惊俗之举，使得全国上下惶恐不安，以为我大唐发生了宫廷政变。诏令中又规定陛下从此谢绝群臣，只许可一二人进宫奏事，这真是咫尺天涯，使群臣无由得亲龙颜，悲不自胜。臣恐怕陛下谢绝群臣之后，从此中外隔绝，忠良遭受冷遇，奸佞因以得志，国事将会发展到不可收拾的地步。到了那时候，陛下再想设法挽救，恐怕就来不及了。”

萧俨虽然说得非常恳切，可是唐元宗还是听不进去。他叫卫士连劝带拉地把萧俨送出了宫门，再也不允许他进去了。

跟萧俨一样激烈反对唐元宗这样做的还有前侍卫都虞候贾崇。他很早就以勇猛忠诚闻名于世，别人把他比作唐太宗时候的尉迟恭，叫他贾尉迟。他也不顾唐元宗的禁令，冲破宫廷侍卫的阻拦，一直闯入唐元宗的寝宫，要求当面奏事。

贾崇跪在唐元宗面前，声泪俱下地进谏说：“先帝待人和蔼可亲，从不疏远群臣。臣侍奉圣驾多年，天天都能恭聆圣训，当面奏事。先帝还在宫廷外设有登闻鼓，平民百姓有冤无处诉时，可以击响登闻鼓，请求皇上坐朝，面陈禀帖诉冤，所以先帝在位时，从未出现过中外壅隔、下情不能上达的情况。如今陛下即位不久，就要谢绝群臣，深居宫闱不出，把大政委托皇弟代管。这样一来，陛下何由得知民间疾苦，那就岂不要失掉民心，导致国家大乱？臣如今已是风烛残年，要是不能经常见到陛下，内心就会十分伤感，因而更加想念先帝。看来臣不如早一天死了的好，得以到地下追随先帝圣灵。如若陛下定要谢绝群臣，那就请先杀了我吧！”

贾崇一边说，一边伏在地上叩头，叩得地板咚咚作响。其感人情状，使得站在一旁的宦官和宫女也被他的忠诚所感动，为他陪了几滴同情的泪水。

唐元宗李璟见自己谢绝群臣之举竟然引起了如此轩然大波，招来这么多人的反对和苦谏，这真是他始料所不及的，觉得实在有些不好对付。他不得已，只好收回成命，宣布以后他继续坐朝视事，亲自主持军国大事。这个宣布，使得文武大臣个个如释重负，大家纷纷前来朝见，山呼万岁，赞颂唐元宗肯虚心听取臣下的意见，真是圣明之主。

可是，唐元宗收回成命的做法，其实只是为了缓和一下群臣的反对，所谓仍由他自己坐朝亲政，无非只是虚应故事而已。因为他疏懒成性，贪图安逸已经成了习惯，连每隔三五日坐一次朝也不能坚持，只是在他心情比较愉快的时候，才临时派人去通知文武大臣，叫他们上朝来奏事。平常日子里，大臣们有事仍是只能向元帅府通报，由元帅府视情节轻重，或代为办理；或上报到唐元宗那里，请求圣断。

唐元宗李璟这样做的结果，使得由他父亲唐烈祖开创不久、本来是生气勃勃如同东升旭日的南唐，很快就变得暮气沉沉，军政机构办事不得力，行动迟缓，如同一个没落中的衰颓之国了。这样的国家，种种厄运自然就会很快地降临到它的头上。

第十一章

严思礼血洗白云洞

唐元宗李璟嗣位以后，曾一度想要谢绝群臣，躲进深宫去享清福。哪知道不但群臣大哗，使他享不成清福，而且传来黄梅乡农造反的消息。这一来，就更使他寝食不安。

原来，黄梅是长江和蕲水夹角中的一个著名县城。以黄梅为中心的一大片地方，土地肥沃，雨量充沛，物产丰富，本应是个人间乐园。怎奈那里的地主十分凶横，他们大量霸占土地，使得许多农民无地可耕；再加上官府的苛捐杂税，更是逼得农民走投无路，只好铤而走险，揭竿起义。

却说在一个乡民赶集的日子里，有一个人突然在热闹的集市上一头栽倒了。赶集的人见有人栽倒，以为又是何处来的饥民跌了跟斗，赶快拥上去搀扶。走近一看，只见那人翻着白眼，口吐白沫，似乎已经断气了。人们赶快大声呼喊，摸脉、掐人中，七手八脚地进行抢救。

不料，正当人们忙得不可开交的时候，只听得那人喉咙里发出一阵呼噜噜的响声，然后猛然挣开众人的包围，一个鲤鱼打挺，跳了起来。

事出突然，众人正惊得目瞪口呆，却见他脸色涨得通红，拿腔拿调地说起话来：“诸位善男信女，我乃天神下凡。只因诸祐一家几代长年吃素，不杀生灵，所以我就附在他的身上，前来解救世上的穷苦之人。凡是愿意得救者，可于今晚三更时分，每人手拿三根线香，到诸祐家里聚会。”

说完，这自称名叫诸祐的人又一头栽倒在地，不省人事。人们帮他抚胸捶背，忙碌了半天，他才恢复正常，却一声不吭地扬长而去。

开始人们对这种天神附体的事将信将疑，当打听到诸祐一家确是长年吃素，不杀生灵，而且他本是一个里长，家中也不算太穷，并非冻饿之人，就完全相信了。

到了晚上三更时分，果然有一大群穷苦农民，手拿三根线香，到诸祐家里来了。推门一看，只见诸祐又如同白天在集市上那样，直挺挺地躺倒在地。人们知道天神已快来了，就齐刷刷地朝着他跪下，等候天神的到来。

过了一会儿，诸祐果然站了起来，他又拿腔拿调地说：“诸位善男信女，你们想要脱离苦海，就得长年吃素，不杀生灵。诸祐已经做到了这一点，他的灵魂已经净化，能够直接跟天神交通了。从今以后，你们只要听他的话就行了，我已经把解救你们脱离苦海的办法告诉他了。”说完，诸祐又跌倒在地，过了很久才醒过来。

人们扶起他，围着他问如何才能脱离痛苦。诸祐说：“天神告诉我使穷人变富，富人变穷的办法，大家一富有，就不会有什么痛苦了，这痛苦就该让现在的富人去尝尝了。”

人们问他具体的办法是什么，他说，这就是拿起锄头、铁耙、菜刀，去分地主、富户的财产。这样穷的就能变富，富的就会变穷了。农民们对地主、富户本来就十分痛恨，如今天神指点他们去分地主、富户的财产，自然信以为真，就真的回家拿了锄头、铁耙、菜刀，跟着诸祐攻打地主、富户去了。

列位，照说这诸祐本是一位农民起义领袖，何以要装神弄鬼来这么一套呢？这话只要点透，你自然明白。试想，在那时，农民受着地主压迫、剥削，没有多少文化。他们对地主豪绅、贪官污吏早已恨之入骨，只是毕竟怕着官府、皇上和朝廷，倘若只是叫他们造反，心中必然顾虑重重，不敢贸然起事。这诸祐深知农民心理，知道他们迷信鬼神，所以就想出这个天神附身的办法来号召农民。一场农民起义就这样爆发了。

起义军发展得很快，一两个月时间就有了将近一千人的队伍。在起义军的队伍里，男女一律平等，女子也能拿着武器，跟着男子一起上阵打仗。

诸祐分析了当前的形势，认为黄梅地区离江州、蕲州等重要城市都不很远，那些地方都驻有南唐重兵，一有风吹草动，很快就会赶来镇压。起义军虽然有了将近一千人的队伍，力量跟官军相比还是比较弱小，所以应当稳扎稳打，不要与官军正面交锋，而是采取夜行昼息的策略去打击官军。

诸祐让起义军白天分散在各自家里休息，或照常从事生产劳动；夜晚到指定地点集合，一队一队地由首领带着，四出袭击官军。果然，起义军夜行昼息的策略非常有效，取得了很大的胜利。他们常常出奇制胜，以少胜多，把一小股一小股没有防备的官军都给消灭掉了。

到了这时，黄梅地区的南唐地方官员和军事将领也弄不清起义军究竟有多少人马，他们只好向唐元宗胡乱报告，一会儿说起义军很多很多，他们实在对付不了；一会儿又说起义军不见了，跑到别的州府去了。过不多久，吃了亏以后，又说起义军漫山遍野而来，黄梅地区都快守不住了，请唐元宗赶快派大队兵马来镇压。这种种互相矛盾的奏章，接连不断，如雪片般飞到唐元宗那里。

新即位的唐元宗，刚想隐居深宫，谢绝群臣，不管国家大事，可是大事自己跑来找他了，这使得他内心很是焦急。他也把握不住起义军究竟有多大规模，应当派多少军队去镇压。经过再三考虑，并征求了大臣们的意见，他决定先采取怀柔政策，派个足智多谋的文官去试探试探。于是，他就派新及第的进士陈起去做黄梅县令，叫他用先礼后兵的办法去对付起义军。

陈起虽是个文弱书生，却诡计多端，善于玩弄阴谋，为自己升官发财开路。他到了黄梅以后，打听到里长诸祐是起义军的首领，就立即发出请帖，请诸祐到县衙门赴宴，想用封官许愿的办法，让诸祐解散起义军。

诸祐严词拒绝了陈起的引诱，当场把请帖撕得粉碎，并在当天夜里派起义军袭击县衙门，给了新来的县令一个下马威。

陈起见自己的阴谋失败，就向唐元宗告急。唐元宗赶快派巡抚周邺带着一支亲军奔赴黄梅，进行武装镇压。

周邺到了黄梅以后，听说起义军的活动方式是夜行昼息，就把自己的军队分成两部分：一部分也在白天休息，养精蓄锐，准备在夜间行动；一部分化装成外地来的流民，混到农村中要求参加起义军。

经过一段时间的布置，周邺终于弄清楚了起义军的实际情况。就在一个月黑风高、起义军聚集起来准备大规模行动的夜晚，派军队突然包围了他们。

诸祐和起义军其他首领带领队伍奋勇抵抗，想要突围，却没有成功。最后，起义军被整个击溃，诸祐等首领为了保护几十名妇女儿童，被官军全部俘获了。

周邺和陈起听说诸祐能与天神交通，怕他借助天神的法术逃走，就请来巫师帮忙。巫师说猪血能破天神的法术，叫人杀了几十头猪，用猪血洒了诸祐等人一身一脸。然后把他们绑赴法场行刑。

在法场上，诸祐对周邺说；“好汉做事好汉当，我是义军首领，你们要杀就杀我一个。那些手无寸铁的妇女儿童，跟你们往日无仇，近日无怨，请你们放了他们吧！”

周邺听诸祐这么说，犹豫片刻，没有当场答复。可是陈起生性残忍，他认为与起义军有关的人必须斩尽杀绝，才能让他这个县令做得稳当，并进一步升官发财。他告诉周邺，释放妇女儿童的请求不能答应，并且假借唐元宗曾对他有便宜行事的指令，下令把诸祐和妇女儿童全都杀掉了。这一次由诸祐领导的黄梅农民起义，最后就这样失败了。

黄梅起义是唐元宗刚即位不久时发生的一次农民起义，规模不大，影响也比较小，只不过是一场大雷雨到来之前零星的小阵雨而已。更大的雷阵雨是在黄梅起义前已在南汉国爆发，而在黄梅起义失败后蔓延到南唐境内的张遇贤领导的农民大起义。

张遇贤领导的农民起义是怎样爆发的？又是怎样蔓延到南唐境内的？这就说来话长，需要从南汉国的建立，以及这个国家内部斗争的情况讲起。

南汉国地处五岭以南，即今天的两广地区。它的创建人是上蔡人刘隐。刘隐只是被中原的后梁皇朝封为大彭王，未曾称帝。刘隐死后，他的弟弟刘岩才于梁末帝贞明三年（公元 917 年）八月在番禺（今广东省广州市）称帝。这个国家诞生的时间，比南唐要早约二十年。刘岩称帝后，把自己的名字改为刘䶮。这“䶮”字在古代字书上找不到，乃是他自己杜撰的一个字，取“飞龙在天”之意。开始时，刘䶮把自己的国号称为大越。不久，他以自己姓刘，与汉高祖刘邦同姓，改国号为汉，史称南汉。刘䶮后来被他的子孙也尊称为汉高祖。

这个南汉国皇帝刘䶮颇为懂得统治权术，又善于利用岭南气候湿热的条件发展农业生产，利用南海水产丰富、便于航运的条件发展渔业生产和海外贸易，所以他在位的三十来年中，南汉国出现了经济繁荣、政治安定、文化发达的局面。但是这个南汉国皇帝刘䶮生活十分奢侈，对老百姓极其残暴。

刘䶮喜欢大兴土木，修建宫殿。他称帝后，修建了一座昭阳殿。这殿用黄金作瓦，白银铺地，屋檐和柱子都用白金装饰，台阶下凿有水渠，浸泡着许多珍珠和用翡翠、玛瑙、玉石雕琢成的鱼虾，又用琥珀和水晶雕琢成太阳和月亮的样子，悬挂在昭阳殿东西两边的柱子上，显示自己是日月照耀之下的真命天子。每逢有邻国的使臣到南汉国来访问，刘䶮就带着他们参观昭阳殿，展示自己收藏的大量奇珍异宝，表示南汉国的富裕。

他又修建了豪华的秀华宫和富丽堂皇堂的南薰殿。那南薰殿的十六根大柱子用黄铜浇铸而成，镂刻有龙飞凤舞的花纹。柱子下面的石头墩子凿成一座座香炉的模样，香炉里一烧香，镂空的柱子就能散发出缕缕烟雾，阵阵芳香，令人神魂为之陶醉。刘龑对他的大臣们夸口说："隋炀帝是个蠢人，不懂得真正的享乐。像我这样，功德虽不及尧舜禹汤，但亦不失为一个懂得享乐的风流天子。"

刘龑生性残暴，他滥用刑罚，残酷地杀戮无辜良民，还设有汤镬、铁蒺藜床一类的刑具，经常对犯人行施灌鼻、割舌、肢解、刳剔、炮炙、烹蒸等酷刑；又设有水牢，在水里放养了许多毒蛇，把犯人推到水里，让毒蛇把他咬死。更有一种折磨犯人的办法：先把犯人放到汤镬中用开水烫，烫得满身起了燎泡，然后拉到太阳下曝晒，并在伤口上撒盐，使犯人疼痛钻心，肌体腐烂，慢慢地死去。

刘龑还特别喜欢在宫殿中亲睹犯人受折磨的情状。行刑时，锤锯互作，血肉横飞，犯人痛哭哀号，声闻数里。犯人越是痛苦得难以忍受，满地打滚，刘龑看了就越是高兴。只见他在观看行刑时张着血盆大嘴，不断地流口涎，好像恨不得把犯人一口吞下去似的，真可以说有着豺狼一样的性格。

刘龑的奢侈生活耗费了巨额钱财，使得南汉国繁荣的经济逐渐走向衰退；他的残暴统治使得南汉国内的矛盾日趋紧张，各地方小规模的农民起义接连不断地发生。南汉大有十五年（公元 942 年，南唐昇元六年），刘龑病死，他的第三个儿子刘玢继位。就在这年七月，南汉国各地小规模农民起义，终于汇合成了以张遇贤为首的农民大起义。

农民起义军领袖张遇贤，原先是循州博罗县（今广东省博罗县）的一个小吏。他亲眼看到南汉国官吏用严刑拷打的办法催逼农民交纳赋税；实在交不起，竟有被活活打死的。张遇贤对这些无辜农民寄予深切的同情，下决心要领导他们拿起武器，跟残暴的统治者进行较量。刘玢即位后，实行比他父亲更加残暴的统治。张遇贤忍无可忍，就揭竿而起，发动了轰轰烈烈的农民大起义。

张遇贤也采用了以宗教迷信作为号召的手段。他先是在博罗县刻杉镇的一个农民家里布置了一个神仙下凡的假象，说是从天上降下了一位神仙，能够预卜人间的吉凶祸福，解救世人的苦难。农民们听说神仙下凡，就一传十、十传百地聚集拢来，想要请神仙帮助他们脱离苦海。等到聚集的人一多，张遇贤就自称他是十六罗汉转世，奉玉帝旨意下凡，来解救世人的痛苦，凡是愿意得救的人，应该听从他的指挥行动。被南汉统治阶级害苦了的广大农民，对此信以为真，他们纷纷对张遇贤顶礼膜拜，表示愿意听从他的号令。

于是，张遇贤就自称中天八国王，建元永乐，设置百官，组织武装队伍，正式树起了农民起义的大旗。农民军身穿绛红色军衣，号称赤军，作战都很勇敢，一起义就打了几次大胜仗，震动了整个岭南地区。

张遇贤虽然没有领导唐末起义的黄巢那样的胆识和谋略，但是他的长处是敢于放手用人。只要谁能独当一面跟官军作战，张遇贤就封他为大将，允许他带领一支队伍，外出作战，根据战场上的形势自行进退。一些勇敢善战的农民领袖就纷纷自动请缨，带着队伍，从循州出发，分为东南西北四路外出作战。不到一年时间，起义军就发展到了十几万人，打下了以循州为中心的一片地方。

刚刚即位不久的南汉国皇帝刘玢，得知农民起义的消息后，赶快派他的弟弟越王刘弘昌、循王刘弘杲带兵前来镇压。张遇贤指挥起义军跟这两个亲王率领的官军在钱帛馆地方展开了决战。

起义军漫山遍野而来，又有广大的农民群众给他们通风报信，送水送饭；而官军由于粮草接济不上，内部又常闹矛盾，所以胜败的形势很快就见了分晓。起义军把两个亲王率领的官军包围了好几重，眼看包围圈越缩越小，两个亲王将要成为瓮中之鳖了。他们的死党见主子遭遇危险，赶快竭尽全力保护，拼死冲杀，这才突出重围，落荒而逃。

农民起义军沉重地打击了官军，也触动了循州附近各州府县地主豪绅的利益。他们联合起来，筹组了一支保卫其庄园和财产的武装，并和南汉的官军紧密配合，步步为营，终于把起义军包围在一个狭小的范围内，迫使起义军由攻势转为守势。

有一次，南汉官军和地主武装在循州城郊夹击起义军。张遇贤率领战士们奋勇反抗，大战三天三夜。因为官军和地主武装如蝗虫般成群蜂拥而来，而起义军实在疲惫不堪了，只好突围退走。在路上，张遇贤见形势不妙，就假托神仙的意旨，说是向北走能逢凶化吉，于是就带着队伍翻越南岭，转战到岭北的虔州（今江西省赣州市）。

南岭山脉是中国南部的一条重要山脉，那时候是南汉和南唐两国的天然分界线，岭南属南汉，岭北归南唐。虔州是南唐最南边的一个重镇，由唐烈祖委派的百胜节度使贾浩在那里镇守。

这贾浩是个贪官，平日里只知道鱼肉百姓，对军政大事从不放在心上。这天听部下报告说，从南汉国过来一支农民军，已经靠近虔州地界了。他对此不以为然，大模大样地回答说："区区草寇，何足介意？"他没有及时采取措施，加强防备，只顾自己酒足饭饱后蒙头睡大觉。这样，就给张遇贤率领的起义军创造了向岭北顺利进军的条件。

起义军一进入南唐境内，虔州地方受到贾浩压迫剥削的穷苦百姓认为来了大救星，纷纷揭竿而起，加入起义的队伍。起义军的人数一下就扩充到几十万人，迅速地打下了虔州南边的南康等几座县城。

到了这时候，贾浩才感到形势吃紧，不得不披挂上阵，硬着头皮跟起义军作战。双方交战几次，贾浩率领的南唐官军都被起义军打得大败。贾浩无计可施，只好紧闭城门，不再应战，并火速派人飞马向金陵告急，请唐元宗赶快派救兵来。

就在这种形势对起义军极为有利的关键性时刻，起义军首领张遇贤却走错了一步棋。他没有一鼓作气地率军攻下虔州，建立起巩固的根据地，然后或者重新南下去进攻南汉，或者继续北上去夺取长江流域的南唐粮仓，成就农民起义军的伟大事业。他在打下赣南的白云洞以后，竟有些志骄意满，认为可以做一个土皇帝了，就在白云洞营造起宫室来。这样一来，他就丧失了机动性，把自己放到了等待挨打的位置上。

回头再说金陵城里即位不久、刚刚镇压了黄梅起义的唐元宗李璟，听说从南汉国过来的农民起义军已打下了虔州附近的一大片地方，吓得他不敢再懒惰了，赶快调兵遣将，准备镇压。

唐元宗先发布了一道诏书，说虔州的农民起来造反是受了妖人的煽动，也承认当地官员对农民的压迫太重了，所以宣布免收虔州老百姓当年的赋税。用这种办法收买人心，分化起义军和虔州老百姓的关系。诏书中还悬出赏格，说如果有人能擒斩张遇贤，就赐给三品官做，赏钱一万贯，田庄一区，永远免除租税差徭，田庄还能传给子孙，永不收回。还说起义军战士如能自动投降，回乡种地，就三年不征租税；没有土地的穷苦农民如退出起义军，官府就会发给土地；如果拒不投降，被官军捕获以后，就要立即斩首。

唐元宗派到虔州去镇压起义军的队伍，由洪州营屯都虞候严思礼率领，通事中书舍人边镐担任监军。严思礼是个有勇无谋的武夫，边镐却是个善用计谋的军师。他们两个带着队伍到了虔州以后，边镐立即派人去寻找能协助他们进攻起义军的本地人。

虔州有个名叫白昌裕的书生，为人沉着有智谋，但是在功名场上很不得意，一连投考几次都没有得中。他正想找个机会立功，好作为进身之阶，听说边镐想找个能协助他们进攻农民军的本地人，就赶快到军营中去毛遂自荐。

白昌裕当着边镐和严思礼的面，凭着记忆在沙地上画出了白云洞周围的地形图，并画出了当时两军对垒的形势。他认为农民军躲在山高林密的白云洞之中，那里地形复杂，易守难攻，很难把据险坚守的起义军战士引诱出来。所以，比较妥当的办法是伐木开道，步步为营，稳扎稳打地向白云洞进逼。在靠近白云洞以后，放火烧山，把遮蔽着白云洞的森林全部烧掉，使白云洞暴露出来。这样，起义军失去了藏身之地，就能把他们全部消灭掉了。

边镐和严思礼接受了白昌裕这个毒辣的建议，立即派出大批士兵，在前面伐木开道，向白云洞逐渐逼近。等到队伍靠近白云洞的时候，就抱来许多干草，放起了一把野火，烧毁了一大片森林。

再说张遇贤在占据了白云洞后，正陶醉于胜利之中，以为自己在那里可以安安稳稳地建立起一个小朝廷，称孤道寡了。等到山火蔓延到白云洞边上，把遮蔽着道路、洞穴和防御阵地的森林全都烧个精光的时候，他才知道大事不好，连声叫苦，赶快集合起队伍准备应战，可是已经晚了，南唐军已经打进白云洞里来了。

由严思礼带领的南唐军，像一群发了疯的野兽一样，他们一手举着火把，一手举着大砍刀，冲进白云洞以后，逢人便杀，见东西就烧。白云洞里浓烟滚滚，刀光闪闪，血流成河。经过一场生死攸关的剧烈搏斗，农民军全军溃败，被迫撤离。

同年十月，张遇贤的部将李台等在南唐军队的进攻和分化瓦解之下，见大势已去，就发动叛变，活捉张遇贤和他的副将黄伯雄、谋士僧景全等人，投降了南唐军。张遇贤等人被押解到金陵，全部斩首。

严思礼率领的南唐军不仅血洗了白云洞，还对虔州以南被起义军占领过的城乡百姓展开血腥的大屠杀，说是要斩草除根。这样做，连那个为他们出谋划策的书生白昌裕也看不下去了。他想不到自己的一番计谋竟会给无辜的平民百姓带来如此重大的劫难。因此，他拒绝了对他的任何奖赏，也不想做官，偷偷地离开军营，不知去向。后来有人看到他剃了光头，在赣南某地的一所寺院里出家做了和尚，诵经念佛，超度那些被害的无辜百姓。

刽子手严思礼和边镐则凭着这血腥大屠杀的功劳，一个被提升为海州刺史，一个被提升为洪州屯营诸军都虞候；而那个在农民军手下吃了败仗的百胜节度使贾浩，则被贬官为监门卫将军池州安置，等于被放逐了。

第十二章

词坛大家冯延巳

唐元宗在镇压了农民起义以后，又不想管理国家大事了，便一味地去写诗填词。

前面我们讲过，唐元宗幼年就喜欢写诗，十岁那年写过半首使塾师大为赞赏的《咏新竹》。他这种对诗歌的爱好，随着年龄的增长，愈益加浓，写下了许多较好的诗篇。后来，他认为绝句和律诗的字句限制太大，格律比较死板，妨碍了他那奔放的感情，就把兴趣逐渐地转移到写长短句，也就是被称为“词”的这种文学体裁上来。

他认为词的格律多变，既可以用现成的词牌，也可以自己创新；不但能寄托他那奔放的感情，并且谱曲歌唱起来也悠扬动听，在不同的场合能选择不同的词牌来唱，比五七言绝句和五七言律诗有意思得多了。因此，他如醉如痴，沉迷于词的创作中，朝朝暮暮地为写好每一首词而苦心思索。

谁都知道，喜欢诗词的人想象力比较丰富，有时喜欢幻想，并且往往多愁善感，感情比平常人容易冲动。诸如此类气质上的特点，在唐元宗李璟身上都是具备的。

在他还没有成为皇子的青少年时代，他生活优裕而少拘束，有过种种幻想，特别是还曾经热恋过一些性格豪放的少女。成为皇子以后，特别是即位做了皇帝以后，他被关进高高的宫墙里面，许多幻想破灭了，现实强迫他为政治这种使人烦恼的事情去花费精力；特别是不能与外面的女子随便谈情说爱了，更使他常常为此而苦闷。

虽说皇帝的权威可以把任何一个民间少女选进宫来，但是那毕竟是采取了强迫的手段，强扭的瓜不甜，没有那种你亲我爱的感情，皇宫里豢养着的那众多的宫妓就是如此。因此，唐元宗李璟常常回忆他早年的风流而自在的生活，并且常常触景生情，沉湎于幻想之中。他写的诗词，有相当一部分就是在感情冲动时落笔的。

有一天晚上，唐元宗李璟做了一个梦，梦见自己摆脱了朝堂上的烦琐事务，无忧无虑地在花园中闲逛。忽然看见自己当年的恋人正绕过花园中的池塘姗姗而来，这真使他高兴极了。他赶紧张开双臂，迎上前去。眼看恋人已经靠近了，他猛地往前一扑，把恋人紧紧搂在怀里，却发现恋人突然化作一缕轻云，随风飘散。他感到很是吃惊，一下子就惊醒了。

醒来后，发现自己周围的景物丝毫没有改变，案头上依旧堆放着那永远也处理不完的奏章。这时候，天已大亮，梁上的燕子已成双成对地在衔泥筑巢。他感到浑身酸软无力，大有不胜罗衣之感。他起床坐下来，叫宫女点燃面前的香炉，在浓郁的香气中，沉湎于遐想。

他觉得自己仿佛已经飞出了那高高的宫墙，竟飞到那遥远的千里之外的鸡鹿塞（汉时边塞名，故址在今内蒙古。这里泛指边塞）去了。他想象自己的恋人这时候却来到皇宫之中寻找他。她扑了一个空，久久地在皇宫中的亭台楼阁之间徘徊。等了他一个春天，没有等到；又等了一个秋天，还是没有等到他。她呆呆地登高眺望，到了晚上也不敢睡觉，害怕进入虚无缥缈的梦境之中，只好边呜呜咽咽地吹着玉笙，一边偷弹珠泪。

唐元宗做了这样的遐想以后，他就以一个少女的口吻写下了两阕《摊破浣溪沙》。他是这样写的：

手卷真珠上玉钩，依前春恨锁重楼。风里落花谁是主，思悠悠。　　青鸟不传云外信，丁香空结雨中愁。回首渌波三峡暮，接天流。

菡萏香销翠叶残，西风愁起绿波间。还与韶光共憔悴，不堪看。　　细雨梦回鸡塞远，小楼吹彻玉笙寒。多少珠泪何限恨，倚阑干。

看！这位少女的情绪是多么凄苦。她在暮春季节，百无聊赖地卷起深闺重楼的珠帘，想要眺望一下自己的恋人是否已经到来。她看近处，只见庭院中微风吹过，落英缤纷，不见恋人到来，使得她思绪悠悠；望郊外的远景，不仅不见人影，连青鸟也没有给她带来恋人的音信。那显示人间永固之爱的丁香花，在细雨中攒结在一起，似乎也成了人们愁肠百结的那种模样；浩渺的扬子江水滔滔东流，从下游向上游望，只见它在三峡那里与碧空连成一片，也没见到有一艘归舟下驶。

在深秋季节，她倚栏眺望，见到池塘里的荷花凋谢了，香气已经消散，碧绿的荷叶也已枯萎，令人发愁的西风，吹得绿波间的败叶残荷东摇西晃。时光催人老，往事不堪回首。细雨之中，梦魂从恋人所在的遥远的鸡塞（即鸡鹿塞）那里回来，小楼上呜呜咽咽的玉笙直吹得人阵阵发冷。为了怀念恋人，偷弹了多少珠泪，倾诉了多少离愁别恨，到头来仍然只好倚着栏杆，呆呆地望着远方出神。

唐元宗李璟写的词，不论用他自己的口吻来写，或假托一个少女的口吻来写，都写得抒情的气味很浓，风格也明快自然。这是他在文学方面才气横溢的表现。可惜的是这些词题材比较狭窄，除了爱情就是相思，情调又多是伤感的，令人有众芳摇落、美人迟暮之感。

唐元宗李璟自己酷爱长短句，他自然希望别人也能像他那样，能得心应手地写长短句，好跟他互相唱和。所以凡是在写词上有点才华的人，他就不论其品德如何，一概加以重用。在他即位之初被任命为翰林学士的冯延巳，就是因为在写词上有独到的功夫，因此得到赏识而官运亨通，步步高升。

冯延巳，一名延嗣，字正中，扬州人。在他尚未进入官场的时候，听说宋齐丘是个喜欢拉党结派、营私舞弊、攫取权力的人，但苦于自己不认识他，无由得见。四处一打听，才知道宋齐丘喜欢别人奉承，爱戴高帽子，可以向他直接投书拍马屁，就会得蒙召见。于是冯延巳就投其所好，写了一阕题为《长命女》的词投寄给宋齐丘，作为敲门砖。词是这样写的：

春日宴，绿酒一杯歌一遍，再拜陈三愿：一愿郎君千岁，二愿妾身长健；三愿如同梁上燕，岁岁常相见。

在词中，冯延巳把自己比作一个尚未许配给人的女子，对着一位她所中意的郎君再拜表明自己的心愿。她希望自己中意的郎君能长命而且地位显赫，自己也能永远健康，可以互相作伴，如同梁上的双燕一样。

宋齐丘是唐烈祖在建国过程中的第一号谋士。南唐建国以后，他认为自己应当居百官之首才对，如今有人称呼他为“千岁”，当然十分高兴。冯延巳词中的“千岁”一语双关，正好搔着宋齐丘的痒处，顿时使得他心花怒放。

当时宋齐丘正在拉拢人，组织小集团，以便控制政局。冯延巳既然自甘居于仆妾的地位，与宋齐丘同进退，宋齐丘自然愿意收罗他为党徒，所以对《长命女》这首词连声夸赞说：“写得好！写得好！”叫人赶快把冯延巳找来。

他们二人见面以后，真是臭味相投，一见如故。宋齐丘立即向唐元宗引荐了冯延巳，使得他脱下蓝衫换紫袍，很快就在南唐朝廷上露脸了。

冯延巳用一首词作为敲门砖，敲开了官场的大门。紧接着，他又写了许多词，有意无意地在唐元宗面前露上一手。他知道唐元宗李璟善于写词，所以自己就挖空心思地遣词造句，反复推敲，力求做到既能使别人欣赏他那美妙的字句，而内行人又能从他的字里行间看出他深沉的用意。

有一天，冯延巳趁着唐元宗单独接见他的时候，呈上一阕他早已准备好了的词，词牌是《谒金门》，词是这样写的：

风乍起，吹皱一池春水。闲引鸳鸯芳径里，手挼红杏蕊。　斗鸭阑干独倚，碧玉搔头斜坠。终日望君君不至，举头闻鹊喜。

这首词表面上是写一个少妇行于池旁芳径之中，边走边以采摘来的红杏花蕊抛入池中，逗引鸳鸯为戏。她来到斗鸭栏杆旁边，举目四望，不见情郎，内心不免感到孤独。猛然间，听到树上鹊噪，预报情郎即将到来，喜得她抬头侧耳谛听，因用力过猛，以致碧玉搔头坠落地上。

可是词的弦外之音却是：自己本来没有功名，心情如同风平浪静的池面。一做了官，犹如和风吹皱一池春水，引动了想要进一步升官发财的迫切愿望。他眼巴巴地盼望皇上进一步提拔重用，所以听到鹊噪枝头，认为那盼望已久的一天终于到来了，不禁乐得为之手舞足蹈，连“碧玉搔头”也坠落地上了。

冯延巳这种明写闺情、实邀功名的词，写得十分含蓄隐晦，对于那酷爱写词的唐元宗来说，自然是能心领神会的。他从冯延巳手中接过词去，看过一遍，就故意问道：“吹皱一池春水，于卿何干？”

冯延巳知道唐元宗已看出词中的名堂，连忙回答道：“这与陛下的‘小楼吹彻玉笙寒’相比，那意境自然差得多了。”这回答又是一语双关，意思是：你的词含有深刻的寓意，我的词自然也是有所企求而写的。

唐元宗听了冯延巳的这个回答后，心想：我是想念恋人，无病呻吟，才有“小楼吹彻玉笙寒”的凄苦之情。你刚做上官，就如同“风乍起，吹皱一池春水”，那自然是指引动了升官发财的欲望，想要进一步得到提拔了。于是，他就立即宣布提升冯延巳的官职，使得冯延巳“举头闻鹊喜”的预兆真的应验了。

冯延巳升了官以后，那“一池春水”更加不平静了，他的欲望又上升了。他害怕别人跟自己在皇帝面前争宠，害怕别人的功业超过了自己。为此，他常常晚上睡不着觉，整夜整夜地失眠。有时候，他怕别人看出他的野心，似乎也想从患得患失的苦闷之中解脱出来，所以他故作旷达之言，想用以欺骗别人，使得别人以为他是个置功名利禄于脑后之人。有一天，他写了一阕《金错刀》，词是这样写的：

双玉斗，百琼壶，佳人欢饮笑喧呼。麒麟欲画时难偶，鸥鹭何猜兴不孤。　　歌婉转，醉模糊，高烧银烛卧流苏。只销几觉懵腾睡，身外功名任有无。

在这首词中，冯延巳把自己写成一个似乎是光知道用玉斗、琼壶欢饮，喝醉了就在流苏帐内懵懵腾腾睡觉的旷达之士，说什么在麒麟阁上画像题名的机缘是难以得到的，他也不愿意像鸥鹭那样嘁嘁喳喳地去议论别人的短长，他对于身外功名的有无是毫不在意的。

其实，冯延巳说的都不是由衷之言，他并不是那种置功名利禄于脑后的旷达之士。他虽然也确实喜欢饮酒狂欢，有时候喝醉了也会发发酒疯，或真的懵懵腾腾睡上两天两夜。可是即使在睡梦之中，他也在经常梦见自己的画像进了麒麟阁，在麒麟阁的题名录中写上了自己的名字，直乐得他手舞足蹈地从梦中惊醒。他也经常像鸥鹭那样嘁嘁喳喳地议论别人，在皇帝面前进谗言，排挤别人。所以，这首《金错刀》也只不过是一派反话而已。

有一天，冯延巳做了一个梦，梦见自己突然遭到唐元宗的抛弃。他正在痛哭流涕、不知如何是好的时候，宋齐丘赶来帮了他的忙，终于使得唐元宗重又回心转意，把他召唤回来，并给予了百般抚慰。他一边高兴，一边却又撒娇般地要求唐元宗不要再抛弃他了。唐元宗点头表示答应，他就高兴得大笑起来，一笑就笑醒了。醒来后，他对这离奇的梦境略加编织，写下了一首《蝶恋花》。词是这样写的：

几度凤楼同饮宴。此夕相逢，却胜当时见。低语前欢频转面，双眉敛恨春山远。　　蜡烛泪流羌笛怨。偷整罗衣，欲唱情犹懒。醉里不辞金爵满，阳关一曲肠千断。

在这首词中，冯延巳写了自己受宠时“几度凤楼同饮宴”的欢乐，而在自己一度被抛弃后，重新被召回，又享受到了重逢的欢乐。可是他像一度被遗弃而又覆水重收的少妇一样，在欢乐之余仍难免双眉紧锁，心事犹如流泪的蜡烛，最怕重新听到羌笛又在金爵饯行之际吹出阳关送别之曲。冯延巳表现在这首词中的情绪真是复杂极了，读了这样的词，真不知道他究竟是要写欢乐呢，还是要写凄苦？真犹如蜂蜜拌了黄连，使人难以尝出那究竟是苦还是甜。

过了些日子，冯延巳又做了一个梦，梦见自己多日见不到唐元宗的踪影，好像这位皇帝突然被别人拉走了，他永远见不到了，他想要再进一步升官发财的愿望因而也全都成为泡影了。醒来后，他感到十分惆怅，就又写了一首《蝶恋花》。他写道：

几日行云何处去？忘了归来，不道春将暮。百草千花寒食路，香车系在谁家树？　　泪眼倚楼频独语。双燕飞来，陌上相逢否？撩乱春愁如柳絮，悠悠梦里无寻处。

在这首词中，冯延巳写自己对之抱有很大希望的皇帝陛下很久不与自己见面了，大概另有新欢，不把他冯延巳放在眼里了。他眼泪涟涟地倚楼远望，却总也不得消息。他的心情乱得犹如被春风吹乱的柳絮一样，飘飘悠悠，毫无着落，甚至在睡梦之中也无处可以寻觅到那重逢的欢乐。这首词中所表现出来的感情也是复杂极了，使人很难捉摸。

冯延巳所写的词，从表面看，似乎都是表现男女之间的爱情与失恋，实际上字面背后写的却是政治上的患得患失，写自己对皇帝恩宠的留恋和希冀进一步的升官发财。不过，从文学语言的角度而言，这些词的手法都是很高超的，没有一定的功夫达不到他这样的境地。不学他的巧言饰伪那一套，从中学习语言的运用，也还是能学到一些东西的。当然，也不能说冯延巳的词都是巧言饰伪之作。表达真实感情的作品，也还是有的。

有一次，正当杨柳飞絮季节的一个黄昏，冯延巳站在自己家里的高楼上向外眺望，只见远处一座小楼上有个少女正在凭栏照镜子。她一边照，一边若有所思地唉声叹气，并不时向楼下张望。冯延巳对自己所看到的这个情景，发挥了自己的想象，他想象这定是个正在盼望情郎的少女，于是就以此作为题材，写了一首《南乡子》。他写道：

细雨湿流光，芳草年年与恨长。烟锁凤楼无限事，茫茫，鸾镜鸳衾两断肠。　　魂梦任悠扬，睡起杨花满绣床。

薄幸不来门半掩，斜阳，负你残春泪几行。

这词写得那么情真意切。暮春时节，细雨如烟，芳草渐长，烟锁的凤楼之中，一个失恋的少女白天黑夜都在为了相思断肠。薄幸郎君久久不来，甚至在梦魂中也未曾相会，为他半掩着的门从来不见推开，自己只好对着那鸾镜鸳衾，看着那飘洒满绣床的杨花，暗暗地落下几行辛酸的相思之泪。这首词写得幽怨动人，艺术手法上可以说是相当高超的。

又有一次，冯延巳策马出游，想去寻找自己旧日相好的名妓女，结果没找到。他就又以此为题材，写了首《鹊踏枝》。他是这样写的：

庭院深深深几许，杨柳堆烟，帘幕无重数。玉勒雕鞍游冶处，楼高不见章台路。　　雨横风狂三月暮，门掩黄昏，无计留春住。泪眼问花花不语，乱红飞过秋千去。

词中写暮春时节，自己乘着配有饰玉笼头、雕花鞍鞯的名贵坐骑，外出游玩，看到的是寂静的深宅大院，微风吹拂下犹如烟雨般朦胧的杨花柳絮。那数不尽的无数重帘幕，遮挡了自己的视线，使得他找不见那旧日相好。他感到时世的变迁太迅速，她或者已经死去，或者已经从良嫁人，使得他难以猜度。他感到寂寞无聊，只好悄悄归去。

这首词的内容无甚可取，但是意境很美。第一句三个相同的字叠用，写得不同凡响，堪称千古名句。文字上的成熟流畅，很难找得到能与之匹敌的作品。那时候，词这种文学艺术形式还兴起不久，正在跟绝句和律诗争夺阵地。他能写出这样美的词来，对词这种文学艺术形式实在具有开创之功。

冯延巳爱好游山玩水，欣赏大自然的美景，这对他的创作自然也有一定的帮助。有一次，他在欣赏了秋天郊外的风景后，于黄昏时分回到家里，写了一首《芳草渡》，多用三个字的短句，只有一个七字句和一个六字句，可以说写得十分巧妙。他是这样写的：

> 梧桐落，蓼花秋，烟初冷，雨才收，萧条风物正堪愁。人去后，多少恨，在心头。　燕鸿远，羌笛怨，渺渺澄波一片。山如黛，月如钩。笙歌散，魂梦断，倚高楼。

这首词写出了风物萧条的晚秋季节的景色，写了离愁别恨。词中用了明白如话的语言，不用什么解释，几乎人人都能明白。粗看上去，这样的词好像谁都能写得出来，并无出奇之处。可是，事实上没有冯延巳那样的功夫，是写不出这样的词来的，并不能因为作者的人品不好而说它毫无价值，它还是能给人以美的享受的。

冯延巳到了晚年，政治上不像早年那样显赫了。他对自己逐渐不受重视的处境感到很是悲哀，他觉得皇帝对他的恩宠犹如送别的友人一样，越来越远。在悲哀之中他写下了一首《归国谣》。词是这样写的：

> 江水碧，江上何人吹玉笛。扁舟远送潇湘客。　芦

花千里霜月白，伤行色，来朝便是关山隔。

这首词可能是冯延巳的绝唱。这虽然是在失宠以后内心忧戚时所写，但是在用字造句上还是下了很大的功夫，技巧上比以前的作品更为纯熟。它曾经引起了千千万万在江畔送别过朋友的人共鸣。有人说这首词可与《阳关曲》比美，这种评论大概并不算过分。

冯延巳为中国词坛留下的许多作品，长久为人所赞赏。他不愧为五代十国时期词坛上的一大名家，在文学艺术上的修养是不能不予以承认的。他的词后来被人收在《阳春集》中，对后世的词坛产生了不小的影响，许多词人从他那里汲取了营养，有的人还承袭了他的创作风格。

第十三章

宋齐丘专权

冯延巳虽然在文学上颇有才华，写下不少流传后世的名篇佳作，但此人在政治上的表现却十分丑恶。他和他同父异母兄弟冯延鲁，加上陈觉、魏岑、查文徽三人，被时人称为“五鬼”，都是以谄媚得宠的佞臣，是扰乱南唐政局的大患。这“五鬼”之外，还有一“鬼”，就是他们的后台、南唐权臣宋齐丘。

宋齐丘在帮助唐烈祖灭吴、建立南唐的过程中是首席谋士，立有功劳，所以在南唐建国以后，他自恃功高，以至一心捞权图利，结党营私，成了专权乱政的权臣。俗话说，冰冻三尺，非一日之寒。不妨略说一点此人的出身来历。

宋齐丘，字超回，原籍豫章（今江西省南昌市）。因想和圣人孔丘齐名而超过颜回，便取了这样的名和字。年轻的时候，他的父亲在割据江西二十余年的镇南军节度使、南平王钟传手下做副使，所以宋齐丘也算得上是个官宦子弟，从小也耳闻目睹过官场人情、弄权手段之类。只是天公不作美，他父亲死得很早，不久钟传也垮台了，因此他失去了依靠，家道也就日益衰败下去。宋齐丘原本就立志做官为宦的，怎肯就此潦倒！于是，他索性变卖了全部家产，东下昇州，虽说成了流浪客，倒还抱有出头的希望。

然而，到昇州之后，由于他无一定职业，又过惯了公子哥儿的日子，不晓得要一个钱当十个钱花，所以眼看囊空钱尽，就要挨饿了。不想，就在此时，却有一个女子看中了他。

此女虽是落入风尘，身为娼妓，却有点眼力。那日她正倚门卖笑，却见迎面走来一个人。那人衣衫破旧，巾履不整，却长得相貌不凡，虽见面色灰暗，两眉间却有几分气势。于是，这女子便上前施礼说道："恭喜公子，荣华富贵就在眼前！"

那人不是别人，正是宋齐丘。他正因不知如何混日子，茫然漫步，冷不防半路走出一个女子，给他道喜，不禁一怔。待停脚细看，只见那女子眼横秋水，面若桃花，脉脉含笑，举止大方。他便笑问道："我自不相识于小姐，何故向我贺喜？"那女子道："贱妾虽不与公子相识，却会看相。如若不弃，请至寒舍小叙。"宋齐丘原本无事，又见如此一个好女子，便道也好，随她进了门。

原来这个娼妓姓魏，只因父母早亡，被一个远房叔叔骗卖为娼。后来一病濒死，鸨母怕她死于家中，便叫人于夜里抬送到城外荒野地里，用土虚埋了。不想命不该绝，因郊外夜气凉，她倒苏醒过来。后来被一位农人救起，将养了一些日子，竟活了下来。只因别无活路，只得又干起卖笑营生，暗中却想找个出头之日。

再说宋齐丘随魏氏入了门，二人叙谈起来，很为投机。那魏氏得知宋齐丘的身世和处境之后，非但不嫌弃他，反而爱上了他，情愿倒贴饭钱，养着他，认定宋齐丘必非久困之人，跟上他，自己也会有个好归宿。

那时候，唐烈祖（徐知诰）正被吴王任命为昇州刺史，在昇州张榜，招纳贤才。魏氏听到这个消息后，就对宋齐丘说："我记得你说过，你年轻时做过一个梦，梦见乘龙上了天，自是命中注定要攀龙附凤，大富大贵的。如今昇州刺史正在张榜招贤。这位刺史出巡的时候我也见过他，看他仪表非凡，又能爱民如子，深得老百姓的爱戴，我看他不是一个光做刺史就到了头的人物，兴许是个真命天子也说不定。依妾愚见，你不妨投奔于他。他将来真的能坐天下，那你就是开国元勋，我也好跟着你沾上点光，也不枉我们两个相好一场。"

宋齐丘听了魏氏的一席话，觉得颇有点道理，本来他自己也正在睁大了眼睛到处寻找向上爬的机会，有这样好的机会怎能不利用，所以就决定去投奔唐烈祖。

他为了显示自己的才能，花了三天三夜的功夫苦心思索，写了一首《凤凰台诗》，以此作为敲门砖，去求见唐烈祖。献诗中有句云："凿池养蛟龙，栽松栖鹭鸶；梁间燕教雏，石罅蛇悬壳。养花如养贤，去草如去恶。"又有句说："我欲烹长鲸，四海为鼎镬；我欲取大鹏，天地为矰缴。安得生羽翰，雄飞上寥廓。"

他这些诗句的意思是说：开凿池塘，为的是畜养蛟龙；栽下松树，为的是让鹭鸶来栖宿。梁上的燕子，在教它的雏鸟学习飞翔的本领；石头缝里的蛇，为了争得自由而在不断地脱壳。应当像培养鲜花一样爱护贤士，要像拔除野草一样清除恶人。我想烹煮长鲸，就以四海作为锅灶；我想猎取大鹏，就以天地作为弓箭。怎么样才能生长出翅膀，使得我一飞冲天、直上九霄呢？

当时唐烈祖看了这首诗以后，果然有动于心，对手下人说："此人口气不凡，或许真是个了不起的奇才，你们快去把他请来，我要亲自见见他。"

人们把宋齐丘请进刺史衙门，叫他拜见唐烈祖。宋齐丘在唐烈祖面前先是谦恭应答，不敢冒言，待到议论天下大事时，则侃侃而谈，从石城虎踞论到当今昇州独到之处，从三国纷争天下议到南朝故事，对当时吴国的局势乃至全中国的局势分析得头头是道，确实颇有一番独到的见解，使人不得不为之折服。

唐烈祖原本就有意于奠基立业，听了这一番议论，可说是正中下怀，觉得宋齐丘的确是个人才，就收留他做了自己的一名谋士。

唐烈祖即位称帝以后，任命宋齐丘为司徒、左丞相。宋齐丘对这个任命，认为地位还不够高，权力还不够大，竟以辞职相要挟。他在辞职书上说："臣为布衣之时，陛下乃一昇州刺史，前来投靠之人当中，臣可以算是较早的一个。如今陛下正了大位，攀龙附凤之徒已多如牛毛，看来老臣已经没有多大用处了。"

宋齐丘的这些话是带有讥讽意味的，言外之意是：你如今做了皇帝，可不要过河拆桥，忘记了我宋齐丘曾经给你出过许许多多主意。

唐烈祖自然懂得宋齐丘的这些讽刺话，却也不愿意再赐给他更大的权力，就让他碰了一个软钉子：既不同意他辞职，也不给他加官晋爵。

宋齐丘没有办法，只好又一次上书给唐烈祖，明明白白地说自己想要多有点权力，多管点政治上的大事。

唐烈祖想：你既然不敢再讽刺，而是打开天窗说亮话，正面向我恳求，那我可以满足你的要求，就下令叫宋齐丘入中书省视事。宋齐丘又嫌中书省的权还不够大，请求调到尚书省。唐烈祖又一次满足了他的要求，叫他入尚书省视事。

尚书省是朝廷行政的总枢纽，吏、户、礼、兵、刑、工六部都隶属于尚书省。宋齐丘一入尚书省视事，就大权在握，终于得到了结党营私的大好机会。他把依附自己的一些亲信爪牙、鸡鸣狗盗之徒全都安插到了六部之中。他真的想要大权独揽了。

可是，唐烈祖毕竟是个比较英明的皇帝，决不会让宋齐丘为所欲为。他抓住宋齐丘的亲信夏昌图犯了贪污罪这件事，亲自审理，斩了夏昌图，给了宋齐丘一个难堪。宋齐丘觉得自己丢了脸，只好称病不出。唐烈祖念他当初拥戴有功，给他一个台阶下，把他外放为洪州节度使。

唐元宗李璟即位后，把宋齐丘调回朝廷，这就又给了他得以专权的机会。宋齐丘又开始到处安插亲信，让他们替他抓权，抬高他的声誉。不久，唐元宗根据形势需要，拜宋齐丘为浙西节度使。

浙西节度使所辖之地是在南唐和吴越交界地区，工作很不好做。宋齐丘称病不去，请求回他的九华山旧宅隐居。唐元宗答应了他的请求，他就收拾行李回到了九华山。

可是，宋齐丘名义上在山上隐居，其实却依靠他在朝廷上众多的耳目，隐在幕后操纵着南唐的政局。他在九华山隐居不到两年，他的党徒陈觉怂恿唐元宗的弟弟齐王李景遂出来讲话，要求再次起用他。唐元宗把宋齐丘召回朝廷，拜为太傅，从此宋齐丘和他的党徒陈觉、冯延巳、魏岑等人，重又在南唐朝廷上专权乱政，为非作歹。

宋齐丘的党徒主要的就是“五鬼”。“五鬼”之中又以陈觉、冯延巳、魏岑三人最坏。

冯延巳靠写得一手好词得到宋齐丘的引荐，又依靠写词博得唐元宗的欢心，平步青云做上大官。他深深懂得宋齐丘这个恩师是不能忘记的，应当与之紧紧抱成一团，才能在南唐朝廷上站稳脚跟。

他熟知宋齐丘最喜欢奉承，又知道宋齐丘喜欢谈论书法，常常自我吹嘘，说自己曾经得到名师指点，写的字超过了唐朝的著名书法家欧阳询和虞世南。冯延巳也很喜欢书法，他写的字比宋齐丘不知道要好多少倍。但为了投宋齐丘之所好，故意说自己的字写得不好，特地买了上等的笔墨纸砚作为见面礼，恭恭敬敬地登门拜宋齐丘为师。

宋齐丘听说冯延巳要跟他学书法，就更加飘飘然了。他俨然以大师自居，当即就叫冯延巳当着他的面写几个字给他看，然后摸着自己下巴颏上几根稀稀疏疏的黄胡须，不懂装懂地指指点点说："看！你这一横写得不好，原因就是经常临摹欧阳询的字帖，所以写得像欧阳询的字那样粗笨。再看！你这一撇一捺写得也很难看，原因就是经常临摹虞世南的字帖，所以写得有点像虞世南那样潦草。你这一点一钩倒写得还有点儿气派，很像我的笔法，可能是你常到我这里来，看了我那幅条屏，偷偷地跟我学的吧？要是你的字都能达到像这一点一钩的功夫，那就算是学到家了。"

冯延巳听了宋齐丘的这一派胡言乱语，心里明明不以为然，可是嘴上却连连奉承说："对，对，这一点一钩的诀窍，确实是我看了您的字以后偷偷学来的。要是我这一横、那一撇一捺也全都经过您的指点，或临摹了您的字帖，也就不至于写得这样难看了。请您给我写几个字，我叫装裱匠装裱一下，挂在家里的大厅上，天天照着临摹就好了。"宋齐丘见冯延巳这样捧他的场，心里甜滋滋的，对冯延巳就有了更好的印象，从此他俩就更加紧密地抱成一团了。

在宋齐丘回九华山旧宅隐居的时候，冯延巳已经成为南唐朝廷上的重要掌权者。他和他的恩师宋齐丘一样，政治上除了好说大话外，实在没有多少治国安邦的本领。开头，他怕唐元宗不肯把权力交给他，就到处放风说，他冯延巳有经营天下的全盘智略，但是如果国君亲自过问军政大事，宰相只做摆设，那么他的才能也就发挥不了，天下也就无法能治理得太平无事了。

唐元宗原本不愿过问政务，听冯延巳这么一说，就把所有的军政大事一股脑儿地交给他去办理。这么一来，冯延巳反而弄得手足无措，竟不知道怎样办才好了。许多事情被他办理得颠颠倒倒，简直乱到了无法收拾的地步。其实冯延巳的唯一看家本领是徇私舞弊，只要给他送上一份厚礼，什么事情他都可以睁一只眼，闭一只眼，置国家利益于不顾，听凭别人贪污盗窃。

冯延巳执掌大权之后，因怕唐元宗再亲自执政，就想方设法叫人陪着唐元宗宴饮歌舞，斗鸡击毬。他还到处对人说："烈祖对中原后晋的安陆之战，才丧师数千，就愁得十几天长吁短叹，吃不下饭，睡不好觉，这真像个乡巴佬。当今皇上暴师数万在外，还是照样的宴饮歌舞，斗鸡击毬，这才是真正的英明之主！"一些有识之士听了这些话，只能摇头叹息。

比冯延巳更加糟糕的是陈觉。他是扬州海陵人，原先是宋齐丘门下的一个食客，即所谓鸡鸣狗盗之徒。南唐建国之初，宋齐丘为了控制皇室，推荐陈觉出任皇子李景迁的老师。从此，陈觉就平步青云，仗着皇子师傅的招牌，不断升官，一直做到兵部侍郎、宣徽使的高位。

陈觉为人奸佞苛酷，对于政敌常常挟私报复，不择手段。早在唐烈祖在世时，他有个哥哥在乡里横行不法，被泰州刺史褚仁规抓去判了笞刑，打了五十大板。陈觉就找机会挟私报复，诬陷褚仁规有贪赃枉法行为。当时唐烈祖也被陈觉瞒过了，轻信了他的诬告，罢了褚仁规的官。褚仁规不服气，上书申辩。唐烈祖派陈觉去查对核实，陈觉就上下其手，买通一些人，编造了一套假证据。结果，褚仁规被抓去关入大理寺刑狱，落得个赐死的悲惨结局。

陈觉善于揣摩君主的心理，求得宠幸。唐元宗即位后，陈觉看到他相信佛教，就凭着自己对佛教和其他宗教的一些皮毛知识，常常在唐元宗跟前夸夸其谈地谈论宗教方面的事情，借以取得唐元宗的欢心。唐元宗见陈觉与之有相同的信仰，就更加信任他了。

陈觉知道自己是依靠宋齐丘的提携才进入官场的，必须和宋齐丘紧紧勾结起来地位才能巩固，所以他做了大官以后，还常常到宋齐丘府邸拜访，卑躬屈节地口口声声说："没有宋公的提携，就没有我陈觉的今天。宋公真比我的亲爹娘还要亲，我这辈子一定和宋公同进退。"宋齐丘见陈觉愿和他结成死党，自然十分喜欢。他们就沆瀣一气，共同在南唐朝廷上专权乱政，胡作非为。

魏岑原先也是宋齐丘的食客，为人善于谄谀，好揣摩他人心意，见风使舵，深得宋齐丘的喜欢，推荐他担任校书郎之职。唐元宗即位后，魏岑通过谄谀的手段，获得了这位嗣君的信任，猛然间被破格提升，竟做上了谏议大夫。

唐元宗平日常说自己是大唐皇室的子孙，将来定要规复故土、定鼎中原。魏岑和陈觉、冯延巳等人本来就想利用国家养的兵，为他们自己的升官发财服务，于是就赶快顺着唐元宗的心意叫嚣鼓噪，说南唐应当开疆拓土，向外扩张，统一天下。

有一天，魏岑对唐元宗说："臣年轻时曾游历过元城（今河北省大名县），很喜欢那里的风土人情。陛下还都长安之日，臣请求担任魏博节度使，驻节元城。"唐元宗微笑着点头表示同意。魏岑一看唐元宗点头，就扑通一声在丹墀下跪拜谢恩，山呼万岁。其实元城当时在中原皇朝的控制之下，离南唐的边界有几千里路，想要打到那里，又谈何容易。可是，魏岑从此就以未来的魏博节度使自居了，逢人便说："我是魏博节度使，封疆大吏，谁想在魏博节度使属下做事，可以找我。"

有人见魏岑跟唐元宗很接近，真的想钻他的门路，捞个一官半职做做，就送给他许多礼物。魏岑收下礼物以后，就不顾那人是否真有本领，竟胡乱地替人吹嘘，说那人文武全才，如任命其为将帅，就能像韩信、白起那样，战无不胜，攻无不克，统一天下就如探囊取物那么容易了；如任命其为文官，就能像龚遂、黄霸那样，使老百姓卖剑买牛，卖刀买犊，使得境内大治，道不拾遗，夜不闭户。

俗话说，有邪必有正，邪正不一道。宋齐丘和"五鬼"如此利用唐元宗李璟的庸懦，专权乱政，早就引起了朝野臣民切齿痛恨。一些正直的大臣纷纷站出来，跟宋齐丘、冯延巳等人展开斗争。

最早向唐元宗直言进谏，请他疏远奸党的是翰林学士常梦锡。他字孟图，扶风人。起初在陕西割据势力李茂贞手下做官，后来又在中原的后唐皇朝任职。他因为遭到别人的陷害，死里逃生，就投奔到唐烈祖手下。南唐建国之初，他任过殿中侍御史、礼部员外郎等职。因为常梦锡熟悉法律条令，记得许多前朝的掌故，唐烈祖就又叫他入直中书省，掌管草拟诏书的事，不久就进位给事中。

常梦锡是个心直口快之人，眼里见不得半点不合理的事情，见到了就要生气，表示自己义愤填膺，定要出来仗义执言。常梦锡常对唐烈祖说："政事不宜太烦琐，应当修复前代旧典，作为朝廷办事的依据，使得官民人等都有法可依。"

当宋齐丘和他的党徒陈觉、冯延巳、魏岑等刚刚在朝廷上专权乱政的时候，常梦锡根据他们的所作所为，就看出来他们都是奸佞小人。他直言不讳地对唐烈祖说："宋齐丘、陈觉乃奸邪之徒，冯延巳、魏岑是跳梁小丑。为了吏治的清明，国家的前途，请陛下不要重用这些小人！"唐烈祖对常梦锡的直谏表示首肯，所以一直不肯把更多的权力交付给宋齐丘他们。

唐元宗嗣位后，这个生性庸懦而不爱管理朝政的皇帝，巴不得别人替他多管点事，他好顾自己享乐，所以对忠良和奸佞就不大分得清了。他因为受到宋齐丘等奸党的蒙蔽，对常梦锡的忠谏就听不进去，居然还多方为宋齐丘等辩解，说他们都是些忠心耿耿的人。

常梦锡见唐元宗如此糊涂，就再三再四地顿首苦谏说："陛下！常言道，大奸似忠，这原是奸佞欺蒙君主的一种障眼法。希望陛下千万不要上他们的当。如若陛下不听臣的忠告，国家总有一天会被他们这些奸佞弄到不可收拾的地步。"

可是，唐元宗还是不听常梦锡的忠谏。原来，早在唐元宗做太子的时候，因为犯有过错，曾遭到常梦锡的批评，所以他对常梦锡总是不那么喜欢。相反的，他觉得宋齐丘、冯延巳等人听话，既能帮助自己解除政务烦劳，又能想方设法帮他寻欢作乐，所以觉得自己离不了他们。

宋齐丘及其党徒耳闻常梦锡曾先后向唐烈祖、唐元宗进言，要皇上疏远他们，自然对常梦锡恨之入骨。于是他们处处与常梦锡为难，在他拟制的诏书上挑毛病，伺机打击报复，终于把常梦锡挤出朝廷，贬为池州判官。

宋齐丘离开朝廷到九华山隐居的时候，唐元宗觉得像常梦锡这样熟悉法律和典章制度的人实在不可缺少，重又把常梦锡召回朝廷，担任户部郎中。不久，升迁为谏议大夫，授翰林学士。又在内廷设置了宣政院，叫常梦锡专门掌管机密法令。

可是，唐元宗在早些时候已经任命魏岑为枢密副使。魏岑和冯延巳等紧密勾结，互通声气，狼狈为奸，牵制常梦锡。常梦锡为了不辜负唐元宗对自己的重用，不断地跟魏岑展开斗争，可总是得不到唐元宗的支持。因此，常梦锡逐渐感到有些灰心了，就称病回家，饮酒自娱，不想再管朝廷上的事情了。

然而，树欲静而风不止，魏岑、冯延巳等并不肯放过他。他们利用常梦锡没有儿子，请女婿王继沂掌管家务这件事，制造谣言，说王继沂行为不端，与常梦锡的妻妾有不正当的淫乱行为，还说常梦锡身为朝廷命官，对自己的女婿管束不严，也应当严办。

常梦锡为了平息谣言，把家里的侍妾丫鬟全都打发走了，只留了些年老丑陋的女佣在家。可是这样一来，谣言反而传播得更厉害了，说常梦锡送走侍妾丫鬟，恰恰说明他家里确实有过见不得人的丑事。

当时执掌朝政大权的冯延巳利用职权，就把常梦锡、王继沂翁婿二人分别贬往饶州和虔州。常梦锡因为饮酒过多，犯了风湿症，行动不便，不能到饶州去，而唐元宗也还有点爱惜常梦锡的才学，就派人把他送到扬州去治病。

唐元宗虽然爱惜常梦锡的才学，可是不听他的忠谏，使得常梦锡的耿耿忠心并没有得到好报。而陈觉、魏岑、冯延鲁、查文徽等奸佞的谗言，唐元宗却听得进去，言听计从。他们这些人为了自己能捞一把，竟怂恿唐元宗出兵去进攻东南角上的邻邦闽国，把闽国灭掉了。

第十四章

南唐乘乱灭闽

“五鬼”之中的查文徽、冯延鲁、陈觉三人，都是好大喜功的人。他们总是想拿着国家出钱养的兵，去对外扩张冒险，以便自己能从中捞点好处。在唐元宗保大二年（公元 944 年），他们一个一个进殿上奏唐元宗李璟，说是闽国内乱不堪，陛下只需派一旅之师，便可平定闽国，上合天意，下得民心云云，说得元宗动了心，点将出兵伐闽，又一次违背他父亲李昪的遗训，挑起一场战争。

前面讲到，闽国占有现今的福建省，是东南角上与南唐土地相连的国家。闽国的开创者是王审知，他是中原皇朝的一个藩王。王审知死后，他的长子王延翰继位，是为闽国的第二任统治者。王延翰荒淫无道，被他的二弟王延钧和他父亲的养子王延禀联合起来发动政变推翻。事后，王延钧继立，并于不久改称皇帝，是为闽国的第三任统治者。王延钧到后期也变得荒淫无道，结果他的儿子王继鹏发动政变，把他杀死。王继鹏自立为帝，改名王昶，是为闽国的第四任统治者。

闽国在十国之中的资格比南唐要老得多，王昶发动政变那年，南唐还没有建国，两年后唐烈祖李昪才即位称帝，建立了南唐。王昶仅仅做了四年皇帝，就被他的禁军头目朱文进、连重遇发动政变杀害。接着，王昶的叔叔、王审知的第二十八个儿子王延羲被抬出来做了皇帝，是为闽国的第五任统治者。

王延羲是个没有什么本领的庸懦之主。当朱文进、连重遇杀了王昶，带着一帮人吵吵嚷嚷地前来找他去登位时，他以为自己要没命了，吓得躲进了厕所，缩在一个墙角落里瑟瑟发抖。朱、连二人告诉他，说要请他出来做皇帝，他这才尘土满面、战战兢兢地从厕所里走出来。朱文进给他戴上皇冠，连重遇给他披上皇袍，另一些人簇拥着他坐上了皇帝的宝座，他就做了闽国的第五任统治者。

王延羲因为没有什么本领，胆子也小，所以他只敢对内称帝，对外则臣服于中原的后晋皇朝，自称藩国，并按时按节地向后晋贡献白金、象牙、细葛布、沉香、玳瑁等名贵的土特产。他对南唐也很害怕，派人致书南唐，表示愿意敦睦邦交。

王延羲的生活作风也十分腐化。他特别喜欢酗酒，常常召集手下的亲信大臣，举行长夜之宴。

他有个坏习惯，喝醉了就要发酒疯，胡说八道，随便下命令杀人，一会儿说把这个拉出去杀了，一会儿又说把那个绑出去斩了。下面的人知道他在发酒疯，就把他要杀要斩的人架到外面，偷偷保护起来。第二天，王延羲酒醒了，忘了头一天晚上喝醉酒时发布的命令，竟想召见已被他下令斩首的人了。下面的人回答说："此人已于昨晚由陛下下令斩了。"王延羲用手拍拍自己的脑门，说："怎么？把这么好的人斩了，是我下的命令？真糊涂！真糊涂！”下面的人听他这么说，知道他酒醒了，才把那人找来跟他见面。王延羲见到那人重新出现在他眼前，赶快把他拉到自己跟前，摸摸他脖子上是否有刀砍过的伤疤，然后兴奋地大声说：“真是万幸！你还没有死。昨晚我一时糊涂，下要见怪！不要见怪！”试想想，一个皇帝如此酗酒发酒疯，国家如何能治理得好？

但是王延羲对待宗室并不糊涂，也从不手软，而是真的大杀特杀。他自己的皇位是在政变中获得的，他害怕宗室中人再发动政变，夺取他的皇位，就捕风捉影地制造种种借口，对宗室一个一个地予以收拾。他在杀了许多亲兄弟、堂兄弟后，把猜忌的矛头集中到了他的弟弟、建州刺史、富沙王王延政身上，也想找个借口加以杀害。

王延政是个比较精明能干的人。他对王延羲的酗酒早就上书切谏，请求改变这种不良作风。也正因为这样，所以他才更加遭到王延羲的猜忌，非把他收拾了不可。王延政听说王延羲想杀他，就先发制人，从建州起兵进攻福州，兄弟之间就打起来了。这事发生在南唐元宗李璟即位的次年。

王延羲是闽国的一国之主，他手下的福州兵不仅数量多，并且兵强马壮。他派统军使潘师逵、吴行真带兵四万，打退了王延政的建州兵，并乘胜追击，打到了建州城下。

王延政一时情急，就派人向北边的吴越国求救。吴越国派宁国节度使仰仁诠、内都监薛万忠带兵四万，赶到建州援助王延政。这样，建州兵就倒过来占了上风，把王延羲的福州兵打败了。福州兵的将领潘师逵被杀，吴行真临阵脱逃，士兵损失了一万多人。王延政率领建州兵夺取了永平、顺昌二城，大有继续进军，一鼓荡平福州之势。

王延羲见形势危急，赶快派人到南唐报聘，想请南唐出面调解他们兄弟间的纠纷。南唐怕闽国的动乱会影响到自己的安全，确实也有想要帮助调解的意思，正在考虑派出合适的使者。

这时候，王延政见自己最后的胜利在望，他怕请来的吴越军赖着不走，就准备了上等名酒，宰了好几头牛，想请吴越军先行班师北归。可是吴越军将领仰仁诠拒绝退兵，说是要帮着王延政夺得帝位后才走，他还指挥吴越军自行在建州城西北扎下了营寨，其实是想要对闽国进行长期占领。

王延政觉得自己犯了引狼入室的大错，于是赶快派人送信给王延羲，表示愿意跟哥哥握手言和，重新联合起来，共同驱逐吴越国的军队。

王延羲见弟弟愿意讲和，就派自己的从子、泉州刺史王继业为行营都统，带兵二万去支援弟弟，跟吴越军作战，并派轻骑兵绕到吴越军背后去截断他们的粮道。这时候，闽北正连降大雨，吴越军的粮食接济不上，仰仁诠见无法继续赖在闽国，就只好匆匆退兵北归。

南唐本来准备调解闽国的内战，现在见王延羲、王延政已经讲和，联合起来赶走了吴越军，就立即派出客省使尚全恭到福州去祝贺王氏兄弟讲和。王延政率领牙将和女奴，带着誓书和香烛赶到福州，跟王延羲一起跪在父亲的陵墓前焚香起誓，表示以后兄弟将永远和好，不再互相攻击。

可是，由于来自吴越的军队已经撤走，没有外来的威胁了，兄弟之间的内部矛盾又成了主要矛盾，他们表示要和好的誓书墨迹未干，很快又打起来了。打着打着，王延政觉得自己的势力越来越壮大，哥哥王延羲根本奈何不了他，于是就干脆宣布即位称帝，自行建立一个国家。他听说上古的殷商是实行兄终弟及的继承制度的，他为了表示最终定要夺取哥哥的地位，就定国号为殷。这样，闽国就分裂成了两个国家。

对于闽国这种兄弟阋墙，一会儿讲和一会儿大打出手的做法，刚刚即位不久的唐元宗有些看不过去。他又一次派出使者去促成他们讲和，问他们兄弟之间究竟有什么矛盾，为什么要这样手足相残。

王延羲对南唐使者的回答很是巧妙，他把自己比作西周时候的周公和唐朝时候的唐太宗，而把王延政比作管叔、蔡叔和李建成、李元吉。他对南唐使者说："周公和管叔、蔡叔，唐太宗和建成、元吉，怎么能够讲和呢？看来如今是有我无他，有他无我。从今以后，请你们不必再来管我们的家务事了。"

王延政的态度比王延羲要傲慢得多，他对南唐使者说："你们说我们兄弟阋墙不应该，可是你们不拿镜子照照自己，你们李家的江山从哪儿来的？还不是从杨家那里夺取过来的？臣子篡夺君主的权位，这难道就是应该的吗？我看你们根本不配做调解人！"这番话哪里是对好心来调解的使者说的，简直就是反唇相讥，反过来揭南唐的旧疮疤了。这叫唐元宗如何能忍受得了呢？唐闽两国从此就交恶了，埋伏下了南唐灭闽的祸根。

正在这时候，闽国在福州城里忽然又发生了一次政变。原来是闽帝王延羲跟当初拥立他的禁军头目朱文进、连重遇发生了矛盾。

王延羲一喝醉酒，就常对着朱、连二人背诵白居易的两句诗："惟有人心相对间，咫尺之情不能料。"他的意思是，当初你们杀了我的侄子，拥护我做皇帝。你们跟我近在咫尺，我又怎能料到你们内心打的是什么算盘？这实际上也就是猜疑朱、连二人没有安着好心。这样的话对朱、连二人的刺激实在太大了，他们决定再次发动政变，干掉王延羲。

唐元宗保大二年（闽国永隆六年，公元944年）六月，朱文进、连重遇趁王延羲去探望他的老岳丈之际，派禁卫军把他杀了，并且同时杀了王氏宗族五十余人。然后朱文进自称闽王，由连重遇统率六军。他们为了找个靠山，向中原的后晋皇朝上表称臣。

从闽国分裂出去、自称殷帝的王延政，听说朱文进、连重遇杀了他的哥哥王延羲，懊悔自己兄弟阋墙，竟被异姓人乘机钻了空子。他赶快派兵屯驻尤溪、古田、长溪一线，准备讨伐朱、连二人。

朱文进听说王延政即将前来进攻福州，就叫连重遇带兵抢先出兵攻打泉州。两军鏖战的结果就是，连重遇率领的军队大败而回。朱、连二人为了对付王延政，就把自己的子弟送到吴越国去做人质，请求吴越出兵援助。

吴越再次出兵干涉闽国内战，这自然使得南唐很不高兴。“五鬼”中的查文徽等人本来就想挑起跟邻国的战争，以便从中为自己捞取好处。查文徽就劝唐元宗说：“闽国军乱，吴越出兵干涉，这对我们大唐十分不利。闽国军乱的根源在王延政身上，我们应当出兵讨伐王延政，把他消灭了，然后迫使吴越退兵，把闽国纳入我大唐版图。”

唐元宗李璟本来对上次王延政的反唇相讥耿耿于怀，如今吴越又要出兵闽国，万一让吴越得手，占有闽国全境，则吴越和南唐之间的力量对比岂不是要向有利于吴越的方面发展了吗？这如何能容忍呢！于是他就下了出兵闽国的决心。他任命查文徽为江西安抚使，屯兵两国边境，伺机进兵建州；还派边镐为行营招讨，协助查文徽作战。

查文徽虽然好大喜功，其实却并无多少军事才能。唐元宗叫他屯兵边境，伺机进攻，他却未作准备，一下子就攻入闽国境内，从建阳进屯盖竹。

当时闽国的漳、泉、汀三州都已落入殷帝王延政掌握之中，殷兵的锐气很足。查文徽听说殷兵正北上迎战，不敢硬碰，只好下令叫部队集中到建阳。可是副将臧循行动迟缓，竟在邵武境内被殷兵包围俘杀。

殷帝王延政一方面派精兵抵抗南唐军，另一方面却利用南唐出兵的形势，派人到福州放出风声，说南唐的军队是来支援他进攻福州、恢复王氏天下的。他号召福州的闽国旧臣起来响应他，推翻朱文进、连重遇的统治。

王延政的心理攻势果然发生了效力，福州城里很快就乱起来了。闽国旧臣先后杀了连重遇和朱文进，到建州迎接王延政去福州，就任闽国的一国之主。

王延政接见了福州派来的使者，当众宣布废除殷国的国号，自称闽帝，重新把分裂了的闽国合为一个。不过他暂时没有去福州，而是对迎接他赴福州的使者说："唐兵未退，吴越也正虎视眈眈，国难临头，我应当留在建州对付他们，不便去福州。"他派自己的从子王继昌到福州去，代替他管理国家大事。

再说在邵武受挫的南唐权臣查文徽，他把队伍集中到建阳后，赶快连夜向金陵送信，请求唐元宗增派生力军。唐元宗就又派何敬洙、祖全恩、姚凤等人带兵入闽。

闽国的老百姓苦于连年内战，他们更痛恨王延政任用一个外号叫杨剥皮的酷吏杨思恭聚敛民财，就把希望寄托到从南唐来的军队身上，以为南唐军或许能解救他们的倒悬之苦。他们争着伐木开道，为南唐军带路，使唐军的进军较前大为顺利，很快逼近建州。

正当南唐军兵临建州城下之际，福州又发生了一次新的变乱。光州人李仁达和福州镇遏使黄仁讽联合起来，杀了王延政的从子王继昌，拥立雪峰寺的和尚卓岩明为天子，并宣布奉后晋正朔，遣使奉表，自称藩国。

王延政正在一心一意地抗击南唐军，突然听说福州又发生变乱，自己的后方不稳，就杀了黄仁讽留在建州的家属，派兵去福州讨伐李仁达、黄仁讽、卓岩明等人。

黄仁讽因为自己全家被王延政杀害，就豁出性命、奋勇力战王延政派去的军队，获得了很大的胜利。可是和尚出身的天子卓岩明，却什么也不懂，只会诵经念佛、请菩萨保佑。李仁达拥立卓岩明的目的是利用他做傀儡。因为据说卓岩明目有重瞳子，两手过膝，是个大富大贵的帝王之相。

但事实上，李仁达自己紧紧掌握大权，什么都由他说了算，从不向卓岩明请示。他见黄仁讽大败王延政的军队，立下的战功盖过了自己，就诬告黄仁讽想谋反，派兵加以逮捕，当场斩首。

过了几天，李仁达又趁阅兵的机会，派人刺杀了卓岩明，并让军士们拥戴他自己做了威武节度使留后。他一方面奉表称藩于南唐，另一方面又派人向后晋进贡，玩弄脚踩两条船的把戏。

南唐本来已经下定决心灭亡闽国，唐元宗对李仁达的称藩归顺自然表示欢迎，就封李仁达为威武节度使同平章事，又因为同是姓李的关系，对李仁达赐名弘义，把他当成自己的子侄看待。

在建州的王延政，见福州的李仁达投降南唐，自然很是焦急。他本来征调了八千多名福州兵来支援自己，如今怕这些人谋叛，响应李仁达，就把他们全都杀了。可是王延政越是杀人，别人就越是跟他离心离德，叛逃的人一天天增多，而南唐军对建州的攻势则愈益凌厉，眼看建州城已经危在旦夕。

王延政唯一能靠得住的军队，就是都指挥使董思安率领的那支队伍。董思安说："我家世世代代跟着王氏打天下治天下，如今王氏的天下危急，我如果在这时候背叛，天下的人能容得了我这种可耻行为吗？"正因为主将董思安死心塌地地忠于王氏，所以他的部下一直英勇作战，没有一个叛逃的。

唐元宗保大三年（公元 945 年）八月末，南唐军的先锋桥道使王建封在一阵猛攻以后，终于登上了建州城楼。建州城被攻破了，闽帝王延政被迫投降，闽国被南唐灭亡了。

查文徽率领的南唐军进入建州后，并不像闽国老百姓希望的那样，来解救他们于水深火热之中，而是到处烧杀抢掠，如同一群强盗那样胡作非为，残害百姓。闽国的老百姓大大地失望了。

第十五章

众伶谈笑讽元宗

唐元宗李璟在查文徽等人的怂恿下，趁着闽国内乱，出兵灭了闽国。可是，灭了闽国对南唐来说并非是件好事，因为灭闽容易治闽难。

事实上，南唐灭闽以后，并不能领有闽国的全部领土，也不能从闽国老百姓那里榨取到多少民脂民膏。与之相反的是，灭闽战争花费了许多钱财，不得不加重对本国老百姓的压榨与剥削；同时，为了镇压闽国臣民的不断反抗，还得继续不断地派兵去镇压，花费更多的钱财。灭掉闽国，等于在南唐的国库中开了个无底洞，不停地、无止境地往这个无底洞中白白地扔下钱财去。

可是，唐元宗和“五鬼”一伙却把灭闽视为一个“伟大”的胜利，接连不断地开宴庆功，给查文徽等人加封官爵。一时间搞得昏天黑地，好不热闹。从此唐元宗更加贪图享乐，变得更为奢侈了。

这一天，他把德昌宫使刘承勋叫来，向其面授机宜，令他到各地物色民间美女，送进宫来，充当歌女舞女，供他玩乐。这样的事情不同于皇帝选妃子，乃是带有秘密的性质，不能让谏议大夫之类的言官知道的。

刘承勋本来就是个贪官，巴不得有这样的美差，自己也好从中大捞一把。于是他自恃领了皇上的意旨，到处招摇撞骗。他很快地就叫各州府县强抢了二百多名年轻美貌的少女，把其中的一百多名奸污了，送往自己家中，充当他的家妓，把另外的一百多名送到宫中，还诓骗唐元宗说那都是他花钱买来的，每名少女身价五十万钱，向唐元宗狠狠地敲了一记竹杠。可是，昏庸的唐元宗却十分高兴，重赏了刘承勋。

皇宫中收纳下这一百多名少女以后，为了教会她们唱歌跳舞玩乐器，又请来许多乐师，添置许多乐器，制作许多鲜艳华丽的服饰，每名少女又花费数十万钱，而这些人的吃喝和日常开销还未计算在内。就这样，皇宫中日日歌舞宴饮。唐元宗的片刻欢娱，所花费掉的足够民间几万人一年的生活开销。

战争的耗费和皇帝的享乐，用掉了南唐国库中的大量钱财，使南唐财政上发生了极大的恐慌。唐元宗很是为此犯愁。

正在这时，有人向他出了主意，说是国库空虚，可以向各地征税，只要派一得力大臣去办，准能解决。派谁去办这事呢？他想到了李德柔。

李德柔这人的耳目特别多，善于打听别人的阴私，然后根据搜集到的情报，把能榨得出油水的人抓起来，进行敲诈勒索。所以李德柔有个外号，叫“李猫儿”，意思是说他的消息灵通得像猫鼻子一样，人们的私产有多少，很难瞒得过他。

为了便于李德柔向老百姓强征暴敛，唐元宗还委派李德柔兼任大理寺卿，主管刑法。凡是拒不交纳赋税或不肯向皇室作额外贡献的人，李德柔就把他们抓来，先让他们吃饱喝足了，然后把他们用芦席裹住，倒挂起来，叫家属拿钱去赎，才把他们放下来。有许多人经受不住这种残酷的刑罚，还没有等把他们放下来，早就已经断气了。因此，人们只要一被李德柔抓走，其家属即便是卖掉裤子，也要赶在被倒挂之前把人赎回来，以求免除丧生的灾难。

唐元宗日日宴饮歌舞，吟诗填词，懵懵腾腾地过着不知春夏与秋冬的糊涂日子。然而，一些眼光比较敏锐的人早已经觉察到再这样下去，国家就会产生极大的危险。他们不断地给唐元宗进忠言，敲警钟，请他要勤于政事，不要做陈后主那样的风流天子，应该如同他父亲唐烈祖那样注意节俭，爱惜民力。一些身居谏职的官员，多是通过正面上书规谏的手段进忠言，而另有一些虽在唐元宗身边但地位比较卑贱的优伶乐工，他们无权上书言事，就只好通过谈笑讴歌来进行讽谏。

有个叫李家明的名优，言谈诙谐，举止滑稽，上台演戏，人人爱看。有一天，李家明主动提议要给唐元宗演戏，说是戏名叫“祝寿”。唐元宗一听戏名，认为一定是出好戏，就高高兴兴地召集皇亲国戚、文武百官前来，陪他看戏。

在一阵紧锣密鼓后，戏台的上场门出来一对老年夫妇。经过自我表白，说明一个是公公，一个是婆婆。那公公就是由李家明扮演的。他们在戏台上走了一圈以后，面对面坐了下来，说是老夫妇今天同庆八十大寿，正待儿媳妇送来祝寿的饮食。紧接着，又出来一大群妇女，挤挤攘攘，嘁嘁喳喳的，都是这对公婆的儿媳妇。她们每人手里都端着盘或碗，是给公婆送饮食祝寿来的。

按照封建时代的规矩，儿媳妇给公婆送饮食祝寿自有一套烦琐的礼节，要再拜请安，还要详详细细地说明这饮食自己是如何烹调的，有什么滋补作用。公婆接过儿媳妇送上来的饮食以后，要赏赐金银财帛表示答谢。儿媳妇又要再拜接受赏赐。

就这样，一个儿媳妇送上饮食祝寿，又拜又唱，得花很长一段时间。一大群儿媳妇来送饮食祝寿，唱的又都是相同的老套套，不仅看戏的人感到没趣，甚至连扮演公婆的演员也快烦死了。

儿媳妇们祝寿才祝到一半，扮演公公的李家明就一甩袖子，站起身来，放开嗓门唱道："公公婆婆真难做，只因家里媳妇多。繁文缛节难应付，絮絮叨叨满耳朵。我说媳妇们呀！自己家里的官，自己家里的礼，一拜再拜有何用，多拜只会是非多。"

李家明编的这一出戏和他的这一段唱，其实是暗有所指，一语双关。公婆是指皇帝，儿媳妇指皇帝家里的宗室亲王。原来他讽刺的是唐元宗经常给皇室中人拜官晋爵、赏赐金银财帛。只要皇室中人对他恭维几句，他就忘乎所以，什么样的要求都能给予满足了。结果，宗室中人许多都拜了官，可是越拜官晋爵，他们却越是互相比较，争高低，论大小，争风吃醋，矛盾就越闹越大。这就是所谓"自己家里的官，自己家里的礼，一拜再拜有何用，多拜只会是非多"的意思。

李家明的戏一演完，那些陪着唐元宗看戏的文武大臣自然都看懂了戏中的讽刺意味，他们都说这戏演得真好。可唐元宗一时还领悟不了李家明唱词中的寓意。他请别人给他讲解讲解，人们就告诉唐元宗说："自己家里的官，多拜了是没有什么好处的，多拜了只会造成是非，使皇上左右为难。"

唐元宗低头一想，觉得确实是这个道理，皇室中人对于官爵和赏赐，常有争高低、论多少的坏习气，使得他很为难。于是他笑着对李家明说：“你的戏还有深意哩，看来我应该少让皇室中人无功受禄，应该论功行赏才对。”可是，唐元宗只是在看了戏以后有所触动，在口头上这样说说而已，在实际行动上他却并没有多大的改变。

又有一天，唐元宗心里一高兴，说是今天不演戏了，在御花园中给优伶乐工赐宴。李家明自然也参加了。大家酒足饭饱以后，唐元宗带着优伶乐工们欣赏了御花园中的奇花异草，然后他又带头和大家一起登上了花园中一座高耸入云的楼阁，眺望金陵城郊的钟山。

这时候，正好刮来一阵凉风，把大家的衣襟都吹得飘舞起来。唐元宗看到这种情景，心血来潮，就背诵起唐代诗人许浑写的《咸阳城东楼》这首诗来：“一上高楼万里愁，蒹葭杨柳似汀洲。溪云初起日沉阁，山雨欲来风满楼……”

他刚背诵到这里，一眼瞥见从钟山那边飘过来一片雨云，就指着雨云说：“我们赶快回去吧！山雨快要来了，不要让山雨淋湿了衣裳。”

李家明灵机一动，赶快接过话头，摇摇手说：“陛下！不用害怕山雨，这山雨虽欲来，却决计不敢进入金陵城中。”

唐元宗听了李家明的话，觉得很是奇怪，山雨怎会分得清城里和城外呢？他问：“山雨怎么不敢进入金陵城中？”

李家明笑着回答说：“陛下！金陵城中的军民人等都在议论赋税太重了，凿一口井汲水，也要交纳很重的税。这山雨也是通人性的，它一定也害怕陛下的重税，它交不起税，所以就不敢入城来了。”这一句又似是正经话又似是开玩笑的话，其实也是点到了正题上。

唐元宗听了李家明的话，沉思片刻，他联系到近来各地不断传来老百姓抗捐抗税的消息，觉得这玩笑确实有一定的道理。于是他下了一道诏令，叫大家帮着他拟订增加国库收入而又减轻赋税的办法。李家明的讽谏打动了唐元宗，可是唐元宗不是痛痛快快地发布减轻赋税的诏令，而是要别人帮他拟订既能增加国库收入又能减轻赋税的办法。这样的办法，在那时候实在是不容易找得到啊！

还有一次，唐元宗在听腻了戏曲歌舞以后，邀请了一些喜欢钓鱼的大臣，跟他一起到秦淮河畔去钓鱼。李家明也跟着去了。

钓鱼队伍来到秦淮河畔以后，唐元宗指定了每个人垂钓的地段，他自己选择了一处最有利的地势，就和大家一起开始钓鱼。

可那天不知道是什么缘故，别人的钓钩一抛入水中，立刻就有鱼来吞食钓饵，一甩钓竿就是一条大鱼；而唐元宗的钓钩抛入水中已经半天，水面上却不见任何动静，根本没有鱼来吞食钓饵。

别人的鱼篓里都陆陆续续地装满了鱼，唐元宗的鱼篓里却是空空如也，一条鱼也没有钓到。唐元宗有点生气了，他丢下钓竿，站起来挨个儿去数别人鱼篓里的鱼。

李家明一看，觉得可能要坏事了，因为他知道唐元宗气量狭小，不喜欢别人在任何一件事情上超过自己。如果别人跟他下棋，只能输给他，千万不能赢了他，否则，他一生气，也许就会把棋盘投掷过来。这钓鱼也是一样，只有他钓到的鱼比别人多，他才会高兴。如今他一条鱼也没有钓到，却去数别人鱼篓中的鱼，这不是明摆着哪一位鱼钓得最多的大臣要倒霉了吗？

李家明看到这情形后，赶快凑到唐元宗跟前说：“陛下！您不必查看别人钓到多少鱼，我看您钓不到鱼是有原因的，不必着急！”

唐元宗听了李家明的话后，生气地说：“你说我钓不到鱼有什么原因？难道是我的鱼饵不香？”

李家明又不慌不忙地回答说：“不是陛下的鱼饵不香，鱼儿不喜欢吃，请您先听我念念我刚才即兴凑成的一首歪诗。”

接着，李家明学着唐元宗平日吟诗的模样，倒背着手，一边踱着方步，一边吟咏道：“玉甃金钩兴正浓，碧池春暖水悠溶。凡鳞不敢吞香饵，知道君王合钓龙。”

诗的前两句写景，是起陪衬作用的，后面两句才是诗的主题，意思是说，一般的鱼都不敢来吞食唐元宗钓钩上的香饵，因为它们知道皇帝的钓钩是只能用来钓龙的。

李家明的这四句诗，从表面上看，好像是为了拍唐元宗的马屁而胡诌出来的打油诗，其实却寓有一定的讽谏之意，即是告诉唐元宗，你这做皇帝的不要在什么事情上都把自己看成和别人一样，斤斤计较。钓鱼不要跟别人比赛谁钓得最多，别人钓得多，你不要生气，因为你的重要工作不是钓鱼，而是负起做皇帝的责任，把国家治理好。

由于李家明的诗中有“君王合钓龙”这样的字眼，龙在封建社会里是君主独有的标志。唐元宗听说他能钓龙，心里就很舒服，对于自己没有钓到鱼也就有了自我安慰，对于别人钓到很多鱼也就不嫉妒了。这样，李家明就用谈笑的方式解救了那钓鱼钓得最多的大臣，使得他免于受到唐元宗的无故处罚。李家明于谈笑间进讽谏的做法，并非庸俗的低级趣味，而是寓意深刻、用心良苦的。

南唐宫廷乐队中有个乐工王感化，跟优伶李家明一样，也常常通过谈笑讴歌一类的手段向唐元宗进讽谏。

王感化是建州人，他很早就被选进宫中，充任乐工。他唱起歌来，音韵悠扬，声振林木。据说，那树林中鸣叫得最好听的小鸟，一听到王感化的歌声，都会惭愧得自觉不如，不敢再高声鸣叫；那池塘中的游鱼，一听到王感化的歌声，都会漂浮到水面上来静静地谛听，听到高兴时，会昂头吐出一个个的水泡表示赞赏。

唐元宗经常听王感化唱歌，认为他很有艺术才能，就叫他在乐部中担任歌板色的职务，也就是合唱时的领唱员。王感化不仅对别人编好的词、谱好的曲，拿起来看上一遍就会唱，并且他自己还能即兴编词，随口谱曲，所以能根据情况、因时因地制宜地用讴歌的手段向唐元宗讽谏。

有一次，时值炎夏季节，唐元宗在北苑赐宴，为他的妹夫、宰相严续庆寿。这严续乃是原先徐温手下谋士严可求的儿子。他生长在富贵之家，从小娇生惯养，不学无术，也没有见过世面，不知道怎样辅佐君主治理好国家，只知道仗势欺人和包庇奸佞。时人曾把严续比作螃蟹，写了首《螃蟹赋》来讽刺他，说他“外视多足，中无寸肠。口里雌黄，每失途于相沫；胸中戈甲，常聚众以横行”。

在这次为他庆寿的宴会上，王感化也被叫去唱歌助兴，唐元宗还指定要唱新编的歌曲，不要唱老调子。王感化想了一想，觉得在这样的场合把《螃蟹赋》谱曲歌唱，显得太露骨了，也许会给自己招来一场大祸。他抬眼一看，只见不远处的树荫下正卧着一头老牛，在一边嚼着干草，一边呼呼地喘大气。于是他心血来潮，以老牛起兴，用了许多美妙的歌词赞美老牛在身强力壮时如何为人们卖力气。可是如今它老了，没有力气帮助人们犁地拉车了，人们也就不再重视它了，它只好“困卧斜阳噍枯草，近来问喘更无人”了。

这首以老牛起兴的歌，含义深长。言外之意是：唐元宗只知道给无功无德如严续这样的宰相赐宴庆寿，却想不到还有许许多多为南唐建国立过汗马功劳的老臣，他们如今年老力衰，有的病了多日，躺在家里呼呼喘气，也没有人去关心他们，处境简直是和老牛一样的。这首带讽刺意味的歌，特别是最后的两句，使得做宰相的严续听了感到很惭愧，他虽然没有喝多少酒，脸却一直红到了耳朵根。唐元宗听了这首歌，也感到有些内疚，觉得对那些开国功臣太冷淡，实在太不应该了。

另有一次，唐元宗在宫苑中赐宴群臣，祝贺灭闽战争的胜利，为查文徽、魏岑等佞臣评功摆好。大概是这次的筵席太过于丰盛了，竟吸引了在天空飞过的一大群白野鹊。它们先是低空盘旋，最后竟俯冲而下，纷纷停息在宫苑中的屋顶上、树上，叽叽喳喳地叫个不停，吵得人们都有些烦了。

唐元宗看到这种情景，不知道这一大群白野鹊的飞集，究竟是吉祥的预兆，还是不吉利的象征。他赶快叫王感化即兴编词，当场讴歌，想利用他那声振林木的高亢歌喉来压住白野鹊的乱叫。

王感化看看那群叽叽喳喳、叫得很凶的白野鹊，略为思索了一下，就打响鼓板，指挥乐队为他伴奏，然后放开喉咙高声唱了起来。他唱道：“碧山深洞恐游遨，天与芦花作羽毛。要识此来栖宿处，上林琼枝一树高。”

说也奇怪，平日里王感化一唱歌，能使得树林中的鸟雀停止鸣叫，静静谛听，可是这一次，配上锣鼓的伴奏，王感化那激越昂扬的歌声非但没有镇住白野鹊，那群白野鹊反而叫得更欢了。

它们有的还拍打着翅膀，不断地点头，似乎是同意王感化唱的歌，表示它们真是想要借上林琼枝来栖宿似的。

其实，王感化这一次编的歌是借白野鹊飞集宫苑起兴，个中却有着弦外之音。他把白野鹊比作民间的隐逸之士，说他们都是些有本领有学问的人，只是因为朝廷不重视他们，他们才隐居于山野之中了。如果君主能赏赐他们一官半职，他们是愿意为朝廷效劳，给日渐衰微的南唐政局增添一点生气的。

唐元宗对王感化的这一次歌唱，开始没有弄懂，进一步思考以后，才觉得有点道理，就特地亲笔书写了自己的作品《浣溪沙》二首，赏赐给王感化留作纪念。

王感化委婉曲折地以讴歌讽谏，有时候不能立刻为唐元宗理解。这使王感化觉得应该改变方式，采用更直接一些的讽谏手段。

有一次，当唐元宗在宴会上喝得酩酊大醉，命令王感化歌唱助兴时，王感化想了一想，就打响鼓板，唱起了《水调词》。可是他只唱“南朝天子爱风流”这一句，而且是再三再四地来回唱着。

唐元宗听得有些腻烦了。他一拍桌子，厉声斥责道：“你今天怎么只会唱这一句了，别的歌词难道都忘光了？赶快给我往下唱，否则我要砍下你的脑袋，把你满肚子的歌一下子都倒出来！”

王感化见唐元宗发了火，就先作了一个揖，然后不慌不忙地接着往下唱道：“本为战争收拾得，却因歌舞解除休。”对这两句，他又再三再四地重复唱了多遍。

他所唱的“南朝天子爱风流”，是引用南北朝时陈后主等风流天子的故事，他们只图自己享乐，最后终于亡国。所谓“本为战争收拾得，却因歌舞解除休”，指的是前一代皇帝辛辛苦苦地打下的江山，却被后代子孙在宴饮歌舞中断送掉了。王感化这样唱的目的，就是要给唐元宗一些刺激，劝告他不要把唐烈祖辛辛苦苦打下的江山，在歌舞宴饮中断送掉了，劝告唐元宗不要做陈后主那样的风流天子。

唐元宗李璟虽是个庸懦之主，喜欢风流，可是他也害怕做二世祖，害怕别人称他为二世祖。对王感化这一次犹如当头棒喝似的讴歌讽谏，他毕竟也有些感动了。他听完歌唱以后，一抬手，把自己的酒杯倒扣在宴席上，叹口气说："唉！要是当年的孙皓和陈后主也能听到这样的歌声，他们也就不至于素车白马，遭受衔璧投降之辱了。"从此以后，唐元宗歌舞宴饮、击毬欢娱的奢侈生活果然略为收敛了一些。

唐元宗除了喜欢看戏和宴饮歌舞、击毬斗鸡以外，也喜欢谈禅说佛。他常常到寺庙道观中去烧香拜佛，或把和尚尼姑道士请到皇宫里来高谈阔论。

有个法名叫文益的和尚，俗家姓鲁，余杭人，是个很有见识的佛门弟子，被人称为"佛门之游夏"。游夏，即孔子的弟子子游（言偃）与子夏（卜商）的并称，两人均长于文学。

文益听说唐元宗不好好治理国家，把大好时光都花在吟诗填词、歌舞宴饮之中了，就决定找机会用偈语进谏。

有一次，唐元宗到文益和尚主持的报恩禅院去观赏牡丹花，给文益上净慧禅师的尊号。文益和尚赶快抓住这个机会，向唐元宗献上了四句偈语："发从今日白，花是去年红。何须待零落，然后始知空。"

唐元宗擅长写诗词，对于跟诗词相近的偈语，自然能够听得明白，知道这是告诉他，人生是十分短暂的，去年的花比今年红，今年的人却比去年增添了白发，应当抓紧时间去做应该做的事，不要等到时光流逝过去了，再来发出无用的空叹。

文益和尚这四句偈语的用意，和李家明、王感化向唐元宗进行讽谏一样，也是劝告唐元宗不要再浑浑噩噩地过日子了，应该趁着自己精力旺盛的壮年时代，把国家大事管理好，争取南唐的国富民强。

唐元宗李璟是个很爱面子的人，对于李家明、王感化、文益和尚这样在谈笑之中进献的讽谏，还比较能听得进去的——虽然听了也不一定照做。但是对于那些身居谏职的言官，正正经经地用白纸黑字的奏章向他进谏，并且言词又是那样的激烈，他就认为那是在揭他的疮疤，使他丢了面子，因而他就觉得受不了，从心底里产生一种讨厌谏言的抗拒心理。他不但不接受谏言，有时候甚至还要责备或贬黜进谏言的人，所以有些胆小的或有私心的人都不大敢进谏言。

这样，南唐的政治局面仍是继续不断地一步步走向衰落。不过，一些正直的没有私心的言官是不怕责备或贬黜的，他们仍然勇敢地向唐元宗进谏，请求他近贤臣、远小人，振作起精神，把国家治理好。

第十六章

五鬼弄权

南唐灭闽后不久，那个在福州宣布归顺南唐的李弘义，也就是李仁达，觉得自己的翅膀已经长硬了，力量积蓄得差不多了，就突然宣布自己为闽国的最高统治者，不再服从南唐的号令。

这个消息传到南唐的都城金陵，许多人都认为南唐出兵灭闽本来就违背了烈祖遗训，是不应该做的事，如今李仁达宣布不再服从南唐，那就可以借此顺水推舟，把派驻闽国的军队撤回来，承认闽国的独立地位，双方重新维持一个平等的邻国关系就算了。

可是，当时把持着南唐政局的"五鬼"却不愿意这样做。特别是其中的陈觉和冯延鲁二人，他们见同党查文徽首倡领兵入闽，把闽国灭了，因此立了大功，得到了许多赏赐；并且还在奔赴闽国作战的过程中大大捞了一把，金银珠宝车载斗量，实在是太使人眼红了。他们本来正在眼巴巴地盼望着，想让自己也能找到这样的好机会，也好借此立功发财。如今听说闽国的李仁达又反叛南唐，岂不是天赐良机？他们也可以趁机大显身手了。因为怕查文徽又把这个功劳和发财的机会抢走，他们居然瞒过唐元宗，矫诏出兵，杀奔福州而去。

唐元宗发现陈觉、冯延鲁矫诏出兵以后，虽然很是生气，但是觉得兵马已发，再调回来也不大妥当，就只好迁就既成的事实，再加派王崇文、魏岑带兵增援，帮着陈觉、冯延鲁去攻打福州。

再说那福州的李仁达，没有想到南唐又会派兵来征讨，如今见陈觉、冯延鲁带兵气势汹汹而来，并且听说后面还有增援部队，不觉慌了手脚。他部下的谋士向他建议，应当请南唐的对头吴越国出兵援救。于是，李仁达赶快备了礼品，派人到吴越的都城钱塘去讨救兵。

吴越对南唐灭闽本来就不高兴，救兵自然一请就到。他们见闽北山路已被南唐封锁，就派大将余安带兵从海路赴闽。

余安率吴越援军不顾大海上风浪的颠簸，很快赶到了福州附近的白虾浦，准备舍舟登岸。因为海滩上泥沙深厚，人马容易陷入泥淖，就先派兵铺设竹排开道。

这时，陈觉、冯延鲁率领的南唐军也已到了白虾浦，他们见吴越军准备登岸，赶快派出大批射手，如同暴风骤雨般地向吴越军射箭。正在铺设竹排的吴越军士兵，纷纷被射得如同刺猬般，倒毙在海滩上。

眼看他们中箭的人越来越多，快要全线崩溃了，剩下的人正在准备开船逃走。可是，这时候冯延鲁忽然想出了一个莫名其妙的主意。他对陈觉说："李弘义所倚仗的是这吴越援军，如果这次我们把援军打退了，过些时候他们又会卷土重来。要是我们的队伍稍向后撤，放吴越的援军登上岸来，予以一举歼灭，他们以后也就不会再来了。那样，李弘义失去了靠山，岂不就会重新死心塌地地投降我们了？"

裨将孟坚听了冯延鲁的话，苦苦谏阻说："兵法上说过，打仗有进无退，一退就会无法收拾。如今乘敌未得上岸，正可一鼓全歼。如果我军后撤，让吴越军上得岸来，背水死战，那么谁胜谁败，结局就很难逆料了。"

可是，作为主将的冯延鲁，根本没有把裨将孟坚放在眼里，不听他的意见，竟与陈觉商定，下令将队伍后撤半里。

此时吴越军本来已经退到了船上，正在准备逃走，见南唐军后撤，自然喜出望外。他们重又登岸，很快地铺好竹排，整好队伍，鼓噪前进，猛冲猛打地杀了过来。

福州城里的李仁达听到城外喊杀的声音，知道吴越的援军已经登陆，正在和南唐军作殊死的战斗，就赶快率领队伍，冲出城来，配合吴越军作战。

这样，南唐军就腹背受敌，立即被打得一败涂地，裨将孟坚战死，士兵死伤数万人，军械戎器损失数十万件。

前线的败报传到金陵，唐元宗得知后大吃一惊，不禁大怒，下令将冯延鲁、陈觉锁拿进京，准备立即处斩。

皇上要严惩冯、陈二鬼的消息不胫而走，朝野振奋。一些直臣忠良不仅想借此除二害，而且还想除掉"五鬼"，使国势复兴。

"五鬼"听到这个消息，直吓得心胆俱裂，坐卧不宁。他们的后台宋齐丘更是四处活动，为冯延鲁、陈觉辩护，还亲见唐元宗，说是自古战无常胜，胜败乃兵家常事，如果因一时兵败就斩将帅，以后谁还敢为国赴急，统兵打仗呢？还说，对冯、陈示儆，顶多削夺他们的官爵，把他们发配到边远地方就可以了。

这一来，不由激怒了朝中两位忠直大臣：一个是太常博士韩熙载，一个是御史中丞江文蔚。

韩熙载，字叔言，北海人。他年轻时在中原的后唐皇朝考中进士，以文章出色而闻名于世。他的父亲韩光嗣本是中原后唐皇朝的平卢节度副使，因为不满意后唐的统治，率领士兵起义，失败被杀。韩熙载怕受到株连，于是仓皇南逃，这才在吴国和南唐做了官。

据说韩熙载与五代至北宋初年名臣李谷是好朋友，在韩熙载即将南渡时，两人临行前举杯痛饮。韩熙载对李谷说，吴国如果用我为宰相，我必将长驱以定中原。李谷笑着回答说，中原如果用我为相，我取吴国如同探囊取物。也有人说，这些话是他们后来在书信来往时说的。后来周世宗果然用李谷为相，采用其谋夺取了南唐的淮南之地；而韩熙载在南唐却无所作为。

韩熙载本是个生活有些放荡、不拘名节的文人。当时执掌吴国实权的是徐知诰，也就是后来的南唐烈祖李昪。徐知诰了解他的性格，为了压压他年轻的狂气，开始时故意只让他做个校书郎的小官。韩熙载看准了徐知诰是个明主，毫无怨言地服从任命，勤勤恳恳地做他的分内之事。接着，徐知诰又调他到滁、和、常三州去做从事，他也默默无言地服从了。

南唐正式立国后，唐烈祖才把韩熙载从外州召回南唐的都城金陵，授他秘书郎之职，叫他到东宫去教当时还是太子的唐元宗念书。

唐烈祖特地叮嘱韩熙载说：“听说你在中原的时候就已有很大的名气，不过你的生活有些放荡，恃才傲物，不懂得世事的艰难，这是很不对的，所以才叫你到一些小地方去接触接触平民百姓，压压你的狂气。看来你是懂得我的用意的，如今已经有了很大的改进，这使我对你放心了。现在希望你好好教太子念书，日后他一定会重用你的。”韩熙载听后，只是会意地点了点头，也不叩谢唐烈祖的提拔和谆谆嘱咐，就自顾自地到东宫去做太子的老师了。

唐元宗即位后，为了酬谢老师的教导，任命韩熙载为虞部员外郎、史馆修撰。虞部员外郎是专管山泽苑囿的官，包括修建皇帝的陵墓等等，都是其职责范围内的事。史馆修撰是专管编写国史的，掌握褒善贬恶的大权。这两项官职多少都跟朝廷上的礼仪有些关系，有权对朝廷官员的错误言行提出批评意见。韩熙载忠于职守，对不合礼仪的事情敢管敢说，甚至包括唐元宗在内，只要做了不合礼仪的事，他也会毫不客气地提出意见，进行纠正。宋齐丘及其党徒“五鬼”之流，经常干出违反礼仪的事，不断遭到韩熙载纠弹，因此都很忌恨他。唐元宗知道韩熙载的脾气，虽然有时候对韩熙载纠正自己的错误也有些不高兴，但是他知道朝廷上少不了这种懂礼仪的人，所以提升韩熙载为太常博士、知制诰，负责为皇帝起草制册诏令的工作。

江文蔚，字君章，博学工文，也是从中原后唐皇朝那里逃亡到南唐来的。唐烈祖灭吴建立南唐之际，江文蔚被拜为中书舍人，诸凡朝觐、会同、祭祀、宴飨等礼仪，都由他一手制订。唐烈祖死后，嗣位的唐元宗委任江文蔚为工部员外郎判太常卿事，请他和韩熙载、萧俨等一起，负责烈祖陵基的督造和梓宫安葬事宜。他们三个人通力合作，把事情办理得妥妥帖帖，使人对他们的精明强干无不表示钦佩。功成以后，江文蔚被任为御史中丞。他为官公正廉洁，办事公道，对上不阿谀奉承，对下不仗势欺压，在南唐朝廷上有着很高的威信。

且说这一日在金殿之上，宋齐丘竭力为冯延鲁、陈觉辩解，大讲胜败乃兵家常事的时候，韩熙载禁不住满腔怒火，出班向唐元宗进言道："冯延鲁、陈觉身为主将，不懂得兵法上说的背水死战、哀兵必胜的道理，拒不接受裨将孟坚的劝告，竟做出主动后撤的错误决定，放任敌军登陆，给他们造成了背水死战的机会，所以才使得我大唐的军队遭到如此惨重的失败。对于这样的败军之将，斩首已经是过轻了，应该凌迟处死才对！"

宋齐丘强辩说："陛下！处斩大臣千万要慎重，决不能因为冯延鲁、陈觉打了一次败仗，就叫他们身首异处。那样，以后还有谁再肯带兵打仗呢？"

韩熙载驳斥说："带兵作战，在敌我力量对比不明的情况下，打一次败仗是情有可原的，但是冯延鲁、陈觉是在敌军处于劣势的情况下，错误地做出主动后撤的决定，放敌军登陆，因而才遭到失败的。这种行为实在是罪大恶极，理应处以极刑！"

宋齐丘又强辩说："战场上敌我之间的形势变幻无穷，以退为进，兵法上原是许可的。冯延鲁、陈觉在应用兵法上有所失误，这只能说他们读书泥古不化，不能够据此判他们死刑。"

两个人争来争去，道理自然都在韩熙载这边；宋齐丘只是无理强辩，他说的话于情于理都很难讲得通。但是，奇怪的是唐元宗听了他们的争辩，竟犹豫起来，不再坚持当初所下的命令了，特别是他看到江文蔚上的奏章，要求把冯延鲁、陈觉、冯延巳、魏岑一并斩首时，竟改变主意，决定赦免冯延鲁和陈觉了。

这是怎么回事呢？原来当韩熙载和宋齐丘展开争辩时，江文蔚没有在场，他为了表示自己对这个问题的意见，特地写了一份奏章给唐元宗。他的奏章中言词比较激烈，有些地方还刺痛了唐元宗，所以产生了相反的效果，使得唐元宗竟然决定赦免冯延鲁和陈觉。

江文蔚在奏章中说："依臣愚见，光斩冯延鲁、陈觉二人还不足以平民愤，应当把他们的同党冯延巳和魏岑一并斩首才对。冯延鲁、陈觉丧师福州，固然是罪大恶极，应该处以极刑，而冯延巳和魏岑也不是好东西，他们原是一丘之貉，专权乱政，给我朝廷带来了极大的不幸。平日里，军民人等对他们早已是议论纷纷，认为这四个人都是危害国家的凶贼，不杀掉他们难消心头之气，所以请陛下将此四凶一并斩首，以谢国人！"

江文蔚在奏章中又进一步分析了四凶肆虐的原因，认为这与唐元宗破格提拔他们有着很大的关系。他说："赏罚者，历来为帝王所重。赏以进君子，不自私恩；罚以退小人，不自私怨。陛下即位以来，信任冯延巳、冯延鲁、魏岑、陈觉等四人，把他们从低级官吏一下子提拔为执掌大权的重臣，却从未见过陛下如此破格地提拔过一个贤臣作为国家栋梁，这实在令人百思不得其解。冯延巳等四凶窃居高位以后，盗用国权，引进群小，结成奸党，陷害忠良，对朝廷的危害极大。那忠心耿耿为陛下出力的大臣常梦锡，竟然无端遭到了他们的排挤。他们诱使陛下弃忠拒谏的目的，就是为了想要进一步盗用陛下的威权，以达成自己的私欲。他们甚至想让陛下退居深宫，由他们来执掌整个军国大事。这样狼子野心的奸佞之徒，只杀两个，又如何能起到儆戒的作用？必须四凶并诛，才能大快人心。"

江文蔚的奏章洋洋数千言，爱憎分明，富有感情，不仅彻底揭露了四凶的罪恶，也附带对唐元宗提出了委婉的批评。他自己也预料到这份奏章一递上去，可能会产生两个相反的效果。弄得好，唐元宗接受奏章中提出的意见，就会四凶并诛，为国除了大害；弄得不好，唐元宗龙颜大怒，暴跳如雷，不但四凶除不掉，自己反会因此而得祸。不过，他以国家的安危和利益为重，个人的进退安危已置之度外。因此，在上奏章之前，他已经雇好了一条小船，把年迈的母亲安置在船上，只等贬黜他的圣旨一下，他就立即解缆开船。

事情果然不出江文蔚所料，唐元宗本来对冯延鲁、陈觉丧师福州很是生气，想把他们斩首以解心头之恨。可是，经过宋齐丘强词夺理的一顿争辩，特别是从江文蔚的奏章中，由请斩四凶联系到根子在于自己用人不当，自尊心反倒被深深刺痛了。

他觉得冯延鲁、陈觉虽然矫诏出兵，丧师福州，十分可恼可恨，但是他们平日里对自己毕恭毕敬，从不敢说一句刺痛他的自尊心的话，而韩熙载、江文蔚虽说是忠心为国，可是总也不应该不给皇帝留个面子。如果真的斩了二冯和陈、魏，遂了韩、江的心愿，以后他们岂不会更进一步地挑剔皇帝的言行举止，那又如何得了！因此，他终于改变了主意，决定饶恕冯延鲁和陈觉死罪，并且下令把江文蔚贬为江州司士参军。这真是丧师辱国的奸佞死里逃生，而直言进谏的忠良却反受贬黜。

韩熙载对唐元宗出尔反尔的决定很不满意，他为了避开宋齐丘，也为了给唐元宗留点面子，又向唐元宗秘密地上忠谏，指出宋齐丘及其党徒陈觉、冯延鲁等都是祸乱的根源，请唐元宗务必疏远他们。可是，韩熙载的忠谏还是被宋齐丘及其党徒打听到了。他们恨死了韩熙载，竟编造谣言，污蔑韩熙载行为失检，常常于家中在深夜大摆筵席，喝得酩酊大醉以后与丫鬟侍女胡闹，请唐元宗把他贬为和州司马。

其实，韩熙载平生不能饮酒，喝一盅酒就会脸红心跳，十分难受，所以他在家里一向是禁酒的，说他喝醉了酒胡闹，纯属彻头彻尾的捏造。如说他生性风流，家里姬妾美人多一点，倒是事实，不过这原是封建社会里达官贵人家里常有的事，是不足为怪的。

后来，韩熙载又从和州贬所被调回朝廷。宋齐丘想尽办法来拉拢韩熙载。有一次，宋齐丘为自己预先写好了一篇墓志铭。他听说韩熙载的字写得特别好，是驰名远近的大书法家，就特地备了一份丰盛的礼物，连同墓志铭的底稿，一起送到韩熙载那里，想请韩熙载为他缮写，然后他好叫石匠刻在石碑上，在死后扬名。韩熙载接到那份墓志铭的底稿，略一浏览，连忙用楮皮纸塞住鼻孔，大声说："快拿走！快拿走！这篇文章太臭了，臭气熏人，我实在受不了啦！"

江文蔚因为上奏章请斩四凶被贬为江州司士参军以后，他那耿直敢言的行为却震惊了整个江左；他那洋洋数千言的奏章不胫而走，到处为人所传抄，竟出现了一时洛阳纸贵的景况。后来，唐元宗自己也觉得对江文蔚的处分太不公平了，下令把他召回朝廷，授以翰林学士知贡举的官职，叫他负责考选进士。江文蔚负责考选进士的工作以后，公正取士，从不营私舞弊。

有一天，唐元宗问江文蔚："我朝和北朝（指中原的后晋皇朝）都实行科举取士的制度，你看谁家做得比较好？"江文蔚回答说："北朝名义上是公开考试，实际上是以营私舞弊为主，录取之士大都没有真才实学。我朝由我主持考试，一律以至公取才，谁也不要想请托舞弊。除了从其他途径进身的外，我敢保证考试录取的进士中没有一个庸才。"唐元宗听了，不由得竖起大拇指，称赞江文蔚确实是个公正廉洁之士。

可是，当时南唐朝廷上许多大官都不是科举出身，有不少是靠着走门路、托人情才走上官场的。江文蔚的话竟然刺痛了这些人。他们认为江文蔚是在讽刺挖苦他们，就竭力排挤江文蔚，攻击当时的科举制度。唐元宗竟又听信了这些人的话，把科举制度废除了。

科举一废，南唐官场上选任官吏之事失去了像江文蔚这样的人把关，官吏的任免也就没有什么正确的标准可言。正直敢言的官员越来越受到排挤，奸佞之徒则越来越多。

由于唐元宗不听韩熙载、江文蔚的忠谏，轻饶了冯延鲁、陈觉这样丧师辱国的败军之将，就使得“五鬼”等奸佞之徒气焰更加嚣张。他们见在闽国这一边已经失败，无利可图了，就决定怂恿唐元宗西进，出兵去灭亡马氏掌权的楚国。

第十七章

众驹争槽战长沙

正当南唐磨刀霍霍，想要西进的时候，楚国发生了众驹争槽事件，给了南唐以可乘之机。

要知楚国“众驹争槽”到底是怎么回事，还得从头讲起。

五代十国时期的楚国，包括今天的湖南省和广西壮族自治区的一部分，是由马殷创建的一个地方割据政权。五代的第一个皇朝后梁建立时，楚王马殷臣服于梁太祖朱温，跟南唐的前身吴国正好是个对头。吴、楚两国，在边界上不断发生小规模的摩擦。由于马殷治军得法，楚国曾经打败过吴国。

五代第二个皇朝后唐的明宗天成三年（公元 928 年），吴国听说楚王马殷生病，就乘机大举兴兵伐楚，结果又被楚国打得大败，被俘的将士达数千人。楚国丞相许德勋当着吴国战俘的面，厉声警告说：“我楚国一向宽宏大量，现在决定释放你们。你们回去以后，转告你们的主子：我们楚国虽然弱小，但是旧臣宿将都还健在，希望你们吴国不要再打我们楚国的主意了。要是将来我国出现了众驹争槽的局面，你们也许就会有机可乘了！”

许德勋所说的“众驹争槽”，是指马殷死后可能会出现的诸子争权夺位。因为马殷有三十多个儿子，老马一死，众马驹争槽的局面几乎是难以避免的。

果然，吴楚之战两年之后，老楚王马殷因病去世了。本来，他的嫡长子马希振颇有贤名，大臣也都拥护他，理应由他嗣位。可是，马殷宠爱一个姓袁的妃子，临死时留下遗嘱，叫袁妃所生的次子、衡阳王马希声嗣位，并且还规定以后楚国的王位继承法是诸子按顺序兄弟相继，不许你争我夺。他叫人把自己的佩剑悬挂于马氏宗庙门上，宣布说：“谁违抗我的遗命，就用这把宝剑砍他的头！”

然而，马殷指定的嗣王马希声其实并不是个理想的继承人。他好吃懒做，是个标准的二世祖。他对父王毫无感情，在居丧期间并无丝毫哀伤的表示，照样大鱼大肉地享受，灯红酒绿地狂欢。他听说梁太祖朱温喜欢吃鸡，一天要吃七八只鸡，就下决心要跟梁太祖比赛比赛，看谁更加阔气些。他下令叫厨子每天给他宰五十只鸡，每只鸡光要两条大腿，余下的鸡肉都拿去喂猫喂狗。五十只鸡有一百条大腿，他一个人当然吃不完，于是就找些亲信来跟他一块儿分享。能享受到鸡腿的亲信，认为马希声很看得起自己，就死心塌地地为这位嗣王卖命，帮着他一起寻欢作乐。就这样匆匆过了一年。

第二年，按照老楚王马殷生前留下的遗嘱，灵柩将要运到衡阳去安葬。照当时的规矩，应当由嗣王披麻戴孝，拿着哭丧棒，跟在柩车后面，哭哭啼啼地送葬。可是，到了柩车已经启动的紧要关头，人们却找不到嗣王马希声了。大臣们急得满头大汗，忙派了几十个人分头去找，好不容易才在厨房里找到了他。原来他正坐在厨房的烧火凳上，捧着鸡腿在大啃大嚼。人们七手八脚地拉他起来，帮他披上麻布孝服，递给他哭丧棒，催他去为先王送葬。他毫不经心地把哭丧棒接过来往腋下一夹，两只手各抓了一条鸡腿，嘻嘻哈哈地一边啃着，一边跟在柩车后面，蹦蹦跳跳地去为先王送葬。大概是因为贪吃伤了肠胃的缘故吧，这位二世主在位不足三年，就得病死去了。

继马希声而立的是其四弟、文昭王马希范。这人还有些才干，统治楚国达十五年之久，局面基本上还算是稳定的。他在位期间，中原又换了个皇朝，已是后晋了。马希范为了稳定自己的地位，对后晋纳贡称臣。有一年，楚国一次就给后晋纳贡吉贝布三千匹、白蜡一万斤、朱砂五百斤。吉贝就是棉花，是从非洲经由中亚细亚引种到我国来的，五代十国时候在我国的种植还不是很普遍，只在新疆和沿着黄河、长江的地方种得稍许多些。吉贝布就是用棉花纺纱织成的棉布，在当时是一种极为珍贵的衣料，比丝绸还要贵重得多。楚国一次就向后晋纳贡吉贝布三千匹，说明楚国境内棉花的种植已经相当可观。

马希范虽是有才干的人，但生活十分腐化，好酒好色。他纵情声色，好为长夜之饮，饮酒时还要美女陪伴着他，给他唱歌跳舞。他派人到民间去物色美女，抢进宫来，作为姬妾。他扬言要把自己的姬妾凑足五百之数方肯罢休。因为传说中的黄帝轩辕氏有五百后妃，所以他决心要跟轩辕氏比一比，不让其专美于前。

马希范也喜欢大兴土木，营建宫室。当后晋开国皇帝石敬瑭册封马希范为天策上将军时，马希范就赶快在长沙修建规模宏伟的天策将军府。府址选在长沙城的西北角，圈占了几百亩土地，建有光政、天策等十六座楼，天策、勤政等五座殿堂。殿堂上画栋雕梁，栏杆和门槛都镶有金玉，并用丹砂涂壁，耗费了丹砂数十万斤。殿堂上夏天用上等凉席铺地，冬天则改用木棉纺织的地毯。

他又下令在天策将军府的正中修建了一座九龙殿，殿上的八根大柱用沉香木制作，每根柱子都雕刻有几丈长、神态各异的游龙盘旋于上，龙身上装饰有金银珠宝，能闪闪发光。柱子是镂空的，能在里面烧香，烧起香来，袅袅香烟从龙口吐出，整座殿堂上香雾缭绕，使人真有飘飘欲仙之感。说是九龙殿，为什么只雕刻了八条龙呢？原来是马希范把自己也算作一条龙了。他特地叫人为他做了一顶装有两支龙角的帽子，整天戴在头上，到晚上睡觉时才摘下。马希范虽然向后晋皇帝纳贡称臣，其实他自己却有着称帝的野心。

楚国开国以后，由于开国之君马殷注意发展生产，积累了不少财富。可是老子辛辛苦苦积下的产业，经不住儿子大手大脚的浪费，楚国国库里的钱终于越来越少了。马希范为了满足自己的欲望，就不断地增加赋税，盘剥百姓。百姓们经受不了沉重的赋税和徭役负担，被迫纷纷逃亡。人们把百姓逃亡的情况报告给马希范，马希范却毫不在乎地冷笑着说：“怕什么！跑得了和尚跑不了庙，只要田地不会飞走，这一伙百姓逃走了，可以招募另一伙百姓来耕种，我照样可以征收赋税，摊派徭役。”

国库里的钱实在快要花光了，马希范灵机一动，又想了个叫人入财买官的主意，来开辟财源。谁要是想做官，可以用钱向官府来买。钱多能买大官，钱少能买小官。卖官所得的钱，名义上交入国库，其实是供马希范一人挥霍浪费。

为了多开辟一个财源，马希范又规定罪犯也可以用钱赎罪。

有钱的富豪犯了罪，只要交一笔赎罪金，就可以逍遥法外，不用关在监狱受刑罚了；而贫弱无告的人犯了罪，交不起赎罪金，只好被关进监狱，听任狱吏的严刑拷打。

在赋税方面，马希范叫孔目官周陟议定了地方上常年应交的份额，规定大县每年贡米三千斛，中县一千斛，小县七百斛；不产米的地方，用布帛抵数。凡是交不足份额的，就治县令的罪。马希范的横征暴敛，使得楚国的阶级矛盾日益尖锐起来。

学士拓跋恒上书切谏说："常言道，'足寒伤心，民怨伤国'。愿大王减轻赋税，以纾民困，保护我楚国的命脉。"拓跋恒的话正说到了节骨眼上，可是忠言逆耳，却触到了马希范的痛处。他勃然大怒，厉声斥退拓跋恒，发誓终身不再召见这位忠心耿耿的大臣。

老楚王马殷临死时立下的遗嘱，是叫诸子按顺序兄弟相继，不许争夺王位。马希范继位以后，却处心积虑地想要破坏父亲立下的这条规矩，把王位传给和他一母所生的同胞兄弟。

其实，兄弟按顺序继位的规矩是马殷自己首先带头破坏的，他挑选的第一个嗣君马希声就不是嫡长子，而是庶出的次子。当立而不立，不当立而立，矛盾的祸根已经种下了。马希范只是把父亲种下的祸根进一步加以扩大而已。

为了破坏兄弟按顺序相继的规矩，马希范先想方设法迫害按顺序紧挨着自己的异母弟弟马希旺，罢了他的军职，强令他居住在农村的草屋竹门之中，不许过问国家大事，也不得参与兄弟之间的宴会。马希旺也是袁妃所生，是马希声的同母弟。在袁妃病故以后，马希旺自知这辈子永无出头之日了，忧愤得病而死。

接下来，马希范猜忌另一个异母弟弟马希杲。马希杲担任静江节度使，把领地治理得井井有条，显示出了非凡的政治才能，在民间有着很高的威信。马希范不愿意把王位传给这个有才能的弟弟，就决定亲自巡幸静江节度使管辖的蒙、桂二州，想要寻找马希杲的差错，予以废黜。

马希杲的生母华氏夫人知道来者不善，善者不来，赶快亲自到全义岭上迎接马希范。见面以后，华氏夫人泪水涟涟地声称自己教子无方，动劳国君亲自巡查，她表示愿意削除封邑，为儿子马希杲赎罪。

马希范在蒙、桂二州走马看花地转了一圆，找不到马希杲的差错，就留下一些密探，自己便回长沙去了。马希杲知道哥哥在自己身边留下了密探，心里很是害怕，后来竟然发展到了疑心生暗鬼的程度，以为所有的人都靠不住了。他吃饭不香，睡觉不稳，不久就得病了。马希范听说马希杲生病，喜出望外，赶快派了个“医生”去给他“诊治”。一剂药服下去，马希杲就伸腿瞪眼，一命呜呼了。

马希范先后逼死马希旺，鸩杀马希杲，目的就是想把王位传给和自己一母所生的同胞弟弟马希广。马希广是陈氏夫人所生的幼子，排行第三十五。如果按兄死弟继的顺序往下排，恐怕等到他的须发都白了也是排不上的。马希范为了给弟弟马希广开路，决定排除第三十五位以前的那些异母弟弟，在自己死后把王位传给马希广。

他为了扶植马希广，特地为之安排了许多文官武将做帮手，又任命马希广为天策将军府都尉，领镇南节度使，负责天策将军府的内外事务，实际上他已经把马希广放在继承人的位置上了。

南唐保大五年（公元 947 年）的夏天，楚国文昭王马希范终于因为荒淫过度而得病死去。他在弥留之际，突然想到学士拓跋恒是个忠臣，能辅佐他的弟弟马希广治理好国家，就宣布取消终身不再召见的誓言，特地下令把拓跋恒召来，托付后事。可是已经晚了，不顶事了。马希范一死，马氏众驹争槽的场面终于激烈地展开了。

跟马希广争得最凶的是武平节度使马希萼。他排行第三十，名正言顺地应在马希广之前继承王位。当时有一部分楚臣就拥护他，认为王位应当由他马希萼继承；可是另一部分把持朝廷大权的楚臣是马希范的心腹，他们拥护马希广继承王位。两部分人经过唇枪舌剑的激烈争辩，最后还是拥护马希广的人势力大，压倒了对方，王位被马希广夺得，马希萼败下阵来。

十月里，马希萼从驻地朗州（今湖南省常德市鼎城区）赶到长沙，为马希范奔丧。马希广为了显显自己的威风，也为了预防不测，强令马希萼和他的随从将士都必须解除武装，然后才准许他们进入长沙城。

马希萼一生气，就返回朗州，调集丁壮组成乡兵，号称静江军，起兵前来进攻长沙。他又下令打造战舰七百艘，水陆并进，想用武力来夺取王位。马希广派岳州刺史王赟为都部署、战棹指挥使，利用自己的优势兵力，迎头痛击马希萼，打退了他的进攻，俘获他的战舰三百多艘。

马希萼逃回朗州，用计引诱住在辰州、溆州和梅山的蛮族人为他所用，组成劲旅，卷土重来，再次猛攻长沙。蛮族人作战很勇敢，马希广的队伍终于抵敌不住，只好逐步后撤。

这一次胜利是在马希萼这边了。他迫不及待地想做楚国国王，在打了几次胜仗以后上表给中原后汉皇朝的隐帝刘承祐，请求允许他能和马希广一样与中原皇朝直接交通。汉隐帝刘承祐怕楚国的事端进一步扩大，影响后汉南部边界的安宁，拒绝了马希萼的请求，还派人劝告他们兄弟之间应和睦相处，不要争权夺利。马希萼认为汉隐帝这是在偏袒马希广，决定另找靠山。他于南唐保大八年（公元950年）向唐元宗上表称臣，请求援助。

唐元宗听说楚国发生了众驹争槽的事情，本来他在“五鬼”的怂恿下早就想出兵楚国，如今自然更认为是大好机会。于是他立即下令封马希萼为同平章事，以鄂州一年的赋税送给他做军费，并派楚州刺史何敬洙立即带兵进入楚境，协助马希萼对马希广作战。

马希广见对方找到了靠山，声势更加壮大，吓得赶快向中原的后汉皇朝告急。他故意夸大事态的严重性，说是荆南、南汉、南唐三国想要乘机瓜分楚国，希望汉隐帝刘承祐出面干预。可是汉隐帝对马希广的答复还是老一套，劝说他们兄弟之间以和为贵，不要争权夺利，说只要他们兄弟团结，荆南、南汉、南唐都奈何不了他们，不必担忧。

马希广见自己找不到靠山，正在犯愁，手下有个名叫刘彦瑫的大将自告奋勇，愿意去抵挡马希萼的队伍。他慷慨激昂地说：“朗州兵不满万，马不过千，而我们拥有精兵十万，何愁打不过他们？请大王拨给我将士万人，战舰一百五十艘，我担保能直入朗州，把叛贼马希萼抓来奉献于大王座前！”

马希广听了刘彦瑫的这番话，很是高兴。他任命刘彦瑫为战棹都指挥使、朗州行营都统，令其带兵奇袭朗州。

刘彦瑫避开马希萼的主力，带着队伍抄近道进入朗州境内，想要直捣对方的老巢。朗州父老欢迎刘彦瑫的到来，争着用牛酒来犒军。父老们说："朗州老百姓喜治不喜乱，我们等待大王的队伍已经多日了。希望将军能迫使马希萼投降，使楚国不至于分裂！"

刘彦瑫用厚礼答谢了朗州父老的慰问，请他们协助自己的队伍作战。刘彦瑫的战舰一过，朗州父老就运来竹木断后，预防马希萼从长沙前线赶回来救援朗州。

马希萼听说马希广派刘彦瑫奇袭自己的老巢，赶紧骑快马从陆路赶回朗州。他集合在朗州留守的军队和蛮族兵六千人、战舰百艘，在湄州迎战刘彦瑫。

刘彦瑫顺风纵火，去烧朗州兵的战舰，没料到风向突然转变，反过来却烧了自己。马希萼见此情况，赶快趁势进击。刘彦瑫被迫下令退兵，没想到朗州的父老帮了倒忙，他的后路被竹木堵断了，使他处于进不能退不得的尴尬境地。结果，他的将士战死溺死了好几千人，他自己带着少数人拼命突围，才逃了出来。

马希广派去由另一条道路进攻朗州的马军指挥使张晖，刚进军到龙阳（今湖南省汉寿县），就听到了刘彦瑫的败报，他赶快退屯益阳。第二天见形势不妙，居然把九千多名士兵丢在益阳，自己则临阵脱逃，骑着一匹快马逃归长沙。那九千多名士兵就全都被马希萼攻杀了。

马希广见自己的队伍接连不断地失利，就派僚属孟骈去向马希萼求和。马希萼回答说："大义已绝，除非地下相见。"把讲和的大门关死了。接着，马希萼出动全部兵力进攻长沙。他自称顺天王，发誓非把长沙攻下来不可。

马希广在屡战屡败的情况下，束手无策，只好求鬼神保佑。他叫人用泥土抟成鬼神的形状，放在长沙城外的江岸上，想让它们去阻挡马希萼的进攻。马希广自己还穿起黑色长袍，跟着许多和尚诵经念佛，顶礼膜拜。可是这又有什么用呢？长沙城终于被马希萼攻破了，马希广做了俘虏，不久被杀。大将刘彦瑫等带着千余名士卒，保护着马希范、马希广两个人的儿子，逃往袁州（今江西省宜春市袁州区），投奔南唐。

马希萼的队伍攻进长沙以后，到处烧杀掳掠，从他父亲马殷时候起历年来修建的楚国府第宫殿，包括马希范的得意之作九龙殿在内，全都被烧了个精光。马希萼自称天策上将军、楚王，兼领武安、武平、静江、宁远四镇节度使，任命自己的同母弟马希崇为节度副使、判军府事。这第二次争槽的结果，槽被马希萼争得了。

马希萼得志以后，大报旧怨，杀了很多人。他自己昼夜酗酒，荒淫无度，把军府大事全都委托给马希崇办理。马希崇也是个野心家，也想夺取王位，他们两个一母所生的同胞兄弟竟然也争起槽来了。

南唐保大九年（公元951年），马希崇趁着中原后周取代后汉，人们的注意力都集中在这次大变革的时候，发动政变，推翻马希萼，自立为楚王，并派将士把马希萼押送到衡山县去囚禁。可是，押送马希萼的将士不满意这次政变，他们把马希萼放了，拥立他为衡山王，向唐元宗称臣，请求援助。

唐元宗看到马氏众驹争槽的结果，国家已经弄得分崩离析，趁着这个时机灭楚，已经不费吹灰之力，于是他就派营屯都虞候边镐带兵入楚。

边镐是投靠于宋齐丘和“五鬼”门下的一员武将，叫他出兵楚国，因为有油水可捞，自然乐于从命。他立刻点起兵马，以泰山压卵之势攻入楚国，很快就打到了长沙城下。

马希崇在强敌压境之际，进行了几次徒劳的困兽之斗，每一次都是损兵折将，大败而回。他见中原皇朝不可能出兵来援助，而吴越、南汉等地方割据政权又不是南唐的对手。他求告无门，没奈何只好向南唐屈膝称臣。楚国众驹争槽的结果，是槽竟被争丢了。众马驹死的死了，剩下来的全都被套上了笼头，拴到了南唐的槽头上。

南唐将领边镐进入长沙以后，趾高气扬地命令马希崇率领族人到金陵去朝见唐元宗。马希崇认为此去吉凶未卜，赖着不肯走，他想用重金贿赂边镐，让他留在长沙。

边镐把金银收下，装入口袋以后，冷笑着说："你我两国本已做了六十年的仇敌。我们本不敢有灭掉你们楚国的念头，是你们众驹争槽，兄弟阋墙，才给我们造就了灭亡你们的好机会，这真是应了你们老丞相许德勋的预言，真正是自己作孽，自取灭亡。如今你要是还有三心二意，恐怕还会有更加难堪的结局在等待着你，我看你还是乖乖地去金陵吧！我也好销了这桩差使。"

马希崇听了边镐的这一顿奚落，满脸通红，无言以对，只好哭哭啼啼地到宗庙拜别，率领族人和将佐千余人上船，被押送到金陵去了。

不久，边镐派先锋指挥使李承戬带兵来到衡山，命令马希萼也带领族人和部将到金陵入朝。马希萼也只好照办。到此，楚国终于真正灭亡了。

然而，南唐灭楚也和前几年的灭闽一样，并没有得到多大的好处。楚国灭亡以后，其旧将刘言、王逵、周行逢周保权父子先后在朗州割据了十二年之久，不服从南唐的号令，南唐拿他们毫无办法，只好一再地派兵去征伐，继续不断耗费人力、财力、物力。

灭楚之举，是唐元宗又在自己的国库中开了一个无底洞，无尽无休地向这个无底洞扔下钱去。由于灭楚以后财政支出进一步加大，唐元宗又不得不加重对国内老百姓的剥削与压榨，因而南唐国内的阶级矛盾又逐渐地尖锐起来，终于爆发了又一次农民起义。

第十八章

奉旨屯田激民变

南唐一举灭了楚国之后，唐元宗不禁志满意得起来。捷报传来，他便大宴群臣，一般侍臣亲吏更是称颂一番圣德，弄得这位南唐中主更是飘飘然不知所以然，早把他父亲唐烈祖临终时告诫他要睦邻的遗训忘到爪哇国去了。

俗话说，乐极生悲。正当唐元宗庆祝灭楚胜利之时，传来一道道警报，四面国境的形势顿时紧张起来。这是怎么回事呢？原来，南唐接连灭闽、灭楚，震动了四邻，各国不由得对它警惕起来。灭闽，使得南唐与吴越交恶；灭楚，使得南唐在北边与中原皇朝发生利害冲突，在南边与南汉产生互相猜忌。

本来，南唐与吴越的关系时好时坏。唐烈祖在世时，因为在吴越都城钱塘发生大火时做了雪中送炭的工作，解救了对方的危难，关系变得融洽了些。可是，唐元宗出兵灭了闽国，吴越就又对南唐侧目而视了。吴越君臣害怕南唐从南北两面包围他们，所以立即在边界布置重兵，并再三向中原皇朝告急，请求援助。

南唐与中原皇朝之间本来就互存戒心，不断发生大大小小的摩擦。南唐灭闽、灭楚之后，摆出了一副想要一统天下的架势，这怎能不叫中原皇朝对它表示忌恨呢？所以双方边界上的形势也骤然紧张起来。

至于南唐和南汉的关系，那就更加微妙了。唐烈祖在位时，南汉曾要求和南唐联盟，共同出兵灭楚，然后平分楚国的土地。当时唐烈祖坚决拒绝这样做，还劝南汉应当以睦邻为重，不要去攻打邻国。如今南唐竟然背着南汉单独行动，灭了楚国，独吞楚国肥美的土地，这怎不叫南汉看了眼红，由此产生嫉妒的心理！总之，灭闽和灭楚的结果，确如唐烈祖所预料的那样，使得四邻不安，都跟南唐交恶起来。此时南唐真是四面树敌，陷入孤立的境地。

四邻国家对南唐采取戒备措施，陈兵边界，自然给南唐增加了压力，害怕四邻国家联合起来，对它进行围攻。为此，唐元宗又不得不下令大量招兵买马，加强军事实力。可是，南唐在灭闽、灭楚中已抛掷了大量金银；此时一面要继续拿出大批银钱去维持对原来闽国、楚国的统治，一面再要支付大量的军费加强边防，那实在是超负荷的支付，不免出现了捉襟见肘的狼狈相。

在封建社会里，统治阶级遇到财政困难的时候，解决的办法只有一条，就是加紧对老百姓的剥削与压榨，想要用民脂民膏来填补自己的亏空。五代十国时期，战争不断，是中国历史上赋税比较沉重的时期，不论是中原皇朝也好，或地方割据政权也好，都采取重税政策。唐烈祖李昪在位时的南唐实行轻徭薄赋政策，算是当时与众不同的行为，所以一时间南唐的声誉鹊起，被称为仁义之邦。如今，唐元宗加紧对老百姓的剥削与压榨，就把那美好的仁义之邦的声誉给弄丢了。

唐元宗手下的权臣为了帮助君主聚敛，向老百姓征收种种令人不堪忍受的苛捐杂税。如粮食税，在正常的份额以外多收几斗，起个名目叫“雀鼠耗”，说是粮食收到国家的仓库里以后，会有麻雀和老鼠偷吃，所以要多收几斗，算是喂麻雀和老鼠的。其实，最大的麻雀和老鼠正是那压在南唐老百姓头上的唐元宗和大大小小的地主官僚。

唐元宗规定的丁口税也比以前大大加重。婴儿呱呱坠地，只要是个男孩，吏胥就立即上门来收取丁口税。因此，老百姓不敢生男孩，生下来就把他弄死了，或者把襁褓之中的婴儿偷偷地丢弃了。已经长大一点的男孩，为了逃避丁口税，就出家到寺庙里去做和尚。

唐元宗规定的杂税也是名目繁多，不胜枚举。如酿酒要交曲引钱，食盐要交盐税。开门七件事，柴米油盐酱醋茶，几乎没有一件不是与杂税连接在一起的。商人做买卖也很难做，商品运输过程中，地方官实行雁过拔毛的政策，有一宗货物就要抽一宗货物的过境税。李家明给唐元宗说笑话，说山雨不敢进入金陵城，害怕唐元宗抽税，看来这笑话确实是有来由的。

重税政策已经使得南唐的老百姓喘不过气来，可是唐元宗对此并不理会，依旧过他花天酒地的奢侈生活，大把大把地花钱；钱不够花了，就叫度支使再巧立名目，再增加新的苛捐杂税。

唐元宗最大的花费之一是无尽无休地举行宴会。他性好酒色，一天不喝几壶酒，一天不欣赏女人的歌声舞姿，就好像觉得生活中似乎缺少了什么东西，坐立不安，烦躁异常；而怀里搂着女人喝酒，耳朵听着歌声，眼睛看着舞蹈，就觉得心里十分舒坦，精神很是健旺了。

唐元宗举办宴会的名堂很多：春天，百花争艳，他要举行百花宴，一边饮酒，一边看花；夏天，天气炎热，他要举办消暑宴，一边饮酒，一边纳凉；秋天，菊花盛开，螃蟹正肥，他要举办持螯赏菊宴，一边饮酒，一边赏菊食蟹；冬天，大雪纷飞，他要举办围炉宴，一边饮酒，一边围炉取暖。除此之外，举办宴会的名堂还有很多很多，一点点的小事情他就可以兴师动众，下令把亲王、后妃和大臣们召集拢来，痛饮一场，表示庆贺。

却说这一年春天，唐元宗早晨起来，便觉身上无力，懒懒地唤来几名宫妓，想让她们先奏一番乐曲解闷。待得两名宫妓走来，他正要搂腰搭背之时，忽然闻到有一股奇妙的幽香直钻入他的鼻孔。于是，这位风流天子便揽过两个宫妓，一股劲地左边闻闻，右边又嗅嗅，弄得两个娇娃莫名其妙。好一会儿，唐元宗才对右边的那名宫妓笑道："卿卿身上何来这般香气？真是寡人不曾闻过的哩。"于是，他就由此得到启发，别出心裁地下令要举办一次"内香宴"，要把后妃和亲王大臣们的夫人都请来参加。凡是参加宴会的人，都必须随身佩带装有名贵香料的绣花荷包，于酒过三巡以后拿出来互相比赛。

后妃和贵夫人们为了参加这一次内香宴，都想尽办法去搜罗各种各样稀有的名贵香料，一时市面上的香料如麝香、龙涎香、苏合香、安息香、郁金香、鸡古香、丁香、芸香、沉香等，全都被收购一空，拿到了内香宴上去争奇斗胜。据事后统计，这次内香宴上出现的名香竟多达九十二种，其中有不少香料并非中国的土产，而是从海外异域去搜罗来的。一次内香宴所耗费掉的钱财，大概足够南唐全国老百姓吃上一年半载了。要问后妃和贵夫人们哪来这么多的钱呢？自然是羊毛出在羊身上，是从老百姓身上搜刮来的。皇帝如此奢侈浪费，吸吮民脂民膏，王公大臣也不甘落后，过着花天酒地的生活，真是上行下效，百姓遭殃。

庞大的军费开支，皇上和王公大臣们挥霍无度的花费，都是从老百姓那里搜刮来的。苛捐杂税的名目日益增多，广大农民陷入极端困苦的境地。可怜他们辛苦一年，夏顶烈日，冬冒寒风，所得的收成还不够交纳赋税的。加之天灾频繁，一忽儿闹旱灾，一忽儿闹水灾；夏天，暴雨冰雹成灾；秋天，遮天蔽日的飞蝗成灾。天灾人祸逼得老百姓实在无路可走。这叫他们还有什么心思去耕种田地呢？他们觉得与其留在南唐境内活活饿死，不如流亡到邻近国家去另谋生路。于是，许多农民携老带幼，流往异国他乡。许多村庄人烟稀少，田园荒芜，呈现一派凄凉景象。

农民大量外逃，不光交纳赋税的人大为减少，并且生产粮食的劳动力也越来越显得不足。南唐境内出现了土地荒芜、粮食减产的严重危机。

俗话说，“民以食为天”。老百姓没有饭吃，是要造反的，看来增产粮食的问题比增加国库收入还更加重要得多。唐元宗几次召集大臣们开御前会议，共同商讨增产粮食的有效办法。可是，一提起这个增产粮食的问题，大臣们虽然感到十分惶恐，却也拿不出什么好的主意。

这一日，唐元宗开罢御前会，还是没有一点增加粮食的好办法，只得闷闷地来到后宫。一位乖巧的太监连忙唤来几名宫妓，想让皇上解闷，不想唐元宗一挥手，连声说：“去、去、去！”弄得几个宫妓赶紧回头，那小太监也连声称罪，退了下去。

过了不一会儿，又进来两个人，缓缓同皇上搭讪，又旁扯了一些闲言杂话，居然使唐元宗愁绪稍解，脸上又有了喜色。

这两个人是谁？原来，是两个宦官头目，一个叫车延规，一个叫傅宏。别看他们是宦官，却也读过一点书。他们知道《三国志》里讲过魏武帝曹操为了恢复中原地区的生产，曾实行过屯田，即招募流民屯垦荒地，使得粮食大大增产，因而统一了黄河流域的故事。他们又探得唐元宗多日来一直为粮食的事大为伤脑筋，于是，想趁机向皇上献计。

这时，车延规见唐元宗情绪已经好转，便满脸堆笑地说："陛下，奴才有一事愿向您说明，不知可使得？"

唐元宗素来比较宠信这个宦官，见他一副小心翼翼的样子，不由笑骂道："你这奴才，有何话便只管说来好了。"

于是，车延规和傅宏便一唱一和，建议唐元宗向魏武帝曹操学习，也用兴办屯田的办法来增产粮食。他们还自告奋勇，表示愿意承办监督屯田的事。

唐元宗正在束手无策之际，对车延规、傅宏的建议自然犹如久病之人找到了偏方一般的高兴。第二天，唐元宗便下诏，任命车、傅二人为正副屯田使，派他们到楚州（今江苏省淮安市淮安区）、常州一带荒地比较多的地方去兴办屯田。为了屯田的方便，唐元宗还下令修复楚州的白水塘等陂塘，以利于农田的灌溉。

说到车延规和傅宏这两个宦官头目，这里还得补叙一笔南唐宫廷中宦官的来历，借以增进对这两个人的了解。凡是读过点历史的人都知道，唐朝的玄宗李隆基是个喜欢宦官的君主，从他在位时起，宫廷中宦官的人数大大增加，超过了以往历史上的纪录。宦官的人数一多，泥沙俱下，良莠混杂，想要弄权的奸佞之徒也就自宫以进，混迹其间，伺机播弄是非。唐朝后期，有好几个皇帝由宦官拥立，甚至还有的皇帝是被宦官或废黜或杀害的。

唐末，军阀朱温得势，他为了夺取唐室政权，大杀宦官，差不多把弄权的宦官杀了个精光。一些侥幸脱逃的宦官，犹如丧家之犬、漏网之鱼，纷纷逃亡四方。建国于四川的前蜀、建国于江淮的吴国、建国于广东的南汉，都收容了一些从中原逃来的宦官。南唐建国时，从吴国宫廷中接收了一些宦官。后来因南唐国势强盛，一些宦官又陆续从其他地方逃来，使南唐的宦官人数有所增加。

唐烈祖是个英明的君主，他熟悉历史，知道中国历史上不仅仅是唐朝有宦官弄权的事，甚至早在东汉时候，宦官和外戚就已经是扰乱朝纲的两种邪恶势力，所以他明文规定不许宦官干政，对宦官已预先作了防范。

可是唐元宗不像他父亲那样明智，由于生活荒淫，少不了叫宦官帮他安排声色犬马、歌舞宴饮，所以他十分信任宦官。而凡是做宦官的，都希望能接近皇帝，所以大都善于阿谀奉承，力求讨得皇帝的喜欢。这样一来，两下就凑合到了一起，南唐宫廷中宦官的势力就又有所扩大。被唐元宗派去兴办屯田的车延规和傅宏，也是靠着阿谀奉承的手段才得到信任，被提拔为宦官头目的。

且说车延规、傅宏二人被任命为正副屯田使以后，就带着大队兵马和随从，前呼后拥、大摇大摆地分头走马上任。到了楚州和常州，宣读了皇上诏旨，先下令征发大批民夫，大兴土木，为自己修建起富丽堂皇的屯田使府邸，然后带着随从和兵丁，到农村去勘察地形，丈量田亩。

他们随意圈占早已有人在那里耕种的肥田沃地，指定为屯垦区，把原有的农民赶走，另外招募一些无地的农民来屯垦。生产出来的粮食，一部分作为屯垦的成绩，派兵丁押送，运往金陵报功，一部分就落入了二位屯田使的私囊。因为他们二人都是宦官，不能娶妻生子，没有人传宗接代，于是就收认了许多养子作为自己的继承人，实际上也就是他们的爪牙，帮着他们去鱼肉老百姓。

常、楚二州屯垦区中被赶走的农民，无家可归，到处流浪。他们对于这样的所谓屯田，自然是怨声载道；而那些被招募去屯垦的无地农民，也发现自己是上了当。他们在士兵的监督下耕种，失去了人身自由，变成了官府的农奴。他们对这样的所谓屯田也开始表示反抗。车延规和傅宏借口屯垦区缺少耕牛，派人到洪州、饶州、吉州、筠州等出产耕牛的地方去强征耕牛，把方圆几百里之内的耕牛全都抢走，宰杀以后分给士兵作为肉食，害得失去了耕牛的农民只好用人力拉犁耕种。

常、楚二州屯田的结果，不光使得这二州的老百姓叫苦连天，甚至还牵连附近的州县，使那里的老百姓也蒙受了屯田的祸害。真是城门失火，殃及池鱼。

车延规和傅宏对老百姓犯下了滔天大罪，而他们却认为自己是南唐的特等功臣。唐元宗因为得到了他们运来的粮食，也不问这些粮食是怎么来的，竟然真的把他们当作功臣看待，一再颁发诏令加以奖赏。

车延规和傅宏得到奖赏以后，简直成了楚州、常州一带的土皇帝。他们外出要坐八抬大轿，前呼后拥地招摇过市；在家里则是灯红酒绿、轻歌曼舞地狂欢，除了因为生理上的缺陷不能玩弄女性以外，他们的奢侈生活简直和唐元宗差不多了。

这样的所谓屯田犹如火上加油，不但没有能充实国库和解决民食问题，反而使得本来已经相当尖锐的阶级矛盾进一步激化。一场严重的民变风波，终于在常、楚二州逐渐酝酿成熟。

为了反对朝廷的屯田法令，饱受屯田之苦的常、楚二州老百姓先采用了请愿的办法。他们成群结队地扛着去了节的数丈长的竹子，在上面点燃了香烛，到屯田使府邸去请愿，要求取消屯田法令。

请愿当然不会得到令人满意的答复，反而遭到了士兵的蛮横镇压。请愿的队伍被驱散了，竹子被刀剑劈裂成碎片，点燃的香烛也被踩踏得满地都是，还有不少为首的人被士兵抓住殴打，受了重伤。

血的教训，使得常、楚二州的老百姓头脑清醒过来，他们知道这种乞求怜悯的请愿办法是毫无用处的，于是就被迫铤而走险。他们重新聚集拢来，拿起锄头、铁耙和请愿时用的竹子，当作武器，发动了武装起义。

起义农民喊着“活捉屯田使，取消屯田法”的响亮口号，猛攻常、楚二州州城。车延规和傅宏见屯垦区农民发动起义，立刻下令镇压。可是他们的士兵对付请愿的农民敢于耀武扬威，对付揭竿而起的农民军却显得无能为力了。车、傅二人对指挥军队作战这样的事又是外行，所以交战几次，官军都被农民军打败。他们想要闭门不出，坚守城池，可是鉴于城内又有大批贫民正在跃跃欲试地准备响应起义军，形势不稳，他们害怕自己成为瓮中之鳖，性命不保，只好赶快弃城逃走，溜回金陵去向唐元宗告急。

唐元宗听说屯垦区农民发动起义，急得他如同热锅上的蚂蚁一般，不知如何是好。他赶快向正在面前奏事的知制诰徐铉征求意见，问这事应当如何处置才好。

徐铉回答说：“启禀陛下！常言道，官逼民反。这事恐怕因为屯田使侵犯了百姓的利益，所以才逼使他们铤而走险，干出如此大逆不道的事情。依臣愚见，处理的办法就应考虑屯田这种事情是否于民有利，进行权衡去取。”

唐元宗很不满意他的答复，反问说：“朝廷养兵数十万，怎能叫将士们枵腹从公，不吃饭去守卫边防？寡人听说屯田是能解决军粮的好办法，当年魏武帝行之有效，难道我们就不能办吗？”

徐铉回答说：“俗语说，事在人为。如果陛下所托非人，那么好事也可能会办成坏事。”

唐元宗听徐铉说得有理，就下令撤销车延规、傅宏正副屯田使的职务，另外委派徐铉为巡抚，叫他火速赶往常、楚二州，去解决屯田民众的起义。

徐铉是和韩熙载齐名的南唐著名文士，叫他动笔写文章，自然是他的拿手好戏；叫他去解决屯田民众的起义，这就不是他的所长了。可是唐元宗叫他去，他也不得不硬着头皮去办理这件苦差事。好在他并非初出茅庐，而是官场老手，懂得对付老百姓的办法不外乎是一打一拉、又打又拉这些套数，所以决定先到那里去试试看。

徐铉日夜兼程，赶到出事的常、楚二州，先深入民间了解情况。他询问了许多农民，才知道屯田的弊病实在不少，两位屯田使的种种为非作歹也实在是太过分了。于是，徐铉每到一地，就先以巡抚的名义撤销屯田令，取消当地的屯田机构，然后再上奏章报告唐元宗。他在奏章中列举了车延规、傅宏这两个宦官头目的种种劣迹，认为要平民愤，非得把两人杀掉不可。

至于对参加起义的屯田农民，徐铉先采取了拉的办法。他耐心地抚慰他们，答应凡原先有地的发还土地，原先无地的拨给荒地，叫他们回去好好耕种，不咎既往；还宣布凡是听从命令好好去种地的，可以免除当年的赋税，缺少耕牛和种子的，可以向官府借贷，等收获以后归还。

徐铉的这种做法，使得常、楚二州的老百姓都很满意，那些临时聚集拢来的起义农民很快就散伙了。可是也有一些被屯田弄得家破人亡的农民不肯罢休，他们对朝廷的反抗比较坚决，声称非要叫朝廷当众杀了正副屯田使，让他们看到人头以后，才肯散伙归田。

对于这些坚决反抗朝廷的人，徐铉就暴露了他那封建官僚的本色，开始采取了打的那一手。他下令围剿这些继续抗命的人，抓住就杀，毫不手软。有不少想为自己的亲人报仇的起义农民，就这样被徐铉当作顽抗分子抓去杀掉了。几天之内，有几百名深受屯田之害的起义农民做了徐铉刀下屈死的冤魂。

徐铉的这种做法自然也遭到了人们的非议，都认为这位巡抚大人的手段也太辣了，竟没有替这些深受屯田之害的农民设身处地地想一想，采取除了杀人之外更妥当一些的办法。

再说车延规和傅宏这两个正副屯田使自从狼狈逃回皇宫，被免职以后，很不甘心。他们听说徐铉揭了他们的老底，要叫唐元宗杀掉他们，就把满腹的怨气转到了徐铉身上，想要找机会对徐铉打击报复。他们听说徐铉在常、楚二州杀了一些人，遭到了民间的非议，就认为这是个大好的机会，赶快在唐元宗面前进谗言，说徐铉不善于体会唐元宗的宽宏大量，竟在常、楚二州擅作威福，犯了擅杀之罪，请求唐元宗罢了他的官，锁拿进京问罪。

唐元宗耳朵皮软，听了车、傅二人的谗言后，竟然真的勃然大怒，一连几次派人带着诏令去催促徐铉赶快回金陵奏明处置起义军的详细情况，还扬言等徐铉回到金陵以后，定要把他沉于扬子江中淹死，以惩处他的擅杀之罪。

徐铉看到常、楚二州屯田民的起义已经被他平息下去，刚刚喘了一口气，就一连几次接到唐元宗叫他回金陵的诏令。他内心虽然有点害怕，但碍于君命难违，也只好匆匆忙忙地如期赶了回去。

徐铉回到金陵，向唐元宗奏明了事情的经过。唐元宗了解到徐铉虽然杀了一些人，但是屯田民众的起义还是被他顺利地平息了，要论功过，其实是功大于过，实在没有把他沉于江中处死的理由。不过，事先未经请示就杀了几百人，总也是个不小的错误。对徐铉的擅杀之罪也不能不予以追究，否则又如何向老百姓交代？所以，唐元宗还是下令将徐铉流放舒州（今安徽省潜山市）。

对于那惹起事端的车延规和傅宏二人，唐元宗除了撤了他们屯田使的职务以外，并没有追究他们的罪责，依旧把他们留在宫中做宦官头目。

可是，还没有等到徐铉服从命令赶到舒州去，中国大地上的风云又发生了突变。中原地区由郭威创建的后周皇朝取代了后汉以后，局势很快就稳定下来。周太祖郭威鉴于南唐的政治日益腐败，却居然还灭闽、灭楚，想跟中原皇朝争夺统天下的大业，就采取了主动进攻的策略，步步向南唐进逼。从此，南唐开始面临严重的威胁，不断受到来自中原的进攻，一天天走向亡国的穷途末日。

第十九章

后周虎视

南唐既灭闽、楚，屯田民众起义又被徐铉采取又打又拉的所谓剿抚并用手段给镇压下去，于是唐元宗又有些志满意足起来。

这一日，唐元宗正与几个大臣议事，忽有内侍入报说，中原鼎革，汉将郭威自立为帝，国号大周。在座的群臣顿时纷纷议论。有的以为是喜事，有的认为是祸事，不可小看。一时争议不休。

却说后周是怎么取代后汉的呢？这里有必要倒叙一笔，把中原五代中的第四个皇朝后汉简单地交代几句。

前文讲到过，唐烈祖李昪建立起南唐那年，正是中原五代中第三个皇朝后晋建立后的第二年。后晋传了两代，共十二年，在唐元宗李璟即位后的第五年（公元 947 年），被契丹灭亡。后晋大将刘知远，在国家灭亡后的废墟上自行即位称帝，建立起后汉皇朝。

这后汉皇朝是五代中最短命的一个朝代，传了两代，总共只有四年。在这四年中的开头一年，高祖刘知远在位，他还勉强能压得住场，政局还算比较安定。后面的三年，隐帝刘承祐在位，别人欺他年幼无知，政局就混乱得一塌糊涂了。在地方上，藩镇割据，各霸一方，不服从朝廷的号令，还出现了三个辖区相连的叛镇联合起来反抗朝廷的严重事件。

当时有个名叫郭威的大将，他为人有魄力，也有智谋，显得与众不同。他虽然只略为识得几个字，却深深知晓文化的重要性，到处搜罗有知识有才能的文士来帮助自己出主意，不动声色地努力扩充自己的势力。三叛联兵发生时，他奉命带兵前去征讨，讨平了叛镇，立了大功。

乱世时代，立功不但没有好处，反而因为功劳大，树大招风，竟引起了汉隐帝刘承祐的疑忌，派出一个使者带了密诏到前线要去杀他。郭威忍无可忍，被迫起兵，直指都城东京开封府。

郭威深谙权术运用之道，在起兵时就用“清君侧”的名义发布宣言，并没有打出造反灭汉的旗号。他在半路上堂而皇之地给汉隐帝上书说：“陛下密诏杀臣，臣本该伸长了脖子等待着挨上一刀。怎奈前来杀臣的使者见臣平日忠心耿耿，却无缘无故地要遭到杀戮，有点不忍心下手。他说这一定是陛下的左右出了坏人，挑拨我们的君臣关系。可能因为臣立了些许汗马功劳，使一些贪权无厌的人感到害怕，怕臣压过了他们，所以出了坏主意，对臣加以陷害。他叫我到京城里来面见陛下，把问题弄个水落石出。如果陛下真的认为臣罪当诛，臣决不逃死；要是确实有坏人对臣陷害，那就请陛下将其缚送至臣的军营之前，明正典刑，以明法纪，以快人心！”

郭威因采取了这样冠冕堂皇的“清君侧”的名义，所以颇为世人所同情，许许多多人都站到了他这一边，形成了一面倒的局势。他进军十分顺利，仅仅用了七天，就打到了东京城下。

汉隐帝刘承祐见郭威兵临城下，自己则众叛亲离，大势已去，无法挽回，只好带着少数人匆匆出逃，在半路上被乱军杀死。

郭威带兵进入东京开封府，去拜见汉隐帝刘承祐的母亲李太后。李太后见事情发展到了这步田地，只好承认既成事实，就任命郭威担任监国。不久，郭威趁着北方辽兵来攻，自己奉李太后之命带兵前往抗辽之际，在澶州发动一次兵变，黄袍加身，灭汉自立，建立起了后周皇朝。这事发生在南唐元宗保大九年（公元951年）。

五代十国时期，政权的兴革交替本是极其平常的事情，不论是中原的皇朝也好，或地方上的割据政权也好，都是如此的。然而，汉周鼎革却有些异乎寻常。为什么这么说呢？

原来，五代中的后唐、后晋、后汉三朝，都是少数民族沙陀族贵族建立的政权，他们都是从拥兵自立的军阀发家的，不大懂得治国的道理，统治都很残暴，所以政权往往短命。朝代一个一个交替，战争频繁，好像天空中的乌云般一层层地有加无已，看不到天朗气清的时候。当时中原地区的广大平民百姓长期挣扎在战乱与暴政之下，痛苦万分，人心思治，人心思统一。

建立后周皇朝的周太祖郭威，他出身寒微，比较了解老百姓的疾苦。他懂得靠武力虽然能够夺取天下，却不能治理好天下，治天下还得依靠文治，只有让老百姓能过上和平安定的日子，政权才能得到巩固，皇帝才能做得稳当。他爱惜民力，并且痛感国家四分五裂不是好现象，有着想要结束当时的混乱局势、统一天下的雄心壮志。所以后周的出现，犹如在黑夜之中透露出了一线微弱的晨光，混乱分裂的中国，开始有点安定下来、统一起来的希望了。

然而，正如同在婴儿将要呱呱坠地前的一刹那，产妇会感到阵阵腹痛一样，中国大地上的政治风云发生突变，将要从分裂走向统一之际，一些新的混乱扰攘却也与之俱来，使得老百姓在将要享受和平安定之前还得要吃一些较大的苦头。

就在后周皇朝建立那年，后汉的宗室、河东节度使刘崇，倚仗辽国的支持，在晋阳（今山西太原市晋源区）称帝，建立了一个北汉国，企图与后周抗衡，给北部中国增添了新的混乱。北汉是中原皇朝以外最后建立起来的一个地方割据政权。它的出现，算是凑足了五代十国的十国之数。北汉从开始建立那天起，就跟中原的后周皇朝发生了一连串的战争，使得汾水下游和黄河中游的千里之地成为血腥屠杀的战场，给那里的老百姓带来了新的痛苦。

再说面对着中原政局的变化，特别是后周和北汉两个政权的相继出现及其相互斗争，南唐朝廷上议论纷纷，展开了一场争论。

有的大臣进言道："想那郭威本是出身寒微的穷小子，不该窃居神器。若我大唐趁其立足未稳之时，出师北伐，恢复中原，定能旗开得胜，马到成功，恢复高祖、太宗大业。此乃中兴大唐的天赐良机，千万不要错过这个机会。"

唐元宗李璟本是个浑浑噩噩的庸懦之主，耳朵皮很软，听了这番中兴北伐之论，心思真有些活动起来了。要说那时，不少人也明白所谓北伐中兴不过是一番空话，也知道不是上策，但见唐元宗听了这话很中意，所以也不想多事，只把话咽了下去。

可是正在这时，却有一人力谏不可兴师北伐。你道是谁？此人就是韩熙载。他对唐元宗说："臣以为兴师北伐之论不足取。臣闻那郭威并非等闲之辈，乃一世奸雄。此人有国之日虽浅，而得国之根早深。中原有识之士早料汉室终将为郭姓取而代之，今果见此，不可不细察。且中原纷纷，已非一日，百姓思治，人心厌战。我若兴师北伐，非但无望成功，反会招来问罪之师，兵连祸结，后果不堪设想。万望陛下明察慎作。”

唐元宗听了韩熙载一番话，也觉有些道理，不禁又想起一件事来，便淡淡一笑道：“爱卿之言倒也不无道理，但有一事，寡人问你，为何前些年，你力谏北伐，而今却又不赞成北伐呢？”

韩熙载忙回奏道：“陛下有所不知，昔日不同今日，今非昔比。想当初，辽兵南下灭晋，中原无主，百姓不服辽邦，纷纷聚众抗击，如果那时顺应民心，兴师北上，我军所到之处，定能望风披靡，恢复中原，中兴唐室可谓指日可待。可惜那样的大好时机已经错过。如今郭威灭汉建周，一心图治，中原大局已定，顺应天时人心，此时不同往日矣。”

唐元宗听了韩熙载一番议论，自然又没了主意。他李璟虽然有心想要扩展领土，做梦也在想要恢复中原，中兴唐室，重振唐高祖李渊、唐太宗李世民的威风，可是实际上他也觉得有些心有余而力不足，没有那么大的本领。对于北伐能否取得胜利，他心中确是一点儿把握也没有。

然而他还不死心，经过再三掂量，最后他做出了个试探一下后周实力的决定，其具体做法就是派大将李金全去耀兵淮上，在周太祖郭威的眼皮子底下显显南唐的威风，看看对方究竟有什么反应。

为了预防万一，怕耀兵淮上之举真的招引来后周皇朝大兴问罪之师，唐元宗一方面下令在北部边界上做些防备，一方面派人去四处联络，想方设法要为自己去寻找到一些同盟者，以便和它们联合起来共同对付后周。

那时候，南唐能找的同盟者有两个方面：一个方面是起兵反抗后周的武装力量，包括刚刚被灭亡的后汉的遗臣和想要趁着政权鼎革之际从中捞一把的野心家。他们正在各地起兵抗周。唐元宗对于这些人一概予以支持，想利用他们的力量扰乱后周的统治。另一个方面的同盟者就是北方少数民族契丹人建立的辽国。当时辽国正虎视眈眈地关注着中原的变局，想要利用汉周政权交替之际南下夺取中原。辽国虽然支持后汉宗室刘崇建立的北汉，但是实际上对北汉并不寄予多大希望，也正在想要另外再找一个得力的帮手，共图中原。因此，他们是唐元宗想要找的主要同盟者。

想当初，南唐刚刚建立的时候，契丹国主派使臣梅里了古报聘南唐，献上厚礼，想要约请南唐跟他们一起出兵，共图中原。契丹是主动要求结盟的一方。

后来，契丹南下灭掉后晋，南唐正值唐元宗李璟即位后的第五年。那时候，契丹人的腰杆子就比前些年硬多了。契丹国主曾派使者向南唐通报灭后晋的经过，约请唐元宗到边境会盟，说只要唐元宗答应像石敬瑭那样尊奉契丹国主，他们就可以册封唐元宗为中原之主，恢复大唐天下。唐元宗虽然很想入主中原，怎奈受契丹册封在面子上不好看，有失大唐后裔的威风，所以他拒绝会盟，只是写信给契丹国主，祝贺他灭后晋的胜利。

如今形势又进一步发生了变化，中原的后周皇朝兴起以后，其咄咄逼人的势头实在逼得唐元宗坐不安席，所以他才又想到了与契丹人建立的辽国结盟，共同对付后周。现在双方等于是互换了位置，转变为南唐采取主动，想要求得辽国的帮助了。

唐元宗想派使者到辽国去聘问，可是走陆路很难通过，因为那样走必须经过后周控制的地方。他派出去几批使者，或者被后周俘虏过去杀了，或者被驱赶回来。因此，只好走海路去辽国，即从海州坐船出发，沿着海岸线漂流北上。去聘问的使者当然不能空着手去，必须带上贵重的礼品或者南唐的土特产，借以讨得辽国皇帝的欢心。这样，也就等于低声下气地向辽国去朝贡，南唐的政治地位就降格了。

当年唐烈祖李昪建立南唐的初年，别人听说大唐后裔在江淮地区重新建国，都闻风纷纷前来朝贡，带来了贵重礼品。朝贡的使者除了来自中国土地上的几个政权之外，甚至还包括域外高丽国的使者。那时候的南唐，地位崇高得几乎连中原皇朝也自叹弗如。可是曾几何时，如今唐烈祖那不争气的儿子唐元宗，把国家弄得日趋衰弱，竟然变得要乞求人家来与自己结盟，想要依靠别人的势力来保护自己的生存了。

其实，从海路报聘辽国也并非一帆风顺的事。黄海中风急浪大，船舶不敢离海岸线太远，而离近了又要在后周占领下的山东半岛边上经过，仍有可能遭到对方的拦截。所以使者得化装成商人，把唐元宗致辽国皇帝的国书用蝇头小楷写在一张很薄很小的纸上，外面用蜡封固，做成蜡丸模样，这就叫蜡丸书。这样做的原因就是怕使者万一遭到后周的拦截时，可以把蜡丸书藏到肛门里，防备被搜走。而等到难关一过，从肛门里取出来，用水冲洗干净，把蜡化掉，就可以交给辽国皇帝了。这乃是古代秘密文书的递送方法，真可以说是煞费苦心的。

当时的辽国皇帝已是辽太宗耶律德光之子、辽穆宗耶律述律。他了解到南唐已经衰落，对与南唐结盟并不怎么感兴趣，所以他虽然也派使者回访，只是空空洞洞地谈些结盟的原则问题，并无实际的行动表现。

契丹是北方民族，习惯于陆地上的生活，他们来南唐的使者不习惯坐船，并且他们也不把后周放在眼里，仍是大模大样地从陆路南下。

后周听说辽国派人南下去南唐，知道这是他们双方在商讨如何对付自己的事，于是就巧施计谋，故意制造辽国与南唐之间的猜忌。他们偷偷派人在周唐交界地区杀掉辽国使者，甚至尾随辽国使者潜入南唐境内，然后把使者暗杀掉，借以嫁祸于人。辽国皇帝听说派出去的使者在南唐境内被杀，就怀疑那是南唐人干的，或埋怨南唐没有把他们的使者保护好，所以被人暗杀了。

最严重的一次是唐元宗保大十二年（公元 954 年），辽国在又一次收到唐元宗请求结盟的国书以后，派出辽穆宗的母舅作为重要使者，到南唐回访，准备商谈结盟的具体条件。

这事被后周知道了，周将荆罕儒竟亲自出马，带着一批刺客，化装成客商模样，偷偷潜入南唐境内，在清风驿的夜宴上刺死了辽国使者，割走了他的脑袋。南唐虽然出动了大批人马，堵住通往后周的每一条通道，四处搜捕杀人的奸细，结果却连个刺客的影子也没有见到，实在无法向辽国交代。

辽穆宗认为唐元宗太无能了，这样的人实在不配做他的盟友，所以一怒之下，竟不再派使者南下了，而对南唐派去的使者也只是应付应付，把礼物收下以后，也不谈具体的结盟问题了。

南唐想跟辽国结盟没有成功，而结交后汉遗臣来对付后周，这事也不好办。有些后汉遗臣是愿为前朝效忠的，南唐支持他们，他们就到处袭扰后周，分散后周南侵的力量。另一些人则纯粹为了自己的利益，并不真诚地跟南唐合作，他们的政治态度常常发生变化。后周对他们施加压力，他们就来交好南唐，争取南唐的支持；如若后周拉拢他们，给他们一些好处，他们就摇身一变，不再反对后周，反而来骚扰南唐了。再有，跟这些人打交道，还必须派出一定数量的军队作为后盾，以防备事态的变化。可一旦出动军队，花钱倒在其次，主要的是刺激了后周，促使其加紧南侵的准备，或者也派出一部分兵力前来阻遏南唐向后汉遗臣势力靠拢。这样，双方就常常发生遭遇战。

后汉的泰宁节度使慕容彦超，就是后汉遗臣中反抗后周的一股重要势力，南唐跟他结盟，派出军队去协助他跟后周作战。但派出的南唐军队在淮北遭到后周军队的拦截，被打得大败，许多将士被俘，押送到东京后，被后周教训一顿，然后送了回来。这样，不但没牵制住后周兵力，反而灭了自己的威风，消磨了自己军队的士气。

唐元宗没有把国家治理好，在后周的压力面前又不知道自我振作，发愤图强，却一味卑躬屈节地想要求助于他人，使得南唐的一些老臣对他都有些失望了。他们竟纷纷上表要求告老还乡，致仕退隐。东都留守周宗是协助唐烈祖开创基业的元老，也是唐元宗的儿女亲家，他第一个借口年老多病，请求准许他辞职回家养老。

唐元宗接到周宗请求辞职的表文以后，一阵心酸，禁不住掉下几滴眼泪。他提笔在表文上写了挽留的批语。批语中说：“上天有好生之德，降下一批能臣良将，辅佐先帝创下了我唐室基业。寡人继承先帝的业绩，也有幸得到了列位元老重臣的指教与帮助。如今先生想要退隐，难道是寡人不能优礼先朝老臣的错误所造成的吗？历史上萧何守巴蜀，汉高祖才无后顾之忧；寇恂守河内，汉光武帝才能一心一意打天下。如今正要以萧何、寇恂那样的重任委托给先生，先生应当勉为其难，每餐多吃一口饭，养足了精神，来帮助维持这个局面才对。”

唐元宗的批语虽然写得很有感情，可是现实的形势摆在那里，还是打动不了周宗。周宗毫不动心，再三以老病为由，请求辞职。最后，唐元宗只好批准他致仕退隐。

周宗一去，其他元老重臣也产生了动摇，纷纷效仿，南唐朝廷上刮起了一阵退隐求去之风。这真可以说是山雨欲来风满楼，树还没有倒，猢狲已经想散了。

这时候，南唐朝廷上正直的顶用的人已经不多。唐元宗饥不择食，竟然把在福建打过败仗丢过丑的“五鬼”之一冯延鲁提拔起来，做了工部侍郎、东都留守，来接替周宗的职位。

唐元宗李璟对内不思进取，不修内政，重用奸佞；对外卑躬屈膝，求助外族，首鼠两端。他这种种举措使得忠良寒心，纷纷求去，反倒又促使他进一步重用奸佞。看来南唐的政局越来越走进死胡同里去了。

而这时候北方的后周国势正在蒸蒸日上。周太祖郭威正在积极整顿吏治，准备在条件成熟的时候灭亡包括南唐在内的几个地方割据政权。

第二十章

周世宗挥师攻南唐

就在唐元宗想拉拢辽国与自己结盟的过程中，周太祖郭威正在大力整顿朝纲，为统一中国做准备。

郭威出身于贫苦家庭，本来姓常，因幼年丧父，母亲带着他改嫁给一个姓郭的农民，他就跟着继父改姓郭。不久，继父和母亲又都相继去世，他成了个无依无靠的孤儿。幸亏靠着姨母的收养，他才长大成人。如今，他做了皇帝，所作所为也跟别的皇帝有所不同。他的生活十分俭朴，穿的是粗布衣服，吃的是清茶淡饭。皇宫里的宫廷乐队和宦官、宫女多数都打发回家从事生产，只留下少数无家可归的人干些扫地洗衣一类的杂活。

郭威常常对人说：“我本穷苦人，碰到好机会，做了皇帝，不敢忘了天下穷人，怎能厚自奉养，刻薄百姓呢？”他知道当时中国广大老百姓最感痛苦的事情是天下四分五裂，战争连年不断，不仅农业生产和经商买卖都不安全，甚至连自己的身家性命也没有保障。做皇帝的要想得到老百姓的拥护，坐稳皇位，就必须统一天下，安定社会秩序才行。

因此，周太祖郭威在位四年，就是想尽办法整顿朝纲，擢用贤臣辅政，斥退奸佞小人；实行轻徭薄赋的政策，减轻老百姓的负担。经过他的努力，在很短的时间里果然产生了重大的效果，中原地区出现了一派新气象，政治清明，社会安定，农业丰收，家给人足。

可惜早年的饥渴劳顿和长期的戎马生活，使周太祖郭威的健康受到很大损害，在他刚满五十一岁那年，就因病去世了。他在遗嘱中规定要用纸衣瓦棺下葬，还要在坟墓前立一块石碑，上面刻“周天子平生好俭约，遗令用纸衣瓦棺葬，嗣天子不敢违也”，表示这是他自己的主意，并不是嗣天子菲薄先帝。

周太祖郭威原有几个儿子，都在战争中死去了。他去世后，只有一个养子名郭荣，墓碑上所说的嗣天子就是他，也就是中国历史上鼎鼎大名的周世宗。郭荣本姓柴，所以历史上也称柴世宗。

周世宗柴荣比他的养父更加英明能干。他刚一即位，北汉便趁着后周的国丧，派精兵前来进攻，想要夺取中原。柴荣戴着孝，御驾亲征，与北汉的军队打了很久，才终于打败这个由契丹支持的国家，经受住了一场严峻的考验，树立起了自己的威望。

周世宗在打败北汉进攻之后，立意改革，兴利除弊。在武备上，他不像他国那样大量招兵买马，浪费钱财，而是大力整顿军队，汰弱留强。他说：“兵贵精而不贵多。一百个农民流血流汗地进行生产，还养不起一个士兵。拿农民的血汗去养老弱无用的兵丁，这怎么行呢！”

他叫大将赵匡胤负责检阅禁军，加以重新改编，留用精锐，遣散老弱。又派人到各地去招募壮丁，带他们到京城里来考较比武，武艺强的就留下来，编入禁军，号称殿前诸班；武艺差的仍然回乡生产，继续在生产中锻炼，等待以后有机会再到京城里考较比武。这样一来，后周就出现了士卒精强而军费却大大节省的局面。这在五代中的前四代是根本没有实现过的，更是十国的君主做梦也想不到的事情。

周世宗除了重用太祖时候留下来的老臣李谷、王溥、范质等人，还大胆任用后起之秀，重德才而不论出身。魏仁浦不是科第出身，因为办事干练，就被破格提拔为枢密使，掌管全国的军队。别人对此有议论，周世宗反驳说："魏仁浦配不配做枢密使，主要应看他有没有这样的才能，是不是科第出身又有什么要紧？"

周世宗对贪官污吏则深恶痛绝，处分起来十分严厉，毫不手软。只要有人告发，经过仔细查证，确有真凭实据者，就立即处以死刑，谁来讲情也不行，即便是过去有过功劳的也决不轻饶。

周世宗还有一个很大的好处，就是能虚心征求群臣的意见，请大家给他提供治国平天下的好办法。他当着文武百官的面说："你们有好的建议，我不采纳，这是我的责任；你们闭口不谈自己的想法，那就是你们的责任。"

他为了提拔有才能的贤臣，特地开设了三门科考：一门叫贤良方正能直言极谏科，一门叫经学优深可以师法科，一门叫详闲吏理达于教化科。这三门科考，不限资历，开考的时候任何人都可以去应试。考中第一门的，留在京城里做官，直接辅佐皇帝治理国家。考中第二门的，分派去做学官，主要是担任太学里的教师，或地方上府州县学里的教师。考中第三门的，派到地方上去做州县官。周世宗还常常出题目叫朝廷上的官员写文章，每人都要作一篇，实际上就是叫大家根据题目提出自己的书面意见。

有一次，周世宗出了个《开边策》的题目，叫大家就这个问题进行论述。所谓“开边”，意思就是扩充后周的四面边界，也就是消灭当时与后周并存的地方上的割据政权，统一天下。

担任比部郎中的王朴，是个很有才干的人，他拿到《开边策》这个题目以后，经过对当时政治形势的深刻分析，写出了一篇十分精彩的文章。这篇文章后来就成了后周统一天下的国策，起到了很大的作用。

王朴在文章一开头就说：“考查历史上一切失败的经验教训，原因大都是君暗臣邪，兵骄民困，内有奸人结成朋党，外有武夫跋扈横行。刚一开始的时候，事情还处在萌芽状态，还不很显著，在这时候如不及时发觉，采取对策，后来问题就会越积越大，到了不可收拾的地步。到那时候再想扭转局势，那就困难得多了。”

王朴这一段文章看来是泛泛的议论，好像与“开边”这个题目没有挂上钩，是文不对题。其实不然，他说的这些都是想要“开边”亦即统一天下必须首先整顿好的内部问题，是重要的准备工作。

接着，王朴提出自己的正面意见说：“如果陛下想要天下归心，创造出一个时和世泰的局面，那就必须吸取历史上失败的经验教训，反其道而行之。具体的做法就是要提拔贤良，斥退奸佞，广收天下的人才；要体恤百姓，开诚布公，广泛地结交民心；要赏功罚罪，不徇私情，鼓励人们为国出力；要去奢从俭，积储财富，做到国富民强。等到人才济济，政治清明，财力充裕，百姓归心之时，再动手去做任何事情，就都能无往而不成功。到那时候，统一天下就如水到渠成，不再费太大的力气。”

这一段文章当然还是总的议论，没有提出具体的统一天下的办法。究竟统一天下应当怎么做？实施的步骤如何？王朴在下面就直接回答了这个问题。

他根据自己所了解到的情况，明明白白地分析说：“谁都知道，做事情应当从容易做的方面着手，然后才能去接触比较棘手的难题。一开始碰上个钉子，容易做的事情也就被白白地搁下了。用兵打仗也是一样，要挑容易得胜的地方先下手。李唐与我有将近两千里的边界，是容易进攻的第一个目标。可以选择他们没有防备的地方去突破。他们在东边防备严密，我们就进攻西边；在西边防备严密，就攻东边。要让他们来回奔跑，疲于奔命，暴露出虚实强弱的情况，然后我们抓紧时机，避实击虚，避强击弱。一开始，我们先不要兴师动众，可以先用少量兵马轻装奇袭。听说南唐人胆子都比较小，稍有风吹草动，他们就会惶惶然如临大敌。我们看准了他们的弱点，乘虚进取，一抬手就能把他们的江北之地拿过来。得到了江北，把当地民众加以组织，为我所用，就可以进而取得江南之地。只要灭了南唐，那岭南、巴蜀之地，陛下发去一纸通令，就能让他们乖乖地来投降了。等平定了整个南方以后，北方的幽燕之地就会望风来归。如果还想顽抗，就派大军去进攻，形势就会如同风卷残云，很容易平定了。河东的刘崇是一股比较难对付的势力，可以先暂时留着他，待将来再去收拾。到天下大部分地方都已平定了，再去对付他，那就必然是旗开得胜，马到成功。从眼下的情况看，一年以后我们就可以出师。从今年夏秋起，就应当把收获的军粮囤放于靠近边界的地区，以便到时候可以立即取用。”

王朴的《开边策》，洋洋数千言，道理谈得很透彻，证据也十分充足。别的官员写的文章，没有能比得上这篇的。周世宗柴荣一边阅读，一边连连点头，表示赞赏。他赶快把这位有心计、善于规划的比部郎中王朴提升为左谏议大夫、开封知府，并且立即着手按照王朴的《开边策》中所提的办法，一步一步地予以实施。

为了征服南唐，周世宗柴荣跟有经验的官员们研究了双方交界地区的地理形势。他们一致认为：南唐处在江淮地区，水道纵横，运兵和输送粮草都少不了利用船舶。因此，首先必须把发源于后周境内的河道疏通好，然后就可以顺流而下，一举攻入南唐境内。

研究停当后，周世宗立即下令疏浚汴水、济水、淮水，打通了许多条能航行大船的河流。

唐元宗保大十三年（后周显德二年，公元955年）十一月，周世宗终于指挥后周的大军出发南征。

出师前，周世宗发布了一篇冠冕堂皇的征唐诏书。诏书中说："盘踞江淮地区的愚蠢的家伙，你们胆敢抗拒大国，窃踞一方，僭号称帝，实在是罪大恶极。当晋汉交替之际，你们趁海内不宁，招降纳叛，帮助逆贼。又穷兵黩武，灭闽灭楚，使得生灵涂炭，百姓遭殃。你们还勾结契丹，扰乱我大周的边境。这种种罪恶，实在是擢发难数。如今我大军一出，定会像当年魏灭吴、隋灭陈那样，不费吹灰之力，一举把你们灭亡。希望你们要看清形势，赶快放下刀枪，老老实实地向我大周投降。"

当时后周的军事部署是：宰臣李谷任淮南道前军行营都部署，兼知庐州、寿州等行府事，负责先锋部队的粮草武器供应和运输，另由韩令坤、王彦超、赵匡胤等十多名将领，各带一支队伍，分头向淮南的各州府县发动进攻。

唐元宗李璟见周军来势汹汹，觉得很是害怕，心理上已先打了败仗。别人见皇帝尚且如此，就更害怕了。只有驻扎在寿州前线的清淮军节度使刘仁赡，神态自若，用心把守，跟平常日子一模一样。这才使得人心稍稍安定了些，唐元宗李璟也略微壮了壮胆。

唐元宗拜神武统军刘彦贞为北面行营都部署，带兵二万去增援寿州；派奉化节度使同平章事皇甫晖为应援使，常州团练使姚凤为应援都监，带兵三万去驻守濠州的定远县。还赶快把已经外放为镇南节度使的宋齐丘召回金陵，请他共赴国难；另外任命翰林承旨、户部尚书殷崇义为吏部尚书、知枢密院事，负责军队的调动。

十一月里正是淮河水浅的季节。往常，南唐每逢这个季节，总要在南岸加派守军，防备来自北岸的袭击，称为“把浅”。自从吴廷绍担任寿州监军以后，认为天下太平、疆场无事，白白浪费军饷，就把这“把浅”的措施取消了。清淮军节度使刘仁赡虽然上表力争，要求继续派兵“把浅”，也没有得到唐元宗的同意。如今，南唐主动取消“把浅”，正好给了后周军队利用浅水季节搭浮桥、抢渡淮河的方便。

李谷带领的周军，首先在寿州以西的正阳抢搭浮桥，渡过淮河，猛攻寿州。十二月初，王彦超带领的周军赶到寿州城下，第一仗就打败南唐军二千多人。接着，周军先锋都指挥使白延遇又在山口镇打败南唐军一千多人，另一支周军也在上窑打败南唐军一千多人。

第二年春节刚过，周世宗见先锋部队接连不断地打胜仗，就决定带着侍卫都指挥使、归德节度使李重进等大将，御驾亲征，向南唐施加更大的压力，准备很快就把南唐灭掉。

但是，寿州的南唐军在刘仁赡指挥下，据险防守，毫不退缩。刘彦贞率领的南唐援军也已到达寿州西南二百里的来远镇。援军是从水路赶来的，带有战舰数百艘。他们见周军的给养都要通过正阳的浮桥往南运输，就准备冲击浮桥，切断淮河以南周军的给养线。

周军前军行营都部署李谷知道此事后，慌了手脚。他怕浮桥被毁，淮河南岸的周军粮食和武器接济不上，就决定撤回已经深入淮南腹地的周军，退保正阳。

这时候，周世宗柴荣的车驾已进入陈州境内，听说李谷已下令把前线的军队撤回，就赶快派人去制止。可是已经来不及了，大部分周军已撤回正阳，只有小部分队伍还在淮河南岸。周世宗赶快派大将李重进星夜奔赴前线，压住阵脚，帮助李谷指挥。

率领南唐援军的刘彦贞，是个骄横傲慢的莽夫，并非真正懂得军事之人。他生性贪暴，在担任节度使的时候搜刮了大量的民脂民膏，用以结交朝中权贵。“五鬼”之一的魏岑得到了他的贿赂，到处替他吹嘘，说他文治如同汉朝的良吏龚遂、黄霸，用兵好比汉朝的大将韩信、彭越，是个盖世无双的人才。靠着魏岑的吹嘘，当后周一出兵的时候，唐元宗就把刘彦贞当成了擎天柱，托付重任，叫他带兵去支援寿州。

刘彦贞的裨将咸师朗等人也都是有勇无谋的匹夫，他们听说周军后撤，大喜过望，以为立功扬名、封妻荫子的时候到了，就准备带兵直趋正阳，在正阳城下与周军决战。他们的队伍排着一字长蛇阵往北行进，旌旗辎重竟排列有百里之长，简直把自己的全部实力都暴露于敌人眼前了。

寿州守将刘仁赡和池州刺史张全约都是智勇双全的人，他们做事稳扎稳打，认为刘彦贞、咸师朗等人这样做太冒险，赶紧竭力劝阻。刘仁赡十分委婉地对刘彦贞说：“您的部队还没有到，敌人就先逃遁了，这说明他们害怕您的声威。现在我们不用急着跟他们决战，因为他们的后备力量如何，我们还没有弄清楚。万一中了他们的诱敌之计，那岂不就要坏事了？”

可是刘彦贞只听得进刘仁赡的前几句话，听不进后几句话，他还是冒冒失失地带着队伍去追赶周军了。等刘彦贞走后，刘仁赡叹了口气说：“不听别人的好心劝告，此去非失败不可。”为了以备万一，他赶快在寿州城楼增派了守军，并不断派探子去探听前方的消息。

果然，当刘彦贞、咸师朗等人带着南唐军赶到正阳对岸时，正遇上后周大将李重进率领的生力军渡过淮河而来。双方遭遇，立时就展开了一场恶战。

李重进是一员猛将，手下的将士是身经百战的精锐之师。刘彦贞、咸师朗根本没有料到对方如此勇猛，他们会遭到如此猛烈的狙击，顿时被打了个措手不及，南唐军全线崩溃。在混战中，刘彦贞被杀，咸师朗被活捉，将士死伤万余人，伏尸三十里，鲜血汇流成了一条河，军资器械损失三十多万件。

败报传来，南唐军民大为震动。池州刺史张全约赶快收集从前线退下来的残兵败将，奔赴寿州，与刘仁赡会合，共同守卫寿州城。

刘仁赡向唐元宗上奏表，保荐张全约任马步左厢都指挥使，负责寿州城的一部分防务。驻守在濠州定远县的南唐军皇甫晖和姚凤部，得知前线的败报，被迫退保清流关。滁州刺史王绍颜则放弃职守，自顾自逃命去了。

这时候，周世宗已通过正阳浮桥渡过淮河，到达寿州城下，屯营于淝水北岸。他下令把正阳浮桥移到下蔡镇，然后征发宋、亳、陈、颍、徐、宿、许、蔡等州的丁夫数十万人，会同各路兵马，由他亲自指挥，昼夜不停地围攻寿州。

在寿州东北濠州境内的涂山脚下，尚有南唐军万余人，驾驶几百艘战舰控制着淮河。周世宗派大将赵匡胤去进击。

赵匡胤先出动一百多名骑兵诱敌，自己则带着大军埋伏于涡口。等南唐的追兵靠近时，伏兵冲出来迎头狙击。结果，南唐军的都监何延锡被杀，士兵被消灭数千人，战舰五十余艘被俘。

差不多在同一个时候，寿州南边的盛唐县（今安徽省霍山县），周军司超部打败南唐军三千多人，活捉南唐军都监高弼等多人，俘获战舰四十多艘。

在涡口打了胜仗的赵匡胤又奉周世宗之命，又绕道去奇袭清流关。正当南唐军皇甫晖部在与周军先头部队交锋时，赵匡胤带着精兵从山后转出。皇甫晖大吃一惊，赶快弃关退守。等他们退入滁州，准备断桥坚守，可是赵匡胤已率军跃马过河，直抵滁州城下。

皇甫晖见赵匡胤进逼得紧，就在城楼上大声对赵匡胤说："人各为其主，请允许我整顿好队伍，出城迎战！"赵匡胤笑着点头答应了。

等皇甫晖带着队伍刚刚打开城门，尚未立定脚跟，赵匡胤就一声令下，率领队伍发动进攻。他自己一马当先，冲入唐军阵中，一剑砍中皇甫晖，将他活捉。唐军大败，姚凤也被生擒。赵匡胤一举攻下了滁州城。

赵匡胤把皇甫晖、姚凤押送到寿州城下，听候周世宗发落。皇甫晖因受了伤，见周世宗时就非常坦然地说："我累了，先坐一会儿。"坐下之后，又说："我躺一会儿。"不等周世宗同意，就地躺下了。躺下后，皇甫晖如同说家常事似的，神态平和地说：“不是我不尽力，实在是双方军队差距太大。我在后晋为将时曾与契丹人交战，那契丹兵马也不如周兵善战。”

周世宗见皇甫晖身上伤痕累累，加上平素也知道此人威名，见他英雄末路，很是怜悯，下诏赐给他金带、鞍马，送他回营地。皇甫晖拒绝医治，过了几天，伤势恶化而死。

滁州失陷对南唐战局影响很大，使得寿州失去策应，变为孤城。而淮南地区除了滁州有高山大川外，都是一马平川，滁州是淮南屏蔽，而且距离金陵只有一水之隔。南唐就此丧尽地理优势，再无险阻可守。接着周军连攻下泰、光、舒等州。

第二十一章

失东都与战常州

北周、南唐两军在以寿州、濠州为中心的战场上展开场血战。周军所向披靡，唐军节节败退。南唐方面只有寿州守将刘仁赡坚守不退，使周军一时还没法攻下城来。

正在这时候，周世宗柴荣听到探子报告，南唐的东都扬州疏于戒备，如果派出一支奇兵前往偷袭，定能一举攻克该城。

扬州既是南唐政权的发祥地，又是经济中心，攻克这座城市，就会动摇南唐的根基，促使它早日投降。周世宗认为这个主意很好，就把奇袭扬州的重要任务交给了大将韩令坤。

周世宗跟韩令坤约法三章：第一，必须以迅雷不及掩耳之势攻破扬州，事先不许泄漏军机，也不得延误时日；第二，破城之时，要严饬军纪，不许残害百姓，一定要做到秋毫无犯，显示周军是仁义之师；第三，不许破坏吴国的皇陵和南唐义祖徐温的陵墓，须派人与原守陵人共同加以保卫。如有违反这约法三章者，定斩不饶。

韩令坤按到这个重要的任务后，立下了军令状，随即带着一支轻骑兵星夜出发，神出鬼没地直奔扬州。一路上昼伏夜行，到了第七天深夜，韩令坤部周军就突如其来地到达了扬州城下。

南唐的东都营屯使贾崇和副留守、工部侍郎冯延鲁根本没想到周军会来偷袭。他们白天宴饮歌舞，整天喝得醉醺醺的；晚上高枕而卧，做着升官发财的美梦，对韩令坤部周军的到来，事先一点情况也没有察觉。

第二天，天刚蒙蒙亮，韩令坤就派部将白延遇带着数百名骑兵等候在城门口，趁着守城军士打开城门，放四郊农民进城卖菜卖柴之际，一拥而入。守城军士一开始还以为是自己的军队巡行四乡刚刚回来，毫不介意。等到周军进城以后，亮出旗号，挺枪举刀前来夺取城楼的时候，才知道事情不妙，但是想要抵抗已经来不及了。有的守城军士吓得乖乖地放下武器投降；有的趁乱溜走，自顾自逃命去了。

周军夺得城楼以后，插上自己的旗帜，大开城门，把自己的队伍放进城来，大声呐喊着向南唐的东都留守府发起进攻。

贾崇在睡梦中被惊醒过来，看到情况不妙，就叫人放起一把火，点燃了府内的官署和附近的民房。趁着混乱的时候，他仗着自己是一介武夫，行动比较敏捷，翻身上马，带着几名亲兵弃城逃走了。

冯延鲁名义上是副留守，位在贾崇之下，实际上他才是东都扬州的真正掌权者，贾崇平日都是看着他的脸色行事的。他因为日常耽于酒色，生活荒淫，体虚神衰，晚上不到三更半夜不睡，早不到日上三竿不醒。他的手下人看到形势紧急，也顾不得那么多了，用力踹开门闯入，把他摇醒了。

冯延鲁听说周军已经进城，吓得腿脚发软，连骑马逃走都没了力气，只好躲进附近的一座佛寺，找了顶僧伽帽盖住长长的头发，找件袈裟往身上一披，装成个和尚模样，盘腿坐在蒲团上，假装在闭目念经。可是因为他平日作恶多端，鱼肉百姓，连寺庙里的和尚也受过他的欺侮，所以当周军进寺来搜查的时候，一个烧火的和尚把他揭发了，他当场就被周军活捉了去。

周军占领扬州全城以后，扑灭了大火，韩令坤以周世宗的名义贴出了安民告示。告示中把唐元宗的荒淫无道狠狠数落了一顿；宣布后周派军队南下是前来解救南唐军民倒悬之苦，希望扬州的士农工商四民不要惊慌，也不要顽抗，要照常安居乐业，跟周军好好合作，把扬州的秩序安顿好，尽量减少战乱的损失。

东都扬州陷落的消息一传出，金陵的南唐朝廷上立刻乱成一团，大小官僚们都忙着回家收拾细软，准备逃难。军队的士气自然更加消沉了。

扬州以西一百一十里处的天长县（今安徽省天长市），本是南唐囤放军粮的重地。天长制置使耿谦听说扬州陷落，怕自己遭到周军的攻击，性命不保，竟主动向周军投降，献出了军粮二十余万石。韩令坤得到这一大批军粮以后，胆子更大了。他一面派人向周世宗报告，请求增派后续部队，一面率领队伍向扬州以东奔袭，攻下了离扬州一百一十五里处的泰州。整个苏北几乎都要被他囊括了。

唐元宗李璟对东都扬州的陷落自然也大感恐慌，他的一切行动都乱了章法，做出了一些令人感到莫名其妙的事情。

唐元宗接二连三地派人去向周世宗求和，苦苦哀求周军不要再往南进攻了。他说，只要周世宗答应班师北归，他什么条件都可以答应。另一方面，唐元宗又派出几名使者，化了装，带着蜡丸书，赶快走海路去向契丹求救。

然而，低声下气的求和并没有得到周世宗的允诺；派出去求救的使者又多半被周军截获，两条路都走不通。唐元宗没有也不想积极动员全国军队来抗击周军。除了求和与乞求他人支援以外，他茫茫然地手足无措，仍然只在那里等待着挨打，等待命运对他做出进一步的安排。

俗话说，墙倒众人推。有的人就喜欢趋炎附势，乘机落井下石，以便自己好从中大捞一把。当时的吴越国国主钱弘俶，就是这样的人。

吴越和南唐国土相连，早在南唐前身吴国的时候，两国之间就有过战争。南唐代吴以后，唐烈祖李昪为了保境息民，曾主动与吴越修好，在吴越都城钱塘遭到大火的时候，运去粮食物资，帮助吴越渡过难关。可是到了唐元宗李璟在位期间，南唐出兵灭闽，使吴越害怕自己受到南唐的包围，两国之间发生了利害冲突，关系又恶化了。吴越借口跟闽国有着联姻关系，是甥舅之国，所以在南唐出兵灭闽时，多次出兵援助闽国，跟南唐军面对面地作战，南唐和吴越之间的仇恨因此越结越深。

后周出兵进攻南唐的时候，吴越王钱弘俶认为打击南唐的机会来到了，特地派遣元帅府判官陈彦禧到后周朝贡，询问在征唐战役中他们吴越国应当采取什么行动。周世宗柴荣当然希望在征唐战争中有个得力的帮手，所以他叫陈彦禧带回一封诏书，命令钱弘俶趁着周、唐两军打得难解难分之际，从背后出兵袭击南唐，使得南唐腹背受敌，促使它早日屈膝投降。

吴越王钱弘俶接到周世宗柴荣的诏书后，拾到鸡毛当令箭，立即派重兵屯驻跟南唐交界的地区，只等待周世宗的号令一到，便采取行动。

吴越国的苏州营田指挥使陈满，早就想趁着战争的机会立个大功，好升官发财。他急不可耐地希望早日采取行动，一举攻入南唐境内。他对丞相吴程说：“周师南征，李唐举国惊扰。听说他们在常州疏于戒备，攻取这座城市犹如探囊取物，容易得很。我们赶快提前采取行动吧！”

但是，吴越国的另一位丞相元德昭不赞成对南唐用兵。他对吴越王钱弘俶说：“李唐是个大国，不可轻易跟他们交恶。如若我军攻入唐境而周军还迟迟不来，那么谁来帮助我们顶住南唐的反击呢？要是没有人来帮助，我们岂不是搬起石头砸了自己的脚，会因此弄得一败涂地吗？”

吴程是同意陈满的主张的，他认为机不可失，时不再来，出兵进攻南唐，既能讨好后周皇朝，又能扩大本国的领土，是一举两得的大好事。

吴越王钱弘俶听说出兵攻南唐能一举两得，就终于采纳了吴程和陈满的主张。他派吴程督率衢州刺史鲍修让、中直都指挥使罗晟等，直趋常州，准备一举攻下该城。钱弘俶又派上直都指挥使路彦铢带兵去攻宣州，改派罗晟率领战舰去攻江阴。

且说，吴越军神不知鬼不觉地直趋常州城下，守城的南唐军顿时慌了手脚。贪生怕死的静海制置使姚彦洪以为周军在北，吴越军在南，两边夹攻，南唐将亡，便率领部属投降了敌人，反过来攻打常州守军。所以，南唐军因仓促应战，又遇到内部哗变，常州外城被敌攻破。

常州团练使赵仁泽在外郭城失守时被吴越军俘虏。吴越军把他送往钱塘，他见了吴越王钱弘俶，挺立不拜，还破口大骂，叱责吴越背信弃义，乘人之危。

钱弘俶听了勃然大怒，叫人把他的嘴一直撕裂到耳朵根。可是赵仁泽仍然不屈服，还是照样大骂。吴越丞相元德昭怜惜赵仁泽是个忠臣，叫人给他的伤口敷上良药，才保住了他的性命。

国家危亡，牵动多少忠臣义士之心。就在常州危急之时，南唐开国功臣柴再用之子柴克宏主动请战，要求到常州抗敌报国。

柴克宏平日沉默寡言，乐善好施，不事家产，结交的朋友很多。此时正担任龙武都虞候，是南唐禁卫军的首领之一。吴越军来偷袭常州的时候，唐元宗正要给柴克宏升官，派他到抚州（今江西省抚州市临川区）去担任刺史。可是柴克宏竟出人意料地放着抚州刺史不当，主动请缨，要求派他到常州去驰骋疆场，解救国家的危难。

唐元宗和许多大臣只知道柴克宏寻常爱会宾客、下棋饮酒，未听说他讲军事说韬略，不相信他有将帅之才。所以元宗犹豫之下，问遍群臣，不料无人回答可否。正当此时，有人呈上一份奏表，保荐柴克宏为国退敌。

上表之人正是柴克宏的老母柴老夫人。表中声称自己的儿子有乃父作风，可以为将。假如他力不胜任或中途叛变，自己甘愿跟儿子一起接受军法制裁。唐元宗这时正愁没有人出力，如今既然有人愿意效死疆场，他自然乐于任用，于是就拜柴克宏为右武卫将军，叫他带兵会合袁州刺史陆孟俊一起去援救常州。

那时候，南唐的精兵都在长江以北，交给柴克宏指挥的只是数千名老弱残兵。老奸巨猾的枢密使李征古怀着卖国的打算，故意发给他们一些生了锈的刀枪。柴克宏看到那些生了锈的刀枪，就去找李征古说理，要求调换。李征古倚仗自己的权势，非但不给调换，还把柴克宏臭骂了一顿。

别人听了这种事都很气愤，士兵中有人丢下刀枪，不想再去常州了。柴克宏却以挽救国家危亡的大局为重，把想要散伙的人找了回来。他告诉大家说，人的勇敢是最主要的，生了锈的刀枪磨快了照样可以杀敌。经他这么一劝，数千名老弱残兵，终于扛着那又锈又钝的刀枪，雄赳赳气昂昂，信心百倍地出发了。

他们刚进军到润州，李征古又来捣乱了，他下令召还柴克宏，以神卫统军朱匡业来顶替柴克宏。

唐元宗的长子、燕王李弘冀实在看不过去了。他知道柴克宏是个忠臣，在这紧急关头不能把这样的人撤下来。李弘冀对柴克宏说："你先到前线去杀敌，我替你到父皇面前上本保奏。"

柴克宏领兵星夜急奔常州，奸贼李征古又一次派人来召还他。这一次，柴克宏也不客气了，他对来人说："我不日就可破贼，保住常州。在这样的情况下竟来召我回去，我看你必定是奸人无疑。"

来人说："我奉枢密使大人之命，来召你回去。你不回去，就处你抗命之罪。"

柴克宏说："将在外，君命有所不受。如今即使是李枢密使亲自前来，我也一定把他斩首示众！"说着，他命令部将把来人绑出去斩了。

士兵们见主将抗敌之心如此坚决，就连夜把生锈的刀枪磨得铿亮快利，准备等时机一到，就冲上前去奋勇杀敌。

柴克宏率领的南唐军士气如此高涨，而他的对手吴越军却在闹内讧。

吴程统率下的两员大将鲍修让和罗晟都是个性很倔强的人。

他们在援闽那时候就跟吴程闹过别扭，如今他们又受吴程统率，心里自然很不痛快；而吴程知道鲍、罗二人不尊重他，也就有意为难他们，双方的矛盾就越来越紧张了。将领闹意见，下面的士兵不可能不受影响。有的士兵站在吴程这边，反对鲍、罗二人，指责他们不服从统帅，想要投降南唐；有的士兵则认为吴程仗势欺人，鲍、罗二人是受压制的，他们站在鲍、罗二人这边，共同对抗主帅吴程。

柴克宏带兵的特点是能做到知己知彼，出奇制胜。他知道自己的士兵虽然是些老弱残兵，但是他们爱国心切，打仗很有办法，只要好好鼓励士气，在战场上还是能跟敌人拼一拼，夺取胜利的；而敌人正在闹内讧，可以趁此机会实施一些计谋，出奇制胜。

柴克宏了解到在吴越出兵进攻南唐以前，唐元宗曾派中书舍人乔匡舜出使吴越，去劝告吴越王钱弘俶不要与南唐作对。柴克宏的队伍在常州驻扎下来时，乔匡舜因出使失败，正在返回金陵途中。于是柴克宏就以迎回使臣乔匡舜为理由，布置了一条妙计。

他挑选了一些快船，叫士兵藏在船舱里，上面盖了苫布，驶向吴越军阵地，说是前去迎接乔匡舜的。吴越军的巡逻兵见到这情况后，就赶快去向主帅吴程报告，问是否允许他们通过。

吴程说："两国交兵，不斩来使。我们不要疑神疑鬼地害怕敌人，应当显示我们宽大为怀，尽量不落人口实才对。"他下令允许南唐迎接使臣的船只驶入己方阵地，在合适的码头靠岸，接走乔匡舜。

当南唐的船只驶入吴越军阵地，靠岸以后，柴克宏一声令下，埋伏在船舱中的士兵立刻掀开苫布，一跃冲上岸来。他们举着明晃晃的刀枪，大声呐喊着直奔吴越军的兵营。

吴越将领罗晟不肯出力抵挡，下令把部队后撤，有意纵容南唐军去冲击吴程驻守的大营。南唐军见罗晟的部队后撤，勇气倍增，猛冲吴越大营。大营中的吴越军士兵，有的被杀，有的被俘，剩下的纷纷四散逃命。

吴程匆匆忙忙地跨上一匹战马，胆战心惊地落荒而走。他逃回都城钱塘以后，被吴越王钱弘俶大骂一顿，撤掉了官职，逐回老家去种地务农。

这一次南唐和吴越的常州之战，南唐将领荣克宏以老弱残兵和原本锈钝的武器，竟然大败吴越军，杀死吴越军一万多人，俘获将领数十人。

常州战役结束后，吴越兵逃归本国，南唐的后方暂时得到了安定，可以集中力量去对付北方的后周了。唐元宗论功行赏，拜柴克宏为奉化节度使。

这时候，江北战场上寿州被周军包围多日，形势十分吃紧。柴克宏得知消息以后，决定为国再立新功，又主动要求带兵去江北支援寿州。唐元宗答应了柴克宏的请求，给他增派了兵马，拨给了全新的武器，叫他日夜兼程，赶往寿州。

可是不幸得很，柴克宏在行军途中突然背上生了一个恶疮，迅速化脓溃烂。他还未赶到寿州，竟在半路上突然去世了。这真是“出师未捷身先死，长使英雄泪满襟”。对于这样一位年轻有为的卫国英雄的死，除了存心卖国的李征古那样的奸贼以外，南唐举国上下无不同声哀悼，痛哭流涕。哭得最伤心的自然是他那深明大义的老母亲。老人家对天号啕大哭，她不仅仅是为失去自己的爱子而哭泣，同时也是为南唐在国难当头的时候丧失了一员精忠报国的大将而哭泣。

第二十二章

唐元宗战败求和

在周军长驱直入、吴越军乘人之危在背后偷袭南唐之际，南唐不仅出现了柴克宏这样的忠臣良将，并且涌现出了一大批英勇杀敌的无名英雄。活动在淮南地区的白甲军，就是一支当地百姓组织起来的抗周义军。

提起白甲军，说来话长。它本是南唐国内阶级矛盾日趋尖锐的情况下，正在酝酿反抗本国统治阶级的农民起义军。由于后周的入侵，才使得南唐社会矛盾转化，本来准备反抗本国统治阶级的农民军，变成了反抗外敌入侵、保家卫国的义军。

一提起南唐的淮南江北之地，谁都知道那是土地比较肥美的地区。在封建社会里，土地越肥美，地主阶级就越是趋之若鹜，土地的兼并就越是厉害，而当地老百姓也就越穷苦。在后周南下以前，南唐朝廷在这个地区控制茶叶、食盐、粮食、绢帛的生产与销售，实施苛捐杂税，进行横征暴敛，使得当地老百姓的生活痛苦异常。

唐元宗接受宦官车延规的建议实行屯田的时候，淮南地区也强制执行过这种屯田政策，实际上是借机侵夺了不少民田，使得许多原来有着少数土地可耕的农民丧失了土地，更加激化了那里的阶级矛盾。淮南的贫苦农民在忍无可忍的情况下，就开始秘密结合起来，酝酿着发动起义，反抗南唐统治阶级的残酷剥削与压榨。

正在这时候，后周将要进攻南唐的风声传了出来，那些正在秘密集结的淮南老百姓开始还不知道周军南下的意图是什么，也不知道周军到来以后自己会有什么样的遭遇，他们以为从北边过来的救星快要来到了，苦日子总算快要熬到头了。他们暗中准备下大量的好酒和许多头肥壮的菜牛，等待着周军的到来。

可他们万万没有想到，从北边来的周军并非淮南老百姓的真正救星。后周南下的目的是为了兼并南唐的土地，他们的军队纪律也很坏，竟然是一群打家劫舍的强盗。周世宗柴荣虽然是个明主，他在出兵以前对部下有过约法三章，命令他们要严守军纪，到了南唐境内不许奸淫掳掠，不许杀人放火。无奈五代十国时期是个乱世，将骄兵贪已成为一种很难扭转的普遍风气，后周的军队虽然经过多次整顿，也仍难完全改变那种糟蹋老百姓的恶风陋习。他们每到一地，只要统帅稍一放松，下面的大小将领，直到士兵伙夫，没有一个不偷偷地四出奸淫掳掠、杀人放火的。

淮南老百姓杀牛备酒欢迎他们，他们把酒喝了，把牛肉也吃了，最后却以征服者自居，一点儿也没有把淮南老百姓的利益放在心上，仍是照样糟蹋老百姓。加上后周出兵的时候没有带足军粮，一部分粮食要在占领区向当地农民征用，这样就更给将士们提供了抢劫的借口。后周将士们随便冲进农民家里，翻箱倒柜，把农民仅有的一点口粮也给抢走了，甚至连喂猪喂鸡用的杂粮也不给留下。

稍许值钱一点的东西，自然也就顺手牵羊地给抢走了。

周军将士在出发南下前还听到一种传说，说淮南地区很是富庶，即使是平民百姓家里死了人，棺材里也要装进去一些金银珠宝作为殉葬品，至于那有钱有势的达官贵人、王侯公卿的棺材里，自然更有许许多多的金银珠宝作为殉葬品了。因此，周军每到一地，就有不少将士先恐后地去发掘坟墓。无论是达官贵人、王侯公卿的墓还是平民百姓的坟，都要掘开来看一看，想要从死人手里去抢得一些财物。这样，周军一到淮南地区，不仅活人倒霉，甚至死人也遭了殃。战争的破坏使得村落为墟，炊烟断绝；被掘开的坟墓，白骨暴露于外，惨不忍睹。

残酷的现实教育了淮南地区的老百姓，使他们看清楚了从北边来的周军并不是救星，他们和南唐军并无差别，同样也是一群强盗，从而激发起了抗击外来入侵者的同仇敌忾。他们决心为保卫自己的身家性命而战斗。特别是那些祖坟遭到挖掘的人家，更是与周军结下了不共戴天之仇，发誓非把这伙来自北边的强盗杀死不可。成千上万的老百姓自动组织起来了，他们用锄头、铁耙、扁担、棍棒作为武器，奋勇抵抗周军。

抗周义军的首领名叫李元清，他本是漳州地方一个有名的乡绅。他和他父亲平日急公好义，喜欢帮助别人解决危难，在乡里有很高的威望。抗周义军组织起来后，李元清被公举为首领，负责统一指挥。

李元清号召义军战士从敌人那里去夺取刀枪，充实自己的装备。义军采用机动灵活的战术，遇到周军大队兵马到来的时候，他们就坚壁清野，把粮食埋藏起来，把水井填死，使周军找不到吃的喝的，只好自动退走。周军一退，义军就到处打伏击战，打得周军晕头转向，不知道义军究竟有多少人马。

义军在作战时没有盔甲等防御用的装备，李元清就叫大家找点硬纸板来做成盔甲，所以这淮南地区的抗周义军就被称为白甲军。白甲军是在自己的乡土上作战，对地形十分熟悉，加之又有乡亲们作掩护，打起仗来出没无常，打了就跑，使得周军防不胜防，穷于应付。白甲军为了保家卫国而战，敢于跟敌人进行韧性的战斗，不把敌人赶出本乡本土，誓不罢休。

白甲军势力最盛的时候，正值淮南的雨季，终日里阴雨连绵，到处都是积水。周军连连挨打，无处可以扎营，只好紧缩阵地，放弃乡村，到城镇集中。他们的阵地一集中，就给了白甲军包围聚歼的机会，所以他们的损失越来越严重。

周世宗看到自己的军队虽然多次打败南唐军，占领了淮南的许多土地；可是在白甲军的打击下，却接连不断地失利，每天都要损失成百上千人。他怕长此以往，白甲军进一步壮大，自己的队伍进一步削弱，于是就只好下令退兵，放弃扬州、舒州、滁州、和州等州县，把力量集中到寿州周围，去攻打那座坚强不屈的城市。这样以农民为主体的白甲军，终于保卫住了淮南的大片土地，在抗周战争中立了大功。

可是，白甲军的胜利并不能挽回南唐官军的败局，因为南唐的官军根本不顶事，他们在战场上一触即溃，挡不住周军的凌厉攻势。白甲军兴起后，南唐军在战场上的处境略有改善，可是他们却不会利用有利的形势，和白甲军联合起来作战。

当周军在白甲军的打击下撤出一些州县时，唐军将领中曾有人提议据险埋伏，半路伏击周军。可是宋齐丘不赞成，他说："这样一来，周唐两家的怨仇越结越深，就永远无法解得开了，还是让他们自动退走吧！”

原来，宋齐丘这时正在策划求和，做投降卖国的打算。他命令将领们各守自己的驻地，不得擅自出兵去袭击周军，免得影响求和。这样，就使周军顺利地从淮南大部分地区撤出，集中到了寿州，使坚守寿州的南唐军突然承受重大压力，形势更加紧急了。

其实，南唐统治集团中不光是宋齐丘打算妥协求和，就是身为君主的唐元宗李璟，从战争开始那天起，就没有抵抗的决心。战争刚刚打了几个回合，南唐才丢失了一小片土地，唐元宗就十分着急地派泗州牙将王知朗带着他的亲笔信，到徐州的周军那里求和。

唐元宗在信上说：“大唐皇帝奉书于大周皇帝，恳请息兵修好，我愿尊称陛下为兄长，每年奉送财货以充军费。”

可是，大概由于求和的使者级别太低，求和信上的口气还不够谦恭，许的愿也还不够具体，所以周世宗未予理睬。王知朗也只好灰溜溜地回到金陵复命。

过不多久，唐元宗见前线败报不断传来，周军一直在向前推进，就更着慌了，赶快又派户部侍郎钟谟、工部侍郎李德明，奉表称臣，第二次去求和。这一次，求和使者给周世宗送去用上等衣料制作的御服、补养身体的珍贵药材，以及金器一千两，银器五千两，缯锦二千匹，犒军牛五百头，酒二千斛。

这时候，周世宗已到达寿州前线。钟谟和李德明就赶到寿州求见周世宗。钟、李二人一向以能言善辩著称，是有名的说客。因此，唐元宗对他们抱着很大的希望。

周世宗知道了其中的底细以后，就在军营中排列起手执明晃晃刀枪、威武严肃的仪仗队，接见钟、李二人，准备先给他们一个下马威，吓唬吓唬他们。

钟谟和李德明走进周世宗的大营，见了那仪仗队的阵势，倒抽了一口凉气，还未开口说话，就吓得上牙和下牙“嘚嘚嘚”地磕打起来了。他们互相看了一眼，耸耸肩膀，强装出镇定的模样，把礼品单双手捧献上去。

周世宗叫人收下礼品单，当着钟、李二人的面，就开始大声地责备唐元宗的种种不是。他说：“你们两个听着，你们的主子李璟，大言不惭地自称是唐室苗裔，那就照理应当比其他各国的草莽之君要更懂得礼仪些，可是其实他并不懂得礼仪。你们和我大周只隔着一条淮水，却从未见你们派一名使者前来修好，反倒派人泛海穷北，去勾结那顽固不化的契丹，叫他们来扰乱中原。这种舍华事夷的做法，试问礼仪又在哪里？”

周世宗不等钟、李二人答话，只是用目光扫视了他们一下，又接着说：“看你们两个的来意，似乎想要说服我罢兵北归。我老实告诉你们，我不是当年愚蠢的六国君主，能够被惯会耍嘴皮子的苏秦、张仪所说动。请你们赶快回去转达我的旨意，叫你们的主子火速到这里来见我，当面向我承认自己的过错，那就没有事了。不然的话，我就要去逛一逛你们的金陵城，借你们府库中的钱粮用来劳军。到那时候你们君臣可不要后悔！”

钟谟和李德明平日里虽以能言善辩著称，可是当他们看到那威武严肃的仪仗队时，舌头已经短了半截，要说的话忘掉了一大半，再听周世宗这一顿训斥，竟被吓得如同哑巴一般，一句话也说不出来了，只好唯唯诺诺地退了出来。

唐元宗的这次求和，钱财花了不少，却仍然没有得到预期的结果。东都扬州落入周军之手后，唐元宗更加心惊肉跳，坐立不安。他怕周军很快就会打到金陵来，自己的性命不保，就赶快又把左仆射孙晟提拔为司空，叫他带着礼部尚书王崇质，奉表入朝，去向后周求和。

唐元宗在表文上说：“自从唐昭宣帝天祐年间以来，海内分崩离析。地方上群雄割据，各霸一方；中原皇朝则不断改朝换代，使人无所适从。臣李璟继承祖先遗下的基业，得到了江淮之间的弹丸之地，本不敢僭位称帝，但因一直未见真命天子出世，难得攀龙附凤的机缘，所以只好暂时自称皇帝，以待真命天子的到来。如今陛下天命所归，声威远播，万方臣服，臣李璟愿比照两浙钱氏、湖南马氏的榜样，废除自己的年号，仰奉陛下显德正朔。从今以后，一定年年进贡，岁岁来朝，匍匐于陛下的丹墀之前，恭聆教诲，伏乞陛下早日班师北归！”同时，唐元宗又叫使者带去黄金千两、白银十万两、罗绮二千匹，作为求和的礼品。

这次担任求和正使的孙晟，初名孙凤，又名孙忌，高密人，本是中原地区的一位名士，年轻时在后唐皇朝考中进士。因为受了刺激，一度出家做过道士，还俗后，在后唐皇朝做过著作佐郎。后唐明宗天成年间，孙晟因受到一件谋反案的牵连，被迫抛下妻子儿女，往南逃亡。唐明宗叫人画了他的图像，挂在各州府县的城门口，四处通缉，并且族诛了他的全家。他不得已，只好投奔到唐烈祖李昪那里，参与了南唐代吴的政治谋划，并在烈祖朝先后出任中书舍人、翰林学士、中书侍郎之职。

唐元宗即位以后，孙晟受到齐王李景遂的排挤，一度被外放为舒州节度使。因为唐元宗喜欢他的才学，不久又被调回朝廷，出任左仆射，与冯延巳二人，一忠一奸，并立朝纲。孙晟对于冯延巳跟自己平起平坐很不满意，他一向是把冯延巳当成臭狗屎看待的。

这一次，孙晟奉命带着副使王崇质出使后周，前去求和，他真是打心眼里不愿意去，因为他知道向后周屈膝求和，称臣纳贡，这就意味着断送了唐烈祖立下的基业，大唐皇朝就完了。特别使孙晟感到难过的是，这样的使命竟然要他这个对大唐皇朝赤胆忠心的人去完成，他认为这简直是对他的人格的污辱。可是，封建社会里的忠君观念又使得他不得不服从命令，硬着头皮去走一遭。他十分难过地对副使王崇质说："我们这次北去，难免受到对方的侮辱，甚至性命难保。但我已经下定决心，以死报国，决不辜负烈祖在天之灵！"

孙晟和王崇质启程北上，听说周世宗已从前线回到都城东京开封府，就赶到东京求见周世宗，送上礼品单，说明求和的意思。周世宗看出王崇质是个庸庸碌碌的人，就叫他先回南唐，而把孙晟留了下来，设盛宴款待。

孙晟知道周世宗是想拉拢他，想要从他那里了解南唐的底细。他抱定宗旨，除了完成求和的使命，取得后周暂时罢兵的允诺以外，决不出卖任何国家机密。他本来就有口吃的毛病，当周世宗问这问那，打听南唐的种种情况时，他故意装得结结巴巴的，什么也说不清。他翻来覆去的好像只有一句话能说得清楚，那就是："小国寡君出于诚意求和，实无二心，务必请陛下从速罢兵。"

周世宗从孙晟那里询问不出南唐的任何情况，而当时正好周军一直攻不破由唐将刘仁赡坚守着的寿州城，就改变主意，想叫孙晟去招降刘仁赡。

他下令叫人用楼车载着孙晟，送到寿州城下去向刘仁赡喊话，叫刘仁赡赶快放下武器，向周军投降。

孙晟明明知道周世宗的意思，便答应到寿州一趟。待到得寿州，他也不口吃了，在楼车上对着城楼上的刘仁赡大声喊道：“请节帅务必坚守臣节，万万不要投降，陛下派出的援兵不久就要到了，请您再坚持几天吧！”

周世宗听说孙晟没有按照他的吩咐去叫刘仁赡投降，反而叫刘仁赡坚守，就大发雷霆，责问孙晟为什么要这样做。孙晟从容地回答说：“请陛下冷静地想想，臣身为宰相，怎能叫节度使投敌叛国呢？要是你大周的宰相叫节度使投降，陛下将如何处置？”

周世宗被孙晟这么一反诘，不禁哑口无言。他觉得收买不了孙晟这样的硬汉子，就下令将其投入监狱，准备加以杀害。

在动手杀害孙晟以前，周世宗叫人给他送去酒席，作最后一次拉拢他的尝试，如若不成，就用绳子把他缢死。

孙晟知道自己牺牲的时候到了，他光顾低头饮酒，一句话也不说。

送酒席的人对他说：“奉陛下之命，前来赐相公死！”

孙晟听了，脸不变色心不跳。他向人要来朝靴牙笏，自己动手正一正衣冠，向南跪拜说：“烈祖圣灵在上，臣孙晟谨以死报国！”然后就与手下的随从一起，慷慨就义。

孙晟死后，周世宗觉得这样的忠臣烈士死了真太可惜，有点懊悔，觉得自己的心肠太狠，错杀了好人。

唐元宗听到孙晟为国死节的消息后，十分悲哀，追赠他为太傅，封为鲁国公。

孙晟为国殉难以后，周世宗立即下令对寿州发动总攻击，务必要在几天之内攻下寿州。

第二十三章

刘仁赡为国尽忠

寿州在南唐名将刘仁赡的防守下，已经坚持了整整一年。后周为了攻破这座城市，已付出了伤亡几万人的沉重代价，可是寿州依然挺立在淮河边上，城楼上照旧哗啦啦地飘扬着南唐的旗号。周世宗看到这种情景，眼睛里几乎要冒出火来了。他决定再一次御驾亲征，亲自到寿州城下督战。

寿州守将刘仁赡，字守惠，淮阴洪泽人。他自幼学过兵书，懂得进攻防守的韬略。他为将轻财重士，号令严肃，对遵守军规军法的兵士，如同自己的子侄那样爱护；对纪律松弛的士兵，毫不容情地进行惩罚，即使是和自己沾亲带故的也决不轻饶。

唐烈祖李昪在位时，他先后担任过左监门卫将军，黄、袁二州刺史。他为官清廉，无论在哪个职位上工作，政绩都十分突出，受到部下和百姓的赞扬，调离的时候，人们都要热泪盈眶地送出十里八里以外。唐元宗李璟即位后，刘仁赡被拜为武昌军节度使。他在南唐灭楚的战役中立有赫赫战功，受到了唐元宗的重视。

灭楚以后，盛传后周将有南侵的可能，而当时淮南地区正好闹旱灾，淮河里的水都干涸了。许多受灾的老百姓踏着干涸的河床，纷纷流入后周境内。唐元宗为了阻止流民北上，就在淮河南岸增修边备，调刘仁赡为清淮军节度使，镇守寿州。

刘仁赡到了寿州以后，首先解决百姓的生计问题。他召集当地有声望的父老耆宿来商议救灾的办法，把府库中历年的积累全都拿出来救济灾民，并带着人到处寻找水源，打井抗旱，领导百姓抗灾自救。

他对那些嗷嗷待哺的灾民们说："老天爷专门欺侮那些软弱无能的人，你烧香磕头求雨，它不下雨你也没有办法。早先有人说过，人定胜天。天不下雨，闹旱灾，我们就用自己的力量打井，从地底下挖出水来滋润田地，那样就有活路了。我刘仁赡既然来到寿州，就一定与寿州百姓同甘共苦，不克服旱灾，不打败那虎视眈眈的北兵，我决不离开寿州！"

刘仁赡这一番话感动了寿州的百姓，想要流亡到北边去的人决定留下来不走了，怨天尤人的气氛也一扫而空。大伙儿都在刘仁赡的统率下，一心一意地打井抗旱，恢复生产；并在淮河边上修筑坚固的防御工事，准备对付后周的入侵。整个寿州又恢复生气了。

后周军开始南下，唐元宗派刘彦贞去抵挡时，刘仁赡看到刘彦贞和他的副将咸师朗等有勇无谋，轻敌冒进，知道他们一定要失败，就加紧整修寿州城防，准备把这座位于淮河南岸的重要城市建成铜墙铁壁。

果然，事情的发展不出刘仁赡的预料，刘彦贞在正阳战役中大败丧生，咸师朗被敌人活捉，轻敌冒进的行动使南唐在战争开始不久就遭受了一次重大的挫折。不久，周世宗柴荣亲率后周大军，兵临寿州城下，把寿州围了个水泄不通。刘仁赡胸有成竹，对此一点儿也不惊慌。他从容布置，据险坚守，打得周军连连后退。

周世宗从附近州县征调来数十万名丁夫，逼着他们通宵达旦地运送土方，填平了寿州城外的护城河，然后命令士兵架起云梯，准备强登寿州城楼。刘仁赡针对敌人的攻势，命令守军采用火攻，把靠近城墙的周军云梯烧了个精光。

周世宗又叫人驾着洞屋攻城。这种洞屋用包着铁皮的硬木头做成，下面装有轮子，能够随便移动，实际上是一种掩蔽体，能掩护士兵躲过城楼上射下来的利箭，一直冲到城墙脚下，到那里掘地道，挖墙脚。

刘仁赡叫守军用灌满油脂的火把投向敌人的洞屋。洞屋外面的铁皮虽然不会着火，但是当铁皮被烧得通红的时候，包在里面的木头也就烧焦了，洞屋里的士兵也活不成了。刘仁赡还叫守军用装有泥土的麻袋和木板堵住城墙上被挖开的洞；往周军掘的地道里扇进浓烟，把敌人呛死。

任凭周世宗有千条妙计攻城，刘仁赡却有着万条策略应付。周军仍是攻不破寿州。

周军仗着人多，把士兵分成许多支队伍，不分白天黑夜，轮番攻城。当时寿州城里只听得城外千万人的呐喊和千百面战鼓隆隆的敲击声，嘈杂的声音震天动地，房屋的墙壁被震得在微微颤动，屋顶上的瓦片也似乎一跳一跳地快要被震飞了。可是周军也只能以这种气势吓唬人，实际上他们闹腾了很久，仍不能越雷池一步。刘仁赡早已叫人准备下许多滚木礌石，只要周军一靠近城墙，城上的滚木礌石就会像雨点一般倾泻下来，打得周军尸横遍野，剩下来的人赶快抱头逃命。

刘仁赡争取变被动挨打为主动进攻。他采用副将周饶的计谋，在城北吹响号角，假装在那里调集兵马，将要冲出北门去向敌人挑战，而实际上却在南门调集精兵。等周军的大队人马集中到北门外准备迎击城里冲出来的唐军时，唐军精兵却冲出南门，袭击城南的周军营寨，缴获一批敌人的武器和军粮后，又退回城里，紧闭城门坚守。

过了几天，刘仁赡又叫人在城东吹响号角，周军以为这次唐军又是声东击西，就赶快到西门外集中兵力准备阻击，没想到这次唐军却真的从东门出来，袭击了城东的敌军营寨，又获得了许多武器和军粮。

周世宗见用云梯、洞屋攻城不能得手，就又采取了新的攻城手段。那时候，我国四大发明之一的火药已被用来制作打仗用的武器，制造出了称为“发机飞火”的火箭、火炮一类的军械。周世宗下令运来许多火炮，架在停泊于淮河中的方舟上，发炮攻城。

火炮一击中城里的房屋，立刻引起一片大火。刘仁赡对此也立刻采取了措施。他把一部分守城士兵组织成救火队，又叫城里的老百姓实行联防，家家户户都用沙袋、水桶相互帮助救火。火炮打到哪里，哪里的守城军民立刻动手加以扑灭。

周世宗见火炮的威力摧毁不了寿州城，又叫人砍来几万根又粗又长的竹子，编成竹筏，上面筑起板屋，号称竹龙，载着甲士，向寿州的水城门发起进攻。可是水城门的防守也很坚固，还是没能攻进城去。

从唐元宗保大十四年（后周显德三年，公元 956 年）正月起，周军就围住了寿州，可是一直攻打到四月里，也没有能把寿州攻破。周世宗有点急躁了，他怒气冲冲地亲临战阵，坐在城下督战，命令士兵冒死进攻，非把寿州攻下来不可。

刘仁赡本是位有名的射手，能拉硬弓，他在城楼上看到周世宗坐在城下的靠背椅上督战，就引弓搭箭，“嗖”的一箭射去。可惜距离太远了，离周世宗还有两丈来远，箭就落到了地上。

周世宗见刘仁赡射不中他，自忖防卫严密，距离安全，也乐得故意逗弄一下这位难缠的对手。他叫人把椅子往前挪动了几尺，还拍拍胸，向刘仁赡招招手，那意思是，你再射我也不怕。刘仁赡见状，索性挺身而出，站在城楼正中，又一次拉满弓，搭上箭，瞄准周世宗的心窝射去。可是此时风向已经变了，箭被风吹到离周世宗更远的地方，歪歪斜斜地坠落在地。还是没有射中。

周世宗虽然跟刘仁赡是面对面的敌手，并且也因攻不下寿州暗自恼火，可是他对刘仁赡那种忠心耿耿、为国守城的行为，也是暗暗佩服的。周世宗当时雄心勃勃，认为自己完全有可能打败包括南唐在内的各个地方割据政权，再一一剪灭，从而统一天下。因此，他很想把刘仁赡这样智勇双全的将领收服，为自己所用。他特地派人带着他的招降手谕到城下喊话，要求面见刘仁赡。

刘仁赡见对方只过来一个人，就放下一根绳索，把那人缒上城楼。那人把周世宗的招降手谕呈上后，拱手而立。

刘仁赡见手谕上写着：“大周皇帝拜启唐将刘仁赡阁下：寡人知道您是个忠义之士，内心感到十分钦佩。可是寿州的士民又有什么罪，为什么非要叫他们经受这战争的劫难，受苦受难，身家不保？俗话说，识时务者为俊杰。寿州孤城一定不能长期坚守，奉劝将军还是早早开城投降的好，我大周保证决不亏待于您！”

刘仁赡看完这招降书，十分恼怒，将书信撕得粉碎。他见周世宗派来招降的人还在那里等候回信，就对他厉声说道：“我本当把你杀了，但两国相争，不斩来使。你回去告诉你家主子，有本领就来攻城，没有本领赶快滚回东京。要我刘仁赡投降，除非太阳从西边升起！”

周世宗见招降不成，就想利用唐元宗派来的求和使者孙晟去帮忙招降。可是孙晟不但没有劝刘仁赡投降，反而勉励他要坚守待援，千万不要失节投敌。周世宗的如意算盘又落空了。

眼看已经到了暑天，淮河中下游到处阴雨连绵，淮河、淝水等河流水势暴涨。寿州城外周军扎营的地方水深数尺，许多营帐都漂浮了起来。将士们连个睡觉的地方也没有了，只好在大树上用绳子结个软床，在上面摇摇晃晃地睡觉。许多士兵因长时间淋雨，病倒了，只好回后周休养。停泊于江心的载着火炮的方舟、攻城用的竹龙，都随着大水漂流到了南唐军的阵地上，被唐军破坏了。大水使得周军的给养发生了极大的困难，军中又流行起了瘟疫，每天都要死掉好些人。

刘仁赡见周军遇到困难，乘机不断派兵出城偷袭，使得周军蒙受了很大损失。周世宗害怕遭到更大的伤亡，只好撤走了大批军队。他自己带着一支队伍往东去进攻濠州、梁州；把大将李重进留下来，委任其为庐寿都招讨使，继续保持对寿州的围困。

刘仁赡虽然多次打败周军的进攻，但是他毕竟也有所担忧。他担忧的是自己苦守孤城，援军长期不能到来，这孤城总有坚持不住的一天。

事实上，唐元宗李璟已多次向寿州派出过援军，但是都陆续遭受挫折，没能赶到寿州城下。

第一次是派柴克宏驰援寿州。谁知他半路病故，援军没有能到达寿州。

第二次，唐元宗以齐王李景达为帅，陈觉为监军使，边镐为应援使，率二万人来援。此前，中书舍人韩熙载上疏坚决反对陈觉监军。他知道陈觉妒贤嫉能，眼高手低，还有过在福州损兵折将的前车之鉴，就切谏道："亲莫过亲王，重莫过元帅，陛下何必还要再派遣监军！"言外之意是指他派监军是对李景达的极度不信任。但由于唐元宗对唐烈祖曾一度有意立李景达为太子心存芥蒂，并不完全放心把兵权交给李景达，这才派陈觉监军牵制，所以对韩熙载的劝谏根本不加理会。这就为后来南唐军队的惨败埋下了祸根。

齐王李景达率军从瓜步渡过长江北上，缓缓向寿州推进。他们到了离六合县（今江苏省南京市六合区）城还有二十多里的地方，听说前面已被周将赵匡胤占领，就扎下营寨，不敢再继续前进了。

赵匡胤的部将听说南唐的援军到来，想趁他们立足未稳，发起进攻。赵匡胤不以为然，分析道："唐军设寨自固，是害怕我们进攻。但是我军只有二千人，对方有二万人，双方力量悬殊。如果我军主动出击，那就暴露了我军的真实情况，他们全军出动，以十对一，我军非吃亏不可。不如等他们来进攻，我军在半路伏击，使他们弄不清我军的实力，那样就能以少胜多，打败他们了。"

果然不出赵匡胤所料，李景达和陈觉、边镐等南唐将领见前方没有什么动静，就发起了试探性的进攻。当他们进入周军的伏击圈时，赵匡胤一声令下，伏兵呐喊着从四面八方冲了出来。

唐军见自己中了埋伏，弄不清对方有多少人，立刻乱成一团，纷纷掉头逃命。赵匡胤带着队伍一阵冲杀，杀死唐军五千多人，剩下的一万四千余人在争抢渡船往南逃命的过程中，又落水淹死了很多。本来这支由亲王率领的援军是南唐的精锐部队，经过这一场战斗后兵力损失了一半。从此，南唐就拿不出像样的队伍了。

南唐另有一支援军由建州人林仁肇率领，水陆并进，绕道到寿州以北去进攻周军阵地，解救寿州之围。他们在下蔡地方跟驻扎在那里的周将张永德部相遇，展开了一场大战。当时周军在下蔡新建了一座浮桥，代替正阳浮桥，作为向南运送给养的枢纽。林仁肇找来几艘轻快的小船，装上满船柴草，顺风纵火，想去烧毁下蔡的敌军浮桥。没想到火船还未靠近浮桥，风向突然转变，大火反而烧毁了唐军自己的一些战船。

周将张永德见唐军的水师力量比较强，就采用了一条取胜的妙计。他找来一些游泳潜水的能手，叫他们潜游到唐军的兵船底下，用铁链把兵船互相锁在一起，然后再派小船向他们发动火攻。一艘船起火以后，其他船只因为被锁在一起，想躲也躲不开，一下子就被烧毁了。许多艘兵船上的唐军士兵或者被火烧死，或者落水淹死，损失极其惨重。这支南唐援军也失败了。

到保大十五年（后周显德四年，公元 957 年）正月，周军围困寿州已经整整一年了。城里的粮食快要吃光了，如果援军再不到来，看来寿州将要守不住了。这时候，齐王李景达率领经过补充的援军再次渡江，到达濠州。李景达自己留在濠州督战。李景达虽是统帅，但军政大权实际控制在陈觉手中，行事处处受到陈觉的掣肘。陈觉拥兵五万，畏缩不前，根本没有率主力与周军决战的意思，只是派许文稹、边镐、朱元等将领带兵去援救寿州。

援军到了寿州城外的八公山，扎下连珠寨，用烽火跟寿州城里取得了联络。他们准备打开一条通道，向寿州城里运送粮食。可是他们刚要接近寿州的时候，遭到了周军李重进部的邀击，打了一次败仗，士兵损失了五千多人。

南唐援军的这一次失利，使得寿州城里的守军有些失望了，他们想要依靠援军前来救援的希望更为渺茫。而周军在这次得胜以后，周世宗却大受鼓舞，他认为寿州已指日可下，就又下了一道诏令，宣布定于这年二月里再次御驾亲征，督师去围攻寿州。

刘仁赡得知这个消息后，很是担忧。他派人给齐王李景达送信，要求派边镐来守城，而由他自己带兵去跟周军决一死战，阻挡周世宗的再次南下。可是这个建议被陈觉以李景达的名义拒绝了。刘仁赡感到很失望，加之困守孤城长期过度紧张和疲累，他一下子病倒了。

刘仁赡的小儿子刘崇谏见敌人的攻势有增无减，自己这边的援军却一直没有到来，父亲又生病了，寿州城里的粮食也快吃光了，每天从一顿稀饭、两顿干饭改成为两顿稀饭、一顿干饭，他竟丧失了信心，就背着他父亲偷来了一条小船，想乘夜深悄悄渡河，到淮北去投降敌人。不幸走到半路上，他被警惕的军校察觉，捉住并押回了军营。

刘仁赡听说自己的小儿子想要投敌叛变，气得从病榻上坐起，一连吐了好几口血。他下令把儿子打了几百军棍，推出辕门腰斩。

部将们知道他的性格，没有一个人敢出来替刘崇谏求饶。监军使周廷构哭着来见刘仁赡，求他饶刘崇谏一命。刘仁赡大义灭亲，说什么也不答应。周廷构赶快叫自己的妻子去见刘夫人说情，他以为女人家心肠软，决不会忍心看着自己的小儿子被腰斩的。

可是，刘夫人出人意料地说："崇谏是我身上掉下来的一块肉，我对于他当然不会不爱，但是军法不讲私情，名节更不可亏损；如果饶他一死，那么我们刘家就成为不忠不孝之门，我和将军还有什么脸面再见全体将士？”她不但不搭救儿子，还到病榻边催促刘仁赡赶快下令行刑。这样，想要出卖家国、投敌叛变的刘崇谏终于被当众腰斩了。

等到行刑以后，刘夫人叫人把尸体收殓了，这才痛哭了一场。别人以为她懊悔了。她却说：“我伤心的不是失掉了一个儿子，我感到伤心的是自己家教不严，竟出了这么个不肖之子。”

将士们见刘仁赡夫妇如此赤胆忠心，连自己的儿子也不饶恕，没有一个不感动得流泪的，大家决心勒紧裤腰带继续坚守，誓与寿州城共存亡。

这时候，后周朝廷上见寿州久攻不下，为这座小小的城市已付出了伤亡几万人的代价，以为南唐的力量尚强，所以有不少人对周世宗准备再一次御驾亲征提出了不同意见，提议不要再劳师糜饷，不如暂且罢兵，采用谈判的方式促使唐元宗投降。

对于朝中的种种议论，周世宗一时拿不定主意。他的主要谋臣李谷正卧病在家休养，不能帮他做出选择。他只好派范质、王溥到李谷家里去征询意见。

李谷请范、王二人转告周世宗说：“寿州被围已有一年，估计城里的粮食已经快要吃光，破城已在旦夕之间。如若陛下御驾亲征，则我军将士一定奋勇争先，敌人援军闻风丧胆，城中守军完全绝望。那样，该城就一定能迅速告破。寿州地方虽小，它的坚守已成为江南君臣的精神支柱。一旦寿州被我攻破，他们立刻会精神沮丧，感到前途毫无希望。到那时，陛下提出什么样的条件，那李璟都会乖乖地答应，不敢讨价还价了。”

周世宗听了李谷的话，觉得很合自己的心意，就下令提前出发，亲征寿州。

周世宗柴荣这一次御驾亲征，不仅带有大队步兵骑兵，并且还带有新训练成功的水军，沿着淮河水陆并进。他们很快渡过淮河，到达寿州城下，扎营于八公山南边。

三月初，原在寿州四郊攻城的周军，见皇帝御驾亲征，大受鼓舞。这时候，南唐方面又发生了朱元投降事件，更是雪上加霜，导致战局终于无法收拾。

朱元奉命担任淮南西北面的应接都监。他曾从周军手中收复数州，战功赫然。平素与士卒同甘共苦，深得军心。但朱元自恃有功，行事不听李景达的调度，也一直与陈觉不和。于是陈觉多次秘密上奏唐元宗，称朱元为人反复无常，不应托付重兵。唐元宗听信谗言，命武昌节度使杨守忠前往，代替朱元统军。杨守忠抵达濠州后，陈觉假借李景达的命令，下令召朱元到濠州议事，准备彻底褫夺他的兵权。朱元闻知此事，悲愤不已，甚至准备自杀。他的门客劝他还不如索性投降后周。于是朱元就率本部万余人投降了后周。不愿意投降的裨将时厚卿等人则被朱元当场格杀。

四月初，周世宗督率各路军马，猛攻八公山的南唐援军大营，一举将其攻破，杀死杀伤唐军万余人，活捉许文稹、边镐、杨守忠等唐将。唐军败兵沿着淮河东逃，周军步骑兵夹岸追击，水军顺流而下，追逐南唐的兵船。唐军战死、溺死和投降的有近四万人，许多船舰、粮食、军械都落入周军手中。李景达、陈觉逃回金陵，寿州彻底沦为孤城。

正在病中的刘仁赡听说援军彻底失败，外援已经完全绝望，他仰天长叹一声，突然昏晕了过去，抢救了几天几夜也不见苏醒。

监军使周廷构和营田副使孙羽见到这种情形，知道大势已去，再守也守不住了。他们就以刘仁赡的名义写了一份降表，开城投降。

周世宗接到降表后，喜出望外，觉得李谷确实有见识，料事如神。他立刻下令在寿州城北举行受降仪式，然后派军队入城。

周廷构和孙羽抬着昏迷不醒的刘仁赡来见周世宗。刚刚走到周世宗跟前，刘仁赡被嘈杂的人声和锣鼓声吵得苏醒过来。他睁开眼睛一看，自己竟处在一个屈辱的场面之中，大叫一声："气死我也！"一口痰涌上来，终于气噎身亡。他至死也没有投降，保全了自己的气节。

他的夫人从城破之日起，绝食五天，也光荣殉国。刘仁赡夫妇为南唐献出了自己的赤胆忠心！

寿州一失守，南唐淮南江北的大片土地渐次落入周军之手。唐元宗在这种形势下，犹如丧家之犬，惶惶不可终日。正如北周李谷预料的，南唐朝廷君臣随着寿州的失陷，精神支柱也就垮了。唐元宗这时想到的只有求和，连争取求和的较好时机都不考虑了。于是，他决定立即派人向周世宗请求息兵。

第二十四章

迁南都元宗谢世

唐元宗在寿州失陷后，决定再次派人向周世宗求和时，濠州传来守将郭廷谓奇袭周军获大胜的消息。

原来，这濠州守将郭廷谓也是一位多谋善断之人。郭廷谓，字信臣，彭城人。他自幼好学，工书法，善骑射，是个文武双全之人。寿州失陷时，他正在濠州任监军。他说服州将黄仁谦，乘周军在寿州胜利后骄傲轻敌、疏于防范之际，出其不意地冲断了周军设在涡口的浮桥，把搭浮桥的船只全部焚毁，并杀死许多周军，夺得大批军粮。接着，郭廷谓又派兵袭击周军占领下的定远城，打败后周武宁军节度使武行德率领的军队。武行德只身脱逃，才保住了一条命。

郭廷谓接连获得胜利，局部扭转了南唐军在前线一败涂地的局面。在这种形势之下，唐元宗理应抓住时机，以濠州胜利作为求和的砝码，把腰杆子挺直点；同时也应当大力表扬郭廷谓，把他树立为抗敌卫国的英雄，让大家好好学习他才对。

可是，唐元宗早已被寿州失陷吓破了胆，竟然无视郭廷谓的胜利，听了奏报之后，只稍微奖励了几句，传旨提升郭廷谓为濠州团练使，充淮河上游水陆应援使，却并没有给他补充兵马，给予物质上的犒劳。这样一来，前方将士不禁寒心，郭廷谓也觉得自己出生入死没有得到应有的回报，感到有些心灰意冷。

转眼又是冬天，周世宗再次挥师南下，一鼓打败南唐水军，濠州的形势十分危急。郭廷谓连连派人向朝廷请求增援，却总是不见有援军到来，也不见有一句勉慰的话到得手边。周军把整个濠州围得铁桶一般，水泄不通。郭廷谓心想：我忠君报国，却落得身陷绝境、孤城无援的下场，看来天意灭唐，我也无力回天了。

这一日，周世宗又派人前往招降。郭廷谓叫来人转告周世宗："如今我在濠州被围，本当遵命投降。但是一则君恩未报，二则我的家在江南。请允许我先派人向金陵告急，请求增援。如若援军到来，我们在战场上再见个高低，你能把我活捉，我一定匍匐马前，死心塌地地投降；要是我主见死不救，则君臣恩义断绝，我就开门请降。到那时，我的家属也就不至于被杀害了。"

周世宗认为郭廷谓是个忠臣，很想把他收服为自己所用。他料到郭廷谓向金陵求援必定得不到满意的答复，唐元宗决不会派兵来救，就同意了郭廷谓的要求，并且还趁着等候消息的这段时间，派兵把濠州周围的地方全都攻了下来，借以打消郭廷谓等候援军到来再决胜负的幻想。

果然不出周世宗所料，郭廷谓派到金陵去的求援使者碰了一鼻子灰，垂头丧气地回来了。唐元宗不但不派援军，竟然还责骂濠州的守军无能，他说："你们都要我派援军，我哪来这么多的军队？你们应当自己想办法守住城池。"

郭廷谓听得求援使者回报，长叹一声，说："既如此，君臣恩断义绝，有何话讲？”便召集部属讲明情况，决计投降。当下令录事参军李延邹起草降表，准备于次日开城出降。

不想，李延邹听他说要献城出降，不由怒发冲冠、掷笔于地，大声喊叫着说：“大丈夫终不负国，决不甘为叛臣作降表！”说完，一头撞到墙上，脑浆迸裂，为国殉节了。

在濠州这样一个弹丸之地，官大一点的如郭廷谓，本想尽忠报国，唐元宗却把他推向了敌人那边；官小一点的如李延邹，在主将已决定投降之后仍坚决不降，以身殉国。这是唐元宗不会用人，不会把握时机，只是消极抵抗，积极求和，甘居于被动挨打地位的结果。

濠州的郭廷谓投降以后，南唐军心涣散，泗州刺史范再遇随着也投降了北周。周军又一次逼近南唐的东都扬州。

唐元宗认为扬州无险可守，竟下令焚烧城内的官府民居，驱赶着百姓撤到江南。扬州大火蔓延数日，几万男女老少哭哭啼啼地撤往江南，沿途受尽饥寒，日日有人毙命，抛尸野外，惨不忍睹。有些老年人怀念起唐烈祖，对唐元宗感到非常失望，竟在渡江之际跳进江中自尽了。

不久，周军进入扬州。几天之后，又攻下泰州。此时，唐元宗不但不加强抵抗，却忙着求神问卜，想请神佛告诉他前途如何。可巧，他求得的神签是上上大吉。这一下，唐元宗以为神佛已预示他将逢凶化吉，遇难呈祥。于是，下了一道诏旨，说是天神佑我，大唐将逢凶化吉，故将明年年号改为中兴元年。就这样，在前线接连败北，后周大兵压境，都城金陵也岌岌可危的时候，唐元宗居然做起中兴的美梦来了。

然而，事实是那样的无情，就在中兴元年的头两个月里，海州被周军攻陷了，静海军失守了，楚州被攻破了，舒州也落入周军之手。唐元宗心里一急，又从改元上打起了主意。他看到《易经》上有句“天地交泰”，认为如果改元为交泰，那就准能逢凶化吉了。于是，决定从三月起把中兴元年改为交泰元年。可是，中兴也罢，交泰也罢，区区一个年号又能顶什么用？事实上，淮南江北之地已丢失得差不多了，败局已经注定。

在走投无路的情况下，唐元宗李璟决定做退位的打算。他封皇太弟李景遂为晋王，加天策上将军、江南西道兵马元帅、洪州大都督、太尉，尚书令；封另一个皇太弟齐王李景达为浙西道元帅、润州大都督，因李景达不愿意去润州，又改为抚州大都督。又立自己的长子、燕王李弘冀为皇太子，参治朝政。他把子弟推到前台，自己打算退到后台去了。

就在唐元宗打算退位，让自己的子弟来收拾局面的时候，周世宗已到达江北的迎銮镇，耀兵于江上，对南唐进行恐吓。

唐元宗怕周军真的渡过江来，直捣金陵，就赶快派当时任枢密使的陈觉奉表进贡方物，请求周世宗同意他传位给太子李弘冀，并表示他愿意取消皇帝的称号，改称藩王，甘心作为后周皇朝的附庸。

周世宗认为淮南江北之地已全都落入自己掌握，再往前推进，就会面对一时难以飞渡的长江天险；而听说南唐的陆军虽然一败涂地，但是水军尚未伤筋动骨，有生力量尚存，特别是南唐还有着林仁肇、朱令赟等著名将领，他们都有万夫不当之勇，正准备兴师前来勤王。于是他决定适可而止，把南征的战事告一段落，回过头去准备北上对付北汉和契丹了。所以他同意采用历史上唐和回纥可汗的故事，答应讲和，让南唐作为后周的附庸。

周世宗在给唐元宗的玺书上写道："大周皇帝致书江南国主：朕念上天有好生之德，决定把车驾暂时停驻于江北，等待你派员前来商谈向我大周投降事宜。"这道玺书表明，周世宗已经同意南唐作为自己的附庸国继续存在。

至此，由唐烈祖李昪辛辛苦苦经营了二十多年创立下的帝业，传到第二代皇帝唐元宗手里，竟然遭到断送，从此成为中朝的附庸国。

后周既然已经允许议和，唐元宗就赶快派阖门承旨刘承遇去谈判具体的和平条款。谈判的结果是：南唐献出淮南江北的十四州六十个县的土地；取消交泰年号，改奉后周显德正朔；每年向后周进献价值十万钱的贡品。

割让土地以后，原先居住在淮南江北十四州六十县的南唐百姓二十二万六千五百七十四户，一下子都变成了后周管辖下的臣民。他们之中自然也有不愿接受这一改变的，有的就效法殷商灭亡后的伯夷、叔齐，逃入深山之中去隐居；有的逃亡到了江南；也有的在土地易主之后悬梁投河，为南唐殉节。

周世宗见和局已定，决定班师北归。他致书唐元宗，令其不必传位给其子李弘冀，仍可由元宗本人继续担任江南国主。

周世宗北归以后，降格为江南国主的唐元宗痛定思痛，觉得做附庸国的国君，那滋味实在有些不好受。

他的名字本来叫李璟，"璟"是美玉的光彩之意，如今却必须改写为"景"了。因为后周的高祖名璟作，按规矩身为后周藩王必须避庙讳，非改名不可。这实在是一种极大的屈辱。

至于仪制的降格，比如赭黄色的龙袍不能穿了，只能穿藩王的绛红色绣花袍了，连宫殿屋顶上象征帝王的装饰品也得敲凿下来，不能再用了。这种种又是多么的令人难堪啊！

那时候，南唐的江南地区还没有开辟卤田熬盐。唐元宗上表给周世宗，恳求把海陵一地拨还南唐，使南唐上百万的民众能有盐吃。可是周世宗不答应，他说海陵在江北，怎能拨还南唐？要吃盐是可以的，每年可以卖给三十万斛，用南唐江南地区的土特产来交换。这样，南唐的国库中就又多了一项购买食盐的浩大开支，更显得捉襟见肘了。

更使唐元宗感到伤心的是，他的长子李弘冀实在不像个太子的样子。

李弘冀本来是一员武将，带兵打过仗，立过战功，可是后来生活越来越腐化，简直像是个败家子。国家已经到了如此这般的地步，李弘冀居然还是灯红酒绿，斗鸡走狗，击毬弹棋，过着醉生梦死的生活。

唐元宗自己虽然也是个腐化荒淫的君主，但是他不愿意儿子也和自己一样，更不愿意儿子比自己还要腐化。有一天，他看到李弘冀正在跟一帮狐朋狗友击毬取乐，气得他牙齿咬得格格直响，一个箭步跑上前去，夺过一根击毬杖就去打李弘冀的脑袋，还一边打一边说："你这个不争气的二世祖，我将来怎能传位给你！我一定得把景遂找回来，叫他来管理国家大事。"

李弘冀听父亲说要把叔叔找回来，心想自己的太子做不成了，于是就赶快派人到晋王李景遂那里，用一包毒药把李景遂毒死了。

唐元宗听说弟弟李景遂暴卒，而另一个弟弟李景达的胆识和才能又差得多，难以挑起国家的大梁，他更加觉得自己这个国家的前途十分渺茫。他想整顿一下吏治，就仔细掂量自己周围文官武将的情况，逐渐觉察出宋齐丘、陈觉、李征古这几个人都不是好东西，就下诏指摘了这些奸党的罪恶，强令宋齐丘回九华山归隐；把陈觉降职为国子博士，发往宣州安置；削夺李征古的官爵，赐令自尽。对其余的宋齐丘党徒，因为怕牵扯面太大，暂时置之不问。

宋齐丘回到九华山旧日隐居之地，唐元宗下令把他锁在一间屋子里，只在墙上开个小洞，给他递送饮食。宋齐丘觉得这等于是囚禁，他叹口气说："当年我帮助烈祖幽禁吴国的让皇，他的处境大概也像我这样，是难以忍受的。如今天理报应，竟轮到我自己头上了，我还有什么脸面活下去呢？"说完，他就解下腰带，悬梁自尽了。

在处置了宋齐丘、陈觉、李征古等几个奸党以后，唐元宗又想到国都金陵暴露在北兵的眼皮子底下，觉得太不安全了。要是有朝一日周世宗发了火，派大军投鞭断流，从金陵对面的浦口抢渡长江，敌骑顷刻之间就可踏破金陵。因此，他便想要迁都。

他左思右想，终于看中了金陵上游的洪州（今江西省南昌市）。洪州又名豫章，位于赣江下游的东岸，西边和北边有赣江作为屏障，北距长江有三百多里，形势险固，能守能攻，是个利于复兴的根据地。

唐元宗把自己的想法对群臣一说，想不到群臣竟不赞成，只有枢密副使、给事中唐镐一个人赞成，并且还竭力怂恿唐元宗赶快迁都。因此，唐元宗也就不顾群臣的反对，下令定洪州为南都南昌府，把经营南都的责任付托给了唐镐，叫他到那里加紧修缮布置，准备择吉迁都。

可是，自从在淮上用兵以来，财力、物力、人力消耗都很大，割让江北淮南之地以后，不光赋税收入大为减少，并且每年还要向后周进献大量贡品，支付三十万斛盐的价款，国库中早已是空空如也，毫无积蓄了。

经营南都得花钱，这钱又从哪里来呢？礼部侍郎钟谟建议铸大钱，以一当五十；中书舍人韩熙载建议铸铁钱。唐元宗起初都不同意，后来觉得没有钱办不了事，才决定铸当十大钱，称为“永通泉货”；又铸一种当二小钱，称为“唐国通宝”。拿这两种新铸的钱和原先唐朝流传下来的开元钱一并使用。有了钱，就可以去经营南都南昌府了。

正当唐元宗经营南都南昌府，准备迁都之际，太子李弘冀大概因为生活过度荒淫，突然死去了。

太子一死，围绕着重新选择一个继承人的问题，又产生了一些宫廷内部的斗争，使唐元宗增添了几分烦恼。

唐元宗有十个儿子，在李弘冀之前夭折了两个，李弘冀就成为嫡长子了，再往下依次序是弘茂、从嘉、从善、从益、从谦、从度、从信。李弘茂在十九岁那年死去，虽非夭折，也死在李弘冀之前。如今李弘冀一死，按次序就应当把那实际上排行老三的郑王李从嘉立为太子。

礼部侍郎钟谟与元宗宫人凌氏所生的纪国公李从善交好，便想借此机会立李从善为国君的继承人。于是，钟谟从中作梗，向唐元宗进言说：“郑王从嘉德轻志懦，又酷信释氏之教，光知道诵经礼佛，看来不像个人君的样子。纪国公从善果敢凝重，很适宜作为国君的继承人。”

唐元宗觉得虽然钟谟说的都是事实，但是又一想，你钟谟竟然狂妄到管起我的立嗣问题来了，这真是岂有此理！于是，他拒绝了钟谟的建议，还是决定封李从嘉为吴王、尚书令、知政事，迁入东宫居住。不久，唐元宗找个理由贬了钟谟的官，又过了些日子就将其杀了。

负责去经营南都的唐镐，花了两年左右修缮城池宫殿，总算勉强能供国君居住了。在这期间，中原的政局发生了一次突变。

后周显德六年（公元 959 年）七月，三十九岁的周世宗柴荣在出征北汉途中得了急病，回到东京以后，就突然去世了。他的七岁儿子柴宗训继承了帝位。第二年年初，担任殿前都点检的赵匡胤发动政变，夺取了柴宗训的帝位，建立起了宋朝。新建立的宋朝对南唐抱什么态度，将会对南唐采取什么行动，这可是谁也说不准的问题。这样一来，唐元宗想要迁都南昌府的决心就更坚定了。

宋太祖赵匡胤建隆二年（公元 961 年）二月，唐元宗立吴王李从嘉为太子，留在金陵监国，他自己就带着禁卫军和文武官员迁都南昌。一路上，他所关心的是慰问年高疾苦之人，想要以此笼络一下民心；而官员们却是忙着游山玩水，每到一地不是朝山进香，就是要求地方上设宴招待，让他们品尝一下当地的土特产。大队人马慢吞吞地整整走了一个来月，才算到了南都南昌府。

南昌府在长江中游自然也算得上是个有名之地，但是要跟那虎踞龙盘的金陵相比，自然逊色多了。那里宫殿狭小，城治的气魄也不够大。文武百官来到这里后，在生活上觉得不如金陵方便，都叫苦连天，怨这怨那。唐元宗在退朝之暇，也常常向北眺望，唉声叹气，感到黯然神伤。

澄心堂承旨秦承裕怕唐元宗忧伤过度，就每每引屏风挡住元宗北望的视线。负责经营南都的唐镐，怕文武百官怨天尤人，全都归罪于他，竟然吓得上吊自杀了。文武百官觉得这样下去总不是个办法，就商量着要挟唐元宗迁回金陵去。

对于百官这种要求回迁的议论，唐元宗无可奈何地表示同意。可是刚要上路，他却突然病倒了。

唐元宗这场病来势汹汹，颇为凶险。他病得那么厉害，什么东西也吃不下，一吃就要呕吐，每天只是喝点蔗糖水，闻闻荷花的香味，维持着垂危的生命。到了这年的六月，唐元宗觉得自己将不久于人世，就赶快立了份遗嘱，规定自己死后葬于洪州西山，只要垒土数尺为坟就可以了，切勿铺张浪费，以免加重百姓的负担。这时候，他才认识到浪费民力是不应该的了。过了几天，这位年纪才四十六岁、还在壮年时期的南唐第二代君主唐元宗，终于在南都的长春殿凄惨地谢世了。

唐元宗死后，继立的后主李从嘉不忍心让自己的父亲葬在祖坟以外的地方。他没有遵照父亲的遗嘱办事，还是把灵柩迎回金陵，先殡于宫中的万寿殿，然后派徐邈、冯谧去向宋朝的皇帝宋太祖告哀，请求宋太祖追复唐元宗的皇帝称号。得到宋太祖的同意后，于第二年用皇帝的礼仪把灵柩安葬于金陵城郊的顺陵。

唐元宗李璟作为南唐的第二代君主，即位以后并没有多少建树。他生性疏懒，误用奸佞，疏远忠臣，把个位居于江淮流域、得天独厚的南唐国搞得越来越贫弱，终于败于周世宗之手，由独立自主的国家降格为中朝附庸。唐元宗自己尝够了做附庸国君王的滋味，并且还把那兵败之余、国运穷蹙的破烂摊子传给了儿子、后主李从嘉。

第二十五章

李煜嗣位屈节

后主李从嘉即位后，为了图个吉利，取了个代表光明照耀之意的“煜”字来作为自己的名字，改名李煜，历史上则习惯称呼他为南唐李后主。

却说李煜虽然早已迁入东宫，并被立为太子，可是他对于即位做一国之主仍没有充分的思想准备。这话从何说起？需要慢慢道来。

原来李后主由于幼年的遭遇和由此而养成的习性，使得他对政治不感兴趣，只想做一个风流倜傥的文士，而不想做一个一呼百诺的君主。

李煜诞生于他祖父唐烈祖代吴建唐那年的七巧节晚上。他生就的相貌是宽广的额头，圆圆的脸蛋；两只炯炯有神的眼睛，其中一只是重瞳子，跟当年的西楚霸王项羽有点相似；嘴里有两颗门牙并在一起生长。他的这生日，乃是传说中的天上牛郎织女相会之期，是个吉利的日子，这样的生辰八字自然被认为比别人好；而他的这副相貌竟也如此不同一般，所以被认为必然会有一个与众不同的命运。果然，李煜自幼就很得祖父唐烈祖的喜欢，父亲唐元宗对他也极为爱护。

正是因为这些缘故，他几乎一出世就遭到了长兄李弘冀的妒忌。李弘冀虽是唐元宗的第三个儿子，但因前面两个哥哥夭折，他在家庭里成了嫡长子，是皇位的当然继承人。如今兄弟之中居然出了个有着非常之相和命运与众不同的人，岂不是象征着在皇位继承上有了一个对手吗？

在古代封建社会里，弟弟夺走哥哥皇位的事情，是屡见不鲜的。他们的老祖宗唐太宗李世民，就是从哥哥手中夺得的皇位，所以这怎能不叫李弘冀多一个心眼呢？李弘冀几次都想下毒手，趁早害死这个弟弟，怎奈他们是一母所生的同胞。母亲钟皇后谆谆教育他们兄弟之间要互相友爱，希望他们李家皇朝不要再出现历史上有过的那种骨肉相残的惨剧，所以李弘冀最终还是没下得了手。

李煜从懂事的时候起，就知道自己遭到哥哥妒忌这回事情。为了避免大祸临头，他就故意躲开政治，表示自己对做官、封王、继承帝业一类的事情全然不感兴趣。于是，他一天到晚埋头于书本之中，背诵子曰诗云，空闲的时间则请名师指点练习书法，写诗填词；学着画花卉翎毛、仕女山水；或请乐师指点着弹琴鼓瑟，谱曲歌舞。这样，久而久之，他真的成了一个名如其实的文人学士，对政治也真是不那么热心了。因此，他的大哥李弘冀也就不再那么担心他会来夺取皇位了。

可是命运偏会捉弄人，李煜没料到他的二哥、大哥竟会相继去世，自己在众兄弟的名单中逐渐往前挪，由实际上的老三而老二而老大，由皇子而皇太子，到最后竟成为国君继承人，所以他当国君的思想准备实在是不充分的。

然而，不管思想上有准备也罢，没有准备也罢，李煜终于被推上了国君的宝座。一个十足的风流倜傥的文士，如今竟然变成执掌千里江山的国君，硬着头皮也要去支撑那兵败之余残留下来的半壁河山。这真是“有心栽花花不开，无心插柳柳成荫”。

且说李后主即位之日，倒也很是热闹了一番。一些懂得礼仪的大臣如韩熙载等人帮着张罗安排好登基大典和一切诏书文告之类。大典仍然按照皇帝的礼仪排场，在皇宫的五凤楼前树立起一根几丈高的朱红色旗杆，上置金鸡，口衔绛幡，请李后主登临大宝，接受文武百官欢呼罗拜。

然后由新皇亲手颁发了大赦的诏书。诏书规定：所有监狱中在押的罪犯，除了犯有谋反和伤害双亲的大逆不道之罪者外，一律罪降一等，依次缩短服刑期限或提前释放。

大赦之后，他紧接着为亲属封王，给百官晋爵。他本当给自己的母亲上太后的尊号，因为外祖父的名字叫钟泰章，“泰”“太”同音，应当避讳，所以改尊母亲为圣尊后。又封他自己的爱妻周娥皇为国后，是当朝第一夫人。自己的几个亲兄弟一律封王，堂兄弟一律封侯。文武官员，则晋爵的晋爵，升官的升官。虽然国运穷蹙，但在新的国君即位之际，还是让朝廷内外来了个皆大欢喜。

俗话说，一朝天子一朝臣。这李后主登基后，照例任命自己的辅政大臣。这第一号辅臣你道是谁？不是别人，却是那位庸碌无能的严续。严续本是唐烈祖李昪的女婿，唐元宗李璟的妹夫，也就是李后主的姑父。用姑父为辅政大臣，是委权于外戚，况且此人并非首辅之材，可谓所任非人。这是后主第一步错棋。

南唐李后主嗣位铺排的场景，很快就传到了东京开封府。宋太祖听了这消息，满脸不高兴。他想：这金鸡衔绛幡，颁发大赦诏令，都是天子即位时所用的礼仪排场，李煜作为中朝附庸的一个小小藩王，怎能随便采用？莫非这李煜生性狂妄，趁着中原改朝换代之际，竟有了僭越的企图？看来非得大兴问罪之师，前去教训教训这个二十五岁的小伙子不可。

想到这里，宋太祖传旨把南唐派驻东京的进奏使陆昭符叫来。于是，陆昭符即刻上殿，参见宋太祖。

只听太祖朗声问道："我要问你，那李煜是何等人？"

陆昭符从容答道："乃吾南唐国嗣主。"

太祖冷笑道："南唐国是何等之国？"

陆昭符又答道："乃中原属国。"

太祖厉声道："既如此，李煜何敢用天子礼仪？"

陆昭符是位能言善辩、惯会替本国君主掩饰遮盖的外交官，他听出这是宋太祖对李后主即位时的礼仪排场有意见，担心两国之间因此动起干戈来，就赶快用说笑话的办法替本国打圆场。

他便仍然恭敬而又语带轻松地对宋太祖说："陛下，用木头雕刻的金鸡，雕刻得好，像只金鸡；雕刻得不好，像只怪鸟。金鸡报晓，象征国家兴旺发达；怪鸟啼叫，是吉是凶，还得等着瞧。因此，请陛下对此不必过分介意。"

宋太祖听了陆昭符的解释，一想也确实如此，不禁仰面哈哈大笑。他这一笑，就对李后主嗣位时的越礼行为不再介意了。

李后主在国运穷蹙之际嗣位，心头上如同打翻了五味瓶，喜怒哀乐、甜酸苦辣种种复杂的感受全都涌来。他喜的是自己正在中原发生改朝换代之际嗣位，宋太祖建立宋朝以后，百废待举，对南唐的事不会十分注意；怒的是自己竟在国家疲敝、危急存亡之时绍袭王位，命运实在太会捉弄人了；哀的是如今国土沦丧、山河破碎，已经只剩下半壁江山了，叫他如何收拾起；乐的是自己所掌握的毕竟是位于长江下游得天独厚的一块富庶之地，战败后才一年多，经济上已经复苏了，作为一个国君，衣食住行、吃喝玩乐等种种享受比较丰富，在战争还没有降临的时候，他毕竟还是可以享享福的。

不过，他也风闻东京城里有过关于金鸡和怪鸟的议论，不禁有些恐慌。他怕宋太祖真的大兴问罪之师，又要引来一场战祸，于是赶快派户部尚书冯谧带上金器二千两、银器二万两、纱罗缯彩三万匹，连同禀告自己绍袭王位经过的表文，到东京去向宋太祖进奏。

李后主有着出色的文学才能，又写得一笔好字，表文由他亲自起草，亲自缮写，写得文辞谦恭，字体也十分潇洒。大意是说：臣本是先君的诸子之一，才疏学浅，从无贪图利禄之心。本想借父兄的荫庇，隐居于山林之间，去过那优游的岁月。这种心情，臣早已多次向先君表达过，并非嗣位以后才有的，众多的江南大臣可以为臣作证。不料由于几位兄长相继谢世，按照长幼的顺序，先君才把江南的国家大事付托于臣。先君谢世时再三叮嘱，我江南唐室得有今日，全仗中朝的宽容，因而决不允许再有贰心。臣袭位以后，一定遵奉当年先君与中朝的协定，谨奉正朔，年年进贡，岁岁来朝，保证不亏臣节，伏祈陛下多多关照是幸。

宋太祖赵匡胤见李后主如此谦恭，对表文上潇洒的笔迹大加赞赏，他认为像这样志行淡泊的文士绍袭了南唐的王位，绝对不会有非分之想，也就打消了之前的种种怀疑。

他在答复李后主的诏书中也假客气了一番。大意是：请李后主管好江南的土地民众，劝课农桑，以纾民困。如有实际的困难，可以向大宋朝廷提出请求，在可能范围内一定尽量帮助解决。

宋太祖赵匡胤为了表示对一个藩国的关怀，也为了进一步探明这个藩国内部的情况，先后派出两个使团报聘南唐：一个是吊祭使，来吊唁唐元宗；一个是庆贺使，祝贺李后主的嗣位。

那时节，李后主准备有两套袍服：一套是藩王的绛紫色袍服，一套是天子的赭黄色龙袍。宋朝的使节一到，他赶快穿上藩王的紫袍前去迎接，表现出毕恭毕敬的样子；等宋朝的使节一走，他又立即换上天子的黄龙袍，依旧称孤道寡。在五代十国时期的乱世，地方割据政权和中朝的关系大致都是这样阴一套阳一套的，这倒并非是李后主的独创。

现在暂且搁下李后主即位后南唐国内的事情不表，先来说说李后主即位之初中国大地上政治风云的变幻，借以知道李后主是生存在怎么样的环境之中。

位于中原地区、成为当时中国政治核心的宋朝，是继承了后周的统绪建立起来的。后周的时候，中原皇朝的势力对周边各国来说已处于压倒性的优势，中国已经显露出将要由分裂割据而走向统一的趋势。宋朝取代后周，中原五代扰攘的历史已告结束。后周留给宋朝的政治遗产是十分丰富的。宋太祖赵匡胤接过周世宗柴荣未竟的事业，正在雄心勃勃地准备完成统一天下的伟大事业。十国继续割据下去的条件正在逐渐萎缩。事实上当时十国已只剩下半数左右，吴、前蜀、闽、楚已经先后灭亡，只有南唐、南汉、北汉、后蜀、吴越、荆南这六个国家了。南唐以外的其他五国，只有吴越因与中朝的关系比较好，而荆南则没有向外扩张的野心，都还未受到宋太祖的注意，南汉、北汉、后蜀都早已列入宋太祖要攻击的目标，它们的命运已岌岌可危了。

当时南汉是最后一个国君刘鋹在位，他即位刚满四个年头，在历史上被称为南汉刘后主。刘后主是个昏庸的国君，过着荒淫无耻的生活，宠信佞臣，疏远忠良，国势正在逐渐衰落，已经日薄西山、气息奄奄了。

北汉是后汉灭亡后才建立的，是十国之中建立最晚的一国，到南唐李后主即位时才十一个年头，当时是第二代国君、睿宗刘承钧在位。北汉是依靠契丹扶植起来的傀儡国家，刘承钧虽有摆脱契丹羁轭的企图，但事实上不大可能，因为他要与中原皇朝并存，就非得依靠契丹不可。周世宗在位时，已多次征讨北汉。宋朝代周以后，也把这个契丹卵翼下的北汉定为进攻的重要目标，所以它也已经处在存亡绝续的紧要关头。

后蜀当时是最后一个国君孟昶在位。孟昶在历史上被称为后蜀孟后主。他也是个生活十分奢侈的国君，连尿壶上都镶嵌着钻石、翡翠、珍珠、玛瑙等七宝，其他的种种享受自然更不必说了。由于后蜀位于天府之国的四川，得天独厚，政治相对稳定，孟昶已经做了将近三十年的君主。宋朝建立后，宋太祖很早就拟出了灭蜀的计划，正在逐渐付诸实施，后蜀的命运也已处在风雨飘摇之中了。

吴越是最后一个国君钱弘俶在位。钱氏吴越一向以结好中朝为国策，借以巩固自己的地位。它在十国之中算是最稳定的一个国家。钱弘俶在宋朝建立后恭恭敬敬地称臣纳贡，甚至连郡县地名中犯圣讳的字眼都一一改过，所以很得宋太祖的欢心。它离中原朝廷比较远，中间隔着一个南唐，宋太祖暂时还没有想要灭亡它的打算。吴越倚仗与中朝关系融洽，背后有强大的靠山，竟处处与南唐为敌，是南唐在对付中原皇朝时最大的一个后顾之忧。

荆南当时是第四任统治者高保勖在位。这个国家从第一任统治者起就从未有过称帝的野心，一直甘愿以藩王自居。第三任统治者贞懿王高保融死于宋朝代周那年。高保勖是高保融的十弟，他于哥哥死后权知军府事，上表奏闻宋太祖。宋太祖拜高保勖为荆南节度使。它虽然还未与中朝正式合并，实际上已经没有独立政权的性质了。

除了上面交代的南唐以外的五个国家，北部中国还有一个十国以外的契丹人建立的辽国。当时它在辽穆宗耶律述律统治下。这个由北方少数民族建立的国家，从五代的后晋起，就一直想干预中朝的大事。后晋是它扶植起来而后又被它灭亡的。后汉、后周时期，辽国一直在边境上找麻烦。周世宗一度制订了灭辽的计谋，但未能实现。汉周交替之际的北汉，以叔皇帝尊称辽帝，自己甘居侄皇帝的地位。辽和北汉一直是同盟的关系，互相勾结，守望相助，构成了对中朝更大的威胁。宋朝建立后，很想跟辽国一决雌雄，可惜天下尚未统一，这件事一时还提不到日程上来。辽国的存在，实际上起到了帮助南唐等国苟延残喘的作用。

从以上介绍李后主即位时中国的政治风云来看，李后主治下的南唐的处境实在是非常危险的。中原的宋朝如同一个巨大的阴影，笼罩在南唐的上空，压得南唐君民喘不过气来；而与南唐国土相连的邻国，或者自顾不暇，或者竟然是南唐的死对头。万一宋太祖真的步武周世宗，行那饮马长江、投鞭断流之举，向南唐发动进攻，李后主竟是连一个帮手也找不到的。唯一能够讨救兵的地方只有远在北方的辽国。可是契丹人的脾气很难捉摸，要跟他们联合起来对付宋朝，并非轻而易举的事。至少也得送去一份厚礼，卑躬屈节地去向他们求告，也许才能获得同情，让他们出兵在宋朝背后捣捣乱，借以牵制宋军的南下，可是毕竟是远水救不了近火，能不能真正牵制住宋军，那也是靠不住的。

李后主幼年的时候，人们根据他的相貌，说他具有特殊的命运。如今这话只应验了一半，他嗣位做了一国之主，其身份确实是够特殊的了。可是他在国运穷蹙之际做了国君，犹如端了一杯苦酒在手，滋味实在并不好受，倒不如当年做皇子的时候，练书法，画花鸟，写诗词，奏音乐，显得其乐融融，快活如神仙。所以，每当遇到棘手之事，或是想到当年那种“文士”生活的时候，他便常常怨命运之神为什么要让他投生在帝王之家，也怨恨前面的几个哥哥为什么竟死得那么早了。

在当时的那种情况之下，摆在南唐面前的道路实在只有两条。

一条路是立即与中朝决裂，决一死战，这样也许能激励军心民心，打上几次胜仗，使宋朝知道南唐毕竟是十国之中最大的一国，不是好欺侮的，从而暂时保持这种半独立的地位；万一在战争中失败亡国，也亡得轰轰烈烈，给宋朝一次沉重的打击，让它领略一下那困兽犹斗的猛劲。

另一条路是向自己的死对头吴越学习，屈节图存，干脆收起一会儿换紫袍一会儿换黄袍那种阴一套阳一套的做法，死心塌地地向宋朝纳贡称臣，明白地求告它不要出兵来灭亡自己，或至少暂时先不要来灭亡自己。

就李后主的性格与能力来说，他在不到万不得已的时候下不了决心去选择前一条道路，他可能走的只能是后一条道路，即屈节图存，忍辱求生，先暂时活下来再说。可是，大唐皇朝宗室这个包袱又背在他的身上，使得他又不愿意显得太低微了，所以当着宋朝使者的面虽然毕恭毕敬，背地里却仍是想要称孤道寡，阴一套阳一套的做法始终不肯抛弃。

所以，李后主在即位之初做了几件事，就表现了他还存有若干幻想。

一方面，李后主封弟弟韩王李从善为司徒兼侍中、诸道兵马副元帅；并设置了龙翔军，偷偷地在江河湖泊中操练水军，以备对付宋军的进攻；又封另一个弟弟邓王李从益为司空、南都留守，叫他在南昌做好准备，万一宋朝兵临金陵城下，好迁都南昌，继续负隅顽抗。但是李后主在做这些方面的布置时，都是从消极方面打算的，缺少积极进取的打算。

另一个方面，李后主于即位的第二年，一连三次派使臣到宋朝进贡，以求取得宋太祖的欢心，请他高抬贵手，不要出兵南下。第一次进贡是在三月里，派遣冯延鲁为朝贡使。第二次进贡在六月间，派遣客省使翟如璧为朝贡使。第三次进贡在十一月，派遣水部郎中顾彝为朝贡使。

冯延鲁是臭名昭著的“五鬼”之一，还曾经做过后周的俘虏，派这样的人为朝贡使，宋太祖自然不大愿意接待，除了贡品全部收下以外，竟无任何表示。翟如璧去进贡时，宋太祖觉得南唐在三个月之中就两次进贡，有些不好意思了，就以放还被后周俘虏的南唐军士千人作为答礼，表示南北战争状态的结束。顾彝去进贡时，宋太祖的态度进一步改善，收下贡品，留顾彝在东京过冬，于次年正月遣使随顾彝回访，赐给李后主一些羊、马、骆驼。

三次卑躬屈节的朝贡，终于换来了一份微薄的答礼。有了答礼，说明对方的态度还是友好的，一时间大概还翻不了脸。这已经使得李后主够高兴的了。他对先后出使的三名使节都给予重赏，慰劳他们在跟宋朝搞好关系中的奔波劳顿。

可是三次朝贡的花费实在不小，国库中收藏的奇珍异宝和金银绢帛，如潮水般哗哗流入宋朝。富庶的南唐经济上也几乎快濒临破产了，这怎不叫李后主为之伤情呢？他不由抬头问天，老天爷啊！我这个国君究竟还能做多少日子？这半壁江山的破烂摊子叫我如何收拾！他俯首问地，大地啊！我在江南这片狭小的土地上究竟还能站立多久？我的出路究竟在哪里？他扪心自问，李煜啊李煜！你的命为什么这样苦，非要投生在帝王之家，如今这提心吊胆的日子哪一天才能熬到头！

卑躬屈节的朝贡只能换来暂时的安宁，而不断的朝贡使得府库空虚，又不得不加重对百姓的压榨与剥削。结果，阶级矛盾再一次弄得尖锐起来了，新的农民起义竟又在这国运日蹙之际爆发了。

第二十六章

鹧鸪洞起义

李后主为了讨好宋太祖，多次派人向宋朝进贡，弄得南唐国库空虚，因而加紧对百姓的压榨剥削，结果又导致了一场农民起义。这次农民起义爆发在庐陵郡（今江西吉安市），起义军的领袖名叫吴先。

庐陵郡位于赣江中游，是南唐的一个大郡。这里土地肥沃，物产丰富，交通方便，文化发达，是个很好的地方。自从唐元宗李璟一度迁都于南昌府以后，南唐的政治经济重心逐渐有些南移，南昌以南赣江流域的一大片地方日益繁荣起来。从唐元宗末年开始，一些对国家前途感到失望而致仕退隐的官僚，害怕北兵饮马长江，在金陵一带住着不安全，就带着他们的家产眷属，纷纷迁居赣江流域的一些郡县，买田置产，建立家业。庐陵郡因为有着上面说的种种优点，自然成了官僚们择地迁居的重要目标，促使这里比以前更加繁荣热闹。

这样的变化，对于当地老百姓来说，是一种幸运，也是一种不幸。幸运的是自己的家乡日渐繁荣，生活水平自然也就随之有所提高，繁荣总比闭塞落后要好得多；不幸的是大批外来的官僚涌到这里，田地被抢购霸占一空，使得本地的一部分中小地主和农民丧失了土地。迁到这里来建房置产的官员们，因其身份地位的高低，有着种种不同的做法，有人出钱雇工，有人就让当地官府给他们强拉民夫服役。被雇去做工的农民，可以得到一些微薄的报酬，他们还没有太大的反感；被强拉去服役的民夫，不仅没有报酬，甚至还要自己带了干粮去，这就是额外的负担了。所以，当时的繁荣对于中上层人士来说，好处比较多；对于下层老百姓来说，好处不大，甚至只有坏处。所以，随着地方上的繁荣，阶级矛盾反而显得比以前更加尖锐起来。

古代社会中官府征派徭役的制度和办法，在秦汉魏晋时比较简单，到了隋唐五代时期，随着社会的繁荣和统治阶级的欲望越来越大，征派徭役的制度和办法也就越来越复杂。官府兴办土木建筑工程，要向民间征派徭役；打仗修筑防御工事或运送粮草，要征派徭役；有权有势的地主官僚建造府第，也可以通过官府征派徭役；甚至大地主大官僚家里的婚丧喜庆，需要抬花轿的，抬棺材的，也可以向民间征派徭役。

被征发去服徭役的人，倒也不一定全是去卖苦力，比如有一种派到农村中去催逼赋税的差使，也算是徭役。不过，这种差使毕竟是少数人，而且往往征发地方上略为有点文化、能算能写的人去担当。凡是被征发去担当这一类设的人，常常发生分化，走上两条不同的道路：一条路是利用官府交给的差使，拿鸡毛当令箭，狗仗人势地去欺压贫苦无告的农民，在催逼赋税的过程中，上下其手，贪污中饱，甚至和官府中人勾结起来，大发横财，最后成了暴发户、新地主，或成了衙门中专职的差役，地方官的狗腿子。另一条路是在服役的过程中站到了广大穷苦百姓的一边，他们由于走东家、串西家，亲眼看到了穷苦人家在灶凉锅空、啼饥号寒的情况下，还要被迫交纳沉重的赋税，交不出的要被捉去坐牢、捆绑吊打甚至断送了性命，因而更加认清楚了封建剥削的残酷性。最后，他们往往会走上领导农民起义、成为起义军领袖这条路。领导庐陵郡农民起义的吴先，就是走后一条道路的这种人。

吴先原是住在庐陵郡城郊的一个普通农民，他父母双亡，年纪已经三十多岁了还没有娶妻成家。他家境虽然贫寒，却也无牵无挂，经常锁上门，凭着一身的力气，去帮着人家肩挑背扛地跑买卖，借以混得一口饭吃。因为跑的地方多，见识广，又加上人特别机灵，所以他竟也无师自通地识得了几个字，达到了能算会写的水平。他这样的人，也就够上了被征发去担当催赋税这种徭役的资格。因此，他很快被地方上的官吏看中，把他征发去服徭役，叫他到农村中挨家串户地催逼赋税。

那些早已在担当这种差使并且正在逐渐走上第一条道路成为暴发户的人，看到新来一个伙伴，就把这其中的奥妙来传授给他。有个姓朱的就这样对他说："叫你干这种差使，看来你是交上好运了。你三十多岁的汉子还没有娶亲，可以先在农村中找个长得漂亮而又积欠赋税的小寡妇，用催逼赋税作为手段，把她霸占了，享受一下男女之乐。然后你就得努力巴结好官府，得到了一点好处与他们三七分成，让衙门里有权有势的人多得点，你少得点，这就叫让人家吃肉，你喝点儿肥汤。这样，不论你在下面怎么搞，他们就会开一只眼，闭一只眼，任你为所欲为了。"

他看吴先不说话，就又得意地接下去说："你不要看不起那一口两口的肥汤，俗语说，积少成多，聚沙成塔，一口两口的肥汤喝下去，日久天长，也会使你吃成个胖子，逐渐地富裕起来的。等到你有了钱，可以去买个小官来做做，或在衙门里补上个差役。到那时候，你就神气起来了，一跺脚，地皮就会乱颤了，穷小子们见到你就会点头哈腰了。”

可是，吴先毕竟不是这种光管自己享乐、不顾他人死活的人。听了这么一番话，他不但没有听进去，反而认清了当时官府的腐败和社会上的欺诈成风。多少个夜晚，他都在苦苦思索，想找到一条救国为民的路。

他想到跟着别人跑码头做买卖时走过的许多地方，结识的各种人；想到他亲眼看到的被后周军队蹂躏过的地方；想到在战争中倾家荡产的既有平民百姓，也有地主富豪。他感到国家衰弱，随时有亡国危险的情况下，就是有田有产也顶不了事，敌国的军队一来，照样得家破人亡。

这样，他终于朦胧地意识到，没有国家富强，哪来个人安乐！如今他看到中原已经改朝换代，而自己的国家竟然不趁此机会振作起来，收回淮南江北之地，却照旧卑躬屈节地去朝贡，实在使他想不通。他想到自己的差使是帮助官府聚敛，而聚敛来的钱财一半被大大小小的官吏贪污中饱，一半交到国库以后又经过朝贡使转到宋朝那里。这种差使实在不是人干的事，如果再昧着良心从中揩油、喝肥汤，那就更是丧尽天良了。

经过一番苦思苦想，吴先决心走为民为国的路。他要利用自己的差使把官府搜刮民财的真相告诉农民群众，并且引导他们起来抗缴赋税。他还要向百姓讲述白甲军抗敌的故事，要大家组织起来，准备抗击宋军的南下，保卫自己的家乡。于是，吴先按照计划一步步去做，很快就收到了效果。在他的鼓动下，庐陵郡四郊的农民普遍地展开了抗缴赋税的斗争。

庐陵郡的郡守见吴先每次下乡，空手而去，空手而回，一次也没有完成催逼赋税的任务，就很是震怒，又听说四郊农民正在发动抗缴赋税的斗争，更使他很是焦急，怕完不成任务会被罢官免职。他派出手下得力的差役去了解情况。一调查，才知道这抗缴赋税的斗争竟是吴先鼓动起来的，于是就赶快下令逮捕吴先，把他投入监狱。

吴先被捕的消息很快在农民中传开。庐陵郡四郊几十个乡的农民被激怒了！他们扛着锄头、铁耙，拿着菜刀、扁担，纷纷赶来营救。他们冲进城里，打死狱卒，砸开牢门，把吴先救了出来。

吴先在农民兄弟的帮助下恢复自由以后，跟几个为首的人一商量，决定一不做二不休，正式扯起了起义的大旗，开展武装斗争。吴先带着起义军去攻打庐陵郡及其下辖的一些县城，但由于军队没有经过训练，而当时驻在庐陵的几千南唐士兵还有相当实力，双方打了几仗以后，起义军失利了。

吴先决定把起义军带到庐陵城郊一个名叫鹧鸪洞的地方，准备在那里进行操练，积蓄实力，跟官军展开长期斗争。

鹧鸪洞是深山之中许许多多互相联通的岩洞，那里地形复杂，不熟悉情况的人进得去，出不来，只好伏在岩洞之中像鹧鸪啼叫那样大喊“行不得也哥哥”，因此这些岩洞才被取名为鹧鸪洞。

吴先带着农民军进驻鹧鸪洞以后，摸清了其中如同迷宫那样的来往通道，做上了只有他们自己才知道的种种记号，并且清理了洞中的乱石和苔藓，安装了种种机关，分兵把守，防备官军的进攻。布置停当以后，他们就利用对自己有利的地形，不断四出袭击，夺取官军的武器粮草来装备自己。

庐陵郡守虽然一再下令派兵清剿，可是官兵接到命令，听说是去鹧鸪洞，就大喊“行不得也哥哥”，表示对那进得去出不来的鹧鸪洞实在毫无办法，害怕到了那里会白白送死。官军不敢清剿，鹧鸪洞农民起义军的势力就一天天壮大起来。

再说即位不久的李后主，听说庐陵郡发生民变，自己的后方不稳，真是心急如焚。他赶快悬出赏格，张榜招能，准备镇压农民起义。榜文说：“庐陵郡鹧鸪洞草寇猖獗，凡能协助官军荡平鹧鸪洞、活捉吴先者，就授予高官厚禄，封妻荫子，赏给田园宅第。”

俗话说，重赏之下，必有勇夫。榜文贴出以后才三天，庐陵郡属下的安福县地方有个名叫刘茂忠的捕头，就兴冲冲地赶来揭榜应募了。

刘茂忠原先是个江洋大盗，他生来浓眉大眼，体格魁梧，力大无穷。唐元宗在位的末年，由于后周入侵，兵荒马乱，人们的生计艰难，许多人被迫铤而走险，做了盗贼。刘茂忠和他的难兄难弟赵晟、萧荣等人，聚集起一帮亡命之徒，分头在北起长江、南到鄱阳湖南岸和赣江流域一带，干着打家劫舍和拦劫过往客商的勾当。

刘茂忠善于使用一柄大槊，挥舞起来，一二百个人也不是他的对手。他跟捉拿他的官军对抗时，敢打敢拼，不少官军士兵就死在他的大槊之下。他能飞檐走壁，游泳潜水，来去如飞，出没无常。

刘茂忠在庐陵郡周围几个县城里作案太多了，这些县的县吏大感头痛，只好采取联防，布置眼线，对刘茂忠进行跟踪。有一回，他们打听到刘茂忠喝醉了酒，正在一个朋友家里熟睡未醒，就出其不意地前去袭击，才把他抓捕归案。庐陵郡守根据刘茂忠犯下的罪行，下令判处死刑，给他戴上几十斤重的大枷，打入囚车，派人押送到金陵的刑部监狱候斩。

事情凑巧得很，刘茂忠刚被押解到金陵不久，就赶上唐元宗去世、李后主嗣位。按照封建时代的老规矩，嗣君登基照例要发布大赦令，除了谋反、弑君、杀害双亲等大逆不道之罪以外，包括盗贼在内都能减刑，死刑可以改为监禁，监禁者可以缩短年限，刑期最短的可以提前释放。刘茂忠虽已被判处死刑，但因是盗贼而非谋反，所以也在被赦之列，由死刑改成了长期监禁。

李后主在即位之初有个特别的做法，他为了表示自己的慈惠仁爱，常常亲自深入到监狱中去抽查罪犯的案卷，提审已经判了刑的罪犯，想要了解一下有无错判的情况，以便及时平反；甚至对那些证据确凿、非判死刑不可的罪犯，李后主也还要为他们掉几滴怜悯的眼泪，替他们念几句阿弥陀佛，祝愿他们来世投生到知书达理的人家，做个安分守己的良民。

李后主的这种做法是史无前例的，也是违反常规的，大臣们对此很有意见。比如中书侍郎韩熙载就切谏说："狱讼乃有司之事，囹圄非帝王车驾所宜临幸之地。陛下破坏法度，干预狱讼，应罚内库银三百万两以资国用。"

可是，事实上李后主的这种做法竟也收到了意外的效果，江洋大盗刘茂忠竟被他的慈惠的眼泪所感动了。刘茂忠在监狱里听说他的老伙伴赵晟、萧荣等人还在打家劫舍，流窜到了长江下游的金陵地区，并且案子越做越大，竟抢劫了地方上输送到金陵来的钱粮，其罪行已经等同于谋反了。于是刘茂忠就想到要立功赎罪，帮助官军去平定赵晟、萧荣等江洋大盗。当李后主提审到他时，他匍匐在地，痛哭流涕地表示自己已有悔改之意，希望李后主饶恕他，放他出狱，他一定在短期内协助官军，平定赵、萧这伙盗贼，立功赎罪。

李后主正在为盗贼横行而感到头痛，听得刘茂忠愿意立功赎罪，就如同落水的人碰到了一根稻草，赶快一把抓住。他对刘茂忠说："你愿改悔就好，寡人立即命令刑部将你释放，带一支精兵前去平定赵晟、萧荣这些罪大恶极的匪徒。事成之后，一定重重赏赐。"

刘茂忠磕了几个响头谢恩，并表示自己不能明面上带着官军前去进剿，而是要假装成越狱潜逃的模样去投奔赵晟、萧荣，在盗贼内部做官军的内应。他走后，官军的精兵可以暗地里紧紧跟随，听候他的消息，再采取行动。

李后主对于这样的做法难免有些犹豫，担心放虎归山，不好收拾。刘茂忠看出了这一点，他咬破手指，用鲜血画押，表示自己完全出于至诚，希望李后主相信他。最后，李后主就答应按照刘茂忠的计策行事，命令刑部把他释放了。

赵晟、萧荣这伙江洋大盗跟农民起义军截然不同。他们做盗贼是为了大秤分金银、大碗吃酒肉，图自身的快乐。他们抢得了巨额财富，已经成为腰缠万贯的富翁，过着花天酒地的生活，警惕性全都丧失了。当刘茂忠满面尘土，假装成个越狱潜逃的罪犯前来投奔的时候，他们一点儿也不怀疑，就把这个难兄难弟收下了，并且大摆筵席为之接风。可是当大伙儿正喝得酩酊大醉的时候，刘茂忠假装上厕所，到外面发了个信号，大队官军精兵就冲了进来，当场就把赵晟、萧荣等一伙盗贼逮捕，押解到金陵后处决了。刘茂忠立功受赏，他用难兄难弟的尸骨铺成往上爬的台阶，做了官，被署为安福县诸色捕捉军头。

安福县诸色捕捉军头刘茂忠听说庐陵郡鹧鸪洞发生了农民起义，李后主正在悬赏招募能镇压起义的人，认为自己升官发财的机会又来到了。他赶快兴冲冲地赶来揭榜应募。李后主从上次平定赵晟、萧荣的过程中，知道刘茂忠的确有勇有谋，听说他这次又来揭榜应募，就很高兴地接见了他，当面给予鼓励，赏赐他许多金银财宝，还拨出一支精锐的队伍归他指挥，派他去庐陵郡镇压鹧鸪洞农民起义。

刘茂忠知道鹧鸪洞地形复杂，从正面进攻把握不大，决定采用苦肉计来对付吴先。

一天，驻扎在鹧鸪洞附近的刘茂忠的军营里发生了一场风波。当一队队的官军去向刘茂忠报告他们巡查周围地区的情况时，刘茂忠指责其中两名军官玩忽职守，没有很好地完成巡查的任务。这两名军官顶撞了几句，刘茂忠就勃然大怒，下令把他们捆绑起来，当众打了一百军棍，并把他们关入囚车，扬言要杀掉他们。

就在那天半夜，刘茂忠的军营突然失火，火光烧红了半爿天。上千名士兵乱哄哄地闹腾了好几个时辰，才把大火扑灭。事后说是关在囚车中的两个军官逃走了，那把火就是他们放的。刘茂忠还煞有介事地带着队伍朝着鹧鸪洞的方向搜索了一阵子，然后才收兵回去。

那两个逃出囚车的军官，浑身是伤，逃到了鹧鸪洞的农民军那里，请求农民军首领吴先收留他们。他们解开衣服，把自己遍体鳞伤的身子展示给吴先看，还捶胸顿足地大骂刘茂忠，说自己与之不共戴天，等养好伤以后，非要踏平官军军营，活捉刘茂忠，把他碎尸万段不可。

吴先不知是计，便派探子出去打听，了解这两个军官逃到鹧鸪洞来的原因。探子回来报告说，这两个人确是被刘茂忠处罚以后，关入囚车准备处决的，他们乘着黑夜打开囚车，放了一把火，才逃了出来。

吴先觉得他们既是受到刘茂忠迫害的人，就决定把他们收留下来，还叫人采来草药，给他们治伤。为了弄清楚刘茂忠率领的官军的情况，吴先常常在夜深人静时把这两个军官叫到自己身边问话，一谈就是几个时辰。

过了一个月左右，两个奸细把伤养好了，对鹧鸪洞的情况也全都熟悉了。于是，他们暗藏利刃，在某天深夜求见吴先，说有重要的情况报告。当吴先正聚精会神地听着一个军官讲话时，另一个军官出其不意地拔出利刃，一下就刺中了吴先的心窝。可怜吴先当即身亡。两个奸细割下吴先的首级，偷偷逃回刘茂忠的军营。

刘茂忠见自己的阴谋得逞，就用竹竿挑起吴先的首级在前面开路，出动大队兵马向鹧鸪洞发动猛烈进攻。这时候，鹧鸪洞里的农民军见首领被害，群龙无首，顷刻间乱作一团。一些不坚定的人投降了，坚决抵抗的人且战且走，被逼到了岩洞深处无路可走的地方，最后全都壮烈牺牲。

刘茂忠依靠这种阴险毒辣的苦肉计，残酷地镇压了鹧鸪洞农民起义，算是为李后主立了大功。消息报到金陵，李后主立即给刘茂忠加官晋爵，任命他为吉州兵马都押衙。

鹧鸪洞吴先领导的农民起义被镇压下去了，李后主去了块心病。他知道宋太祖暂时还没有立即向南唐进攻的意思，就得过且过，和他的国后周娥皇宴饮歌舞，过着今朝有酒今朝醉的生活。当周娥皇生病的时候，他又偷偷地恋上了小姨子。

第二十七章

大周后与小周后

李后主的原配、国后周娥皇，乃是南唐开国元老周宗的长女。周娥皇在十九岁时被选入宫，由于容貌出众，并且通书史，善歌舞，尤其擅长弹奏琵琶，所以很得当时在位的唐元宗的欢心。唐元宗就把周娥皇留在自己身边伴宿，并把自己心爱的烧槽琵琶赐给了她。

可是当时正值后周即将大举南侵之际，边界上的形势很是吃紧。唐元宗觉得自己在这样危急的时候再封立个年轻的妃子实在不合时宜，所以在缠绵了几天以后，他还是咬咬牙，把这如花似玉的周娥皇转赐给了自己的儿子李从嘉，也就是现在的李后主。

李后主比周娥皇小一岁。虽然周娥皇已在唐元宗身边伴宿多日，但这女子有文才，能通书史，懂音乐，善歌舞，他就很高兴，是不是黄花闺女他倒并不在乎。因此，他们俩成亲以后，感情非常融洽，两口子真可以说是夫唱妇随，形影不离，过着白糖拌蜜似的日子。

唐元宗谢世，李后主嗣位以后，周娥皇被册封为国后，成了南唐最尊贵的第一夫人。可是，这位国后深知做帝王的爱情靠不住，三宫六院养着许多的妃子宠姬还不算，往往还要不断地去选些美女到皇宫里来，这使她不安于心。她决心要用自己的美貌和文才笼络住自己的丈夫，把他拴在自己的裙带上，决不让他再去亲近别的女人。

李后主即位那年二十五岁，正是青春年少。别的帝王在这个年龄正是大选嫔妃和美女、不断充实后宫的时候，李后主因为是在国运穷蹙之际即位的，所以对这个问题倒一时还顾不上，事实上也没有可能去考虑。他觉得有这么一个年轻美貌的周娥皇陪伴着他，已经是心满意足了。

俗语说："士为知己者死，女为悦己者容。"周娥皇既然能获得李后主专一的爱情，宠嬖专房，她自然要想尽办法，在梳妆打扮上下一番功夫，曲意博取李后主的欢心。

她每天为了梳什么发髻、穿什么衣裳而煞费苦心。今天，她梳一个高高的发髻，穿一套瘦瘦的束腰的服装，问李后主美不美；明天，她又改为在额前留一撮刘海，两鬓各插一朵珠花，穿一套宽袍大袖的服装，问李后主美不美。她做了上百套各式各样的服装，准备了千百种的首饰，请画师画了百十来种的发髻式样，每天换一种打扮，花样层出不穷，永无休止。

国后是一国最尊贵的女人，她的梳妆打扮自然成为众人模仿的榜样。虽说那时候的南唐已是国难当头，可是官僚豪族们的夫人并不理会什么国难不国难的，只要自己能过得快乐就行。她们天天派人到皇宫去打听，看今天国后梳的是什么发髻，穿的是什么款式的服装，就赶快照着样子模仿。明天国后改变了发髻的造型和服装的款式，她们也赶快跟着改变，天天忙着赶时髦。一时间，金陵上流社会香艳竞雄，绮靡成风。

其实，李后主最喜欢周娥皇的倒不是她的梳妆打扮，而是她的美妙歌喉，以及能够谱曲弹奏琵琶的那一套技艺。李后主自己长袖善舞。他们俩常常是一个奏乐，一个跟着乐声翩翩起舞，以此来消磨光阴。

且说这一日，正值大雪纷飞的隆冬，虽说已是夜深，可后宫暖阁之中，李后主和周娥皇却仍在畅饮，互相举杯敬酒。酒酣耳热之际，周娥皇轻启樱唇，娇声道："值此良宵，陛下何不一舒长袖？"

李后主柔声含笑回答道："卿卿如能编曲新曲谱，寡人定按新谱起舞。"

周娥皇说声好，立即叫宫娥取来笔墨纸砚。只见她一边嘴里轻声哼着，一边飞快地谱着曲，没用多少时间，就谱好了两支情调完全不同的曲子，一支叫《邀醉舞破》，一支叫《恨来迟破》。前一支属于高昂奋激、如痴如狂的情调，是狂欢式的；后一支属于低沉悲凉、如泣如诉的情调，是忧郁式的。

李后主听周娥皇用琵琶把两支曲谱各弹奏一遍以后，沉吟道："依寡人看来，这《恨来迟破》更合情趣。"说着，就照着那《恨来迟破》低沉悲凉的节拍开始缓慢地跳起舞来。

就这样，他们俩一个弹着，一个舞着，渐渐地两个人的思想感情全都融化在曲调中去了，竟情不自禁地悲从中来。一个再也弹奏不下去了，一个再也无心舞蹈了，两个人竟抱头痛哭起来。在时局动荡、朝不保夕的国运穷蹙之际苦中作乐，真的是乐在其中，苦也在其中啊！

早先，在盛唐的时候，宫廷中最流行的舞曲是《霓裳羽衣曲》，这也是杨贵妃最拿手的舞曲。后来，“渔阳鼙鼓动地来，惊破霓裳羽衣曲”，经历了安史之乱和更后一些的黄巢大起义，这《霓裳羽衣曲》就逐渐被人们淡忘了。周娥皇从她的老师那里得到过一份《霓裳羽衣曲》的残谱，她根据自己对曲谱的理解，动手整理补缀，写成了新的《霓裳羽衣曲》，时常用琵琶弹奏。从此，开元天宝之遗音竟然又在南唐宫廷中回响起来。

当时已被提升为内史舍人的徐铉，听到宫廷乐工曹生也学会了这支曲子，就请他为自己弹奏了一遍。徐铉也是深懂乐理之人，他仔细听完后，对曹生说：“按照音乐曲谱的情调看来，《霓裳羽衣曲》到结束时应当逐渐地缓慢下来，犹如那飞升的嫦娥，边舞边向月宫飞去，直到看不见听不见为止。为什么你弹奏的《霓裳羽衣曲》在临近结束的时候反而越来越急促呢？”

曹生说：“根据我的体会，旧的曲谱最后确实是应当逐渐转缓的。如今这个曲谱是国后周娥皇改写的。这样的结尾恐怕不是吉祥之兆，而是亡国之音吧！”

李后主在国后周娥皇的陪伴下，朝朝暮暮地沉溺于音乐歌舞之中，连国家大事也有些懒得去处理了。监察御史张宪觉得这样下去如何得了，便上疏切谏，请求李后主不要耽嗜宴饮歌舞，应当注意大敌当前，赶快处理好军国大事才好。李后主对于监察御史的切谏自然不敢泼冷水，便表扬张宪直言敢谏，还赏赐绢帛三十匹。可是背过身他照样去宴饮歌舞，不能自拔。

俗语说，乐极生悲。李后主和国后周娥皇夫唱妇随、如胶似漆地绸缪了几年以后，在他们结婚十周年那天，周娥皇突然病倒了。

开始的时候，李后主对她还着实关切备至，日夜陪伴着她，亲尝汤药，问寒问暖，尽心竭力地服侍她，希望她早日痊愈。可是，随着时间的推移，周娥皇的病不但没有好转，反倒越来越沉重了。可怜她那冰肌玉骨渐渐干瘦如柴，昔日的花容月貌也日益枯槁。因此，李后主的心也就渐渐地冷了下来。

偏在这个时候，身边又出现了一位娇滴滴、香浓脂腻的美人，他怎么能不动心呢！于是，李后主居然把爱情逐渐地转移到这位美人——他的小姨子身上去了。

李后主的小姨子，即周娥皇的亲妹妹，史失其名，因为她后来被继立为国后，因此历史上习惯称呼她为小周后。

小周后因姊姊在宫中做皇后，就常去宫中玩耍。李后主的母亲、圣尊后钟氏很喜欢她，把她当作自己的女儿看待，常常让她在宫中留宿。周娥皇病倒以后，李后主身旁缺少个女人陪伴，感到很是空虚，就常来挑逗她。一来二去，姊夫和小姨子两个就热恋上了。

他们瞒着周娥皇，经常偷偷地在花前月下，或宫中比较僻静的地方幽会。为了怕走路时惊动别人，小周后脱下金缕鞋提在手中，穿着袜子，蹑手蹑脚地走向情郎。两个人见面以后，又惊又喜地紧紧依偎在一起，海誓山盟，互相说着只有对方才能听得清的悄悄话。他们那热恋的情景，李后主曾用一首《菩萨蛮》来加以描写：

花明月暗笼轻雾，今宵好向郎边去。刬袜步香阶，手提金缕鞋。　画堂南畔见，一晌偎人颤。奴为出来难，教君恣意怜。

有时候，李后主叫他的亲信在远离寝宫的御花园一角为他摆下一桌酒席，屏退众人，由他和小周后两个人偷偷聚会。在酒酣耳热之际，他们一个轻声吹着笙，一个翩翩起舞，尽情欢娱一番。对于这种两人对饮、奏乐舞蹈的情景，李后主也有一首《菩萨蛮》加以描写：

铜簧韵脆锵寒竹，新声慢奏移纤玉。眼色暗相钩，秋波横欲流。　　雨云深绣户，来便谐衷素。宴罢又成空，梦迷春睡中。

使李后主和小周后感到遗憾的是，目下他们还只能这样偷偷摸摸地热恋。国后周娥皇还在，姊夫和小姨子就没法正式结合成为夫妻。按照周娥皇的脾气和性格来看，即使是自己的亲妹妹，想要把她所爱的人分走一半，那也是决不会允许的。

日子一天天过去，周娥皇的病情越来越重，李后主和小姨子的情爱也越来越到了白热化的程度。他们已经不再顾忌别人的耳目了，李后主公然把小姨子接到自己寝宫的外屋住宿。和周娥皇的病榻仅仅一墙之隔，姊夫和小姨子竟然形影不离地同居了。

有一天，周娥皇刚刚十分艰难地翻了个身，脸朝外躺着。忽然间，她隔着珠帘望见了妹妹在外屋的身影。她叫宫娥把妹妹请到自己病榻边来询问道："妹妹是来看望我的吗？你在外屋和谁说话来着？"

那天不知道为什么，小周后竟然忘了姊姊的脾气，她都没有过脑子，竟脱口而出地回答说："我不是来看姊姊的，是姊夫把我接到这里来的，我已经在外屋住了多日了。"

周娥皇吃惊地问："这里是你住的地方吗？你是一个人住还是两个人住？"

小周后见话已出口，收不回来了，就索性把话挑明了。她说："姊夫说，自从姊姊病倒以后，他寂寞得很，所以要我陪伴着他。我的好姊姊！您就原谅了我和他吧！"

这几句坦率的话真是如同晴天一声霹雳，气坏了周娥皇。她想，自己的丈夫原来也是这样的负心汉，稍一脱离她的管束，就胡作非为地热恋上小姨子了。她也恨自己的妹妹，这个小狐狸精，为什么竟敢来迷住姊姊的心上人！

周娥皇这一气非同小可，她立时觉得自己已经是多余的人了，活在世间还有什么意思呢！气愤使得她的病情立刻又加重了三分。她一连吐了好几口血，竟是粒米不能下咽，全靠着人参汤来维持垂危的生命了。

正在这时候，又一个突如其来的严重打击降临到了周娥皇的头上。她最疼爱的第二个儿子、年才四岁的仲宣，因为受了惊吓，先是得了癫痫，没过几天，竟赶在她的前面死去了。

周娥皇一共生过两个儿子，长子仲寓生于唐元宗保大十五年。那年正值后周军队大举南下之时，周娥皇在一夕数惊的恐怖日子里，生下了这个孩子。她嫌儿子命不好，不是很喜欢他。

次子仲宣生于李后主即位之年，自然被认为生辰八字生得好，受到了父母的特别钟爱。仲宣天资聪颖，三岁读《孝经》，就能一字不漏。听母亲弹奏琵琶，竟能分得出宫商角徵羽五音来。

仲宣小小年纪就知道晨昏定省，每天一清早就跑到父母跟前问好，晚上也必定向父母请安以后才跟着奶妈去睡觉。看见了士大夫，他能知道根据对方的服色，判断官品的大小，严肃得像大人一样地施以各种礼节，应对进退，简直像是个老于世故的人，真是个封建社会里典型的有教养的儿童。

仲宣四岁那年十月里的一天，听说母亲病重，就跑到佛像前为母亲祈祷。他学着大人的样子向佛像磕头礼拜，嘴里喃喃地祷告着。突然，一只猫跳上了供桌，把一盏大琉璃灯撞翻在地。当时只听得“乒”的一声巨响，把正在磕头祷告的仲宣吓得个半死。从此，他就得了癫痫病，一天发作数次，一发作就会口吐白沫昏晕过去。御医们对这种病束手无策，几次投药都不见效。没过几天，他竟赶在他那已经奄奄一息的母亲之前死去了。

仲宣的突然死去，李后主自然也是十分悲哀的。妻子正在病中，他不敢放声痛哭，只好默坐饮泣，写诗寄托哀思。他写道：

永念难消释，孤怀痛自嗟。
雨深秋寂寞，愁重病增加。
咽绝风前思，昏蒙眼上花。
空王应念我，穷子正迷家。

这首诗既写了丧子之痛，又怀有家国之忧，也可以说是够悲哀的了。然而，做父亲的悲哀，还是比不上做母亲的周娥皇的悲哀，何况她还夹杂着因为丈夫负心而气愤的心情呢！在仲宣死后，她欲哭无泪又无力，只能轻声的干号。她索性连服药也拒绝了，希望早一天到阴间与爱子相见。

三天以后，年才二十九岁的周娥皇就香消玉殒，一命归阴了。李后主在她临咽气的时候，到病榻前低头探视，她竟猛然一翻身，脸朝里躺着死去了。最后，她只留给她那负心的丈夫一个背影作为纪念，让他因此而引起内心的羞愧。

国后周娥皇一死，李后主的内心真的受到了谴责，觉得自己实在太对不起妻子了。进宫以后受到过老头子的玩弄、心灵上受到过创伤的妻子，是多么需要自己至死不渝的专一的爱，可是自己竟有亏于一个做丈夫的纯洁。

他想：要是在妻子未病之前，小姨子闯进他们的中间来，他用虞舜娶娥皇、女英姊妹为妻的故事去打动妻子，干脆让小姨子取名女英，名正言顺地让她们一个为后，一个为妃，也许妻子是会同意的。那样不是既体面又美满吗？可是如今自己是趁着妻子病倒时候背着她跟小姨子偷情，虽然自己尝到了那永远值得回味的热恋幽会的情趣，但是这样做毕竟显得自己太负心了，实在对不起那跟自己共同生活了十年、终日里陪伴着自己寻欢作乐的妻子。

李后主想着想着，悲哀与内疚交织到了一起，竟在妻子的遗体旁“哇”的大哭一声后，突然昏了过去。

宫娥们本来都因国后的死去，在那里抽抽噎噎地啼哭，现在见李后主突然哭晕过去，吓得她们立刻止住了啼哭，赶快手忙脚乱地过来抢救。她们有的大着胆子去掐李后主的人中；有的端来凉水，用手帕蘸着去抹李后主的额头；有的拿来太医配制好的救急药物，用温水化开，撬开李后主的牙关往嘴里灌。几十个人足足忙了个把时辰，才把李后主救醒过来。

李后主醒来后，稍稍镇定了一下，叫宫娥端来笔墨纸砚，就在妻子的遗体旁噙着满眶的眼泪写起祭文来。他从他们俩结合以后的欢笑情笃写起，写到两个人“燕燕交音，洋洋接色。蝶乱落花，雨晴寒食。接辇穷欢，是宴是息”，把当年他们俩那种难解难分、如胶似漆的蜜月生活描写了一番。

接着，他怨恨自己多年信奉的神佛竟是如此的残忍，夺走了他的爱子和爱妻。他写道："神之不仁兮，敛怨为德。既取我子兮，又毁我室。"他又一连用了十几个"呜呼哀哉"来寄托自己怀念妻子的哀思。最后以"杳杳香魂，茫茫天步。抆血抚榇，邀子何所？苟云路之可穷，冀传情于方士"作为结语。他竟希望像白居易在《长恨歌》中所描写的那样，希望有个"临邛道士鸿都客，能以精诚致魂魄"，来帮着他招致周娥皇的灵魂与之相会。

最后，李后主下令把周娥皇生前喜爱的烧槽琵琶随同遗体一起安葬，并把他写的祭文铭刻在墓碑的背面，底下具名为"鳏夫李煜敬诔"。至于他亲笔书写的那份祭文草稿，则在墓前焚化，表示自己的一片至诚。

尽管李后主在爱妻死后又是哭晕过去，又是洋洋洒洒地写长篇祭文，可是那些毕竟只是一时的感情冲动，并不能持久的。他在祭文底下具名"鳏夫李煜"，好像已发誓一辈子不再续弦了。事实上他并不甘心做鳏夫。二十八岁的国君，要是没有北方宋朝那个巨大阴影，正是大选妃子的时候，而如今，现成的继室小周后也已经与他同居多日，只要实行一个继立国后的仪式，他又可以和另一个心爱的女人重新开始宴饮歌舞的生活了。

第二十八章

李后主礼佛

周娥皇一死，李后主本来可以立即续弦，名正言顺地把小周后娶过来，继立为国后。可是事情很不凑巧，转过年来，李后主的母亲圣尊后钟氏也去世了。李后主要为母亲守孝，自然不能举行册封国后的仪式，只能让小周后依旧不明不白地做着他的情妇。

好不容易熬过了三年守孝的期限，李后主几乎一刻也不能再等待，要立即册封新的国后。

李后主指令太常博士陈致雍查考古今礼仪沿革，议定结婚仪式；又叫学士徐铉、知制诰潘佑和陈致雍一块儿出主意，务必把婚礼办得十分周全。不想，这几个大臣的想法并不一致。

徐铉的意思是，如今正是国难当头，小周后又是续弦，婚事办得越简单越好，应当为国库大大节约开支；潘佑则不然，他知道李后主的意思是要把婚礼办得隆重些、热闹些，所以主张大大铺张一番。于是，两个人就为此争论起来。

徐铉引经据典地说："古代天子的婚礼不用奏乐，只要祭拜天地就成了。"潘佑反驳说："许多事情古今不相沿袭，还是用乐队演奏一番才显得热闹隆重。”

徐铉又说：“按照古代的规定，房中乐没有钟鼓。”潘佑又反驳说：“谁说没有？《诗经》中明明有‘窈窕淑女，钟鼓乐之’的名句，怎说房中乐没有钟鼓？”

在大婚仪式上，国君与国后拜过天地后如何互相对拜，他们也产生了争议。徐铉说：“《后魏书·礼志》写得很明白，在结婚仪式上的程序是：男女二人拜过天地以后，对拜时，女的先拜后起，男的后拜先起，这是夫妇之礼，人伦之本，所以国君对国后也应当答拜。”潘佑反对说：“帝王的婚礼与庶民不同。国君不用行答拜礼。”

两个人就这样争来辩去，很久也拿不出一致的方案。李后主等不及了，就将文安郡公徐游请来，就两人的种种争议之处进行裁决。徐游原名徐景游，因避南唐中主李景通的讳，去景字，改为现名。他乃吴国权臣徐温之孙，徐知诲之子，本是世故老臣，听了两个人的一番争论的话，又揣摩皇上的意思，知道潘佑的主张更合乎李后主的心意，就说潘佑的意见对，于是最后决定照潘佑所说的实行。

举行婚礼的前一天，早已在宫中与李后主同居多年的小周后，羞羞答答地回到自己家里。

第二天一清早，李后主骑着高头大马，带着仪仗队、乐队和十六个人抬的花轿前来迎娶。迎亲的队伍排列有几里路长，走在最前面的是四个宫娥抬着一只身披文绣、口衔书信的白鹅，用以代表鸿雁传书的意思，表示李后主与小周后的感情是通过鸿雁传书建立起来的。

国君举行续娶的仪式居然还如此的隆重热闹，引得许多老百姓都想来看看热闹，一时真是万人空巷，仪仗所过的街道两旁挤满了黑压压的人群。有些个子矮小的人站在别人背后被挡住了视线，踮起了脚尖也还是看不见，就爬到屋顶上去看，其中不小心失足掉下来送命的有好几个，真个是闹得金陵城沸反盈天。

对于李后主在国难当头的时候居然还为自己的续娶如此铺张浪费，许多人表示不满，大臣韩熙载以下都写诗表示了讽谏之意。李后主既不采纳他们的谏言，对他们的讽刺也不加以责备，只是我行我素，自己喜欢怎么办就怎么办，对别人的意见一概假装不知道。

却说李后主与小周后虽说早已共枕同眠，但这过了明路的洞房花烛之夜毕竟另有一番恩爱光景，这也自不待说。可是，俗话说，为人不做亏心事，半夜敲门心不惊。这两个人在这良辰吉日，心满意足地温存一番之后，却又不禁从心头升起一阵恍惚不安、心神不宁之感，而且这不安宁的心境渐渐又引发了一种恐惧之情。

你说这是怎么回事呢？原来，这鬼就在周娥皇身上。一个觉得对不起前妻，一个觉得对不起亲姊姊。那时候的人迷信，李后主又是信佛的，所以这种思想上的疙瘩使他们产生一种恐惧，害怕周娥皇阴魂不散，来找他们算账。于是他俩在枕边商定，三朝以后为周娥皇大做法事，多多请些和尚尼姑来诵经念佛，超度周娥皇的阴魂早升西天极乐世界，千万不要再来找他们的麻烦。

做法事那天，李后主和小周后也斋戒沐浴，手提念珠，跟着和尚尼姑一起诵经念佛，表示自己的虔诚，俨然是个佛教信徒的模样。

其实，李后主早就是个佛教信徒了，早在他做皇子的时候，于遭到长兄的妒忌，在学习琴棋书画的同时，为表示自己对名利十分淡泊，已经看破红尘，也经常与和尚们混在一起。不过，自从与周娥皇结合以后，陶醉于温柔乡中，与佛门也就逐渐疏远了。如今，自己做了亏心事，心里有鬼；更兼国事艰难，北方的宋军随时可以南下，所以他又虔诚地信奉佛教，祈求神佛的帮助和佑护了。小周后本来对佛教没有什么信仰，她看到丈夫虔诚礼佛，加之自己也做了亏心事，所以也就跟着信佛。就这样，两个人结婚以后的一个短时期内，除了寻欢作乐外，把大部分的精力都用到求神拜佛上去了。

本来，在中国封建社会里，由孔孟创导的儒学、从印度传入的佛教以及中国土生土长的道教是鼎足而三的思想信仰，长时期地影响着不分贵贱贫富的绝大部分中国人。对于统治阶级来说，儒、佛、道各有各的用处，在他们手里三者是相辅为用的。有时候，他们特别需要儒学，用以宣扬君君、臣臣、父父、子子的教条，维持那等级森严的封建制度。有时候，他们又特别需要道教，因为道士能炼金丹，懂得房中术，能满足他们想要长生不老和饱暖思淫欲的愿望。有时候，他们更特别需要佛教，利用佛教的因果报应说、六道轮回说来吓唬老百姓，使他们不敢“犯上作乱”，为了来世的幸福规规矩矩地听候命运的安排。

儒学不算宗教，不与佛道争地位，而佛道二教则是经常有斗争的，不是此兴彼落，就是此落彼兴。大致说来，太平时世，道教比较吃香；动乱时代，佛教更受欢迎。如唐朝初年，唐太宗开创了贞观之治，国泰民安，道教就很盛行。虽然佛教因为少林寺的和尚曾经帮助唐太宗平定王世充，立有大功，也争得了一些地位，可是道教的祖师爷李耳与唐朝皇帝同姓，就使道教增强了与佛教的竞争能力，道教的崇玄观、白云观在全国普遍建立起来，道士女冠取得了优异的地位。后来，唐朝的国势逐渐衰落下来，佛教的势力才乘机大大扩张，逐渐地压倒了道教。

唐朝时候佛道二教的消长情况如此，南唐的情况自然也与之差不多。唐烈祖李昪在位之时，政权初建，时世比较太平，道教的地位就比佛教要高一些。唐烈祖本人相信道教，所以他才服用道士炼制的金丹。不过，由于唐烈祖幼年曾在濠州开元寺出过家，一度成为佛门弟子，寺中的方丈又格外照顾他，所以他对佛教也并无反感。他即位初年，有西域胡僧带来贝叶经和高僧的舍利子。他曾下令叫豫章龙兴寺的住持智玄禅师负责接待，并组织高僧翻译贝叶经。同年，因为在修建金陵皇宫时死了不少工匠，他也曾接受僧徒的建议，举办无遮大会，请高僧诵经念佛，超度工匠的亡灵。

唐元宗李璟在位的时候，南唐的国势开始中衰，内忧外患也步步紧逼，使得唐元宗感到焦头烂额。他总是希望冥冥之中有一种鬼神的力量来帮助他解脱困难，因而他比较相信佛教。

当时有个木平和尚来到金陵，自称能预言人间祸福死生，引起了金陵全城的轰动，男男女女，老老少少，都涌向木平和尚驻锡的寺院，请他为自己预测一下前途的吉凶祸福，生死寿夭。这事连唐元宗也相信了，他赶快在百尺楼召见木平和尚，请他预言南唐的国运如何，还特地在皇宫附近修建了一座木平寺，供木平和尚居住。

但是唐元宗李璟的信仰并不专一，有时候他也信仰道教。有个姓耿的女道士，身着碧霞帔，头戴道士冠，装出一副道貌岸然的样子来找宋齐丘。她自称修道多年，能行阴阳采补之术，使男女间的性爱增加乐趣，有益健康，请求宋齐丘把她推荐给唐元宗。

当时宋齐丘正在千方百计地引导唐元宗去搞些吃喝玩乐的事情，好便于他自己专权，就立即到唐元宗那里替这个女道士吹嘘了一番。唐元宗本来对治国平天下没有兴趣，对饮食男女却格外的喜欢，他赶快把这个姓耿的女道士请进宫中，尊称她为耿先生，请她传授采补之术。

耿先生进宫以后，先装神弄鬼地吓唬人，弄得宦官、宫女和后妃们都以为她真的法力无边，见了她的面都不敢正面看着她，只敢等她过去了在背后偷偷瞧上一眼。到了夜晚，就没有人敢再随便走动了，自然更不敢打听唐元宗和耿先生两个人在搞什么勾当了。耿先生见自己的阴谋已经得逞，就每天夜里与唐元宗双宿双飞，传授起所谓的采补之术来了。

后来真相大白，原来这女道士耿先生乃是一个荡妇娼妓，是利用唐元宗迷信道教而又荒淫的弱点，进宫来引诱唐元宗与她乱搞男女关系的。她把一个堂堂的南唐皇帝玩弄于股掌之间，使得唐元宗为此大丢其脸。

从木平和尚到女道士耿先生，说明唐元宗李璟并不真的信仰宗教，无非只是逢场作戏，胡闹一通，给后人留下些笑话而已。

李后主嗣位的时候，南唐国势日衰，危机四伏，到了朝不保夕的地步。李后主笃信佛教，出发点是乞求神佛保佑，再加上在妻子周娥皇死后所产生的忏悔心情，所以完全不同于他的祖父和父亲。他在思想上大概真的认为神佛是能解救他的。为了表示自己的虔诚，李后主自号莲峰居士，俨然是个带发修行的佛门弟子了。

他下了一道诏令，规定在南唐境内的通都大邑和风景秀丽的山水之乡都要广建佛寺，供佛祖，塑造韦陀、四大金刚、五百罗汉。什么地方的佛寺修得又快又好，当地的地方官就能得到奖励，升官发财。这道诏令一下达，南唐境内立刻就出现了修建佛寺的高潮。一座座寺庙在各州府县相继落成，一座座浮屠犹如雨后春笋般平地而起，矗立云端。寺庙一增加，出家当和尚、尼姑的人自然也就多了，不论是在都城金陵还是其他的城市，几乎到处都可以看到和尚、尼姑在大街小巷行走。特别是在举办无遮大会的时候，更成了僧尼和善男信女的天下。

佛教一兴盛，僧尼的人数一多，各种各样的情况也就出现了，如佛教的种种戒律被破坏，有的僧徒偷偷地喝酒吃肉；有的僧徒偷偷地娶妻生子。这是一类情况。另一类情况是某些有学问的人也有看破红尘出家的，在僧徒中出现了一些懂音乐、会诗词、善书画的名僧。这是使李后主格外感兴趣的事情。他常把这些名僧请到皇宫里来，向他们请教佛法，并共同谈音乐，论诗词，评字画，相处很是和谐。这些名僧之中，有的当初是官宦人家的子弟，念过书，进过学，甚至考取过进士，后来或者因为在官场蹉跌，或者因为在情场失意，才看破红尘，遁入空门为僧，所以他们能歌、能诗、能画。

当时有个大名鼎鼎的文益禅师，本在闽国的漳州出家，受法于希觉禅师。他的学问很好，被称为“佛门之游夏”。早年他曾到过南唐，对唐元宗以偈语进谏。南唐灭闽后，他到南唐的抚州说法，赶来向他求教的僧徒数以千计。唐元宗知道后，把文益禅师请到金陵报恩禅院去住，经常向他请教佛法。

文益禅师写得一手好文章，他写的名篇佳作传遍了南唐各地。许多读了文章的人不知道这出自一个和尚的手笔，还以为是某个大文学家写的。文益禅师看到当时有许多僧徒破坏戒律，特地写了《宗门十规论》来针砭当时佛门的恶劣风气。这篇宗教论文很得李后主的赏识，特地请书法名家韩熙载缮写后，刻碑留念。

文益禅师在佛学方面的成就，后来为他的弟子德韶、文遂，还有从高丽来到南唐的名僧慧矩等所继承，成为佛教禅宗中异军突起的一个宗派。因为文益圆寂后南唐中主李璟谥他为“法眼大禅师”，后世因称此宗派为“法眼宗”。

李后主未登基前任郑王时，曾向文益禅师问法；即位后，文益禅师已圆寂，遂向其弟子泰钦文遂问法。李后主还亲自为文益禅师立碑颂德。

李后主对于这些有学问的名僧不但很亲热，并且也很羡慕。他有时候常常想：我生在帝王之家，真是投错了胎，倒不如他们那样，早年也享受过荣华富贵，如今出家当了和尚，成为出类拔萃的名僧。他们住的是环境幽静的名寺宝刹，生活上有许多小和尚为之奔走效劳，同样是衣来伸手饭来张口；在一个地方住得厌烦了，可以去云游四海，凡是天下的名胜古迹，都可以去尽情观赏一番。俗话说，和尚吃十方。披了袈裟的人到处有人给好吃的好喝的好生接待，真是如神仙一般快活。李后主每当为国事烦恼的时候，真想逃出那高高的宫墙之外，披上袈裟，把头上万根烦恼丝一刀剃光，往寺庙里一住，去做和尚了。

然而，李后主毕竟六根未净，出家去做和尚也只是一闪念而已。他从小养尊处优，吃惯了酒肉荤腥，听惯了笙箫琴瑟，看惯了脂粉娇娃，要他完全放弃这些，遁入空门，去吃那青菜萝卜，听那晨钟暮鼓，看那青灯黄卷，他又如何真正下得了决心呢？

李后主虽然下不了出家去做和尚的决心，但是由于家国之忧，希图得到神佛的佑护，他对佛教的信仰毕竟还是虔诚的。他几乎每天都要到寺庙里去，亲手点燃香烛，对宝相庄严、大慈大悲的佛祖顶礼膜拜。他认为国后应当母仪天下，做天下妇女的榜样，所以也请小周后随自己一起烧香礼佛。国后进出寺庙不太方便，就把佛堂搬到皇宫里面来，还在禁城中修建了许多豪华的僧尼精舍，把那些有道行的名僧女尼请到禁城中来住。

李后主和小周后每次去礼佛的时候，都要用香汤沐浴，用净水漱口，表示自己的虔诚。他们跪倒在佛祖跟前磕头礼拜，嘴里还不断地祈祷。长时期的礼佛和经常的磕头，竟使得李后主和小周后的额头都磕肿了，看上去好像是长出了一个赘瘤。宫娥们在背地里笑他们，可怜他们，然而他们二人却毫无怨言，仍然继续不断地对佛祖磕头礼拜。

禁城中的僧尼精舍建成以后，出入宫禁的和尚尼姑越来越多。那些僧尼精舍修得古色古香，富丽堂皇，供僧尼休息的禅床、礼佛用的香案都是用紫檀木或楠木打造的。僧尼打坐的蒲团上铺着绣有莲花的垫子，香案上系着绣花的桌帏，烛台和香炉都是铜胎鎏金的，铸工极为精细。精舍中终日香烟缭绕，喃喃的诵经念佛声和笃笃的木鱼声不时飘出户外，使人犹如置身于佛国净土一般。

为了让住在精舍中的僧尼过得舒服，李后主和小周后亲自检查御厨房，为他们准备可口的饭菜。出家人不能吃鸡鸭鱼肉，就设法用豆腐皮、竹笋、香菇、木耳为原料，加入各种各样名贵的佐料来细心烹调，不仅要把素菜做出具有鸡鸭鱼肉那样的味道，并且从形象上也要做出鸡鸭鱼肉的样子，名之曰素鸡、素鸭、素鱼、素肉。这种做素菜的手艺，后来一直在南京和江南一带流传，成为别具风味的佳品。

管好了吃的，也还得要管好排泄。李后主和小周后又亲自为僧尼们削制厕筒。所谓厕筒，乃是大便以后擦拭屁股用的种小木片或小竹片。因为五代十国时期纸张只用来作为书写的材料，号称“文房四宝”之一，是极其宝贵的东西，决不能用来擦屁股。民间上厕所用的，是一种以稻草和石灰为原料做成的极其粗糙的草纸。宫廷中和官宦人家则习惯用绫罗或厕筒。

李后主和小周后为僧尼削制厕筒的时候，是那样的细心谨慎，每一根厕筒削成以后，都要在自己的脸颊上轻轻试一试，看看是否光滑；要是有粗糙不平使皮肤感到不舒服的地方，就再精工修理，务必要弄得十分光滑，与皮肤摩擦时感到十分舒服为止。李后主对僧尼的排泄都如此关心备至，足见他对佛教的信仰是如何虔诚了。

李后主大力提倡并扶植佛教，反过来就竭力压制使他的祖父丧生、使他的父亲丢丑的道教。他下令关闭金陵和各地的道教寺观，把崇玄观、白云观等著名道教寺观的匾额拿下来，改成佛教的寺院，还鼓励道士女冠剃度为僧尼，凡自愿剃度的道士女冠，每人赏给金子二两。

李后主大兴佛寺，对佛祖磕头而额成赘瘤，以及亲自为僧尼削制厕筒等举动，都被佛教徒传为佳话，到处宣扬，这样一来，使得其他国家的僧尼大批向南唐流动，甚至域外国家如朝鲜、日本等地的僧徒也来到南唐，使得南唐的社会上不事生产、光吃闲饭的人越来越多。

当时南唐的国库有两项最重大的支出：一项是向北边的宋朝进贡，一项是修建寺庙、求神拜佛和供养僧尼。这样的情况自然不能再让它继续发展下去了，有的官员就苦苦地向李后主进谏，请他不要再把钱财浪费到求神拜佛上去。李后主对这些谏言不但不听，还为此大发雷霆，把进谏的官员或者贬官，或者流放。有位进士出身的汪焕，他看到国运穷蹙，国家财政经济十分困难，就把生死置之度外，冒死向李后主进谏，请国君不要再求神拜佛。

汪焕在奏章中写道："往昔梁武帝虔诚礼佛，刺血写经，舍身佛寺，其虔诚的程度十百倍于陛下，可是到头来却饿死于台城，落得个凄惨的结局。如今陛下置国计民生于不顾，对北兵的南侵毫无防备，却忙着烧香礼佛，甚至甘居下流，为僧尼削制厕简。臣恐怕陛下日后的结局，会连梁武帝也还不如啊！"

第二十九章

风流天子

进士出身的汪焕用历史上梁武帝的故事向李后主进谏，希望他不要再烧香拜佛了。汪焕的谏言虽然很是直爽，但是他出于一片至诚，完全是为李后主着想的。李后主对汪焕的谏言究竟接受不接受呢？

要是往常，汪焕十有八九是要受到惩罚的。可是，这一回却不同。李后主见汪焕直言快语，无所顾忌，已经置生死于度外，而他所引用的历史教训毕竟也确实使人触目惊心，所以竟破格地没有治汪焕的罪，还提拔他为校书郎。这是怎么回事呢？

原来，当汪焕进谏的时候，李后主也因为信佛多年没有得到好报，没有能使南唐的国运得到扭转，没有能使自己的生活更加愉快，而对佛教的信仰有些动摇了，至少可以说，他已经从开始时的狂热而逐渐地冷却下来。如今，汪焕一番话正触到他的内心苦闷，他在冷静地再三考虑以后，梁武帝的下场也确实使他惊心。

俗话说，“无事生非”。李后主对佛事冷淡之后，生活中的无聊却无法驱除。在狂热地信佛的时候，烧香礼拜，诵经念佛，占用了李后主和小周后的大量时间。如今虽然也还常常去烧香礼拜，但往往就是匆匆忙忙磕个头，在佛祖面前点个卯也就回来了。

时间节省下来许多，却又干些什么好呢？李后主感到生活上有些空虚，那一天天漫长的日子不知道如何打发才好。小周后的文才比她姊姊差得多，李后主与她谈诗论画，她不感兴趣；她对音乐歌舞的素养也不如乃姊，李后主翩翩起舞的时候，她一般只能作壁上观，即使在边上奏乐，也只是翻来覆去就那么几首。这些都使李后主感到有些扫兴。

不过小周后也有一门特长，那就是酷爱下棋，不论是围棋还是象棋，都十分精通。于是，李后主就把原先烧香拜佛的时间，转过来用于下棋，天天和小周后对弈取乐，消磨光阴。他们今天下围棋，明天下象棋。下一局棋就是好几个时辰，下两局棋就把一天的光阴打发过去了。下棋是需要专心致志的，容不得有其他的事情前来干扰。为了下好棋，李后主下令把许多前来奏事的大臣挡在门外，不许进来，免得他们来扰乱思考，冲散棋局。

这样，为了下棋就又荒废了政务，耽误了国家大事，在大臣中又引起新的议论和不满。这事被大理寺卿萧俨知道了，他就勇敢地站出来干涉，阻止李后主沉溺于棋局之中。萧俨是从烈祖朝留下来的三朝元老，一向以直言敢谏著称。前面讲到过，当年唐元宗即位之初，因懒于政事，想要传位给弟弟李景遂的时候，就是这个萧俨，上疏力争，终于使唐元宗打消了自己的错误主张。

后来又有过这样一件事，即唐元宗为了享乐，在宫中建造了一座专门为歌舞宴饮用的百尺楼。这楼平地矗立百尺，高耸入云，造得富丽堂皇，雕栏玉砌，画栋雕梁。落成以后，唐元宗特地邀请大臣们前来观赏。大臣看了以后，个个竖起大拇指啧啧称赞，都说这楼世上无双，人间少有，只有那天上的琼楼玉宇才能与之相比。

独有萧俨却不说奉承话，他撇撇嘴说："这楼漂亮倒是漂亮，可惜的是楼下还缺少一口井。"

唐元宗闻言，吃惊地问："为什么在楼下还要挖一口井呢？"

萧俨一本正经地回答说："陛下难道忘记历史上的教训了？那南朝陈后主的景阳楼下，不是有着一口胭脂井的吗？"

萧俨这话的意思是援引历史故事讽谏唐元宗，等于说你如果光是为了自己寻欢作乐而大兴土木，有朝一日定会步亡国之君陈后主的后尘的。试想想，正当唐元宗为了百尺楼的落成而兴高采烈之际，萧俨居然敢援引陈后主的故事进行讽谏，可见他的直言敢谏到了什么样的程度。

这一回，萧俨听说李后主光知道跟小周后下棋，不理朝政，感到很是生气，心想：这个不知天多高地多厚的年轻国君，国家的危难都已经到了如此程度，他竟还迷恋于棋局之中。我这个三朝老臣豁出这条老命不要了，也非得去教训教训他不可。否则，将来到了地下，有何面目去见烈祖的英灵？

萧俨想定主意以后，有一天，他听说又有许多大臣都被挡在皇宫之外不许入朝奏事，估计李后是主和小周后又在对弈了。他就撩袍端带，不顾一切地冲破宫廷侍卫的拦阻，直冲到李后主和小周后跟前。他怒气冲冲地劈手夺过棋局，"哗啦"一声把棋子全都倒在地上。

小周后见此情景，吓得飞快起身，迅速躲入寝宫。李后主正沉浸在棋局之中，在思想上毫无准备，大吃一惊。他猛地站起来，厉声责问萧俨说："你这是想要干什么？难道你想效法当年的魏徵吗？”

萧俨在国君雷霆震怒的情况下，仍毫不退缩。他须发皆张，正言厉色地回答说：“但愿我是魏徵就好，那就请陛下做个纳谏的太宗吧！要是我萧俨不配做魏徵，那么陛下也就不配做太宗！”

李后主下了半天棋，在棋局上没有被对手将死，但是被萧俨这一将军倒将死了。他觉得自己实在无话可以对答这位正直的三朝元老，只好无可奈何地承认萧俨做得对，承认自己因为下棋而耽误了国家大事，很不应该，答应以后不再下棋。

烧香拜佛既要花钱，又要耽误国家大事，因此遭到了大臣们的反对。下棋取乐虽然不用花钱，但是也会耽误国家大事，又遭到了大臣们的反对。大臣们的千言万语可以归结为一句话，无非就是希望国君要勤于政事。

勤于政事的话，那国君都应当做哪些事情呢？李后主实在是丈二金刚摸不着头脑，不知道如何下手。那就让大臣们多发表发表意见，帮着出点刷新政治的主意吧！

李后主想了个叫大臣们轮流到宫廷中来值夜的办法，以便找他们谈心。他下令叫中书、尚书两省的侍郎，谏议大夫，给事中，中书舍人，集贤殿、勤政殿学士等人轮流到光政殿值夜。光政殿上备有清茶和点心，供值夜的官员食用。李后主常常到那里和值夜的官员一边品茶，一边谈心，征询如何革故鼎新、励精图治。大臣们见李后主的作风有所转变，都踊跃地提意见，希望南唐从此得能振兴。

有位官员把大家的看法归纳了一下，向李后主提出十条建议，即：第一，国君应亲自掌管国家大事；第二，要给群臣明确各人的职责；第三，赏罚要分明，有善必赏，有恶必惩；第四，杜绝辅政大臣作威擅权；第五，从行为上判断群臣的忠奸，不轻信其口头上的言辞；第六，减轻赋税，以纾民困；第七，采纳正直的谏诤；第八，勿听谗言，疏远佞臣；第九，节约开支，提倡勤俭；第十，敦睦邻邦。

李后主认为这十条建议都很中肯，大大表扬了提建议者一番，赏给他不少金银绢帛。可是，想要真的实行这十条建议，又谈何容易。朝廷上的大臣并非个个都是忠君爱国的，宋齐丘和“五鬼”的余党还有不少，他们就不见得喜欢这十条建议，实行起来必然会阻力重重，难以取得预期的效果。

李后主自己缺乏政治才干和魄力。他在诗词歌赋、琴棋书画等方面是富有天才的，对那经国纬世、经世济民的学问却实在是一窍不通，不知道从何下手去做。并且他又有那种热一阵冷一阵的坏脾气，头脑一热，周身的热血沸腾，恨不得顷刻之间就把国家治理好了，直赶上唐太宗时代的贞观之治那样子才好；而一遭受到挫折，温度骤然下降，就觉得国家没有希望了，恨自己为什么竟生在帝王之家，想要一走了之，遁入空门了。

所以，尽管有着那些忠心耿耿的大臣为李后主贡献了这样那样的好主意好办法，到头来也还只能是停留在书面上、口头上，无法得到实现，收到那实际的效果。

那么，又有什么事情能使得李后主的兴趣历久不衰，并且越干越起劲呢？看来只有诗酒歌舞了，那是李后主天生的爱好，即使大臣们说破了嘴皮子进行谏诤，也很难使得李后主完全放弃的。大臣们到光政殿值夜之举只实行了一个很短的时期，很快就不了了之，自动废除了。李后主和小周后又开始了纵情诗酒、寻欢作乐的生活。

为了怕被大臣们说成是荒废国政，那就把宴饮歌舞放到晚上举行，甚至在深夜里畅饮达旦，歌舞通宵。李后主下令在御花园的花丛深处修建起数处彩画小木亭，小巧玲珑，只能容纳下两个人促膝而坐。亭子用嵌有金线的红丝罗帐装饰墙壁，以玳瑁为钉；又用绿宝石镶嵌窗格，以红罗朱纱糊在窗上；制作了各种各样的隔筒作为插花的花器，置于梁栋、窗户、墙壁和台阶上，号为“锦洞天”。李后主就和小周后两个就躲在这小亭子中赏花对饮，极尽欢娱。

可是小周后喜欢热闹，她不愿意在这憋闷的小亭子里两人欢饮。她自己不善于音乐歌舞，却喜欢欣赏别人的音乐歌舞。她也不想把丈夫据为自己一人所有，不害怕丈夫去亲近别的女人。只要不影响到她那至高无上的国后的身份，李后主再纳一些妃子宠姬她都不在乎。

这样，李后主就又改变了寻欢作乐的方式。他把柔仪殿布置成专用于宴饮歌舞的地方，在殿上布满各种名贵的鲜花，设置了许多金玉器皿，挂起了在晚上能闪闪发光的夜明珠，用红锦铺地，椒泥涂壁。殿堂的四角摆设铜胎鎏金的香炉，以珍贵的香料与炭末掺和，制成各种野兽形状的香兽放在炉中燃烧。就在这样一个布置得犹如仙境一般的柔仪殿上，李后主和小周后带着许多宫娥在这里宴饮歌舞，从深夜一直狂欢到第二天日高三丈。由于舞蹈的动作太剧烈了，平整的红锦地毯都弄得满是皱纹，宫娥们的首饰掉了一地。有谁饮酒过多而出现了恶心的感觉，就采摘一朵芳香的鲜花闻着醒酒。

如此这般宴饮歌舞的风流生活，李后主还生怕别人体会不到其中的乐趣，特地写了一首《浣溪沙》来加以记载。他写道：

红日已高三丈透，金炉次第添香兽，红锦地衣随步皱。　　佳人舞点金钗溜，酒恶时拈花蕊嗅，别殿遥闻箫鼓奏。

李后主的原配、国后周娥皇对丈夫管束颇严，她嬖宠专房，迫使李后主爱情专一。小周后对丈夫比较宽纵，李后主就像脱缰的野马，在男女问题上的欲望也就一发而不可收了。他的嫔妃宠姬逐渐地多了起来，宫娥数量也在持续增加。

嫔娥们为了取得李后主的欢心，就争妍斗胜地忙着讲究梳妆打扮，并学习丝竹管弦，练习歌唱舞蹈。这一时期，由周娥皇整理补缀的《霓裳羽衣曲》已在南唐宫廷中大为流行。许多宫娥都会演奏并按着其曲调舞蹈，使得李后主深深陶醉其中，浑然忘记了北境的宋军正在虎视眈眈地注视着他的国家。

李后主觉得那些从千万人之中挑选出来的宫娥，个个容貌出众，犹如含苞待放的蓓蕾，任君采撷，因此在这众香国中实在是太惬意了。自然，在这成群的女人之中，他最心爱的还是小周后。她的容貌犹如天仙，特征是口似樱桃，牙齿洁白如丁香花。她的爱好是穿殷红色的薄薄罗衣，身上扑些淡雅的香粉。她爱喝味醇的美酒，但酒量不大，喝上一点就醉得霞飞两腮，娇软无力地想倚榻而眠，得嚼一些红茸草才能清醒过来。她唱歌唱得不太高明，但是简单的曲子唱起来尚能悦耳。在李后主眼里，小周后就如同那闪闪发光的掌上明珠，所以他写有一首《一斛珠》来形容她：

晚妆初过，沈檀轻注些儿个。向人微露丁香颗。一曲清歌，暂引樱桃破。　　罗袖裛残殷色可，杯深旋被香醪浣。绣床斜凭娇无那，烂嚼红茸，笑向檀郎唾。

小周后喜欢绿色，她的衣裙带饰、枕衾帷幄乃至钗环首饰、珠宝清供，都以青碧色为主色调。妃嫔宫娥们也都纷纷效仿，以碧色衣裳为时尚，还自己动手染绢帛为青碧。一天，一个宫娥染了一匹绢后晒在苑内，日落后忘了收取，绢帛为夜间露水打湿。次日想起来后赶快去看，却发现绢帛青碧之色分外鲜明，连小周后都格外欣赏。此后，妃嫔宫娥竞相收取露水，以露水染碧衣，号为“天水碧”。

李后主喜欢小周后，因而他常常回忆起当年与她偷情幽会的情趣。他们俩已经不大记得起周娥皇来了，对鬼神作祟的那种恐惧也早已消失了。他们常常在花前月下闲步庭院，追寻当初幽会时的旧迹残痕。对于这种抚今思昔的心情，李后主有一首《蝶恋花》加以描写：

遥夜亭皋闲信步，乍过清明，早觉伤春暮。数点雨声风约住，朦胧澹月云来去。　　桃李依依春暗度。谁在秋千，笑里低低语。一片芳心千万绪，人间没个安排处。

俗语说，红花虽好，也仗绿叶扶持衬映。小周后虽然容貌出众，但若没有那众多的宫娥围绕，就会孤独一枝，不值得欣赏。所以李后主对于那众多的花枝招展的宫娥围绕着他们两口子团团转的情景，也觉得有着无尽的乐趣。他对自己在脂粉队中周旋的香艳生活，用一首《木兰花》来加以描写，写道：

晓妆初了明肌雪，春殿嫔娥鱼贯列。凤箫吹断水云间，重按霓裳歌遍彻。　　临风谁更飘香屑，醉拍阑干情未切。归时休放烛花红，待踏马蹄清夜月。

在这样的纵情诗酒、寻欢作乐之中，李后主有没有哀愁呢？当然也还是会有的。不过那不是由于边界上传来的坏消息所引起，却是由于他生活过于荒淫，因而感到腰酸背痛、未老先衰所引起的一种迟暮之感。

有一天，有个名叫庆奴的年轻宫娥在他身边服侍。他见庆奴未脱童稚，娇嫩可爱，就把她搂在自己怀里温存了一番。他见庆奴手中拿着一柄黄罗扇，正面画的是几株垂柳，反面还没有题字，于是就心血来潮，拿起笔来题了一首诗。诗曰：

风情渐老见春羞，到处销魂感旧游。
多谢长条似相识，强垂烟态拂人头。

在这首诗中，李后主初步表露了自己“风情渐老”的感慨，觉得在那红桃绿柳之中，春游销魂的美妙往事已一去不复返了，如今已经是力不从心，精力不济了。他虽然还只有三十来岁，可是在那年九月初十的清晨，端起镜子来一照，竟发现自己的两鬓有了几根白发。为此，他不禁大吃一惊，又写下了《九月十日偶书》这首更多的充满感慨的律诗：

晚雨秋阴酒乍醒，感时心绪杳难平。
黄花冷落不成艳，红叶飕飗竞鼓声。

背世返能厌俗态，偶缘犹未忘多情。
自从双鬓斑斑白，不学安仁却自惊。

几根白发，勾起了李后主的许多联想。在秋晚的阴雨淅沥声中，他的酒醒了，不能再入睡，患了失眠症。窗外，菊花也快凋谢了，红叶簌簌地往下掉。当年自己曾想遁入空门为僧，可是万缕情丝难以斩断，终于未能跳出那高高的宫墙。如今双鬓已经斑白，原配的国后也已死了，自己不用去学晋朝的潘岳那样写宛转反侧的《悼亡诗》，因为知道自己的来日无多，已经是够悲哀的了。

李后主看到垂柳、黄花、红叶和自己的白发，都有着伤春悲秋之感，他一听到秋莺的鸣叫，自然更加的感慨系之了。他抑制不住内心的悲愁，就又写了《秋莺》一首。

残莺何事不知秋，横过幽林尚独游。
老舌百般倾耳听，深黄一点入烟流。
栖迟背世同悲鲁，浏亮如笙碎在缑。
莫更留连好归去，露华凄冷蓼花愁。

李后主在寻欢作乐时写的这些又有欢笑又有哀愁的诗词，总的来说虽然格调都不甚高，但是感情还是真挚的，没有那种矫揉造作之态。他的写作技巧也十分娴熟，用字造句都很精炼，给人一种恰到好处的感受。他虽然不够做一个合格的国君，却也不失为一个风流倜傥的文学家。

第三十章

书纸砚墨

李后主纵情诗酒，寻欢作乐，过着香艳的生活。按照李后主的性格和所作所为来看，与南北朝时候醉生梦死的陈后主略有不同。陈后主陈叔宝只知道在《玉树后庭花》的靡靡之音伴唱下狂吃滥饮，是个十足的酒囊饭袋。他亡国被俘的时候，没有人对他表示同情。南唐李后主则是个有才华的人，他不光诗词写得好，并且字也写得十分出色，是个有名的书法家。他写的诗词，于描写悲欢离合之中渗透着国家兴亡的感慨，不仅在历代君主中无出其右者，就是拿他和一些鼎鼎大名的文学家相比，也并不逊色，可以和他们平起平坐。

关于李后主的诗词，在后面有机会加以欣赏玩味，在这一回里先介绍一下他在书法艺术方面的成就，和他对发展我国文房四宝中纸墨砚所做出的贡献。

李后主在书法艺术方面十分崇拜晋朝时候的女书法家卫夫人。卫夫人名铄，字茂漪，是晋朝大书法家王羲之的老师。人们称赞卫夫人写的字如插花舞女，低昂美容；如美女登台，仙娥弄影；

如红莲映水，碧海浮霞。李后主特地请人绘制了一幅卫夫人的画像，悬挂在书房中，天天对她馨香祝祷，自称私淑弟子李煜。

因为崇拜卫夫人，李后主对于得到卫夫人真传的王羲之也就特别喜欢。他认为王羲之写的字飘逸不群，风流潇洒，也是自己学习书法的好榜样。王羲之以后，中国书法艺术不断发展，代有人出，如唐朝的虞世南、欧阳询、颜真卿、褚遂良、陆希声等人，都是其中的佼佼者。这些人的书法艺术风格不同，李后主对他们的墨宝碑帖也都广为搜罗，细心研究。他的目的是想博采诸家之长，推陈出新，创造出属于自己的独特的书法艺术风格来。

人们见李后主十分喜好书法，就问他："怎样才能把字写好？那些天下有名的书法家，是否都具有天赋的本能？"李后主听后微微一笑说："写字怎么会有天赋异禀这种事情呢？先贤有言，食、色，性也。一个人只有要吃饭和有男女之情，才是天性，是天生的本能。除此之外，包括写字在内，都是靠后天学习才学会的。写字也有天赋本能的说法，是根本靠不住的。"

人们又问："那么，要想写好字，名师的指点总是很重要的吧？"对于这一问，李后主颔首表示赞许，他说："要想写好字，名师的指点自然是需要的。俗话说，名师出高徒。要是老师写的字是歪七扭八的，教出来的学生又怎能成为书法家呢？不过——"李后主稍微停顿了一下，又接着说道："不过，名师也只能把你引进门，下一步更重要的是你自己个人的努力。必须勤奋练习，下定了王羲之教育他儿子那样的写完几缸水、磨穿几块砚的决心，才能把字写好，获得真正的出色的成就。"

后来，李后主为了更进一步解答别人提出的关于书法方面的问题，就根据他自己学习书法的体会，写了一篇《书述》，一篇

《书评》，公之于世。这两篇文章，前一篇谈书法艺术风格和书写八字法的秘诀，后一篇评论了王羲之以后的几位著名书法家。

李后主在《书述》中发表自己的看法说：书法艺术的风格不仅人人互异，就是同一个人，壮年时期的艺术风格和老年时期也是不同的。壮年时期，年富力壮，写出来的字也很壮实，笔势纵横奔放，犹如骠姚（汉代名将霍去病曾为骠姚校尉、骠骑将军，后多以“骠姚”指霍去病）十八从军，有着初拥千骑、目中无人的姿态；到了老年时期，阅世已深，处处老成持重，书法也就显得苍老，犹如诸葛亮主持军事，以羽扇指挥千军，不打没有把握的仗，写出来的字就不见其风骨，笔势不再锋芒毕露了。

关于书写八字法，李后主说：八字法，或者叫拨镫法，别人都认为是很神秘的东西，其实那是从卫夫人手中传授下来的一种练习写字的方法，是指擫、压、钩、揭、抵、拒、导、送八法。这八法，既包含了幼童初学写字时，老师教的点、横、竖、撇、捺、钩、斜画、短撇等汉字基本笔画的写法，也包括在掌握了上述基本笔画写法以后，进一步练习以气势贯串于笔端的轻、重、提、顿、转、折、起、收等基本笔势的运用法。

因为前人对这八字法都是口耳相传的，没有见诸文字方面的记载，所以得到了这些诀窍的人就秘而宝之，不肯轻易再传授给别人。这样，就使得书写八字法变得很神秘了。这是很不应该的，再这样下去，后来的学书者如不得而闻，这八字法岂不就要失传了吗？因此，他决定把这八字法亦即拨镫法公开出来，希望它得到广泛的流传，使得后代的学书者能够掌握一套基本的练习方法，使得书法艺术能够青出于蓝，一代更比一代进步。李后主在《书述》中对书写八字法的公布，这一做法实在是功德无量，对于促进中国书法艺术的进一步发展大有好处，他是中国书法艺术发展史上的一位特等功臣。

在《书评》一文中，李后主对王羲之以后的几位书法名家一一加以评论。他认为他们这些人学习王右军，往往只得到了右军书法艺术的一个方面，而却失之于另一个方面，如虞世南得其美韵而失其俊迈；欧阳询得其力而失其温秀；褚遂良得其意而失其变化；薛稷得其清而失于拘窘；颜真卿得其筋而失于粗鲁；柳公权得其骨而失于生犷；徐浩得其肉而失于俗；李邕得其气而失于体格；张旭得其法而失于狂；右军的儿子献之，得到乃父的各种长处而失于惊急，缺乏蕴藉之态。

被李后主评论到的这些人，其中薛稷、徐浩、李邕三人，世人知之者不多，而虞世南、欧阳询、褚遂良、颜真卿、柳公权、张旭、王献之诸人则大都为世人所熟知，因为他们的墨宝碑帖流传很广。俗话说，不学颜，则学柳。可见颜、柳等人的字一向被学习书法的人奉为圭臬。可是，如果拿他们的字去和王羲之的字比，的确就会发现他们存在着若干不足，觉得李后主对他们的评论很是中肯。所以，李后主实不愧为一位书法评论家。

李后主对他自己的书法成就颇有些自负，他认为自己写的字尽量吸收了诸家之长而避免了他们的短处。然而，可惜得很，李后主专爱缮书佛经，不常写条幅或匾额，也就是说，他写小楷多而写大楷少，而世间写小楷的书法家，墨宝碑帖往往流传较少，所以李后主的字流传下来的不多，使得这位书法家的成就不大为世人所熟悉了。

李后主除了爱好诗词和书法艺术，也十分重视文化的传播，他十分关心与文化传播有关、也与书法艺术有密切关系的文房四宝，喜欢收藏和改进文房四宝。四宝中的名贵产品，相传是指湖笔、徽墨、宣纸、端砚或歙砚。在五代十国时期，湖笔产地湖州在吴越国境内；端砚产地端州在南汉国境内；而徽墨产地徽州、宣纸产地宣州、歙砚产地歙州都在南唐境内（徽州、歙州是一地两名）。

李后主为了表明南唐是文物之邦，在文化发展方面定要在当时诸国中夺取魁首，他下令一定要把本国境内出产的纸、墨、砚三宝制造得精益求精，以便向其他地方输出。为了这个目的，他常常亲自监工制造，帮助工匠们解决各种困难。这其中还有着许多故事轶闻，可见李后主的苦心。

李后主最早感兴趣的是改进造纸术。

纸，是书写和绘画最基本的材料，也是传播文化最必需的重要条件。纸还没有发明的时候，人们只好把字和画刻在石头上，刻在金属制的或陶制的钟鼎彝器上。稍后，则刻或写在竹简木牍上，写在绢帛上。在那些岁月里，文化传播受到很大限制，书法和绘画艺术也不容易发展起来。即便是孔夫子那样有学问的人，后人也不知道他的字究竟写得好不好，他修《春秋》的时候，笔则笔，削则削，是在竹简木牍上写字刻字，大概只要能看得清楚就满意了；在那上面练书法，大概还谈不上，也许孔夫子的字因为竹木上的纹理的关系，是歪七扭八的吧。孔子以后的诸子百家，什么家都有，就是没有书法家，可见他们的字也都不甚高明。一直到汉代，造纸术发明以后，文化传播才有了方便的条件，书法和绘画也才有了发展的可能。所以说，造纸术的发明是中国对世界文化的重大贡献，是中国的四大发明之一。

从纸的发明，到纸的改进，又经历了漫长的岁月。在纸的改进过程中，非常重要的一次改进是在李后主的监督下实现的，这就是以竹为原料的澄心堂纸的诞生。

原来，李后主为了得到适宜于书写和绘画用的纸，曾费尽心机地去搜罗各地出产的纸张，还派人去打听哪里有擅长造纸的工匠，准备把他们请来造纸。

当时，宣州有一位远近闻名的造纸工匠，选料精——采用竹子做原料，并且配料合理，操作细致，造出来的纸比别人质量要好，常常供不应求。李后主得知这个消息以后，赶快派人去延请。

且说这位造纸工匠，幼年时候做过牧童。他有一支竹笛，能吹各种各样的小调。为了使笛子的声音更加悦耳动听，小牧童常爱在笛子的发声部位贴上一小片竹膜。竹膜就是竹子剖开以后，在竹子里面的一种白色薄膜。小牧童保存着许多张竹膜。他经常对人说，长大后要用人工的办法造出如同竹膜那样又细又薄又白的纸来，既能用来贴在笛子上，也能供读书人写字绘画之用。

小牧童姓蔡，行二，本名蔡小二，人们听说他想造纸，就开玩笑似的叫他蔡伦。小二听到别人叫他蔡伦，就非常严肃地说："蔡侯造'蔡侯纸'，功劳盖世，他使孔圣人的道理能够写在纸上，广为流传。孔圣人泉下有知，也得感谢蔡侯的。你们把蔡侯的名字安在我身上，我如何消受得起，岂非折杀了我？不过，我倒确实有心想继承蔡侯的事业，把纸张造得更好一些。这个梦想我是要努力去实现的。"俗话说，有志者，事竟成。小二长大以后，真的成了一名造纸工匠，并且由于他的技术高超而为李后主所知，受到了聘请。

李后主把小二师傅请到金陵以后，特地为他在宫廷中开设一个造纸作坊。作坊的地址听凭小二师傅自己选择。他选来选去，竟选中了宫廷中的重要建筑澄心堂。

这澄心堂乃是当年唐烈祖在世时，于退朝后休息的便殿。它原先没有题名。有一天，烈祖阅读《淮南子》，从《泰族训》这一篇中读到，学者必须“澄心清意”才能“明于天人之分，通于治乱之本”，深有所感，就把这便殿题名为澄心堂了。唐元宗时，澄心堂被改建成书房。李后主即位后，也一直在这里读书写字，吟诗填词，确实是南唐宫廷中一个十分幽静的处所。小二师傅选中这处地方的原因却是，堂前庭院中有一大片竹林，造纸的原料取之不尽，用之不竭，十分方便。这里又是李后主的书房，造出来的纸立刻就能供书写之用。

李后主为了让小二师傅造好纸，经常到澄心堂造纸作坊去参观造纸的工艺操作过程。只见小二师傅汗流浃背地领着一伙工匠，把芒种前后的青竹砍来，截成五尺到七尺长的竹竿，浸泡在堂前的一口小水塘里。大约浸泡了一百天以后，把竹竿捞上来，噼噼啪啪地把它们捶碎，洗去青壳和粗皮，做成一束束的细竹丝。把这种细竹丝加上石灰水，放到一种特制的蒸锅里蒸煮八天八夜。取出后，用草木灰水浆洗，把竹丝漂白。接着，再继续蒸煮。这时候，竹丝已经比较柔软，有点儿像是苎麻了。把这种柔软的竹丝盘起来，放到石臼中去舂捣，捣成泥糊状以后，加上用杨桃藤浸出的浆汁加水搅拌，就成了纸浆。最后，用一种极细的帘子放到纸浆池中轻轻振荡，把一层薄薄的纸浆均匀地荡在帘上，把帘放到通风处晾干，揭下来就成为一张纸了。

这种造纸过程，看来似乎很简单，其实每一个步骤中都包含着依靠多年经验积累起来的技术上的真功夫。李后主看小二师傅每做一道工序，就要寻根究底地问为什么要这样做，这道工序有什么要领和诀窍。小二师傅十分耐心细致地给李后主讲解。李后主对小二师傅的操作和讲解都很感兴趣。他虽然贵为一国君主，却甘心为小二师傅打下手，有时候忙着帮助泡竹竿，捞竹竿，捶竹丝，有时候忙着帮助烧火，搅拌，搬动帘子。他几乎什么都想亲手试一试。

但是，有几道工序小二师傅是坚决不让他做的。一是调制石灰水，那是怕李后主被石灰烧伤手脸；二是在石臼中舂捣竹丝，那是重体力劳动，不是李后主所能胜任的；三是荡料入帘，那是技术难度最高的关键性的一步，李后主这样的新手是一定做不好的。

李后主听从小二师傅的劝告，不让他做的事情，他就规规矩矩地在旁垂手而立，仔细观察。唯独最后的荡料入帘这一步，他觉得十分好玩，并且以为这很容易掌握，非要试一试不可。在他恳求下，小二师傅同意让他试一试。李后主就脱去黄袍，系上工匠穿的围裙，自己觉得很有把握地把帘子放到纸浆池中振荡，见纸浆在帘上挂住以后，就捞出来去晾干。谁知干了以后的那张纸，有的地方薄得几乎半透明，有的地方又厚厚的像是贴了一块膏药，难看极了。

经过这一次试验的失败，李后主才真正懂得了造纸确实是一门了不起的专门技术，没有长期的经验积累是做不好的。从此，他对小二师傅也就更加尊重了。

李后主请小二师傅造的纸，因为是在南唐宫廷中的澄心堂制造的，所以称为澄心堂纸。这种以竹子为原料的澄心堂纸，是中国造纸发展史上的一座里程碑，它比汉代的麻纸、魏晋南北朝时候的楮皮纸，都大大前进了一步。从此以后，不但造纸的原料更充足了，并且造出来的纸也更细腻而利于书写了。

澄心堂纸的具体制造者是以小二师傅为代表的造纸工匠，监造者是李后主。他们对于中国造纸术的进步都同样是有很大贡献的。

自从有了上好的纸，李后主就又忙着改进砚的制造。

写字用石制的砚台磨墨，大概是汉朝以后的事情。在汉朝以前，人们在一种特制的陶瓦上磨墨写字，称为砚瓦。汉朝以后，人们发现用石头做成砚台磨墨，比陶制砚瓦要好得多，特别是产于歙州龙尾山和端州斧柯山的石头，石质细腻，更适宜于制造砚台，制成的砚台被称为歙砚和端砚。在歙砚和端砚上磨出来墨汁，滑润而均匀，书写起来十分流利。从此以后，陶制砚瓦就逐渐被淘汰不用了。端砚的生产略晚于歙砚，五代十国时期，人们主要的还是用歙砚。

李后主为了改进砚台的制造，特地在歙州设置了砚务衙门，派自己的一名亲信宦官去做砚务官，授予九品官衔，给予优厚俸禄，负责督造砚台，规定每年必须生产出大、中、小三种规格的砚台各一千枚。

有一次，砚务官监督采石工到歙州所属的婺源县（今属江西省）龙尾山去开采砚石。一个石工忽然采得一块奇形怪状的石头。这块石头有一尺多长，一边高而陡，犹如奇峰耸立，一边缓缓倾斜如同山坡，中间有一平坦处，如同一口池塘。这平坦处有点点金星散布如龙尾状，十分好看。石工把这块石头呈交砚务官，砚务官认为是稀罕的宝物，就用一幅金黄色锦缎包好，立即派人骑着快马，送到金陵去，献给李后主。

李后主看到这块奇形怪状的石头，果然十分高兴，他马上亲自设计图样，请一位技术精良的砚工帮他制成一座砚山。制成后的砚山，前部如同奇峰耸立处凿成三十六座山峰，每座山峰如拇指般粗细，形态不一，上面都分别雕出一些树木花草。中间平坦如池塘处就凿为砚池，即用来磨墨的地方。一磨墨，那龙尾状的点点金星就被墨汁淹没了。写完字，用水一冲洗，金星就重又显露出来，并且显得更加金光灿烂、耀人眼目。李后主就把这枚宝砚命名为龙尾砚，或叫砚山。出产龙尾砚的婺源县那座山，因为有了龙尾砚以后，也改名为龙尾山。

李后主自从得到龙尾砚这件宝物以后，写字、作诗、填词就都离不开它了。晚上睡觉的时候，也要把龙尾砚用金黄色的锦缎包裹起来，放到床头一口特制木箱中，用锁锁好。

后来李后主发现，有了好的砚台，如果使用的墨质量差，那也不成。于是他又忙着去改进墨的制造。

在李后主监造纸、砚、墨的故事中，要数造墨的故事最有趣，并且也更能体现出李后主对发展中国文化事业所做出的重大贡献。

墨，在文房四宝中的重要性不亚于纸、笔、砚。没有墨以前，人们写字用漆。写字的时候，用竹梃蘸上点漆，在竹简木牍上写。漆很稠，挥洒不开，字的笔画写不均匀，常常头大尾小，如同蝌蚪，所以用漆写的字也被称为蝌蚪文。

大约从汉朝时起，人们才比较广泛地使用一种以漆掺和上松烟煤做成的墨丸，在砚瓦或砚台上磨出墨汁来写字。因为墨丸的原料中有漆，磨起来很费力气，并且磨出来的墨汁不浓，带点儿灰褐色，严格地说，只能称墨水而不能称墨汁。因为磨墨很费力气，南北朝时候，北齐曾用自行磨墨喝墨水作为处罚文人的办法。凡是在考试秀才和孝廉时，试卷中写有错别字或字迹潦草的，就罚饮墨水一升，当场自磨自饮。磨一升墨水大约要花半天时间，这种处罚办法就是为了惩治思想懒汉，因为勤于思考的人是很少写错别字或潦潦草草地写字的。

隋朝时候，流行一种螺子墨，把墨的形状改成一头大一头小，如同田螺的样子。磨墨时，抓住小的一头，让大的一头挨着砚台，这样就可以省点力了，而制墨的原料则没有多大变化。

制墨工艺中真正出现了飞跃式进步的标志，是李后主敦请著名墨工李廷珪制造的廷珪墨。

李廷珪原本姓奚，是北朝时鲜卑族拓跋氏的后代。他家本来住在易水河边，唐末中原大乱，才从北方迁徙到歙州居住。他家世世代代以制墨为业，因为在原料上有所改进，制造出来的墨远近闻名。

李后主听说奚廷珪擅长制墨，就派人去请他到金陵来为皇家造墨。奚廷珪怕到了宫廷中行动不自由，不肯来。要是换一个别的君主，遇到这种情况，一定龙颜大怒，会立即派人去捉拿奚廷珪，强迫他来为皇家造墨。可是李后主没有这样做，他爱才心切，不忍心使用强迫手段。他听说奚廷珪比自己年长十多岁，立刻写了一封十分恳切的亲笔信，派人再次去请。

李后主在信中写明，赐奚廷珪为李姓，并且客客气气地尊称廷珪叔，自称侄儿李煜。

奚廷珪接到这封信后，感动得热泪盈，心想，我是个微不足道的墨工，一国的君主居然与我叔侄相称，我怎么还能摆架子呢？他对送信的使者说："皇上如此看得起我，我这辈子连同技术和生命就全都奉献给皇上了。请您先行一步，我收拾一下立即上路。"使者见奚廷珪已经答应，立即改口称呼皇叔，他说："启禀皇叔，骡马都早就准备好了。请皇叔赶快收拾一下，同我一起上路吧！”

这样，奚廷珪就正式改名为李廷珪。他立即收拾起行李和制墨用的工具，带着全家老小，跟随使者踏上了去金陵的道路。

李廷珪到了金陵以后，李后主把他安置在靠近澄心堂的一座小院里，当天晚上就设宴为他接风。宴会上，李后主斟了满满一盅酒，递到李廷珪面前祝酒说：“廷珪叔！请您干了这一盅。愿您能制造出那举世无双的好墨来，为我大唐争光！”

李廷珪见国君亲自给他敬酒，想要跪下谢恩。李后主一把把他扶住，说：“廷珪叔！这是家宴，如今我们是一家人了，你我是叔侄，请不要再来这些俗套。”

李廷珪见李后主如此厚待他，实在坐不住了，他当场就想出了一个新的制墨配料方案，要过纸笔，开出了一份备料清单，请李后主立即派人去采购原料，等原料一齐，就开工造墨。

李廷珪造墨的方法的确与众不同。别人造墨，主要的原料是松烟，俗称锅底黑，即松枝燃烧后凝结在锅底的浓黑色油烟。李廷珪造墨，除了松烟以外，还要配上藤黄、犀角、珍珠、巴豆等十二种原料。这些原料被研成极细的粉末，过筛后，与松烟混合，再加胶性物作为粘结剂，制成圆柱形的、八棱柱形的锭状墨。这种墨坚硬光润犹如黑色的玉石，又有些像是犀角。

李廷珪还特别注意用精雕细刻的木头模子为墨造型。他采用两种不同的模子：一种是龙纹双脊墨，也就是一锭墨上有两条龙在戏珠，那是上等品，是专供李后主自己用的；另一种是龙纹单脊墨，一锭墨上只有一条龙，质量稍次，是供李后主赏赐群臣或赠送给朝鲜、日本、越南等用毛笔写字的近邻国家使臣的。造墨的下脚料也从不浪费，用来制成扁长形的等外墨，作为商品卖到民间，供民间的读书人使用。

李廷珪造的墨，为了预防假冒起见，每锭墨上都有他亲手刻上的记号。上面刻个“邽”字的是上等品，刻“圭”字的次之，刻“珪”字的更次之，等外品刻上他原先的姓名“奚廷珪”三字，表示那和他沐皇恩以前的产品差不多。

李廷珪夜以继日地勤奋工作，为李后主制造出了许许多多质地精美的好墨，使得廷珪墨很快就成了中原皇朝和其他几个地方割据政权所喜爱的东西，他们每年都要派出使臣到南唐来采购。李廷珪奏请李后主批准，收了一大批徒弟，教给他们制墨的技术，然后叫他们回到徽州，利用当地产量丰富的松枝作为原料，大量造墨，行销五湖四海，为文化发展做出贡献。

李后主十分珍惜廷珪墨。他平日只以龙纹一脊墨赏赐群臣，龙纹双脊墨是从来不肯给人的。有一次，一位宗室亲王办了一件好事，立了大功，李后主一高兴，破格把一锭已经用去半截的龙纹双脊墨赏赐给了他。这位亲王拿到这半截墨以后，如获至宝，用鼻子闻了又闻，觉得这墨芳香扑鼻，沁人心脾。墨上的龙身已经被磨光了，两个戏珠的龙头还仍然存在，显得神态逼真，栩栩如生。

亲王手舞足蹈地把半截残墨拿回家中，忙着给全家的人传观。他的小儿子正在池塘边拍蝴蝶，听说这墨十分宝贵，一把抢过去观看，可是一不小心，竟然把这半截残墨掉进了池塘里。

亲王虽然觉得很可惜，但心想墨锭一旦泡在水里，很快就会融化光了，打捞也打捞不着了。他除了责备了小儿子一顿外，还告诫家人切勿声张，怕李后主知道了要怪罪他。

过了半年，时值盛夏，池塘中荷花怒放。亲王夫人带着丫鬟，乘着采莲船去采摘荷花，一个不留神，竟然把手腕上的一只金镯子掉进了池中。这金镯是她和亲王年轻时的定情之物，是重要的纪念品，并且有好几两重，值不少钱，自然不能白白丢了。亲王立即悬出重赏，叫两名会潜水的仆役潜入水底去捞。结果，金镯捞上来了，半年前掉进池塘里的半截龙纹双脊墨也意外地被捞上来了。令人感到惊奇的是，这墨在水中泡了半年竟没有泡坏，仍然坚硬而有光泽，上面的两个龙头也依旧完好，显出精神抖擞的样子。

这事传开以后，李后主更加佩服李延珪的造墨技术了，他封李廷珪为墨官，还给了许多赏赐。

李后主如此关心文房四宝中纸、砚、墨的制造，为发展文化事业做出了贡献，这在历代君主中是绝无仅有的。没有他的监督和提倡，澄心堂纸、龙尾砚、廷珪墨这样的文房之宝是不可能产生的。从这一点来说，李后主实在是中国文化史上的一大功臣。

这里不妨插叙一段，说说那龙尾砚的价值。据说，南唐亡国以后，龙尾砚辗转落入宋代大书画家米芾米元章之手。米芾因为住处狭窄，就用这枚龙尾砚换得了学士苏仲恭之弟苏仲容的一所大宅院。一枚砚台的价值，竟能与一所大宅院相等，可见其价值之高了。

李后主能够监造出澄心堂纸、龙尾砚、廷珪墨这样宝贵的东西，说明南唐有国之时，它的文化事业相当发达。五代十国时期，中原的五个朝代和地方上先后存在的其他九个割据政权，在文化发达这一点上，都无法跟南唐相比。

然而，李后主是个有着双重人格的人。他在发展文化事业方面有过不小的贡献；而他的私生活则是荒淫的。他一天到晚在宫娥中厮混，是个典型的亡国之君、末代皇帝。

第三十一章

众妃争妍

李后主爱好书法，改进纸、墨、砚等书写工具，为中国文化发展做出了贡献。然而，李后主平时最喜欢的事情还是在脂粉队中过那香艳的生活。他只要跟后妃宫娥在一起饮酒歌舞，就会把国家大事全都丢在脑后，甚至把那来自北方的威胁也都忘了。

南唐的宫娥，当烈祖在位的时候为数并不多。因为烈祖无声色之好，只设少量宫娥以供日常浆洗缝补。到元宗的时候，宫娥的人数便大增，光是乐部宫妓，包括奏乐的、演戏的、舞蹈的，就是一个庞大的数目，连同那些在皇帝一举一动时前呼后拥鱼贯列队的、掌管帝后日常生活用品的、每位后妃贴身使唤的，全都加在一起，数量之大，十分惊人。后主即位以后，国势虽然日益衰落，宫娥的数量却不见减少，反而有增加的趋势，这大概也是南唐后来加速灭亡的一个原因。

且说，那为数众多的宫娥们，原本大多是良家女子。但命运却把她们安排到宫廷中来了。那高高的宫墙隔断了她们与亲人的联系，使得她们只能如井底之蛙般在宫墙内讨生活。在禁城的森严戒备下既然不可能逃出宫墙，她们也就渐渐地习惯眼前的生活，不再关心也不可能知晓外部世界的变化。她们只能在这块小天地里争取自己的最好的前途，那就是如何获得君主的青睐，以图争得一席地位。因为宫廷中只有君主一个是真正的男人，不把希望寄托在他身上，企求万一被他看中而得到亲近龙颜的机会，由宫娥擢升为嫔妃，还有别的什么更好的出路呢？

谁都知道，在封建社会里凡是被选进宫去的少女，姿色至少得在中等以上才行。那么一大群身材相貌都不相上下的少女之中，怎么样才能使得自己犹如鹤立鸡群，被君主一眼看中呢？那就要八仙过海，各显神通了。

宫娥们被选进宫以后的规律大致都一样，先是对命运之神的这种安排表示抗议，她们偷偷地哭泣，枕头上的泪痕湿了又干，干了又湿。但日子渐久，就安下心来。在老姊妹的劝说下，也就明白了怎样去争取自己的好前途。于是，有的在梳妆打扮上狠下功夫，什么高髻云鬟，把头发梳得奇形怪状；脸上用胭脂花粉浓妆淡抹，画眉毛，描眼角，不一而足；服装的花样也不断翻新，穿红着绿，高领窄袖，务必出奇制胜。也有的宫娥不在梳妆打扮上下功夫，她们的妆容打扮平平常常，却努力去迎合李后主在文艺方面的爱好，在音乐歌舞、书画诗词方面去努力学习，力求与李后主建立起共同语言。也有的宫娥连这方面的努力也不做，她们只是虔诚拜佛，祈求神佛替她们做红娘，使李后主能看上她们。

有个名叫秋水的宫娥，相貌长得还算不错，早已被选进宫来。不幸的是她在技艺上一无所能，既不会摆弄乐器，也不会翩翩起舞，唱歌只能在一大群人合唱时张张嘴，滥竽充数。她从小没有上过学，一字不识，写诗填词自然谈不上。她又不信鬼神，认为泥塑木雕的东西跟砖头瓦块一个样，岂能显灵？大多数宫娥都是色艺俱全的美人儿，唯独她秋水有色而无艺，所以进宫多年，从未引起过李后主的注意，甚至连正眼瞧一下的时候也没有过。秋水很为自己的前途担忧，害怕自己到了年老色衰的时候，只好到宫廷后面那一排低矮的小屋中去做浆洗缝补的粗活了。

有一天，秋水独自到御花园中去玩耍，只见那争艳的百花丛中有一种从外国进贡来的奇花，散发着沁人心脾的幽香，招引了许多蜂蝶前来采花传粉。美丽的彩蝶在奇花周围翩翩飞舞，勤劳的蜜蜂也嗡嗡嗡地忙个不停。秋水本来正是愁绪纷繁，想到花园中散散心的，见到这许多蜂蝶飞飞营营，不由心烦起来，便没好气地用扇子哄赶开蜂蝶。可是，她的扇子刚停，那蜂蝶便又成群飞来，她左扇右扑，那蜂蝶却怎么也舍不得离开那花枝。

这下子秋水感到惊奇了，便走到那花枝下细细一闻，那香味一下子便直沁入她的肺腑，香而不腻，浓而不烈，令人欲醉。原来，这花是百花中最奇的一种，蜂蝶是决计舍不得离开它的。

这种奇特的场面终于引起了秋水的联想。她想，要是采几朵奇花插在自己的发髻上，让蜂蝶围绕着自己飞舞，不就显出自己与众不同，能引起君主的注意了吗？她想定主意以后，立即采了几朵刚刚开放的奇花，往自己的发上一插，便轻摇漫步向宫里走去。果然，她立刻就招引来许多蜂蝶，在她周围翩翩飞舞。她走到东，蝴蝶跟着飞到东，蜜蜂也嗡嗡嗡地跟到东；她走到西，蝴蝶跟着飞到西，蜜蜂也嗡嗡嗡地跟到西。

这件事果然引起李后主的注意。他看到秋水身边常有蜂蝶飞舞，觉得很是奇怪，心想：这女子必定是个非常之人，说不定她的肌肤有异香散发，所以才如此招蜂引蝶。只可惜往日就不曾注意，如今不妨把她唤来，让她晚上侍寝，岂非人间乐事？

于是李后主把秋水叫到身边，问："卿卿身上洒的什么香粉，如此招引蜂蝶喜欢？"要知道，皇帝是从来不以"卿卿"呼唤宫娥的，一旦用了这个字眼，就说明这宫娥要交好运了。

秋水一听李后主如此呼唤她，高兴得魂儿都快要飞走了。她赶快往前跨进一步，双膝跪下，回答："奴婢身上并未洒什么香粉。"

李后主一把扶起秋水，把她拉到自己身旁，仔细端详着她的容貌，倒也觉得果然不俗。同时，便嗅到一股非同一般的奇香。他又闭目闻了闻，这芳香真是酥入骨髓，令人销魂。

秋水见李后主如此出神地看她，也就故意忸忸怩怩地做出那千娇百媚的姿态，逗引李后主。

李后主被花香和人的姿色陶醉了，问道："卿卿叫什么名字？"秋水应声回答："奴婢名叫秋水。"

李后主一听秋水这个名字，立刻就联想起唐朝诗人鲍溶《古鉴》一诗中有两句："曾向春窗分绰约，误回秋水照蹉跎。"那是描写美人对镜自叹的。他赶快接着问："卿卿曾为寡人侍寝过吗？为什么你这名字很耳熟？"

秋水赶快又跪下回答说："奴婢命薄，还没有这种福分。"说着，竟扑簌簌地掉下一串泪珠来。

这一下李后主更动心了，他一把拉起秋水，搂在怀里，用手替她抹着眼泪，安慰说："寡人太忙了，竟使卿卿岁月蹉跎。现在寡人封你为护花使者，今晚你来为寡人侍寝吧！"

秋水得到宠幸，跃升为嫔妃以后，在宫娥中引起了窃窃私议，有人认为这种发簪奇花的做法是邪门歪道，太不足取，而李后主连秋水这种毫无技艺的宫娥都喜欢，太没有眼光了。特别是有个名叫流珠的宫娥，更觉得这事十分好笑，她表示自己决不走这种门道，她定要靠自己的技艺来打动君主，邀得宠幸。

却说这流珠被选进宫来的时候，才十三四岁，还在童稚时期。那时她什么也不懂，不知道做宫娥是怎么回事。她最大的好处是相貌长得像国后周娥皇，并且十分听话，叫她做什么，她就会十分忠实、小心翼翼地做好。

那时候，国后周娥皇还健在，十分珍惜唐元宗赐给的烧槽琵琶，想指定专人负责保管烧槽琵琶。她见流珠听话，靠得住，就把保管琵琶之责交付给这个年幼的宫娥。

要保管好琵琶，自然要懂得琵琶的性能和弹奏的技巧。周娥皇就把流珠当成自己的学生，手把手地教她这方面的知识和技能。

流珠人虽小，却心灵手巧，只学了几个月，竟然把周娥皇最拿手的《霓裳羽衣曲》《邀醉舞破》《恨来迟破》等曲谱全都学会了。练习了一些时日，技巧上的熟练程度简直可以与周娥皇相媲美了。要是隔着珠帘听流珠弹奏琵琶，看不清弹奏者的脸，只影影绰绰地看到弹奏者的身段姿态，竟会误认为是周娥皇在那里弹奏。后来，周娥皇死了，烧槽琵琶殉葬，流珠被分配到宫廷乐队中去弹奏琵琶，她跟李后主的距离就逐渐地远了。

李后主续娶小周后那年，流珠已是十六七岁的少女，开始为自己的前途担忧起来。为了尽量引起李后主对周娥皇的回忆，以便自己因此能得到宠幸，流珠日夜苦练琵琶，她不仅把周娥皇教给她的曲谱弹得滚瓜烂熟，并且在弹奏的姿态和平日的言行举止上，也竭力模仿周娥皇。

有一次，小周后偶感不适，一连几天腰酸腿痛，不思茶饭，她想安安静静地休息，紧闭房门，不许李后主去打扰。这下可把李后主害苦了，他感到百无聊赖，如同没头苍蝇般到处乱逛。突然，他听到一阵十分耳熟的琵琶声，从御花园的水榭那边传来。他循声寻去，只见靠近水榭的一丛湘妃竹旁边的石头凳子上坐着一个女子，正在弹奏《恨来迟破》。

李后主不看则罢，一看不由心头一惊："莫非是她幽魂再现？"——从背影看，这女子酷似周娥皇。后主再细听她弹奏的琵琶曲调，似乎也只有周娥皇才能弹得如此悠扬动听。他又从背后看那弹奏者的姿态动作，也简直如同周娥皇再世一般。李后主看着听着，不禁为之出神了。

忽然，裂帛一声，琵琶声止，随后竟传来那女子悲切之声。原来《恨来迟破》本是一支十分凄凉的曲调，流珠弹着弹着，把自己的思想感情全都融入曲调之中了。当她弹完一曲以后，一时间由于情感受到巨大冲击，竟然抱着琵琶，两手掩面，呜呜咽咽地抽泣起来了。她那抽泣的姿态，竟也和当年周娥皇跟李后主闹脾气时一模一样。

在这一刹那，李后主竟完全忘记周娥皇已经死去多年，自己仿佛又回到与周娥皇共度蜜月那时节了。他三步并作两步地抢上前去，一把将流珠揽在自己怀里，轻声地安慰着说："卿卿别哭！卿卿别哭！都是寡人不好，惹你生气了。"

流珠猛然间被李后主搂住，可以说这完全在她的意料之中，也在意料之外。她赶紧放开掩着脸的双手，仰起头，轻声说道："陛下！奴婢流珠惊动圣驾，罪不容诛。"

李后主此时软玉温香在抱，定睛一看，原来自己搂着的不是周娥皇，竟是娇嫩的流珠，这才想起来周娥皇已经死去多年了。

他脸一红，觉得有点不好意思，但很快又镇静下来，用手轻轻抚摸着流珠脸上的泪痕，十分温柔地说：“告诉我，你为什么喜欢《恨来迟破》这支曲？”

流珠迟疑了一下，回答说：“奴婢想起了先国后对自己的恩情，是她亲手教会我弹奏这支曲调的。”

李后主又问：“先国后待你好吗？”流珠用手轻轻玩弄着胸前周娥皇赏赐给她的一个香囊，娇声细气地说：“先国后待我很好，就像亲姐妹一样。还说她希望我能替她……”

李后主一看她欲言又止的娇态羞容，不由心中一动，追问道：“替她什么？”当流珠低眉带羞地说出“替她多陪侍陛下才好”时，他便情不自禁地轻轻抚摸一下流珠的头发，突然俯下身去，用只有他们两个人才能听得见的声音，轻声说：“这几日寡人十分寂寞，今晚你到书房里来陪伴我，以后就多多安慰安慰寡人的寂寞吧！”

流珠是当时宫廷中最年轻美貌并且技艺出众的宫娥，她受到宠幸，别人是只有羡慕，无法妒忌的。可是，也有个相反的情况，有个年龄最大，比李后主还大二三岁的宫娥乔氏，由一个偶然的会竟得到了李后主的垂青。

乔氏被选进宫来的时候，已经二十开外了。她本来已有婆家，是在临出嫁的前夜被地方官府选中，强迫着用一顶官轿抬走，送进宫来的。进宫以后，听说自己的未婚夫一气之下做了和尚，出家云游四海去了。乔氏本想自尽，但是宫廷中人多眼杂，一时找不到机会。最后，她心一横，抱定了一条宗旨：现在叫我做什么，我就勉强应付，等岁数一大，我就要求出家，把头上青丝一剪，去做尼姑，以求得来世的幸福。不想李后主在宫廷中设立了僧尼精舍，倒是遂了她的心思。乔氏就经常去精舍中和尼姑厮混，也经常跪在神佛前闭目祷告，祈求神佛为她赐福，也为她的未婚夫赐福。

乔氏自幼学过书法，写得一笔好字。她在拜佛之余，还经常帮着精舍中的僧尼缮写佛经。李后主这时候虽然已不怎么信佛了，但是由于习惯成自然，他每天清晨总还是要到精舍中去走走，在神佛面前上一炷香，磕一个头，也算是个日常功课，一时很难忘怀。可是小周后早已不和他同行，所以常常是他一个人独来独往。

这一天，乔氏正跪在精舍中神佛前的蒲团上闭目祷告，冷不防听到身旁扑通一声，又跪下一个人来，两个人竟肩挨肩地并排跪在一个蒲团上了。

乔氏睁眼一看，那跪在身旁的不是别人，原来正是李后主。她吃了一惊，吓得站起来也不是，继续跪着也不妥，只好连声说："奴婢该死！奴婢该死！"

李后主原本有些心不在焉，进门后本以为蒲团上跪着的是个和尚，而跟和尚跪在一个蒲团上拜佛，那是常有的事，和尚也从来不避开他。可如今蒲团上跪着的竟然是个宫娥，那就变成了一男一女跪在一个蒲团上，简直是夫妇拜天地那样了，这自然是不大妥当的。

于是，为避免难堪，李后主倒是先站了起来。他起身后也不合适拂袖而去，又见乔氏战战兢兢的样子，不由温言问了她的姓名，又问她为什么来向神佛祷告。乔氏不便把心事和盘托出，只好含含糊糊地回答说："奴婢命苦，祈求神佛保佑我来世幸福。"

就从这一天起，李后主认识了乔氏，虽然他没有顾得上细看乔氏的身材容貌，却对这虔诚拜佛的宫娥有了个初步印象。

又过了几天，乔氏在神佛前祈祷完以后，正在聚精会神地帮着僧尼缮写佛经。这天李后主也去了，他没有惊动乔氏，而是悄悄地站在她的背后，看她写字。乔氏正专心致志地运笔，没发现身后有人，但她娟秀的笔迹竟使得李后主看得入了迷，目光在笔毫、经卷、乔氏的削肩青丝之间逡巡。他真想不到一个女流之辈竟能写出这样一笔好字。于是，不由仔细端详起乔氏来。

只见乔氏三十来岁年纪，不施脂粉，衣着素淡，却有着一种天生的朴实之美，犹如未经雕琢的璞玉般，纯澈烂漫。真是清水出芙蓉，天然去雕饰，别有一种风韵。

李后主常常听人说，年岁较大的女子是最会体贴男人的，所以自古以来的帝王，在三宫六院之中，总要找一个年岁比自己大的妃子，遇有什么疑难之事的时候，找这大姊姊似的妃子求得慰藉与帮助。他想：这个虔诚拜佛而又擅长书法的宫娥，是否也可以作为自己的大姊姊似的妃子呢？

他想定主意以后，等乔氏写完一卷佛经，就突然从背后一伸手，把佛经抢了过去，拢入自己袖中。

乔氏先是一惊，转头却见是李后主抢走了佛经，不觉一怔，赶紧起身盈盈下拜说："奴婢写得不好，陛下请勿见笑。"

李后主却含情脉脉地压低了声音说："卿卿还记得吗？前几天我俩在一个蒲团上跪过，该是有缘分的吧！明天我也照样缮写一卷，和你互相交换，让神佛替我们作见证吧！"

乔氏一听这话，唰的一下子脸红了。她万万没想到自己竟会有这样一天，无心插柳，居然无意间得了圣眷。惊喜之下，又有些怕羞，居然扭过头，一溜烟地走了。她在跨出精舍门的时候，却又突然回过头来，向李后主嫣然一笑。那笑容如百花绽放，眼波流转，引得李后主攥着经卷呆立良久。

第二天，李后主叫太监拿着一个黄缎小包送给乔氏。乔氏打开一看，里面是李后主写的一卷佛经。佛经上附有一张小条，上写着“请卿卿今晚到书房侍寝”。第二天清早，乔氏被封为护法使者，成了僧尼精舍的主管人。

保仪黄氏的情况和乔氏有些类似，也是因为擅长书法而受到了李后主的宠幸。黄氏原是江夏望族黄守忠的女儿。黄守忠因遇军乱，从江夏流徙长沙，在马氏楚国做了一员偏将。楚国亡于南唐时，黄守忠为国殉难，当时年仅七八岁的黄氏被唐将边镐掳得。因为黄氏的容貌十分出色，边镐就把她献给了唐元宗。唐元宗惊艳于黄氏的美貌，又可惜她年龄太小，不能即刻纳为嫔妃。于是就特地请了个教师来教她琴棋书画，准备等她长大成人以后再收入后宫。没料想等黄氏成长为妙龄少女时，唐元宗却因为国事艰难忧郁而死。不过，仪容冠绝一世、顾盼颦笑迷人而又擅长琴棋书画的黄氏，自然被后主看中，早就得到宠幸，被封为保仪，专门负责掌管宫中书籍，做了皇家图书馆的馆长。

李后主和他父亲唐元宗都酷爱书法艺术，父子两代陆续搜罗到了钟繇、王羲之以来所有名家的墨宝碑帖，总数有几百种之多，全都交给了保仪黄氏掌管。黄氏对各家的墨宝碑帖一一临摹，摹写得惟妙惟肖，有的简直到了可以乱真的地步。可惜这些墨宝碑帖连同黄氏所临摹的，后来在南唐亡国时悉数被焚，黄氏为此大哭一场，饮恨自尽。这实在是中国书法艺术史上一笔无法弥补的损失。

秋水、流珠、乔氏、黄氏受到李后主的宠幸，各人做法不同，机遇也不一样，除了秋水的做法曾遭到别人窃窃私议以外，其他三人倒也都没有引起什么议论。可是，有个名叫窅娘的宫娥为了吸引李后主对自己的注意，采用了一种摧残天性的做法，影响所及，竟使后世妇女都因此而遭殃。

窅娘原也是很早就被选进宫来的宫娥。她虽然长得纤丽多姿，更兼能歌善舞，但是不知道是什么原因，居然一直未引起李后主的注意，没有得到亲近龙颜的机会。

窅娘心里一急，就想出了个极为奇特的也是对自己分残忍的做法。她用两条一丈来长的绢帛，用力把自己的双脚紧紧裹缠起来，直缠得双脚畸形，变成了纤小屈曲犹如新月的形状。然后她再穿上素色的袜子跳舞。因为脚缠小了，站立行走都不稳当，跳起舞来就更加摇摇晃晃，在别人看来，反显得婀娜多姿了。

窅娘的这一做法果然产生了效果。一天晚宴上，李后主见窅娘的脚比别人的小，跳舞的姿势显得格外妩媚，就在散席以后把窅娘叫到身边，叫她脱去袜子，一把捉住了她的小脚细细赏玩，并且还给小脚起了个名字，叫“三寸金莲”。当晚，他就叫窅娘留下来为他侍寝。

第二天，李后主下令叫工匠用黄金为窅娘铸造了一朵六尺来高的金莲花，花的周围饰以宝物、细带、璎珞。花的中间是空的，人可以站在那里盘旋舞蹈。金莲花铸成以后，李后主每逢宴会就要叫窅娘在其中跳舞，扮成几欲乘风归去的芙蓉仙子的姿态，以此取乐。

窅娘缠足的时候，因为违反了人的天性，使自己的皮肉吃了不少苦头。那长长的裹脚布上，无数次染满了殷红的鲜血，痛得她龇牙咧嘴地冒过无数汗珠，掉过无数眼泪。小脚裹成以后，却终于换来了李后主的宠幸，她自以为还是很得计的，很合算的。

窅娘是我国封建社会中妇女缠足陋习的始作俑者。后来，一些好色的男子竟学了李后主欣赏小脚的榜样，以妇女缠足为美，要求自己的妻女一律都裹缠小脚。这种陋习越传越广，先城市，后乡村，最后竟然发展到不裹脚的姑娘找不到婆家了。可怜后世千千万万的妇女，为了把自己的双脚裹缠得小而又小，强忍着疼痛，流血流泪，真是吃足了苦头。小脚缠成以后，走路摇摇摆摆，丧失了劳动的能力，从此也就无法独立谋生，只好作为男子的附属物了。李后主的好色，导致了窅娘想出缠足的办法邀宠。对于封建社会中千千万万受到缠足陋习之害的妇女来说，李后主才是应当受到谴责和诅咒的历史罪人！

秋水、窅娘等宫娥，用尽了种种手段，来博取李后主的欢心，以求自己得到受宠的所谓幸运。可是，这种幸运已经不久长了。北方的宋太祖赵匡胤，听说李后主纵情诗酒，沉湎女色，置国家大事于脑后，不由高兴起来。他认为出兵灭亡这个江淮之间的南唐已经是时候了，就在大臣的襄助下，制订出了灭亡南唐的全盘计划。

第三十二章

宋太祖进兵南唐

宋太祖想要灭亡南唐的意图，表现在他扣留了南唐使臣、李后主的弟弟韩王李从善这件事情上。那么，李后主为什么要派韩王李从善出使宋朝呢？这话得从南唐与海外异域国家的关系讲起。

前文在讲南唐开国盛况的时候，曾提到在唐烈祖建国初期，由于南唐政治清明，国泰民安，声威远播，因而吸引了域外的高丽王国派使臣前来朝贡。其实，当时到南唐来朝贡的域外国家并非只有高丽一国，还有许许多多别的国家，不过因为道路有远近，交通有便与不便，所以使臣到达南唐的时间有早有晚。距离南唐较远或交通不甚便利的一些国家派出的朝贡使臣，带着珍贵的礼品千里跋涉，风餐露宿，在较晚的时候才到达金陵。直到李后主即位后的第十一个年头，即在南唐建国以后的三十多年，来自占城、阇婆、大食等国的使臣，才姗姗来迟，刚刚到达金陵，向李后主献上他们的宝货和土特产。

占城是位于今天越南中南部的一个国家，以出产占城稻闻名于世；阇婆是占有今天印度尼西亚的爪哇和苏门答腊两个岛屿的国家，盛产香蕉、椰子、菠萝等热带水果；大食是当年的阿拉伯帝国，即今天西亚、北非的一些阿拉伯国家，人民笃信伊斯兰教。

三国使臣到达金陵以后，李后主亲切地接见了他们，并设宴款待。使臣们一一献上自己带来的贡品，并大大地炫耀一番本国出产的宝货。大食国使臣进贡了一种名叫龙脑浆的补品，眉飞色舞地夸耀说："启禀唐国皇帝陛下！敝国出产的这种龙脑浆乃是采用名贵药材精制的滋补良药，服用后能补益元气，使人的白发变黑，返老还童。敝国皇帝虽然年近古稀，但身强力壮，矫健如同雄狮，就是因为长年服用这龙脑浆的缘故。敝国皇帝令臣进贡龙脑浆，请陛下试服，祝陛下身体健康，万寿无疆。"

李后主听说龙脑浆是如此名贵的滋补药，自然十分高兴。再听其他两国使臣介绍他们的土特产，也非南唐所有的稀罕之物。他赶快叫内侍登记造册，好好收藏这些贡品，准备留着自己慢慢享用。

可是大臣们却提醒李后主说，他这样私受异域国家的贡品是不对的，因为当时的南唐已奉宋朝正朔，是宋朝的一个藩属。一个藩属国家怎能私自与海外异域单独建立联系，并且接受他们的贡品呢？要是被宋太祖知道了，这岂不要惹得他勃然大怒，因而大兴问罪之师吗？

李后主听大臣们这么一说，吓了一跳。他经过再三考虑，决定派遣自己的弟弟、韩王李从善出使宋朝，把占城、阇婆、大食三国进贡来的宝物，如数转献给宋太祖赵匡胤，借以表示自己的忠诚。他还在上书中卑躬屈节地客气一番，表明自己是宋朝的藩属，已取消了大唐的国号，只是个江南国主而已，所以不敢私自接受异域的贡品。

李后主这样做，既出于大臣们的劝告，也是因为他被不久前宋朝灭亡南汉这件事吓怕了。原来宋太祖赵匡胤十分精明能干，他知道统一中国要一步步地来。灭亡南汉，是他统一中国的一个重要步骤。南汉在南唐的南边，宋朝灭亡了南汉，就构成了对南唐的强大威胁，所以吓坏了李后主，他这才决定派弟弟李从善到东京开封府走一趟，表示南唐对宋朝的恭敬，希望宋太祖不要马上来灭亡南唐。

其实，李后主这样做是大大的失策，这等于自己在宋太祖面前示弱，表明南唐不敢反抗宋朝，所以反而招致宋太祖赵匡胤想要提前来灭亡南唐。

这时候，宋朝已经先后灭了荆南、后蜀和南汉，十国之中已经只剩下吴越、南唐和北汉三国了。挥师南下，灭亡南唐，这已经是宋朝的既定国策，如箭在弦，早晚是要发射的。不过，宋朝由于连年用兵，军队有些疲于奔命，武器、粮草也筹办不及，更兼宋太祖对南唐的情况还没有摸得太准，不敢贸然用兵。况且宋太祖心目中最大的敌人是北方的辽国和辽国支持下的北汉，所以起初并不想立即对南唐用兵，而是还想延缓一些时候，喘一口气再说；或者竟是先去灭了北汉，然后再回过头来灭亡南唐。

可是如今李后主派韩王李从善入朝，上书中的文辞又是那样的谦卑，这就等于自己来向宋太祖通报消息，告诉他南唐没有什么力量，对宋朝怕得要命。这样反倒促使宋太祖下了决心，要把灭亡南唐这件事提前实现了。

但出动大军南下灭国可不是一件小事，宋太祖赵匡胤也得细致谨慎从事。他想：李煜既然如此心虚胆怯，那么能不能对他加点压力，吓唬他一下，使得他自动入朝，献出国土，归并于宋朝版图呢？要是能做得到这一步，岂不是比出兵打仗更要省力得多吗？所以他决定试着采用这种手段，扣留李从善就是其中的第一步。

宋太祖开宝四年（公元971年）春，韩王李从善奉命带着占城、阇婆和大食进贡来的奇珍异宝到了东京，朝见了宋太祖。宋太祖先是对李后主的忠诚大大夸奖了一番，然后话锋一转，对李从善说："寡人爱才心切，一眼就看出贵使臣乃是国之栋梁才。如今你就不必再回金陵去了，留在这里任职，好好发挥你的才能吧！"

他也不等李从善表示可否，立即颁发诏令，任命李从善为泰宁军节度使，并且还赐给他一幢豪华的宅第。这样做，实际上是拿李从善作为人质，想借此迫使李后主来自动入朝，交出国土，归并于大宋朝廷。

李后主听说韩王从善出使被留，大感恐慌。他虽然生活腐化，沉湎女色，政治经验很差，但是对于这一次宋太祖扣留李从善的做法，他也多少意识到了事态的严重性，预感到大难就要临头了。

南唐的文武大臣听说韩王李从善出使被留，也人心惶惶，议论纷纷。他们的看法基本上分为两派：一派认为宋太祖这样做欺人太甚，南唐应作困兽之斗，给宋朝一点颜色看看，表示南唐还大有人在，不可轻侮；一派则认为宋朝想要灭南唐，犹如泰山压卵，想要反抗也是徒然的，只好等着人家兵临城下，素车白马的投降算了。

有些商人却比文武大臣更激进些，他们刚刚从长江上游做生意回来，路上亲眼看到了宋朝在荆南督造数千艘战舰，以备顺流而下进攻南唐之用，但是这些战舰都还未造好，也未见有军队在那里守卫，所以他们向李后主提出建议，请他偷偷派人去把这些战舰烧掉，使宋朝蒙受一次严重损失，从而延缓对南唐的进攻。

然而，李后主既不敢听文武大臣中抵抗派的意见，也不敢接受商人们的建议，他只是赶快派户部尚书冯延鲁作为特使去东京，向宋太祖辞谢给予李从善的封爵，请求把这位王弟放归金陵，使他们兄弟团聚。

冯延鲁本是个佞臣，乃“五鬼”之一。他遇事只会替自己打算，国家的安危是从来不会放在心上的。他接受特使的任命以后，到东京一看，形势不妙，如果自己真的以特使身份去见宋太祖，请求放还李从善，那么得到的结果必然是连他自己也得被留下来作为人质，不再放归了。

于是，他赶快假装在旅途中感冒风寒，生起病来。他一边在宾馆中的病床上哼哼唧唧地呻吟；一边偷偷派人去察看动静，看看有没有人在监视他。当他知道宋太祖还没有注意到他的时候，连忙溜之大吉，悄悄地回金陵去了。

说到这里，似乎也得把韩王李从善的为人，以及他在这次出使被留后的态度表一表。这韩王李从善并非李后主一母所生的同胞兄弟，而是唐元宗宠幸的宫娥凌氏所生，在兄弟之中排行第七。他虽是个庶出的王爷，但是生来仪表不凡，气宇轩昂，是个标准的王孙公子。他喜武不喜文，一天到晚不是盘马弯弓，就是舞刀弄剑，平日里颇得父亲唐元宗的喜欢。在唐元宗迷恋凌氏、朝朝暮暮与凌氏形影不离的那时节，这李从善几乎都具备了夺取皇位继承权的可能。

封建社会里的嫡庶之争本来是很尖锐的，可是因为李后主并不热衷于政治，他倒并不计较这些，也不念旧恶。李后主继承了皇位以后，对于那些庶出的兄弟仍然十分友好，一个个的都给他们封王，对韩王从善还格外信任，所以这次才派他出使宋朝。

就韩王李从善本人来说，他虽然被封为王爷，却仍然不满足，不痛快。他总觉得自己能盘马弯弓，十八般武艺样样都能会，本领比哥哥李后主大得多了，做个王爷是很屈才的。这次他出使被留，宋太祖封他为泰宁军节度使，赐给豪华的宅第，还在正规的俸禄之外又私下送他五万两白银。他觉得宋太祖很器重他，竟感到心满意足，不仅对宋太祖感恩戴德，并且从心眼里不打算回南唐了。

他听说宋太祖有意叫李后主自动入朝，献出国土，归并于宋朝，竟然自告奋勇地给哥哥写信劝降。他在信上先替宋太祖大大吹嘘一番，说宋太祖为人如何宽仁厚道，把南唐并入宋朝是江南几百万军民的幸福。他劝哥哥应当识时务，赶快自动到东京入朝，万万不可错过这个千载难逢的大好机会。如若执迷不悟，等宋军挥师南下，则犹如泰山压卵，南唐的结局就会不可想象了。从李从善书信中的口气看，他已经厚颜无耻地在替宋朝说话，说明他已经死心塌地地投降宋朝，置自己的父母之邦于不顾了。

李后主接到弟弟李从善的劝降信，更加增添了几分烦恼。他拒绝到东京入朝，献出国土，还再三请求宋太祖把李从善放归金陵，使他们兄弟团聚。

可是宋太祖根本不答应李后主的请求，还是非要叫他自动入朝、交出国土不可。李后主为此愁得饭吃不下，觉睡不稳，什么宴饮歌舞也都无心举行，一概停止，甚至连正常的朝会听政也不经常举行了。他一空下来就登高北望，泪下沾襟。想起自己的前途，不寒而栗，不知道自己头上的这顶王冠还能戴多久，说不定哪一天就会被打落在地，连同祖父留下的基业一起，全都完蛋。

那么，李后主既然拒绝入朝东京，献出国土，按理正确的做法就应当立即振兴武备，以便在宋朝一旦出兵南侵之际可以抵挡一阵，让宋太祖碰个硬钉子，使他知难而退，一时间不敢再轻举妄动。

这种以武力为后盾而拒绝入朝的做法，有不少人早就替李后主想到了，并且还给他提出了种种具体建议。有些人的主张和不久前商人的建议有些类似，认为索性以攻为守，先争取个主动，挑选宋军力量比较薄弱的地方去冲杀几阵，要是胜利了自然更好：即使不能胜利，也可以显示一下南唐还有力量，叫宋太祖不要小看了这个江淮地区的大国。

抱有这种以攻为守主张的人，以南都留守、南昌尹林仁肇为代表。林仁肇原先是闽国的一员偏将，他身长六尺余，生来虎背熊腰，刚毅有力。闽国的风习之一是流行文身，林仁肇也叫人给自己背上刺了一只老虎，所以他的绰号就是“林虎子”。闽国灭亡后，林仁肇投降南唐，因为唐元宗和李后主都对他予以重用，所以他也愿意死心塌地地为南唐李姓皇朝效忠。

正当宋太祖出兵去灭亡后蜀、荆南和南汉之际，林仁肇派人潜入东京，去侦察宋朝的虚实。他在得到了可靠情报以后，悄悄地赶到金陵求见李后主，提出建议说：“陛下！北朝为灭亡后蜀、荆南和南汉，已动用了绝大部分的兵力，把淮南几郡的军队都抽空了，每郡大约只留下千把人守城。又有消息说，他们在灭亡这几个国家的过程中，损失惨重，元气大伤；更兼军队转战千里，全都疲惫不堪，普遍产生了厌战的情绪。这正是我们可以乘虚进攻的大好时机，显示我大唐实力的大好机会。”

李后主听林仁肇这么说，并没有动心，他只是懒懒地问道：“依卿之见，我们应当采取什么样的行动呢？”

林仁肇上前一步，压低了声音，凑近李后主的耳朵说：“请陛下拨给臣数万兵马，让臣出寿春，抢渡淝水和淮河，直取正阳，威胁那东京开封府，给北军一个厉害看看。”

李后主听林仁肇说要出兵去打宋朝，吓得他浑身哆嗦，赶快摆摆手说：“这不是到老虎头上去搔痒吗？怎么使得！要是打不赢，他们的大队兵马乘势南下，岂不坏了大事。”

林仁肇赶快补充说：“臣还有个万全之策，即等臣起兵之日，陛下可以立即假意去向北朝皇帝报告，说臣带兵叛变，追赶不及。这样一来，如果臣进攻得手，大败宋军，就可以把失去的国土夺回来，重新归还于陛下之手！万一臣进攻失败，在北上途中为国捐躯，则因为事先已经向北朝皇帝报告过了，陛下可以不必承担任何责任，完全由臣自己个人负责，北朝没有理由因此出兵南侵。这是个万全之策，请陛下务必予以采纳！”

可是李后主胆小怕事，他怕这样做是有意去逗引宋朝，会惹来一场大祸，根本不敢接受这个建议，使得林仁肇的满腔爱国热忱无处得以报效。

李后主对林仁肇的才能不重视，宋太祖赵匡胤之却十分重视。他在准备出兵南唐之前，找谋士们研究南唐的国情，问他们南下灭唐还可能会遇到什么阻力。谋士们回答说：“根据我们了解到的情况，南唐得力的大将已经不多，但有一位林仁肇，外号林虎子的，却十分厉害，是个既勇猛而又有谋略的人。他打起仗来，在百万军中如入无人之境，真是如同老虎一样的凶猛；在布阵用兵方面，他能顶得上半个诸葛孔明，常常能出奇制胜。陛下如要出兵灭唐，林仁肇是一只难以对付的拦路虎，必须先想法把他除掉才好。”

宋太祖就请谋士们帮着出主意，除掉林仁肇，好为大军南下扫除障碍。谋士们经过反复合计，认为必须如此如此，才能借李后主之手，把林仁肇杀掉，让南唐自毁长城。

宋太祖采纳了谋士们的意见，立即派出一些擅长丹青的人潜入南唐，偷偷观察林仁肇的容貌，画下了一张他的肖像，然后带回东京，复制多份，挂在比较显眼的地方，让南唐来的使臣和商人都能看到。

使臣和商人看了肖像，都端详半天，说这人很面熟，好像是我国的南都留守林仁肇将军。宋朝官员见他们如此猜测，就笑笑说：“你们猜对了。这位林将军马上就要带兵前来归顺，所以先特地送来一张肖像，让我们大家都认识认识，到时候可以去接应他。”有的宋朝官员还指着皇宫旁边一所豪华的宅第对南唐使臣说：“这所宅第就是给林将军准备着的。你们有谁要是有意学习林将军的榜样，前来归降，也一定不会亏待你们。”

南唐使臣和商人不知是计，都信以为真，纷纷向李后主秘密报告，说林仁肇已经在暗地里通敌叛国，千万要留意他的一举一动，不要再让他带兵。有人建议最好把他关押起来，有人建议干脆把他处决算了。

李后主没有经过仔细调查，把事情的真相弄明白，他只是联想到前些时候林仁肇曾要求带兵北上，去进攻宋朝。他想：好一个林仁肇，原来你想带走军队，投敌叛国。我怎能饶你！

可是李后主不敢派兵去捉拿林仁肇，因为他怕这个有万夫不当之勇的林虎子没有人能对付得了。所以他就派人到林仁肇那里去慰劳，送去了许多美酒食品，其实在酒里下了烈性毒药，把林仁肇毒死了。林仁肇一死，李后主自毁长城，南唐就更无可用之人了。

宋太祖听到李后主毒死林仁肇的消息后，哈哈大笑，对谋士们说："李煜果然是个笨蛋，中了我们的离间之计。他有这样的一个林仁肇而不会使用，竟然把他活活地害死了。看来我们南征的道路上已经没有什么阻碍，出兵灭唐的时候已经到了。"

正当宋朝磨刀霍霍准备出兵的时候，李后主却仍毫无防备，他只是想要得过且过地拖一天算一天。这种情况，使得南唐的一些官员忧心忡忡。

兵部尚书韩熙载曾因才华高绝、娴于政事而被李后主看重，想任命他为宰相。但是有人报告说韩熙载纵情声色，无心国事。李后主就派南唐画院中有位名叫顾闳中的著名画家，去韩熙载家绘制夜宴生活图景。据说这幅《韩熙载夜宴图》的绘制过程是，先假装去和韩熙载要好，经常出入韩府，偷偷地描摹了韩熙载和他家里一些姬妾的相貌，以及韩府中厅堂院落的种种摆设，然后绘制成图，分为琵琶演奏、观舞、宴间休息、清吹、送宾客五部分。

从绘画的技巧上来说，这幅图上不仅人物绘得惟妙惟肖、栩栩如生，就连屏风和用具的花纹、仕女衣裙等别都绘制得精妙细致，线条流畅细致，色彩绚丽高雅，被称为千古名画，是中国美术史上的瑰宝。图的主题虽然是夜宴，却能明显感受到主人韩熙载在欢宴时眉头紧锁，抑郁不乐，一副心事重重的样子，与周遭的繁华热闹格格不入，其特出而孤独的形象跃然纸上。

事实也确是如此。唐元宗兵败并割让国土、俯首称臣后，韩熙载的政治抱负和理想完全破灭。他也同样清醒地看到，李后主再如此下去，亡国被俘的命运迫在眉睫。他除了广蓄女乐、以声色自娱来安慰和消磨自己外，已别无出路。

李后主看到《韩熙载夜宴图》后，非常生气。韩熙载也因此被降职，不久于宋太祖开宝开宝三年（公元 970 年）七月抑郁而死。

内史舍人潘佑也是个有识之士，他见李后主没有因为形势紧急而修明政治，振兴武备，依旧信用奸佞而枉杀忠良，气得他一连上了七道奏章来评论时政。

他在最后一道奏章中说："陛下庇护奸邪，曲容谄伪；疏远贤臣，枉杀忠良，遂使国家暗暗，如日之将暮。这样下去，恐怕连桀、纣、孙皓那样的下场都要不如了。"

潘佑这话虽然说得太直爽了些，不过也确是当时的实际情况。不过"连桀、纣、孙皓都不如"这话的刺激性太大了，使李后主实在难以忍受，他下令逮捕潘佑下狱。潘佑还没等人来抓他，就拔剑自刎，为国家喷洒了一腔忠愤的热血。

宋太祖开宝七年（公元 974 年），南唐的厄运终于临头。宋太祖在检阅了自己的军队以后，决定出师南下。他先派遣颍州团练使曹翰率领一支军队，从江陵出发东进。接着，又派宣徽南院使曹彬、侍卫马军都虞候李汉琼、宾州刺史田钦祚，率领水军接应，准备从长江上游顺流而下，从西面进攻金陵。

当李后主最后一次表示抗命入朝以后，宋太祖又派山南东道节度使潘美、侍卫步军都虞候刘遇、东上閤门使梁迥，率领大军，从东京南下，水陆并进，从北面进攻金陵。这来自西面和北面的两路宋军，犹如一把铁钳，紧紧地向着南唐的都城金陵逐渐收拢。

这时候，李后主异想天开，竟然还想用进贡大量财物的办法，来乞求宋太祖不要出兵灭亡南唐。他派他的八弟、邓王李从益带着帛二十万匹、白金二十万两，火速赶往东京。可是已经来不及了，宋军的先头部队已经攻陷了池州。不久，芜湖和雄远军也相继陷落。南唐的东南邻邦吴越国，这时也听从宋太祖的号令，大举出兵侵唐，进攻常、润二州。南唐处于腹背受敌的危急境地了。

俗话说，困兽犹斗。李后主虽然事先没有丝毫准备，但是当亡国危机迫在眉睫，生存遭受严重威胁之际，他也终于横下一条心，决定拼一拼了。他下令都城金陵和沿江地区紧急戒严，并宣布废除宋朝的开宝年号，因一时想不出好的年号代替，决定改用干支纪年，把开宝七年改称甲戌岁。

对于吴越国乘机在背后进攻，李后主更为担心，因为北面毕竟还有长江天堑作为屏障，宋军短时间内不可能打到金陵；而南唐在金陵以西还驻有许多重兵，对从长江上游来的宋军也还能抵挡一阵。唯独这吴越国的军队是从背后打过来的，一路上无险可守，着实使人感到头痛。李后主考虑再三，觉得对吴越国应当动之以情，请求他们罢兵修好，不要为宋朝所驱使。

李后主派人给吴越王钱弘俶送去一封无论文辞还是感情都十分恳切的亲笔信，请求吴越罢兵。他在信上说："贵我两国从前虽然有过芥蒂，发生过一些小小的摩擦，但是，实际上由于我们国土相连，乃是唇齿相依的邻邦。俗语说，唇亡则齿寒。为此，先祖父在世时，曾于贵国惨遭回禄之际真诚相助，助力贵国渡过难关。如今我们不谈过去的恩怨，但求双方能和睦相处，不要受他人所利用。如果贵国助纣为虐，则今天没有了我，明天阁下也就难以立足了。一旦大宋天子易地赏功，阁下也无非只是大梁一个布衣而已。"

李后主的信虽然写得十分恳切，可是吴越王钱弘俶根本不为所动，他不但不停止进兵，还把李后主给他的信呈献给宋太祖，向宋太祖表明自己的忠诚。钱弘俶还下令给自己的军队，叫他们对常、润二州加强攻势，务必要在短期内把城攻下来。

在这西面北面有宋军压境，东南方有吴越军袭击的危急形势下，李后主理应在武将之中找个真正能为国干城的栋梁之材来主持军事才对，可是事实上他竟没有这样做，而是信用一个皇甫继勋来担任大将，指挥全国的军队，抵抗宋军和吴越军的入侵。

皇甫继勋是功臣皇甫晖的儿子。皇甫晖在抗击后周南侵时守卫清流关，为国牺牲。李后主以为忠臣必出义子，所以在国家危难之际信任皇甫继勋，任命他为神卫统军都指挥使，负责都城金陵的保卫工作。可是皇甫继勋和他的父亲完全不同。他是个光知道为自己打算而不愿为国效忠的小人。他任职以后，把卫国守城的重任置之脑后，而忙着为自己置产业、占名园、蓄声妓，把自己的生活环境布置得如同皇宫一般。他为了保住自己的富贵，并没有打算如同他父亲那样为国干城，奋力抵抗宋军，而是希望李后主赶快投降，他好跟着做个降将军，继续保持安富尊荣的生活。他一听到前线传来的败报，暗暗高兴；而一听到宋军的攻势受挫，却反而闷闷不乐，这实在是天下奇闻。

皇甫勋手下的裨将不满意主帅的行为，偷偷地组织起敢死队，准备乘着黑夜去袭击宋军，拼个你死我活。这事被皇甫继勋知道了，他下令把为首的人捆绑起来，责打数百军棍，打入囚车示众，扬言要以违反军令的罪名加以处决。他这样做，自然遭到了将士们的竭力反对，老百姓对他也表示切齿痛恨。

李后主用这样的人来主持军事，负责抗宋战争的大局，又怎么能取得胜利？看来南唐的失败是已经注定了。

第三十三章

南唐危局

李后主在宋军压境、国家命运危在旦夕之际，信任一个光为自己打算而不为国家出力的皇甫继勋主持军事。由于主帅不得力，战场上的形势对南唐越来越不利。

战幕刚一揭开，李后主就曾多次召见皇甫继勋，询问他战场上的情况。皇甫继勋或者推说军务繁忙，避而不见；或者报喜不报忧，假造出一些前线胜利的消息，蒙骗李后主。

当时战场上的实际情况是：开战没有多久，南唐军节节败退，宋军步步进逼。从北边南下的宋军，已经到达长江北岸；从西边顺着长江东进的宋军，也已经迫近金陵：从东南角上打来的吴越军，攻下了金陵以南的许多地方。南唐的都城金陵，快要成为一座四面受到包围的孤城了。

一天，李后主听到城外传来震耳欲聋的军鼓声，他以为自己的军队打了大胜仗，班师回京，向他报喜来了，就赶快登上城楼，向外眺望。谁知不望犹可，一望可把李后主的胆都快要吓破了。原来宋军已抵达长江北岸，那沿江的千里长堤上密密麻麻地布满了宋军的营寨，他们正在擂响战鼓，进行操练，作渡江的准备。只见宋军旌旗蔽口，队伍严整，磨得雪亮的刀枪在阳光照射下闪闪发光，耀人眼目。李后主踮起脚尖，再往西面眺望，只见长江上游不远处帆樯林立，桅杆上飘扬的也都是宋军旗号，看来他们也已经逼近金陵了。

李后主看到这种情形以后，吓得脸色煞白。他赶快转回皇宫，传令把皇甫继勋叫来问话。李后主气得结结巴巴地问："前些时候你报告说，宋军的攻势已被我军打退，如今北岸怎么全都落入宋军之手了呢？"

皇甫继勋面对铁的事实，不得不吐露真情，如实报告前线失利的情况，但他还是把责任推到具体带兵的将领身上，说他们不卖力气，所以落得如此结局。

李后主气愤极了，他责备皇甫继勋欺上瞒下，贻误军机，下令罢免其统帅的职务，逐出宫门。

皇甫继勋刚刚垂头丧气地走出宫门，一群军士和老百姓闻讯赶来，立刻把他团团围住。他们咬牙切齿地痛骂这个奸贼，七手八脚地剥光了他的衣服，你咬一口，我咬一口，顷刻之间把他活活地咬得只剩下一副骨头架子。这就是在国家危难之际光为自己打小算盘者的可耻下场。

历史上的事实告诉我们，一个国家到了生死存亡的关头，是人人都要经受严峻考验的时刻，"疾风知劲草，患难见人心"就是指此而言。皇甫继勋的行为固然十分可恨，而当时却还有着比皇甫继勋更为可恨的奸细，他竟然出卖长江水文情况的机密，勾引宋军抢搭浮桥，渡过长江，攻破金陵。这奸细就是樊若水。

樊若水本是个儒生，他虽然熟读四书五经，却不从经书中去学习修身齐家治国平天下的儒学道理，而是光学了些如何为自己求名求利的邪门歪道，成了一个名利观念极浓的小人。他多次投考进士，都因为自己平日不在正经地方用功，文章写得十分拙劣，所以场场名落孙山，都没有考中。

樊若水不从自己身上找原因，进行深刻检讨，从此改弦易辙，去发愤用功，却认为那都是主考官有眼不识秦山，没有看上他这个才能出众的伟人。他从怨恨主考官开始，逐渐发展到怨恨一国之主的李后主；又从怨恨李后主，发展到了怨恨南唐整个国家。他认为自己生在南唐这个国家里太倒霉了，做官没有希望，发财自然更没有可能，看来自己也许就要贫穷一辈子了。

正在樊若水感到绝望的时候，听说宋朝出兵南侵，要来灭亡南唐。樊若水在这国家面临生死存亡之际，不从为国干城，杀敌立功，以求建立不朽功业这方面去考虑，却产生了想要趁机投敌叛国的念头，准备投奔到宋太祖赵匡胤那里去碰碰运气。他左思右想，要寻找一个到宋太祖那里报效的见面之礼。他想了很久，也没有想出好办法来，直到宋军逼近长江北岸，整天战鼓咚咚，却始终不见有渡江迹象时，樊若水才一下子想到办法了。

他想：宋军长时间不敢渡江，准是对长江天险的水文情况不了解，要是自己能搜集到这方面的军事机密，去出卖给宋军，定会被宋太祖当作无价之宝，立刻授给他高官厚禄，从此他也就可以平步青云，做一人上人了。樊若水想定后，就立即行动起来。

这时候，长江南岸已经全线戒严，片帆不许下水，但是为了照顾沿江渔民的生计，背一根钓竿，提一个鱼篓，到长江边上钓鱼还是许可的。于是，樊若水就扮成一个渔翁，天天到长江边上去钓鱼。其实他钓鱼是假，用钓丝去度量长江的宽窄深浅、探测水流的湍急平缓是真。只见他不断地把钓钩抛出去，拖回来，再抛出去，再拖回来。一天到晚忙个不停，可是钓篓里却连一条鱼也没有。这个假渔翁经过多次的度量和目测，大致弄清楚了长江什么地方比较宽，什么地方比较窄；什么地方水深，什么地方水浅；什么地方水流湍急，什么地方水流平缓。他把这些有关的情况背得滚瓜烂熟，牢记在心头。

一天晚上，樊若水趁着月黑风紧、沿江兵丁疏于防备之际，卸下家里的一扇门板，偷偷地背着走向江边。他把门板放到水里，为了升官发财，不顾死活地坐在门板上，用手划水，逃向北岸，去投降宋军。说也奇怪，那天晚上长江上虽是风紧浪大，樊若水竟没有落水丧生，而是很快地划到了对岸。

此时樊若水浑身都湿透了，一靠岸就发现已经有警惕的宋军士兵手持刀枪箭弩对准了他。他不敢造次，扯着嗓子喊自己是来投诚的，有重要的军事情报要当面禀告宋太祖。宋将潘美听说樊若水要面见宋太祖，知道此时此地出现此事定非同小可，赶快找来两匹骏马驾车，并派两名干练的将官陪同，星夜把樊若水送往东京。

宋太祖赵匡胤起初听到南下的宋军节节胜利，很是高兴。可是当大军一到了那浩浩荡荡、奔流不息的长江边上时，却再也没有好消息传来了，长江天堑挡住了宋军的去路，使得他们无计可施，束手无策。正在这个进退维谷的节骨眼上，突然听说从南岸逃奔而来的樊若水求见，宋太祖的心情就如同叫花子拾到了黄金似的，高兴极了，赶快下令在便殿接见。

卖国求荣的樊若水，一见到宋太祖，奴性立刻发作。他隔着老远就双膝跪下，膝行向前，口口声声说：“奴才樊若水有渡江的锦囊妙计奉献给陛下，恳求陛下接纳！”

宋太祖虽然不大看得起这种奴颜婢膝的行为，但是眼前又用得着这前来卖身投靠的奸细，就命令他站起来慢慢说。

樊若水听说叫他站起来说，觉得这下子投靠有门了，浑身骨节都松动起来。他赶快站起来，跨前一步，装出一副令人恶心的谄媚姿态说：“陛下这次派大军南下，解救我唐国百姓于水深火热之中，真是勋业盖世，功德无量。如今大军受阻于长江天险，一筹莫展。因此奴才特地前来贡献渡江妙计，陛下如肯接纳，管保旗开得胜，马到成功！”

宋太祖点点头说：“你前来贡献渡江妙计，朕十分愿意采纳。你快把具体办法说出来与我听听。”

樊若水见宋太祖愿意采纳他的计策，就赶快把他假装渔翁，在长江岸搜集到的一些水文情况，一一向宋太祖报告。

宋太祖听完以后，两眼盯着樊若水，突然提高了嗓门反问一句：“你报告的这些情况都可靠吗？”

樊若水听到宋太祖的话中有怀疑他的意思，又看到宋太祖那威严的神态，吓得他赶快后退一步，重又双膝跪下，连连叩首，用战战兢兢的语调对天起誓说：“皇天在上，奴才提供的情况如若不确，或有其他欺蒙陛下的地方，定叫我五雷轰顶，不得好死！”

宋太祖见樊若水对天起誓，觉得他提供的情况大概不会有假，就堆着笑说：“你只要出于真诚前来报效就好，发誓倒大可不必。”接着，他又询问了一些有关渡江的事，以及南唐的江防布置情况等，下令先赏给樊若水十两银子，等到大军渡江成功后还将重重赏赐，并将授予官爵，又命令随同前来的将官把樊若水依旧带回前线军营，在那里好好款待。

樊若水虽然觉得十两银子的赏赐少了些，但一听到将来还有重赏，并且还能做官时，就又感到满足了。他赶快叩头谢恩，乖乖地跟着陪他来的将官返回前线军营。

樊若水走后，宋太祖立即召开紧急军事会议，找谋士们来研究渡江进攻金陵的具体办法。会上，他决定派石全振带着大批工匠，赶赴出产木材的荆湖地区，去打造黄黑龙船数千艘，作为搭浮桥之用；又派人去砍来十万根碗口粗细的毛竹，编成竹排，准备铺在龙船的甲板上作为浮桥的桥面，使军士们行走在上面更加稳当。

有人见宋太祖这样做，表示怀疑说："长江水面宽阔，风急浪大，自古以来，从未听说过能在长江上搭浮桥渡江的。"宋太祖听到这种议论后，却蛮有把握地回答说："古人没有做过的事情，不见得今人就做不成功。我们应当做个开创者，叫事实来证明这样做行不行！"

他下令先在石牌口进行搭浮桥的试验，取得经验以后，再移到采石矶去正式施工。宋太祖给搭浮桥的工匠和军士们下令说："搭浮桥渡江，是攻破金陵的关键，这事只许成功，不许失败。成功以后，工匠每人赏银一百两，军士连升三级。如若搭桥失败，就把参加搭桥的工匠和军士全都投入长江中喂鱼虾！"

人们总是希望得到奖赏而不愿意白白送死，这道强硬的命令一下，工匠和军士们都豁出性命，白天黑夜地加紧施工，仅用了三天时间，就把一座横跨长江两岸的浮桥搭建成功了。大队人马在浮桥上行走，稳当可靠，如履平地。宋太祖听说浮桥已经搭成，就立刻下令渡江。

宋军开始浩浩荡荡地渡江作战。为了防备樊若水有诈，在渡江的时候，宋军特地派人押着他，叫他在前面带路。卖国求荣的樊若水，竟然恬不知耻地把引导敌人渡江当作无上光荣。他兴冲冲地走在前面，做了宋军的鹰犬，终于把宋军引导到自己父母之邦的都城金陵城下来了。

宋军一渡过长江，南唐都城金陵便无险可守，完全暴露在宋军的刀锋枪尖之下，南唐的命运危在旦夕。南唐的广大老百姓跟皇甫继勋、樊若水之流全然不同。他们看到自己的国家面临灭亡的危险，都不等国君发出号令，纷纷拿起菜刀、木棍、锄头、扁担等作为武器，自动组织了起来。他们不论贫富贵贱，也不分男女老少，都投入了这场保家卫国的战斗，准备跟宋军决一死战，发誓与自己的国家共存亡。

由老百姓自动组织起来的队伍名目繁多：凡家产在二千两银子以上的人家，每家自动出一名壮丁组成的队伍，称为义军；那些刚刚从大家族中分离出来自立门户的人家，每家出一名壮丁组成的队伍，称为新拟军；一家有三丁以上者，每家出一名壮丁组成的队伍，称为拔山军；懂得水性能划船潜水的壮丁，自动聚集起来组成了凌波军；平日靠做佣工度日的老百姓，自动组织成了义勇军；那些豪门大族为了保护他们的田庄宅院，便命名自己的军队为自在军。一些有正义感的官宦人家子弟，见老百姓都自动组织起来保家卫国，也不甘落后，组织起了排门军。还有，早先在后周进攻南唐时参加过白甲军的农民，此时也重整队伍，积纸为甲，以锄头铁耙当作武器，投入了抗击宋军的行列。各式各样的民间队伍，虽然互不统属，各自为战，并且又都是临时凑集起来的，缺乏训练，但是他们的目标明确，作战勇敢，也着实给了宋军以沉重的打击，延缓了国土沦陷的时日，使宋军无法立即攻下金陵。

可是，从来历史上两国交锋或两个政治集团作战，参加在里面的民间武装都难以起决定性的作用，战争的最后胜负往往是由官方的军队决定的。南唐卫国战争中的民间武装虽然给了宋军以沉重的打击，打得他们手足无措，穷于应付，可是南唐的官军却是一触即溃，见了宋军犹如老鼠见到了猫一般，赶快掉头逃走。特别是那些高级将领和地方官吏，在宋军压境的时候，多数都只知道俯首帖耳地举手投降，很少有拼死抵抗的。所以整个战局向着越来越坏的方向发展，南唐亡国已成为无可挽回的定局了。

乙亥岁（宋太祖开宝八年，公元 975 年）二月，金陵外城的守军不战而逃，外城被宋军占领了。三月里，吴越军猛攻常州，知州禹万诚投降，常州陷落。不久，宋军和吴越军在润州城下会师，润州留后刘澄也开门投降，润州陷落。至此，从东南方向来的吴越军也推进到了金陵城下，跟宋军合围，一天到晚轮番地攻打金陵内城。

李后主在围城之中束手无策，他认为再抵抗下去大概也没有多大希望了；可是就此投降吧，又怕宋太祖追究他前一段时间抗拒的罪责，饶不了他，因而又有点儿害怕。他觉得真是左也难，右也难，惶恐极了。

他请门下侍郎兼枢密使陈乔来帮他出出主意，看怎样才能不失体面地投降，不至于受到宋太祖的谴责。

陈乔一听到李后主谈到投降二字，立刻毫不客气地直谏道：“陛下以祖宗留下的社稷投降敌国，有何面目见祖宗于地下？”

李后主听了陈乔责备他的口气，知道他不赞成投降，就苦笑着说：“那么，依卿之见，我们现在应当采取什么行动好呢？”

陈乔慷慨激昂地说：“常言道，自古无不亡之国。但是壮烈亡国，后世永远敬仰；投降以后亡国而又能保持体面的，自古以来未见先例。投降，无非只是徒然取辱而已。”

李后主说：“如今已是燃眉之急，先生就不必讲大道理了，这些道理寡人也是知道的，还是请先生讲讲今天应当实施的具体办法吧！”

陈乔听说要他讲具体办法，就伸出两个指头说：“依臣愚见，如今我们还有两条路可走：一条是火速派人潜出金陵，把驻在上游的镇南军节度使朱令赟的十五万兵马调来勤王；一条是到了万不得已的时候，臣愿率领殿前禁军，进驻后宫保卫陛下，宁为玉碎，不为瓦全，以一死报效列祖列宗于地下！”

陈乔说的后一条路，是条绝路，意思是建议李后主同他一起以死殉国，这自然是李后主不愿意听的。至于前一条路，即调朱令赟的军队前来勤王，李后主认为还可以试一试。可是，想要突出重围，到上游的南昌府去给镇南军节度使朱令赟送信，叫他前来勤王，这也着实是个很艰巨的任务。叫谁去执行这个任务好呢？

李后主环顾左右群臣，觉得卫尉卿陈大雅还算是个靠得住的人选，就用恳求的口气对陈大雅说：“爱卿是个儒者，平日尚能急人之所急，这次希望你勉为其难，为寡人去上游走一遭吧！”

陈大雅听说叫他突围去讨救兵，不禁面有难色，但是他不好正面推辞，就跪下禀告李后主说：“陛下十余年来焦心养士，臣不能报效于万一。当今仓促之际，臣理应万死不辞。不过，俗谚有云：覆水之势，终于难图。依臣看来，今天虽有祖宗神灵佑护，恐亦无济于事了。”

李后主听到一个儒臣居然也说出这样的话，感到伤心极了。他眼里噙着泪水说：“诸臣平日高谈阔论，说的都是那圣贤之道，可是事到临头，竟没有一个人愿意为国效忠，这叫寡人如何是好呢？”说着说着，泪水就如断线珍珠般扑簌簌滚将下来。

陈大雅一看这种情势，也就不敢再推辞了，只好答应下来，表示愿意去试一试。如若成功，就是国家社稷之大幸；万一被宋军抓住牺牲，希望李后主能照顾一下他的家属。

在当时的情况下，带兵突出重围是完全不可能的，于是陈大雅就化装成一个看相卖卜之人，偷偷混出城去。他历经千难万险，好不容易到了南昌府镇南军节度使朱令赟那里，用十分恳切的言辞传达了李后主的命令，说服这个一向刚愎自用的封疆大吏，敦促他赶快起兵勤王。

朱令赟是元宗朝神卫统军朱匡业的从子，他生来体格魁梧，椎额鹰目，矫健善射，能百步穿杨。因为他生就的眼窝深陷，与众不同，外号叫朱深眼。李后主在鸩杀林仁肇以后，把他从神卫军都虞候提升为镇南军节度使，驻节南都南昌府。他手下拥有水陆兵马十五万人，是南唐实力最雄厚的一个地方节度使。

朱令赟接到陈大雅送来的叫他起兵勤王的命令后，开始有点畏难情绪，但是他为人好胜，害怕别人说他贪生怕死，并且又是君命难违，所以他匆匆地准备了一下以后，还是带兵上路了。

他带着队伍进抵湖口镇，距离宋军水师占领区已经不远，就停下来召集手下将领举行军事会议，讨论如何打破宋军对金陵的包围。

会上大伙儿各抒己见，议论了一阵后，有位副将说：“当前的形势对我们来说十分不利，进则有北军阻击，一时不能取胜；退则无粮饷接济，也将困乏而死。最好的办法是在这湖口镇留驻一支强兵，作为后盾，以便进可以攻，退可以守，这才是万全之策。”

朱令赟觉得这话有理，决定赶快把南都留守刘克贞调来，驻守湖口镇。可是，还没有等刘克贞赶到，陈大雅又一次从金陵混出城来，传达李后主的命令，说是形势十万火急，务必请朱令赟加快行军速度，赶快向金陵靠近，打破宋军对都城的包围。

这样一来，朱令赟也就不能再等待，只好拔军先行。他和战棹都虞候王晖二人，先带着一支队伍到浔阳湖去编制木筏。

他们编了许多长百余丈的大木筏，每艘大木筏能容纳上千名战士，装上全部军粮器械后，浩浩荡荡地顺流而下，准备去冲击架在采石矶的宋军浮桥，切断宋军的粮食和武器供应，迫使他们从金陵撤围。

朱令赟从南昌赶来勤王的消息，早已被宋军的探子探明，向主将潘美报告。潘美召集将领们商量对策，有人提议先在长江的洲渚之间打下许多木桩，用以阻挡朱令赟军的大木筏通行，然后再伺机采用火攻。潘美觉得此计可行，就照着去准备。

那时候，正是长江的枯水季节，水位下降，江面变窄，再加上宋军在洲渚之间打下的木桩，朱令赟军的大木筏就显得笨重而转动不灵，一天只能停停走走地向前推动几里。而宋军却不时派出许多轻快的小船去围攻大木筏，展开蚂蚁啃骨头式的战斗。朱令赟军屡遭袭击，穷于应付，疲惫不堪。

经过许多次小规模的接触以后，朱令赟的队伍终于推进到了虎蹲洲，遇上了宋军的主力。朱令赟眼看离开宋军渡江的浮桥已经不远，他跟王晖商议以后，决定火烧浮桥。他们找来一艘吃水较浅的小船，装满柴草，浇灌上油脂，点着火以后，顺流冲向宋军的浮桥。宋军看到冒着熊熊大火的小船向浮桥冲来，赶快派船拦截，可是又哪能拦截得住。

眼看火船已经靠近浮桥，宋军将士正在暗暗叫苦的时候，突然间江上刮起了一阵东北风，只见那火船滴溜溜转了一圈以后，竟然头朝西南，向着朱令赟乘坐的大木筏冲来。

朱令赟完全没料到会出现这种意外事件，拦挡不及，自己乘坐的大木筏竟被自己放出的火船烧着了。顷刻间，大火四处蔓延，许多艘大木筏都被波及点燃，在江心中形成一片火海，战士们只好纷纷跳水逃命。

宋军见此情况，乘机迅速整军，展开反攻。可怜朱令赟的十五万兵马，有的被大火烧死，有的葬身鱼腹，有的被宋军杀死，落得个全军覆没的下场。装在大木筏上的军粮和器械，也被烧了个精光。

朱令赟见自己的队伍遭到如此惨重损失，自然无颜再去见李后主了。他和王晖二人一起纵身跳入火海，以死殉国，演出了南唐亡国前悲壮的一幕。

朱令赟的勤王之师全军覆没以后，消息传到金陵，李后主不禁为之大哭一场。他觉得外援已经断绝，金陵没有解围的希望了。于是只好硬着头皮准备去走孙皓走过的老路，向宋太祖乞降。

他再次派人去把枢密使陈乔请来，想跟陈乔商量投降的具体办法。

第三十四章

仓皇辞庙

闻听君主宣召，陈乔急急忙忙地来到殿上。李后主从御座上走下来，握住陈乔的手，还未开口就抽抽噎噎地哭了起来。

过了好大一会儿，他才止住了哭泣，对陈乔说："金陵被围已经数月，城里的粮食即将吃光，市场上斗米万钱，饿死病死者相枕藉。听说朱令赟的援军已经全军覆没，看来我们没有别的路可以选择了，只好投降了。"

陈乔先是见君主哭哭啼啼的，自己也是一阵心酸，掉下了几滴泪珠，到后面一听又是投降的旧论调，立刻抽回被李后主握着的手，板起面孔，仍然表示不同意。

李后主见他这种模样，赶快又着急地说："不投降又有什么办法呢？"

陈乔建议李后主再从国库中搜罗出一些珍宝来，送到宋营去收买他们的大将，请他们暂缓攻城。他说："出路应当在冷静思考以后才能找得到，不要一着急就想要投降。降书一写，千秋万世以后都会遭人唾骂的。如今我们可以用祖宗的陵墓还没有祭扫作为理由，请北军暂缓攻城。告诉他们在祭扫完陵墓，并到太庙里祷告以后，就一定开门投降。”

李后主不明所以，迷迷糊糊地问陈乔：“像这样再拖延几天，又能找得到什么出路呢？”

陈乔耐心解释说：“实施这种缓兵之计的目的，是争取时间，看看外面是否还会有勤王之师赶来。即使外援真的全部断绝了，我们也得想想有无突围出去的可能。古人有言，否极泰来，剥极必复。我们应当追求那绝处逢生的出路，不要光是想走那投降的死巷。如果我们送去的珍宝真的买通了宋营大将，他们答应暂缓攻城，并且放松了戒备，就在这时候来了一支勤王之师，或者我们抱着哀兵必胜的信心，竟突围冲了出去。这样，一盘死棋岂不是因为这一步而又走活了吗？”

陈乔的这番主意虽然有些过于乐观，但是他也不是凭空想出来的。他看到金陵城里饿死病死的人虽然很多，但是人们临死也没有怨言，而是母亲勉励儿子，妻子激励丈夫，叫他们不要为家庭所牵挂，要勇敢杀敌，因而他觉得人心未死，民心可用，国家的前途还是大有希望的。同时，陈乔又听说上游的江州、袁州等地还有一些队伍，将士们正在浴血苦战，打击宋军，并且正在向着金陵的方向移动，必定是赶来勤王的。如果正当老百姓还在拼死保家卫国、将士们还在效死疆场之际，国君却无耻地投降了，这又怎么能说得过去呢？

李后主听了陈乔的建议，虽然认为希望不大，但是也只好硬着头皮再试上一试。他叫人把国库里的库底翻了翻，找出了一些宝货，就叫左仆射知左右内史事徐铉带着，去求见宋营的大将，请求他们暂缓攻城。为什么要派徐铉到宋营去呢？因为他是南唐鼎鼎大名的名士，一向以能言善辩著称，所以把这次十分棘手的交涉交给他去办理。

徐铉到了宋营，见到了负责指挥攻城的宋军大将。这位大将见了徐铉送来的宝货，很是眼馋，恨不得立刻收下来装入自己的腰包。可是他又害怕宋太祖严肃的军纪法令，不敢身试法，私自收下宝货，也不敢贸然答应停止攻城。

他派出一支队伍，把徐铉和带来的宝货一起护送到东京开封府，叫他去面见宋太祖，请宋太祖亲自拿个主意。

徐铉到了东京，朝见宋太祖，呈上宝货，说明来意。宋太祖一口回绝，说不能暂缓攻城。徐铉赶快为自己的国君辩护。他说："敝国君主一向遵守先王与中朝订立的协定，以小事大，从无过错。这次陛下无缘无故地出兵南侵，实在是师出无名。"

宋太祖赵匡胤听了徐铉的话，仰面哈哈大笑着说："你为什么说李煜这小子没有过错？把理由再说一遍我听听！"

徐铉说："敝国君主以小事大，犹如子之事父，从来不敢冒犯大国，所以说陛下出兵讨伐是师出无名。"

宋太祖赵匡胤立刻接过话头，用十分强硬的口气说："你说得好。你说李煜以小事大犹如子之事父，那么我来问你：父子分为两家对吗？如果分为两家不对，李煜就理应自动入朝，献出国土，与我大宋合并成为一家才对！他不肯这样做，那就是天大的错误，应该讨伐！"

徐铉见宋太祖赵匡胤抓住"子之事父"这个话柄加以发挥，自己一时找不到更好的话答辩，就说："既然如此，那么也得请陛下以一家人对待敝国，不能妄肆杀戮。请陛下下令暂缓攻城，全活我一邦黎民百姓。待敝国君主祭过祖庙，然后再来归降。"

宋太祖用斩钉截铁的口气说：“如若李煜今天宣布投降，朕今天就下诏停止攻城，全活金陵一城百姓。李煜一天不投降，朕就要命令大军攻一天城。城中黎民百姓生命财产所受到的损失，全都应该由李煜负责！”

徐铉还想再继续争辩下去，他刚要张嘴，宋太祖就把脸一沉，呼的一下站立起来，一甩袖子说：“不用再多嘴了！就算江南国主李煜确实无罪，但是朕已经决定把天下统一成为一家。在我卧榻之侧，岂能容他人鼾睡！你还是赶快回去，叫李煜这小子乖乖地前来投降！”

徐铉知道宋太祖动了肝火，再说下去也没有用了，就只好匆匆忙忙地告辞，赶快回到金陵，向李后主复命。

李后主见请求缓攻这一步都做不到，就立即又把枢密使陈乔请来，请他草拟降表，正式宣布投降。

陈乔又一次坚决拒投降。他见君主一意孤行，自己再怎么坚持也是于事无补，不禁万念俱灰，叫道：“陛下叫臣草拟降表，那就请先把臣杀了吧！”说完，他奔向墙上挂着的宝剑，伸手就要去摘剑自刎。

李后主赶快挥手让侍卫执住陈乔，走上去拉住他的手，劝道：“爱卿不要如此激动。你不愿意写就让别人来写，你帮着审阅一下。”

陈乔用力抽回被李后主拉着的手，一把推翻摆着笔墨纸张的书案，说：“谁写谁都是千秋罪人！”说完，一扭头，不辞而别，自顾自回家去了。

陈乔回到家里，把李后主赐给他的缀有金玉的贵重腰带解下来，交给自己的两个亲信仆从，吩咐道：“我陈乔生为唐臣，死后也要埋在大唐的土地上，决不去东京做那赵宋的阶下囚！我死后，请你们好好掩埋我这把老骨头。腰带就留给你们做个纪念吧！”说完，他转身来到后堂，悬梁自尽，以身殉国。

乙亥岁十一月十七日，金陵内城终于被宋军攻破。宋军士兵呐喊着冲进城来。唐将呙彦、马承信、马承俊等率领几百名守城战士，跟冲进来的敌人展开激烈的肉搏战，寸地不让，寸土必争，最后全都壮烈牺牲。

金陵城里的老百姓听说城被攻破，敌人正在冲进城来，他们当中有力气的就拿起家里的菜刀和棍棒，加入守城军的队伍去跟敌人战斗，老弱妇孺在家关门闭户，用家具或大石头把门窗死死顶住，拒绝开门投降。有不少的义夫烈妇，或者跳井，或者悬梁，心甘情愿地以死殉国，不肯背叛自己的父母之邦，做宋朝的顺民。

金陵城破的时候，李后主因为一切希望都已落空，想要投降又遭到陈乔等人的拒绝，感到百无聊赖。他正在书房中摊开一张洁白的澄心堂纸，准备填写一首词消遣。他刚刚写下《临江仙》这个词牌和“樱桃落尽春归去”一句，就有人气喘吁吁地跑来向他报告说：内城已被宋军攻破，呙彦、马承信、马承俊等将领壮烈殉国，宋军正在向皇宫杀来。

这一下，李后主觉得已经不仅仅是樱桃落尽春归去，简直是地覆天翻，最后的末日到了。他便匆匆忙忙地收起纸笔，派人去把司空知左右内史事殷崇义等四十五名文武大臣叫来，跟着他一起排列在皇宫前，肉袒请降。

宋将曹彬骑着高头大马，威风凛凛地带着队伍首先冲到皇宫前面。他代表宋太祖接受了李后主递上来的降表，命令李后主立即跟着他走。

李后主泪水涟涟地提出了一个请求，希望曹彬能允许他收拾一下行装，到祖庙拜别以后，再去东京朝见宋太祖请罪。

曹彬毫不犹豫，一口答应了他的请求，允许给李后主一天的期限，第二天正午以前必须上路。他的裨将梁迥、田钦祚认为这样做不妥，担心李后主返回宫中后自杀，他们回去不好交差。

曹彬笑笑，不以为意地说："他既然肯肉袒请降，说明他贪生怕死，又怎么会自杀呢！"说完，他派出一支精锐队伍团团围住皇宫，不许任何人出入，自己就带着大队兵马继续搜索敢于顽抗的唐军去了。

李后主求得一天的期限以后，立刻转身回到宫中。他把内库中所藏的黄金、白银、珍珠、翡翠、玛瑙等值钱的宝货收拾在几十口箱笼之中，准备抬走。给了大臣们每人一二百两黄金作为遣散费，叫他们各奔前程。

他和每个宫娥亲亲脸，一人分给十两白银，叫她们好好收着，回家去跟亲人团聚。然后，他自己和兄弟子侄三百余口，全都换上素白的孝服，起到祖庙去拜别。

李后主一迈进祖庙的门槛，就扑通一下跪倒在地，对着祖父、父亲和列祖列宗的牌位泣不成声。他不知道应该说些什么样的祷告之词才好。他怨恨自己生在帝王之家，所以最后落得个如此下场；他也怨恨自己实在太无能，没能保守住祖宗留下的基业。他想到从今以后自己的一切都完了，到了东京开封府以后，不知道宋太祖将对他如何发落，是杀是剐还是宽容，全都难以预料。他想到那众多的穿红着绿、涂脂抹粉的宫娥，她们对他都是那样的温顺，在她们中间生活是多么的快活，从今以后却永远不能再跟她们亲近了，闻不到脂粉的香味，听不到莺歌燕语了。他想到那雕栏玉砌的百尺楼，从今以后就要换一个主人，自己不能再在那里宴饮歌舞了。他想到这，又想到那，万千思绪犹如那汹涌的浪涛，起伏难平。这里面有着怨恨、懊悔、畏惧、烦恼，种种感情全都交织到了一起。他泪下如雨，沾湿衣襟，跪在地上久久地不肯起来。

然而，时间到了，曹彬已经多次派人来催他上路了。他只好站起来，准备上路。这时候，宫中的教坊尚未解散，开始为他奏起了别离曲，千百名宫娥眼泪潸潸地前来送行。李后主在幽扬凄苦的乐曲声中，在宫娥们呜呜咽咽的哭泣声中，挥洒着辛酸的泪水，跟送行的人告别，跟他居住了三十多年的宫廷告别，带着兄弟子侄登上了北去的航船，在宋军的押解下向东京进发。

天空正下着仿佛无边无际的细雨，似乎老天爷也在为他们洒泪送行。船解缆离岸，到了江心。李后主望着那雨雾笼罩下的石头城，又禁不住号啕大哭。三十多年的宫廷生活，犹如一场春梦。那虎踞龙盘的金陵城，那繁荣热闹的扬州城，从今后将要冷落萧条了。兄弟子侄们见李后主恸哭失声，也都禁不住陪着他哭起来，顿时哭声一片。押送他们的宋军士兵见此情景，不断用手拍打船篷，禁止他们啼哭。

李后主在众人的劝说下，止住哭声，想了一想，就垂泪赋诗，低声吟哦道：

江南江北旧家乡，三十年来梦一场。
吴苑宫闱今冷落，广陵台殿已荒凉。
云笼远岫愁千片，雨打归舟泪万行。
兄弟四人三百口，不堪闲坐细思量。

一路上，李后主茶不思饭不想，睡觉也半醒半睡地老是做噩梦。从金陵到东京，短短一个来月的行程，他突然变得消瘦得多了，也苍老得多了，才三十九岁的中年人，一月之中竟愁出了满头白发，如同一个六七十岁的老翁了。

第二年正月，船队抵达东京城下。河岸上正好有座普光寺，香火极盛。李后主多么希望佛光普照到他自己身上，他突然对神佛又虔诚起来了。他请求曹彬允许他到寺里去朝拜祷告，曹彬同意了。

在宋军士兵的严密监视下，李后主步入普光寺，在大雄宝殿上亲手点燃了香烛，虔诚地跪下磕头祈祷。他祈求神佛保佑他来世投生在一个普普通通的老百姓家里，只要能够温饱就满足了，什么样的功名利禄都可以不要，自然更不要再做帝王了。他怕神佛不答应他的祈求，特地为寺里捐了一笔巨款，请求方丈替他在佛祖面前点上一盏长明灯，以表他虔诚拜佛的一片真心。

宋太祖赵匡胤听说李后主已经被押解到了东京，下令在明德楼前正式举行受降仪式。

本来，曹彬已写好一篇平定江南的通告，准备在受降仪式上当众宣读。宋太祖认为南唐从他取代后周以来已奉宋朝正朔，甘居于藩国地位，这一次南征无非是收归藩王之权，并非灭掉一个敌国，所以下令说不必宣读通告了，只要李后主穿戴白衣纱帽，到楼下匍匐请罪就可以了。

李后主听说叫他请罪，知道自己大概不至于被处死，心头的一片愁云开始消散。他按照规定穿戴了白衣纱帽，匍匐于明德楼下，口称："降臣李煜，罪该万死，请求皇帝陛下开恩饶恕！"

宋太祖见李后主规规矩矩地按照事先安排的陈述了自己的罪

名，非常高兴，就作出一副宽大为怀的神态，脸上堆着笑，慢条斯理地说："当年刘禅骡车出蜀，孙皓青盖辞吴，那都是些不奉中朝正朔的闰位降君。你李煜与他们这些人不同，因为从你父亲李璟的时候起，就已经奉中朝正朔，做到了年年进贡，岁岁来朝，所以你早就是中朝的外臣，不算是僭位之君。此次劳动大军南征，都只因为你听信坏人挑唆，违抗入朝之命之故。你如早日奉命入朝，也就不至于有这场战争，使得百万生灵涂炭了。如今你既已奉命入朝，说明你尚有悔改之心。因此，朕特封你为违命侯，授予光禄大夫、检校太傅、右千牛卫上将军之职。希望你从此安心在东京休养，不许再有轻举妄动！如敢违反朕的命令，一切严重后果由你自己负责，到时候就休怪朕铁面无私了！"

李后主开始听说自己和刘禅、孙皓不同，以为自己可能要被处死了，吓得出了一身冷汗，连气都不敢出了。及至听说封他为违命侯，还授予官爵时，才长长地吁了一口气，赶快叩头谢恩，表示一定遵命。这位堂堂的南唐国主，为了活命，就这样诚惶诚恐地拜倒在宋太祖赵匡胤脚下，做他的违命侯了。

李后主虽然投降，断送了祖宗留下的基业，可是南唐群臣之中却出了不少忠臣烈士，在国家危亡之际做出了壮烈牺牲。

除了上面讲过的陈乔、呙彦、马承信、马承俊等人外，还有勤政殿学士钟蒨、理评事廖澄，是在金陵城破之时，在家里穿起朝服，服下了烈性毒药，面朝皇宫，正襟危坐地殉国的。

至于那些在地方上带兵的将领为国牺牲的事迹，就更是不胜枚举。

袁州刺史张雄，在金陵被围之时，带着他的七个儿子和几千名州兵星夜往东开拔，准备到金陵勤王。他们进军到溧阳的时候，突然遭到宋将田钦祚部的狙击。张雄父子带领州兵奋勇力战，消灭宋军数百人。最后终因寡不敌众，父子八人和几千名州兵全都英勇战死，没有一个人投降或逃走。

江州指挥使胡则是南唐有名的一员良将。当金陵城破、李后主出降之际，宋将曹彬迫使李后主向各州郡发出手令，命令地方官不再抵抗，一概向宋军投降。命令传到江州，刺史谢彦宾召集将佐，准备遵照命令投降。胡则表示坚决反对，他义愤填膺地站出来对大伙儿说："我辈世受国恩，岂可在国家危难之际无耻背叛，投降敌国？况且金陵被围已久，这一纸命令从何而来？究竟是真是假？很难分辨。历史上从未听说有国君下令叫臣子投降的先例，我就不信这命令会是真的。"

谢彦宾见胡则反对投降，就挥动着手里的命令说："国君亲笔签署的命令就在这里。你们看，这怎么会是假的？"

胡则跨前一步，一把抢过命令，撕个粉碎。他拔出佩剑，提高了嗓门对大伙儿说："将在外，君命有所不受。即使命令是真的，我们也可以不服从。我看定是刺史自己不忠，想要投降，他不但自己寡廉鲜耻，竟还想玷污我江州数万军民，我辈岂能容他如此胡作非为！凡有忠义之心的将士请随我来，让我们共同除掉这眼前的奸贼，然后起兵勤王，誓与北军决一死战！"说着，就挺剑向谢彦宾刺去。

将佐宋德明等认为胡则说得对，也一起拔出佩剑，围住谢彦宾，当场把他杀了。接着，将士们一致推举胡则继任刺史，领导大家出兵勤王。

他们刚要出发，金陵城破的确实消息就传到了江州，胡则改变计划，就在江州城楼上扯起"誓死报国"的大旗，准备死守江州。

胡则率领将士们垒高城墙，挖深城壕，储足粮草，准备以江州为根据地，先打出江州百里，扩大影响，然后进一步收复失地；如果万一不能取胜，就再退回城中死守。胡则和将士民夫一起参加劳动，他水里来，泥里去，又抡锄，又抬土，一点儿也不摆官架子。他把全城军民团结得如同一个人一样，使得江州依然屹立在长江边上，城楼上哗啦啦地飘扬着南唐的旗号。

宋太祖赵匡胤听说江南各州郡虽有小规模的抵抗，但是过不多久都已陆续平服，唯有胡则驻守的江州挺立不屈，不肯投降。他赶快派出南面行营招安巡检使曹翰，率领大军前去围攻。胡则听说宋军派出大队兵马前来，就带兵到江州城外百里处拦截。双方血战一个多月，宋军损失惨重，但因众寡悬殊，胡则怕宋军绕到背后偷袭江州城，就下令退兵，回城死守。

江州城位于鄱阳湖口的西岸，背山面水，形势险要，城墙全部用巨石砌成，又高又厚，很难攻破。曹翰率领几十万宋军把城团团围住，日夜攻打。城中军民在胡则率领下坚守不，并时常出城偷袭，打击敌人。双方这样一攻一守，一直持续了三年，宋军也没有能攻拔江州。

曹翰多次派人招降，答应在宋太祖面前替胡则请封，但都被胡则坚决拒绝了。曹翰调来云梯、撞车等攻城器械，加强攻势，可是城上的滚木礌石多次把云梯、撞车砸个粉碎。宋军付出了几万名将士的伤亡，竟没有能换取一座小小的江州城。

宋太祖赵匡胤一次再次地向江州增派援军，还一次再次地规定破城的期限，可是也没有产生效果。他虽然迫使南唐的一国之主李后主肉袒投降，可是在他有生之年竟没能亲眼看到小小江州城的攻克。

宋太祖死后，他的弟弟宋太宗赵光义给曹翰下了一道最后的命令，限定一月之内必须把城攻破，否则就以军法从事。后来江州告破，自然不是因为曹翰在这道命令之下增长了本领，而是因为胡则在三年守城的苦战中积劳成疾，突然生了重病，卧床不起，这才给了曹翰攻破江州的机会。

城破之日，江州军民奋勇与宋军巷战，少数人且战且走，逃入深山之中，大多数人在巷战中壮烈牺牲。胡则卧病在床，不能自由动弹，因而被曹翰俘获。

曹翰指着被宋兵连床抬来的胡则，责问他为什么长期抗命不降。胡则抬头斜睨，用微弱的声音，坚决地回答说："各为其主，各谋其政。我为李唐皇室效忠，乃忠臣烈士本色。要杀要剐，悉听尊便，不必啰唆！"

曹翰痛恨胡则据险顽抗，使他损失了几万兵马，并且还一再地受到了宋太祖的责备。他准备趁此机会狠狠地报复一下。他下令把胡则抬到木驴上，想拉着他游街示众，然后再凌迟处死。没想到已经病得奄奄一息的胡则，被宋军士兵粗暴地一搬动，一口痰涌将上来，竟很快地停止了呼吸，为国家献出了他那宝贵的生命。

曹翰对胡则未受刑而死，心犹未甘，觉得不够解气，竟采取了灭绝人性的残暴行为，腰斩了胡则的尸体。胡则的殉国，是南唐亡国以后最为悲壮的一幕。

为国壮烈牺牲的胡则是永远受人景仰的，而肉袒请降、苟且偷生的李后主的日子却并不好过。

第三十五章

李后主饮恨长逝

李后主肉袒出降后，被宋太祖封为违命侯，叫他安心休养，不许轻举妄动。

其实，所谓“安心休养”，乃是软禁的意思。做了违命侯的李后主，岂止不得轻举妄动，就是循规蹈矩的日常生活，也还是有千百双眼睛在监视着他的。他每天什么时辰起床，什么时辰睡觉，每餐吃几碗饭，一天上了几回厕所，都有人偷偷地详细记录下来，逐日向宋太祖汇报。

李后主在决定投降的时候，万万没有想到自己竟然会落入这样的处境。当他匍匐在明德楼下，听到宋太祖封他为违命侯时，他也万万没有想到违命侯竟然是如此难做的。如今，他亲身尝到了这种屈辱的滋味，才知道一个降君的日子确实并不好过。什么违命侯，原不过是阶下囚的代名词而已。

他开始懊悔了，他想：自己当初为什么不学习那三国时期蜀汉后主刘禅之子、北地王刘谌，在哭过祖庙以后痛痛快快地拔剑自刎呢？如今，他感觉到周围有许多双眼睛在盯着他，使他很是拘束，一抬手，一投足，都得左右顾盼一下，问问自己这样做是否合适。听说当年自己的祖父也是如此对待吴国的让皇帝的，所以让皇帝杨溥很快就忧忧郁郁地死去了。如今，让皇帝尝过的苦果，轮到他李煜来尝了。这用迷信的话来说，真可以说是因果报应啊！让皇帝毕竟还落了个禅让的美名，而他李煜却是个投降的国君，是个经受过肉袒出降、白衣纱帽请罪之辱的阶下囚。

李后主为了改变自己的处境，决定以自己带来的几十箱金银珠宝广结善缘，把那成百两成千两的金银和许许多多的珍珠翡翠白玉玛瑙，去送给他周围的宋朝官吏和宋太祖派在违命侯府的禁军将士，希望他们能在宋太祖面前替他美言几句，稍许放宽一些对他的监视。可是，他的希望落空了，他花光了自己带来的金银珠宝，到头来只好靠宋太祖赐给他的每月三百万钱俸禄度日，而他的行动却仍然得不到多少的自由。试想想，当江州等地的将胡则等人还在坚决抗击宋军的时候，当宋军每天还要在江南死伤几百几千人的时候，宋太祖能让李后主的行动有自由吗？

李后主又是伤心，又是悔恨，生活度日如年。从早到晚，别人都嫌光阴过得太快，唯有他却嫌光阴过得太慢，一天漫长的许多个时辰，真不知道该如何打发才好。白天，他眼巴巴地看着树本房子的影子在地上一分一寸的移动。太阳啊！你如是个火球，为什么不滚动得快一些呢？夜晚他躺在床上，出神地看着窗户上的月影缓缓而行。月亮啊！你如是个冰盘，为什么不快快地向前滑动呢？李后主实在没有办法消磨那漫长而凄苦的岁月，只好含着眼泪提起笔来写诗填词，寄托自己的情怀。

李后主比他父亲唐元宗李璟更擅长诗词。他在亡国以前已写有不少作品，那多是些描写宫廷侈靡生活之作，再有就是描写他自己在脂粉堆中的香艳生活。那些作品除了在一定程度上能反映出南唐的繁荣景象，以及他的感情比较真挚以外，并无多大的社会意义，也不易引起读者的共鸣。亡国以后，李后主生活在悲愁凄苦之中，他每日以泪洗面，把一腔悲愤、满怀愁绪全都倾注到了长短句之中，写下了许多感人之作，可谓字字血、声声泪。这些作品千百年来脍炙人口，引起了人们对他的深切同情。

有一天，李后主在睡梦之中回到了江南故国。他梦见自己依旧是一国之主，一呼百诺，带着许多来朝见他的地方官吏到上林苑游玩，观赏那外国进贡来的奇花异草和珍禽猛兽。文武百官的车马排列在宫苑门外，足足有几里路长。正当他玩得兴高采烈、乐而忘返的时候，突然乒乓一声，猫儿捕鼠碰翻了烛台，把他从梦中惊醒了。醒来后，他才知道此身仍在东京开封府，窗户外隐隐约约地传来监视他的人蹑手蹑脚的走动声。

他回味刚才的梦境，联系自己当前的处境，抚今思昔，禁不住滚滚热泪流淌，沾湿了枕衾。他再也不能入睡了，翻身下床，扶起翻倒的烛台，重新把点燃蜡烛，铺开纸，一口气写下了一首描写刚才的梦境和一首描写现实生活的《忆江南》：

多少恨，昨夜梦魂中。还似旧时游上苑。车如流水马如龙，花月正春风。

多少泪，沾袖复横颐。心事莫将和泪滴。凤笙休向月明吹，肠断更无疑。

一个人日有所思，往往夜必有梦。李后主白天在忧愁凄苦中生活，晚上就经常做梦，有时候，一个晚上甚至要两三个梦。梦的内容多数是神游故国，重温旧日风情。他梦见过自己回到了江南故国，那众多的妃嫔宫娥花枝招展、满怀欣喜地前来迎接他。她们娇滴滴地问他别来可好，一个个争先恐后地依偎在他身旁，抢上来跟他亲脸，簇拥着他上了那雕栏玉砌的百尺楼，为他演奏起《霓裳羽衣曲》，跳起婀娜多姿的舞蹈，直乐得他眉开眼笑，竟然在睡梦中笑醒。

他也梦见过自己的原配夫人周娥皇，夫妇二人在一起，重又过上了那夫唱妇随、情意绵绵的蜜月生活。他也梦见过当年和小周后"刬袜步香阶，手提金缕鞋"的偷情生活，两个人紧紧地依偎在一起，好像整个天地间就再没有第三个人了。

然而，梦境却是那么短暂，每次做梦都会被那突如其来的金鸡报晓声，或者电闪雷鸣的风雨所惊醒。一觉醒来，才知道那些都是假的，都是虚幻的，都是不可捉摸的，而自己仍在东京做着违命侯才是真的、实实在在的。那虚无缥缈的梦境中的一切，都已经是一去不复返的陈迹了，多梦见一次，无非只是多增加一些忧愁烦恼而已。

有一天，李后主从梦中醒来，听着那帘外潺潺的细雨声，好像老天爷也在为这个违命侯的悲愁凄苦而抽泣。他的眼泪又如断线珍珠似的，滚落下来了。他从床上一骨碌爬将起来，提笔又写下了两首词，寄调《浪淘沙》：

帘外雨潺潺，春意阑珊。罗衾不耐五更寒。梦里不知身是客，一晌贪欢。　独自莫凭栏，无限江山。别时易见时难。流水落花春去也，天上人间。

往事只堪哀，对景难排。秋风庭院藓侵阶。一任珠帘闲不卷，终日谁来。　金锁已沉埋，壮气蒿莱。晚凉天净月华开。想得玉楼瑶殿影，空照秦淮。

有人说，诗词作者眼中的景物往往是和他自己的思想感情交融在一起的。作者自己处于欢乐之中，周围的景物似乎无一不是明朗和畅，使人看了赏心悦目，因而使他能写出欢快的诗词来。与此相反，作者自己处于悲愁凄苦之中，周围的景物看起来也就阴暗晦涩，使人看了郁郁不乐，因而他也就只能写出沮丧的诗词来了。

李后主当年写“红日已高三丈透”那时节，心情是多么的欢快，周围的景物几乎无一不在为他增添欢乐。如今他在愁苦之中生活，所能看到眼里的，不是春日的落花，就是秋天凋零的梧桐，几乎没有一样东西看了不使他伤心落泪，没有一样东西不能和国破家亡联系在一起的。

在被软禁的违命侯生涯中，他写了两首《相见欢》，一写春景，一写秋景。其实那不是真正的相见欢，而是十足的相见悲。他写道：

林花谢了春红，太匆匆。无奈朝来寒雨晚来风。　胭脂泪，相留醉，几时重？自是人生长恨水长东。

无言独上西楼，月如钩。寂寞梧桐深院锁清秋。　剪不断，理还乱，是离愁。别是一般滋味在心头。

如果说，李后主刚刚诞生在帝王之家的时候，算作是林花初结蓓蕾；登上皇位的时候，算作是林花怒放，那么他这朵花也只鲜艳了几年。此时，他在人间生活的总数是三十九载，做国君仅仅只有一十四年。他这朵花确实是凋谢得太匆匆了。不过，三十九年和十四年虽然只是短暂的一瞬间，而李后主毕竟还是过过享乐生活的，那种衣来伸手饭来张口、一呼百诺的享乐生活，跟当前违命侯所处的悲苦生活相比，确实是太悬殊了，真是令人觉得“别是一般滋味在心头”啊！生活呀生活，你为什么要发生如此这般的转变，真使人觉得受不了啊！

俗语说，吃过黄连的人，才知道蜜糖的甜。可是你知道吃惯了蜜糖的人，突然叫他吃黄连，他又是什么样的感受吗？世间的什么东西都是怕比，今昔一对比，怎不叫人泪下沾襟，长吁短叹呢？李后主在亡国以后所写的诗词，真可以说是心血掺和着泪水写成的，所以具有极大的感染力，千百年来，吸引了许多人去吟诵，并在吟诵以后为他洒上几滴同情之泪。

在李后主做违命侯的时节，伤心的事情是一桩跟着一桩而来，使得他感到生活真是越来越难堪。

在他到达东京后的第二年（公元 976 年）十月，宋太祖赵匡胤在烛影摇红的千古疑案中死去，皇太弟赵光义继位，是为历史上的宋太宗。宋太宗赵光义为人刻薄寡恩，比他哥哥厉害得多了。他对李后主等投降过来的国君不像宋太祖那么仁慈，不用满脸堆笑的姿态对待他们，而是在言谈话语之中常常讽刺挖苦他们。

使李后主更加感到伤心的事情是，他的妻子小周后常常要被宋太宗召进皇宫里去伴宿。原来宋太宗有个规矩，当时凡是投降过来的国君夫人常要被召进宫去陪他饮酒作乐。他的兴致一来，宴会终了，就叫其中的一个或两个国君夫人伴宿。

小周后跟随李后主到了东京以后，被封为郑国夫人。她年轻美貌，使宋太宗十分喜欢，所以每次宴会终了，多数时候是把她留下来伴宿，并且进宫以后往往一留就是几天才能放回。小周后每次从宫中出来，因为受了委屈，定要大哭大闹一场。她指着丈夫的鼻子大骂，骂他是个没用的废物，连自己的妻子也保护不了。她还几次想要寻死，又怕死后刻薄成性的宋太宗饶不了自己的丈夫，才含垢忍辱地活了下来。对于这样的事情，李后主真是哑巴吃黄连，有苦自己肚子里知道。

宋太宗赵光义在即位之初，虽然按照封建时代的老规矩，在给文武百官加官晋爵的同时也给降君们加官晋爵，改封李后主为陇西郡公，取消了原先的违命侯封号，可是每月三百万钱的俸禄却停止发放，一文钱也不给了。宋太宗以为那些投降过来的国君有的是钱，他们都是带着满箱满筐的金银财宝过来的，不没收他们的已经是够客气了，何必还要给他们什么俸禄呢！不给俸禄，反正也饿不死他们。

可是，宋太宗没有想到李后主为了广结善缘，早已把带过来的金银财宝捐给了佛寺，奉送给了宋朝大大小小的官僚，他已经是一贫如洗，早就已经过着靠俸禄度日的清苦生活了。俸禄一停，他的唯一经济来源断绝，幸亏他擅长书法绘画，可以靠着给别人写张字、绘幅画，换点儿润笔钱来维持生活，否则早就要挨饿了。

李后主紧锁的双眉，从此锁得更紧，一天之中很难得有舒展的时候了。他已经不常做那些故国神游的美梦，而是常常想到当年汪焕在奏章中提到的饿死台城的梁武帝了。有时候，他梦见自己像梁武帝一样的饿死了，而在将死未死之际，那饥肠辘辘的光景可真是难受啊！他扪心自问，难道我这个生长在帝王之家的人真的要饥饿而死吗？命运之神啊！你对我这样的安排也实在是太残酷了。

就在李后主过了今天想明天，担心自己会饿死的时候，宋太宗赵光义因为看到了李后主作的画，忽然心血来潮，有一天召见了李后主。

宋太宗赵光义拿出一个素白的扇面，叫李后主当场为他绘上一幅可心的图画。李后主抖抖索索地捧来笔砚和颜料，诚惶诚恐地为宋太宗绘了一幅双蝶戏牡丹图，毕恭毕敬地双手奉上，呈请御览。

宋太宗先是啧啧称奇地赞赏一番，然后带着关心的口气问："请问郡公来到东京以后有何感想？生活上有什么不习惯的地方吗？"

李后主先是表面上应付了几句，表示对宋太宗的关心十分感谢，然后，他也老老实实地向宋太宗哭起穷来。他说："不瞒陛下说，自从陛下登上大宝，停发降君俸禄以来，微臣连买笔墨纸砚和颜料的钱也没有了，刚才绘扇面的那笔墨颜料，还是上次有人叫我绘画时赠送的呢！"

宋太宗一听李后主向他诉苦哭穷，就扳着指头给他算了一笔细账。什么时候李后主到佛寺里去捐过款，什么日子李后主给某某大官送了一千两黄金和几升珍珠，监视他的人都汇报得清清楚楚，并且收受者除佛寺以外，也都规规矩矩的如数上交，不敢有所隐瞒，所以宋太宗是全都了如指掌的。算来算去，宋太宗内心暗暗对自己说："这小子倒真坦白，他确实是囊中空空，没有积蓄了。"

宋太宗还突然记起来，有人向他报告过的一件事：前两天，李后主因为内衣破了，没钱买新的，叫小周后给他补一补。小周后大哭大闹，说王侯之家哪有穿打补丁衣服的。她说自己生来就没有拿过针线，根本不会这一套手艺。后来，还是由秋水帮了忙，给补上了。

宋太宗想要验证下是否真有此事，他问："听说郡公内衣破了，夫人不会针线，真有这回事吗？"李后主听宋太宗突然问起内衣的事，内心一怔，心想，你对我真是监视得紧，连我的内衣打补丁的事都知道了，这真可怕。可是又一想，你知道了也好，就索性让你看看，使你知道由于你的刻薄，在我身上造成了什么后果。于是他当众解开外衣，露出了内衣上的补丁给宋太宗看，表示那确实是真的事情。

宋太宗没有想到李后主竟然会不顾体面，当众解开外衣，拿打了补丁的内衣给人看，他倒觉得有些不好意思了，怕别人说他对待降君们过于刻薄，赶快下令叫人从内库取来几件内衣，赐给李后主，还下令叫度支使补发李后主的俸禄，规定以后几位降君的俸禄照旧发放。他还特许李后主可以到崇文院藏书楼去读书，可以从那里领取笔墨纸张和颜料，在那里吟诗填词，写字绘画。

第二天，宋太宗亲自带着李后主到了崇文院藏书楼。他指着那些从南唐缴获来的图书文物对李后主说："听说郡公在江南的时候很喜欢读书，常常为了读书而忘了政事。这些图书文物都是你们宫中旧物，你对它们一定是很熟悉的，也必然是有感情的，以后你可以常到这里来随便翻阅。这里环境幽静，有的是笔墨纸砚，你可以在这里吟诗填词，写字作画，消遣岁月。"

李后主叩谢了宋太宗的恩典，以后果然常常到崇文院藏书楼去阅览图书。然而，这种特殊的优待却也给李后主带来了新的多的感触与烦恼。南唐旧物的许多图书文物上，都有他自己亲手批阅过的种种痕迹。他读着读着，自然又大兴今昔之感，情不自禁地悲从中来，滚滚热泪沾湿了书页。

有一回，他读了自己几年前读过的一卷讲音乐、歌舞的书，想到了自己对这方面的研究，也想起了自己当年在百尺楼上宴饮歌舞的盛况。他思潮汹涌，再也无法遏止，就提起笔来写了一首《破阵子》。他写道：

四十年来家国，三千里地山河。凤阁龙楼连霄汉，玉树琼枝作烟萝。几曾识干戈？　　一旦归为臣虏，沈腰潘鬓消磨。最是仓皇辞庙日，教坊犹奏别离歌。垂泪对宫娥。

他回想自己来到人世间已有四十二年，当年祖父曾给留下了三千里地山河的基业。可是太平时日过得长久了，他从小没有练就执干戈以卫社稷的武功，所以国家到了他手里终于灭亡了。他做了阶下囚以后，忧愁悲苦使得他消瘦了，也苍老了。特别是回想起那仓皇辞庙之时，教坊为他演奏的别离歌，真是使他心都快要碎了。

写完《破阵子》以后，李后主觉得意犹未尽，又摊开另一张纸，写了一首《虞美人》。他写道：

春花秋月何时了，往事知多少！小楼昨夜又东风，故国不堪回首月明中！　　雕栏玉砌应犹在，只是朱颜改。问君能有几多愁？恰似一江春水向东流。

李后主被押到东京开封府以后，曾经拜托回金陵去的人转告旧宫人，说他自己在东京早晚都是以眼泪洗面的。从他写的词来看，这种情况当然不是夸张，而是确实如此。

可是，事情也就坏在这最后的两首词上面。这两首词很快就传到了宋太宗赵光义里。他反复玩味其中的“四十年来家国，三千里地山河”“雕栏玉砌应犹在，只是朱颜改”等句子，觉得这里面有着一种强烈的故国情思，似乎李后主心中还藏有一本恢复故国的旧账。于是他赶快找了些文人学士来加以研究。

有人禀报宋太宗说：自从李后主来到东京以后，他每写下一首诗词，很快就会传抄到江南。江南父老常常捧着这些诗词含泪诵吟；有些书香人家还偷偷地教自己的子弟背诵，并告诉子弟说，这诗词的作者是原先我们江南的国主，国破之日，被宋军押解到东京去了，你们可千万不要忘了他。

宋太宗听得此事，不禁大感恐慌，心想，这还得了，要是一旦李煜从东京逃了出去，到了江南，岂不是马上就能号召起当地的老百姓组织复仇的队伍，跟大宋朝廷为难吗！看来不能再让这李煜悠闲地活下去了，应当对他采取非常手段了。

他立刻召来太医院的医生和药剂师，问他们有没有一种毒药能马上致人死命，并且死的时候又是十分痛苦，死后尸体也得屈曲着不会挺直的。还说，如果他们能够配制出这样的毒药，可以拿监牢里关押着的死囚进行试验，成功以后，将给予重赏。

过了些日子，乞巧节到了。那是宋太宗太平兴国三年（公元978年）的乞巧节，也就是李后主的四十二岁生日。古人把自己的生日称为母难之期，就是母亲为了自己的诞生而经受分娩痛苦的日子。

这天大清早，李后主用香汤沐浴，漱了口，洗了手，焚香静坐，默默地诵念了三遍《金刚经》，祝愿自己的母亲早升西天极乐世界。接着，他又为自己的父亲、祖父祝福，为高祖李渊、太宗李世民等列祖列宗祝福，为南唐卫国战争中死难的将士们祝福。对于屈死的潘佑，他单独地为之祝福，并且还长叹一声说："我逼死了潘佑这样的忠臣，真是悔恨呵！"

到了晚上，李后主强颜欢笑，把跟随他到东京的皇后妃嫔聚集在一起，一人吃一碗长寿面表示庆祝。乔氏敲着木鱼为李后主念了一遍《般若波罗蜜多心经》，祝福他健康长寿。窅娘在平地上跳了一回凌波仙子舞。流珠用琵琶弹奏了李后主到东京以后的新作《念家山破》。

念经、跳舞和弹奏琵琶的声音传到户外，立刻就被人报给了宋太宗赵光义。宋太宗得知李后主在庆祝自己的生日，心想，今天你也该活到头了。他马上叫人给李后主府上送过来一匣巧果，说是官家送来的贺仪，为李后主祝寿。

李后主谢恩以后，拿起巧果来吃，刚刚吃下一个，就觉得肚子一阵剧痛，手脚也抽搐起来，扑通一声，倒在地上满地乱滚，豆大的汗珠从额头上冒将出来。

小周后和妃嫔们见他突然如此模样，都吓得慌了手脚。小周后赶快跪倒在他身边替他揉肚子，秋水赶快端来热茶给他喝，流珠掏出手帕为他擦拭额头上的汗珠，乔氏、黄氏、窅娘也都跪在他身边，轻轻呼喊着，慰问着。

可是，李后主的痛苦不但一点儿也没有减轻，反而痛得越来越厉害了。他坐在地上，低头弯腰用手紧压自己的肚子，肚子越痛，他的腰弯得越低。最后，直到头和脚都碰到一起了，他的全身就失去了知觉。他就这样蜷曲着身子，停止了呼吸，永远离开了人间。

原来，宋太宗赵光义在送来的巧果里下了一种叫牵机药的毒药。这药就是太医院的医生和药剂师按照宋太宗的命令配制而成，并且反反复复地用十多个死囚做过实验，证明是立竿见影的剧毒药。李后主在诗词中流露了故国情思，宋太宗就不许他直挺挺地死去，非要叫他低头弯腰，抽搐成一种受屈辱的形状而死不可。这就是牵机药的妙用，也说明了宋太宗的心狠手辣。

李后主一死，小周后和流珠、乔氏等妃嫔伤心极了。她们一个个哭得死去活来，久久地在李后主的尸体边不肯起来。小周后恐怕自己今后会遭到更大的屈辱，收住眼泪以后，回到卧室，悬梁自尽。流珠等本来也想以死殉主，乔氏却来说服她们，告诉她们人世间的一切荣华富贵都是空的，还是皈依佛门的好。她们在征得宋太宗的同意以后，终于剪下头上的千万缕烦恼丝，一起到东京的相国寺出家去了。

李后主被鸩毒而死的噩耗传到江南，江南父老们一个个哭得捶胸顿足，昏晕过去。许多人偷偷地在家设了香案，痛悼国君的亡灵，希望他的灵魂早升天界。李后主虽然有着生活侈靡、信用奸佞、不听忠谏的种种缺点，但是他毕竟是个有才华、在文化上做出过贡献的人，他没有过重地压榨过老百姓，特别是他的祖父唐烈祖还给江南老百姓带来了莫大的好处，所以江南老百姓对于他们祖孙两代都颇有好感，对于李后主的死自然也就十分悲痛了。

李后主一死，南唐李氏皇室失去了复国的号召力，从此永无复国的希望了，在江淮地区盛极一时的南唐这个国家终于成为历史的陈迹。

在李后主去世的当年，吴越国国主钱弘俶真的感觉到了唇亡齿寒的那种滋味。没奈何，只好自动入朝，交出国土，并入宋朝的版图。第二年，宋太宗赵光义派兵北进，攻下北汉的都城晋阳，北汉也灭亡了。中国政局在经历了五代十国几十年的乱局以后，终于又重新归于统一了。

分裂是中国历史的支流，统一是中国历史的主流，这是中国历史长期发展过程中的一条客观规律。

就南唐这个国家来说，它虽然是个地方割据政权，但是它在中国历史上的地位还是十分重要的。在唐烈祖李昪建国初期，它有过一段黄金时代，在江淮地区搞了不少的经济、文化建设，出现了欣欣向荣的景象。江淮地区后来的繁华热闹，就是南唐给打下的基础，唐烈祖是江淮地区老百姓永远怀念的人。唐元宗李璟虽然把国家搞得衰弱了，但是经济、文化的发展并未停顿下来，在五代十国中仍然保持着领先的地位。李后主即位以后，国内外的贸易也还相当发达，为日后两宋时期中国经济重心南移准备了良好的条件。特别是李后主的文学才华和他对中国文化所做出的贡献，更使人对他永远崇敬与怀念。

南唐这个国家，也可以说是中国封建社会的一个缩影。中国封建社会中的许多王朝，都是经历了“开国—中衰—没落”这样的过程。开国君主辛辛苦苦地创业，子孙们庸庸碌碌，一步步地把国家断送了，新兴的皇朝又取而代之。封建制度决定了政治上的又分又合，频繁地改朝换代，不可能有一个永远巩固的统一王朝，也不可能有一个王朝万世长存。这就是历史的辩证法。

附录

南唐世系表

享国三十九年（公元 937—975）

唐烈祖　李昪　在位七年

昪元元年至七年（公元 937—943）

唐元宗　李璟　在位十八年

保大元年至十五年（公元 943—957）

中兴元年（交泰元年）（公元 958）

奉后周显德正朔一年（显德六年）（公元 959）

奉北宋建隆正朔二年（建隆元年至二年）（公元 960—961）

后　主　李煜　在位十四年

奉北宋建隆正朔一年（建隆三年）（公元 962）

奉北宋乾德正朔五年（乾德元年至五年）（公元 963—967）

奉北宋开宝正朔六年（开宝元年至六年）（公元 968—973）

称甲戌岁乙亥岁各一年（公元 974—975）

（注）保大元年即昪元七年